大众汽车维修资料全书

2008~2018款车型

瑞佩尔 主编

化学工业出版社
·北京·

图书在版编目（CIP）数据

大众汽车维修资料全书/瑞佩尔主编．—北京：化学工业出版社，2019.1（2020.5重印）
ISBN 978-7-122-33541-8

Ⅰ.①大…　Ⅱ.①瑞…　Ⅲ.①汽车-车辆修理　Ⅳ.①U472.4

中国版本图书馆CIP数据核字（2018）第295140号

责任编辑：周　红　　　　文字编辑：陈　喆
责任校对：宋　玮　　　　装帧设计：王晓宇

出版发行：化学工业出版社（北京市东城区青年湖南街13号　邮政编码100011）
印　　装：北京虎彩文化传播有限公司
787mm×1092mm　1/16　印张21　字数557千字　　2020年5月北京第1版第2次印刷

购书咨询：010-64518888　　　　售后服务：010-64518899
网　　址：http://www.cip.com.cn
凡购买本书，如有缺损质量问题，本社销售中心负责调换。

定　　价：128.00元

前言

PREFACE

近年来，汽车维修行业不断壮大，服务市场不断细化。汽车维修单位与维修工作者只有技精一门，业通一路，专业做好某一样才有出路。于是，各种单一品牌如大众、别克、丰田等专修店，单一部件维修如汽车电脑、防盗门锁、自动变速器等的精修店，以及与汽车厂商结盟的特约维修服务单位，如雨后春笋，云涌而出。

大众车型的销量及保有量在我国汽车市场可以说一直处于霸主地位。车辆保有量决定车型维修量，汽车故障的排除与修复需要有足够的技术信息资源作为支撑，而品牌车型每年都在不断更新，我们维修技术人员在面对这些新车故障时能否及时地找到自己需要的技术资料呢？为满足这一切实需求，我们对大众车型的技术信息进行了重新编排整理。

本书包括了目前上汽大众与一汽大众 2008 年以后的所有在售车型，特别是这两年新推出的如途观 L、途安 L、途昂、辉昂、全新朗逸、全新波罗、迈腾 B8L、高尔夫嘉旅、蔚领、探歌等国产车型。进口车型则按销售排名选编了前面的途锐、夏朗、甲壳虫、Tiguan、蔚揽、迈特威等车型。

本书维修资料包括自 2008 年起至 2018 年的机械数据，如发动机正时校对、发动机机修检测数据、底盘四轮定位数据，还有电气资料，如汽车熔丝与继电器信息、全车控制器安装位置、发动机电脑端子数据、汽车防盗系统匹配、遥控钥匙设定、汽车电控系统编程设定、各个系统初始化与归零设置。此外，为充实维修者的技术经验，我们特地将各种常见故障案例整理成“维修经验一句话”的形式呈现于本书各节。

汽车技术不断更新，汽车产品不断变换，我们将在每年收集新上市车型，更新年款车型的维修数据，在再版时整理进来。让维修人员在汽车资料需求上做到真正的“一册在手，修车无忧”。

本书部分车型资料有年款注明，但相关操作步骤和方法不一定仅适用于该年款的车型，没能列出来的车型年款，读者朋友们可以举一反三地大胆尝试。

本书由瑞佩尔主编，参加编写的人员还有朱其谦、杨刚伟、吴龙、张祖良、汤耀宗、赵炎、陈金国、刘艳春、徐红玮、张志华、冯宇、赵太贵、宋兆杰、陈学清、邱晓龙、朱如盛、周金洪、刘滨、陈棋、孙丽佳、周方、彭斌、王坤、章军旗、满亚林、彭启凤、李丽娟、徐银泉。在编写过程中，参考了大量国内外相关文献和网络信息资料，在此，谨向这些资料信息的原创者们表示由衷的感谢！

本书资料数据繁多，虽经数度编辑整理，囿于我们水平，内容之中的不妥仍不可避免，尚请广大读者朋友不吝指正。本书再版时，我们将更正错误，加入更多实用更为全面的资料，以使其更加完善，符合汽车维修工作者的真正需求。

编者

目录
Contents

第1章 一汽大众车型

1

Volkswagen

第2章 上海大众车型

85

Volkswagen

第 3 章 进口大众车型

Volkswagen

第 4 章 大众车系综合维修设置资料

第1章 一汽大众车型

1.1 全新捷达 Jetta NF（2013~2018年款）

1.1.1 捷达NF车型发动机配置信息

发动机型号代码	CKA	CPD	CUC	CST
排量/L	1.395	1.598	1.598	1.395
气缸数量	4	4	4	4
每缸气门数	4	4	4	4
功率(汽油)	66kW/5500r/min	81kW/5800r/min	81kW/5800r/min	96kW/5000～5600r/min
扭矩(汽油)	132N·m/3800r/min	160N·m/3800r/min	155N·m/3800r/min	225N·m/1500～3500r/min
功率(天然气)	—	—	70kW/5600r/min	—
扭矩(天然气)	—	—	140N·m/3800r/min	—
压缩比	10.5∶1	10.5∶1	10.5∶1	10.5∶1
喷射装置/点火装置	Simos 15.10	Simos 15.10	ME 17.5.22	MED 17.5.25
ROZ(辛烷值)无铅,至少	92号及以上 优质无铅汽油	92号及以上 优质无铅汽油	92号及以上 优质无铅汽油	92号及以上 优质无铅汽油
凸轮轴传动装置	齿形皮带	齿形皮带	齿形皮带	齿形皮带

1.1.2 2013~2018年款大众1.4L CKA/1.6L CPD发动机正时维修

该发动机款型与全新桑塔纳所装载的一样，请参考2.1.3小节内容。

1.1.3 2014~2018年款大众1.4T CST发动机正时维修

该发动机款型与全新速腾所装载的一样，请参考1.3.3小节内容。

1.1.4 全新捷达1.4L CKA/1.6L CPD发动机电控系统部件位置

CKA/CPD型发动机电控系统部件安装位置如图1-1、图1-2所示。

图 1-1 发动机舱电控部件位置

1—凸轮轴调节阀（N205）；2—氧传感器（G130）/氧传感器加热装置（Z29）的连接插头；3—氧传感器（G39）/氧传感器加热（Z19）的连接插头；4—带功率输出级的点火线圈：带功率输出级的点火线圈 1（N70），带功率输出级的点火线圈 2（N127），带功率输出级的点火线圈 3（N291），带功率输出级的点火线圈 4（N292）；5—冷却液温度传感器（G62）；6—油门踏板位置传感器（G79）/油门踏板位置传感器 2（G185）；7—Motronic 控制单元（J623）；8—制动信号灯开关（F）；9—霍尔传感器（G40）；10—节气门控制单元（J338），在更换了节气门控制单元（J338）后，必须将其重新与 Motronic 控制单元（J623）相匹配；11—进气温度传感器（G42）/进气管压力传感器（G71）；12—活性炭罐电磁阀（N80）；13—机油压力开关（F1）

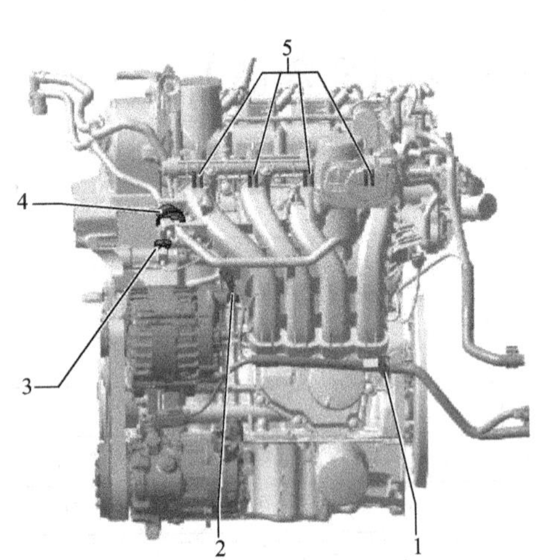

图 1-2 发动机左侧电控部件

1—发动机转速传感器（G28）；2—爆震传感器（G61）；3—机油压力开关（F1）；4—活性炭罐电磁阀（N80）；5—喷油阀：气缸 1 喷嘴（N30），气缸 2 喷嘴（N31），气缸 3 喷嘴（N32），气缸 4 喷嘴（N33）

1.1.5 全新捷达全车控制器单元安装位置

全新捷达车辆控制器安装位置如图 1-3 所示。

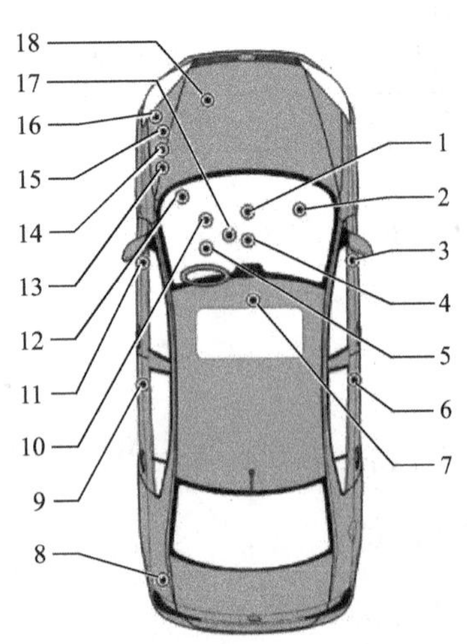

图 1-3 车身控制器分布

1—安全气囊控制单元（J234），安装在前部中控台下方；2—新鲜空气鼓风机控制单元（J126），安装在副驾驶员侧脚部空间内的暖风装置和空调上；3—右前车窗升降器控制单元（J296），安装在副驾驶员车门内；4—全自动空调控制单元（J255）/空调器控制单元（J301），安装在中控台上；5—组合仪表（K）/组合仪表中的控制单元（J285）/防盗锁止系统控制单元（J362）；6—右后车窗升降器控制单元（J298），安装在右后车门内；7—外翻式滑动天窗控制单元（J245），安装在滑动天窗前部中间；8—驻车辅助控制单元（J446），安装在后备厢左侧饰板后部；9—左后车窗升降器控制单元（J297），安装在左后车门内；10—转向辅助装置控制单元（J500），安装在转向柱上；11—左前车窗升降器控制单元（J295），安装在驾驶员车门内；12—车载电网控制单元（J519），安装在熔丝架 C 附近的驾驶员侧仪表板下方；13—发动机控制单元（J623），安装在发动机舱内左侧；14—ABS 防抱死系统控制单元（J104），安装在发动机舱内的左侧；15—自动变速箱控制单元（J217），安装在发动机舱左侧；16—散热器风扇控制单元（J293），安装在左前纵梁左侧；17—可加热前座椅控制单元（J774），安装在仪表板横梁上的左侧仪表板支架上；18—双离合器变速箱机电控制单元（J743），安装在双离合器变速箱 0AM 上

1.1.6 全新捷达全车接地点分布

全新捷达全车接地点分布如图 1-4～图 1-6 所示。

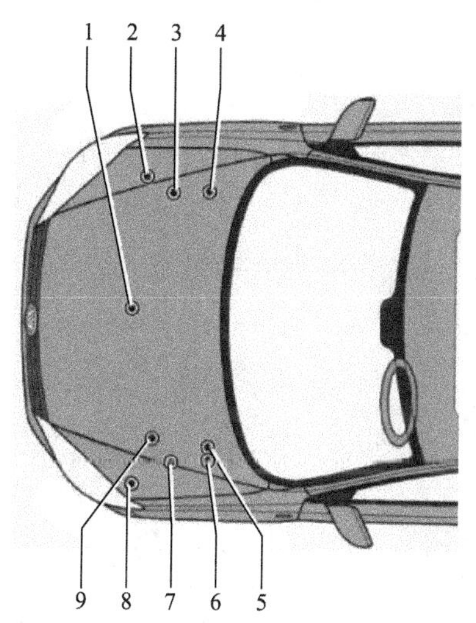

图 1-4 发动机舱内接地点

1—15 气缸盖上的接地点，拧紧力矩：15N·m；2—652 变速箱和发动机地线的接地点，拧紧力矩：15N·m；3—714 发动机上右侧接地点，拧紧力矩：15N·m；4—13 发动机舱内右侧接地点，拧紧力矩：9N·m；5—640 接地点 2，在发动机舱内左侧，拧紧力矩：9N·m；6—641 接地点 3，在发动机舱内左侧，拧紧力矩：9N·m；7—12 发动机舱内左侧接地点，拧紧力矩：20N·m；8—1 接地带，蓄电池-车身，拧紧力矩：9N·m；9—671 接地点 1，左前纵梁上，拧紧力矩：9N·m

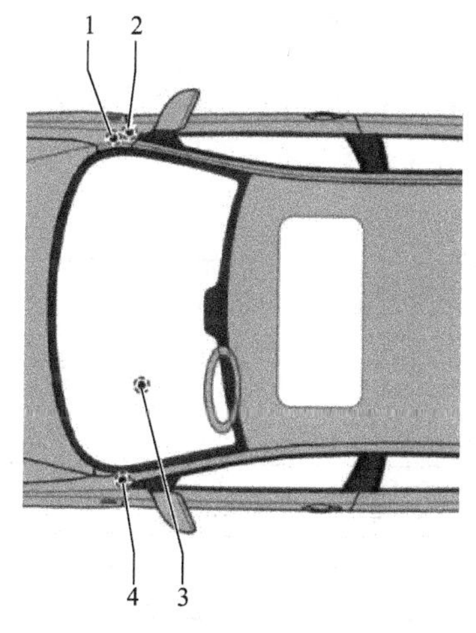

图 1-5 车内接地点

1—638 右侧 A 柱上的接地点，拧紧力矩：9N·m；2—43 接地点，右侧 A 柱下部，拧紧力矩：9N·m；3—605 接地点，在上部转向柱上，拧紧力矩：5N·m；4—44 接地点，左侧 A 柱下部，拧紧力矩：9N·m

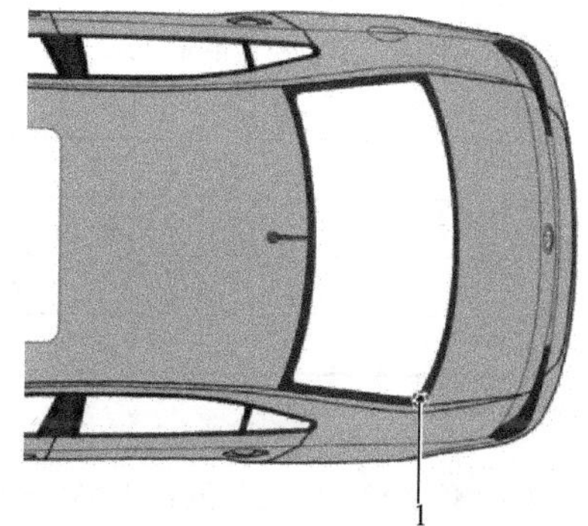

图 1-6 后备厢内接地点

1—50 后备厢左侧接地点，拧紧力矩：9N·m

1.1.7 全新捷达熔丝与继电器信息

全新捷达熔丝盒安装位置如图 1-7 所示。

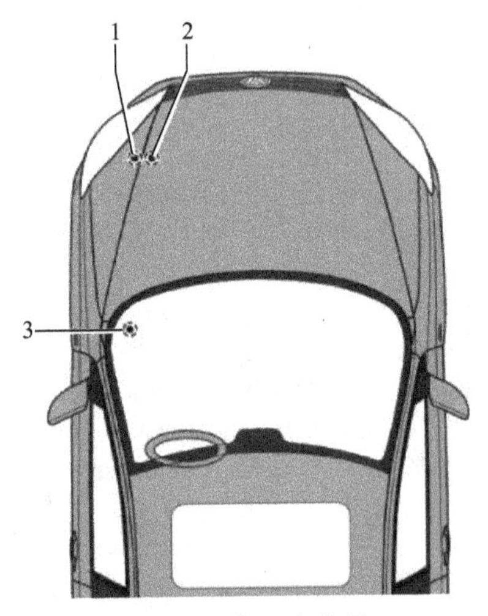

图 1-7 熔丝盒位置

1—熔丝架 A 上的熔丝（SA）；2—熔丝架 B 上的熔丝（SB）；3—熔丝架 C 上的熔丝（SC）

熔丝盒 SA 与 SB 的熔丝分布如图 1-8 所示。

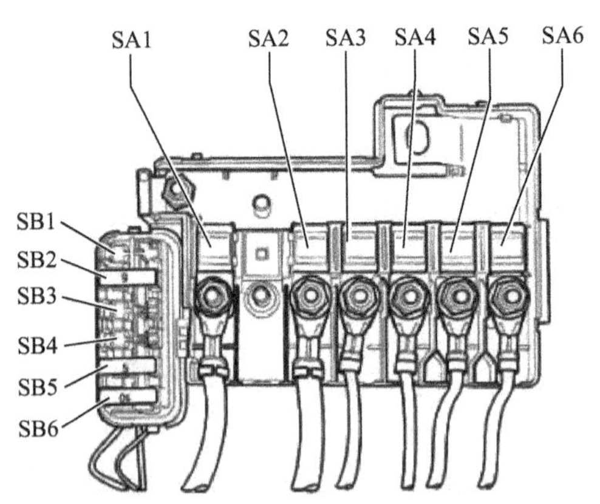

图 1-8 熔丝（SA）（SB），左蓄电池上方熔丝架内

熔丝颜色说明：40A—橙色；30A—淡绿色；25A—纯白色；20A—黄色；15A—淡蓝色；10A—红色；7.5A—棕色；5A—浅棕色；3A—紫色；1A—浅黑色。

熔丝位置分配（SA）

编号	电路图中的名称	额定值	功能/部件	接线端
SA1	熔丝架 A 上的熔丝 1(SA1)	150A	交流发电机(C)	30a
SA2	熔丝架 A 上的熔丝 2(SA2)	110A	车内接线端 30 的供电熔丝(SC)点火启动开关(D)	30a
SA3	熔丝架 A 上的熔丝 3(SA3)	50A	转向辅助控制单元(J500)	30a
SA4	熔丝架 A 上的熔丝 4(SA4)	40A	ABS 控制单元(J104)	30a
SA5	熔丝架 A 上的熔丝 5(SA5)	40A	散热器风扇控制单元(J293)	30a
SA6	熔丝架 A 上的熔丝 6(SA6)	50A	X 触点卸载继电器(J59)	30a

熔丝位置分配（SB）

编号	电路图中的名称	额定值	功能/部件	接线端
SB1	熔丝架 B 上的熔丝 1(SB1)	30A	双离合器变速箱机电装置(J743)自动变速箱控制单元(J217)	30a
SB2	熔丝架 B 上的熔丝 2(SB2)	15A	双离合器变速箱机电装置(J743)	30a
SB3	熔丝架 B 上的熔丝 3(SB3)	25A	端子 75X 供电继电器(J694)	30a
SB4	熔丝架 B 上的熔丝 4(SB4)	10A	ABS 控制单元(J104)	30a
SB5	熔丝架 B 上的熔丝 5(SB5)	5A	车载电网控制单元(J519)	30a
SB6	熔丝架 B 上的熔丝 6(SB6)	25A	ABS 控制单元(J104)	30a

熔丝盒 SC 上的熔丝分布如图 1-9 所示。

熔丝颜色说明：40A—橙色；30A—淡绿色；25A—纯白色；20A—黄色；15A—淡蓝色；10A—红色；7.5A—棕色；5A—浅棕色。

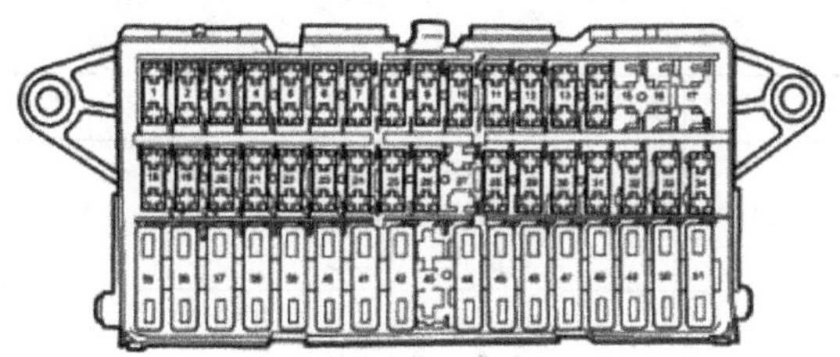

图 1-9 熔丝（SC）

熔丝位置分配（SC）

编号	电路图中的名称	额定值	功能/部件	接线端
1	熔丝架 C 上的熔丝 1(SC1)	5A	左前大灯(MX1) 左侧尾灯(MX3) 左侧尾灯 2(MX5)	58
2	熔丝架 C 上的熔丝 2(SC2)	10A	间歇式刮水器运行开关(E22)	15
3	熔丝架 C 上的熔丝 3(SC3)	5A	发动机控制单元(J623)	15
4	熔丝架 C 上的熔丝 4(SC4)	15A	燃油泵继电器(J17) 发动机控制单元(J623)	30
5	熔丝架 C 上的熔丝 5(SC5)	15A	左侧前雾灯灯泡(L22) 右侧前雾灯灯泡(L23)	NL
6	熔丝架 C 上的熔丝 6(SC6)	7.5A	驻车辅助控制单元(J446) 高压传感器(G65) 收音机(R) 仪表板中的控制单元(J285) 车载电网控制单元(J519) 散热器风扇控制单元(J293) 诊断接口(U31) 定速巡航装置开关(E45) 安全气囊卷簧和带滑环的复位环(F138)	15
7	熔丝架 C 上的熔丝 7(SC7)	7.5A	收音机(R) 驾驶员车门中的车窗升降器中央开关(E189) 右后车门中的车窗升降器操纵单元(EX28) 左后车门中的车窗升降器操纵单元(EX29) 牌照灯(X) 排挡杆挡位指示照明灯(L101) 车载电网控制单元(J519) 车灯开关(E1) 副驾驶员车门车窗升降器开关(EX27) 大灯照明距离调节器(E102) 点烟器(U1) 后视镜调节开关(E43) 后备厢开锁开关(E165) 空调器控制单元(J301) 汽油/天然气运行模式转换开关(E382) 可加热副驾驶员座椅调节器(E95) 可加热驾驶员座椅调节器(E94)	58
8	熔丝架 C 上的熔丝 8(SC8)	5A	右前大灯(MX2) 右侧尾灯 2(MX6) 右侧尾灯(MX4)	58
9	熔丝架 C 上的熔丝 9(SC9)	5A	ABS 控制单元(J104)	15
10	熔丝架 C 上的熔丝 10(SC10)	15A	车载电网控制单元(J519)(AW1)	30

续表

编号	电路图中的名称	额定值	功能/部件	接线端
11	熔丝架 C 上的熔丝 11(SC11)	5A	大灯照明距离调节器(E102) 左前大灯(MX1) 右前大灯(MX2)	15
12	熔丝架 C 上的熔丝 12(SC12)	5A	副驾驶员车门车窗升降器开关(EX27) 后视镜调节开关(E43) 左前车窗升降器控制单元(J295) 左后车窗升降器控制单元(J297) 右后车窗升降器控制单元(J298) 驾驶员车门中的车窗升降器中央开关(E189) 双离合器变速箱机电装置(J743)	15
13	熔丝架 C 上的熔丝 13(SC13)	15A	自动变速箱控制单元(J217) 倒车灯开关(F4) 多功能开关(F125)	15
14	熔丝架 C 上的熔丝 14(SC14)	7.5A	安全气囊控制单元(J234)	15
15	熔丝架 C 上的熔丝 15(SC15)	10A	里程记录器控制单元(J621) 车辆定位系统接口控制单元(J843)	30
16	熔丝架 C 上的熔丝 16(SC16)	5A	出租车车顶标志指示灯(K222) 车辆定位系统接口控制单元(J843)	15
17	熔丝架 C 上的熔丝 17(SC17)	10A	出租车车顶标志指示灯(K222)	58
18	熔丝架 C 上的熔丝 18(SC18)	5A	左侧尾灯 2(MX5) 仪表板中的控制单元(J285)	NSL
19	熔丝架 C 上的熔丝 19(SC19)	5A	收音机(R) 车载电网控制单元(J519)	S
20	熔丝架 C 上的熔丝 20(SC20)	10A	诊断接口(U31) 仪表板中的控制单元(J285) 自动变速箱控制单元(J217) 点火钥匙拔出锁止电磁铁(N376) 端子 30 供电继电器(J317) 安全气囊卷簧和带滑环的复位环(F138) Climatronic 控制单元(J255) 选挡杆(E313)	30
21	熔丝架 C 上的熔丝 21(SC21)	5A	前部车内照明灯(WX1) 车载电网控制单元(J519)(AW1)	30
22	熔丝架 C 上的熔丝 22(SC22)	15A	车载电网控制单元(J519)	30
23	熔丝架 C 上的熔丝 23(SC23)	7.5A	车窗玻璃清洗泵(V5) 车载电网控制单元(J519)	53C
24	熔丝架 C 上的熔丝 24(SC24)	10A	驾驶员侧车外后视镜(VX4) 副驾驶员侧车外后视镜(VX5) 燃油泵控制单元(J538)	15a
25	熔丝架 C 上的熔丝 25(SC25)	10A	空调器继电器(J32) 空调器控制单元(J301)	15
26	熔丝架 C 上的熔丝 26(SC26)	5A	转向辅助控制单元(J500) Climatronic 控制单元(J255) 转向角传感器(G85)	15
27	熔丝架 C 上的熔丝 27(SC27)	10A	制动真空泵(V192)	15
28	熔丝架 C 上的熔丝 28(SC28)	15A	氧传感器(G39) 尾气催化净化器下游的氧传感器(G130)	87

续表

编号	电路图中的名称	额定值	功能/部件	接线端
29	熔丝架C上的熔丝 29(SC29)	15A	车载电网控制单元(J519)	30
30	熔丝架C上的熔丝 30(SC30)	10A	活性炭罐电磁阀 1(N80) 凸轮轴调节阀 1(N205) 天然气运行模式的高压阀(N372) 断流阀继电器(J651)	87
31	熔丝架C上的熔丝 31(SC31)	10A	气缸 1 喷油阀(N30) 气缸 2 喷油阀(N31) 气缸 3 喷油阀(N32) 气缸 4 喷油阀(N33) 气体喷射阀 1(N366) 气体喷射阀 2(N367) 气体喷射阀 3(N368) 气体喷射阀 4(N369)	87
32	熔丝架C上的熔丝 32(SC32)	20A	发动机控制单元(J623)	87
33	熔丝架C上的熔丝 33(SC33)	5A	制动信号灯开关(F) 离合器踏板开关(F36) 空调器继电器(J32)	87
34	熔丝架C上的熔丝 34(SC34)	15A	车灯开关(E1)	75X
35	熔丝架C上的熔丝 35(SC35)	30A	左后车窗升降器控制单元(J297) 右后车窗升降器控制单元(J298)	30
36	熔丝架C上的熔丝 36(SC36)	30A	车载电网控制单元(J519)	30
37	熔丝架C上的熔丝 37(SC37)	20A	车灯开关(E1)	75X
38	熔丝架C上的熔丝 38(SC38)	15A	左前大灯(MX1) 右前大灯(MX2) 仪表板中的控制单元(J285)	56a
39	熔丝架C上的熔丝 39(SC39)	10A	右前大灯(MX2)	56b
40	熔丝架C上的熔丝 40(SC40)	40A	新鲜空气鼓风机开关(E9) 新鲜空气鼓风机控制单元(J126)	75X
41	熔丝架C上的熔丝 41(SC41)	20A	带功率输出级的点火线圈 1(N70) 带功率输出级的点火线圈 2(N127) 带功率输出级的点火线圈 3(N291) 带功率输出级的点火线圈 4(N292)	87
42	熔丝架C上的熔丝 42(SC42)	20A	点烟器(U1)	75X
43	熔丝架C上的熔丝 43(SC43)	15A	可加热副驾驶员座椅调节器(E95) 可加热驾驶员座椅调节器(E94)	75X
44	熔丝架C上的熔丝 44(SC44)	10A	左前大灯(MX1)	56b
45	熔丝架C上的熔丝 45(SC45)	20A	收音机(R)	30
46	熔丝架C上的熔丝 46(SC46)	30A	滑动天窗控制单元(J245) 车载电网控制单元(J519)	30
47	熔丝架C上的熔丝 47(SC47)	30A	车载电网控制单元(J519)	30
48	熔丝架C上的熔丝 48(SC48)	30A	车载电网控制单元(J519)	30
49	熔丝架C上的熔丝 49(SC49)	15A	转向信号灯开关(E2)	30
50	熔丝架C上的熔丝 50(SC50)	25A	左前车窗升降器控制单元(J295)	30
51	熔丝架C上的熔丝 51(SC51)	25A	右前车窗升降器控制单元(J296)	30

全新捷达继电器盒安装位置见图1-10。

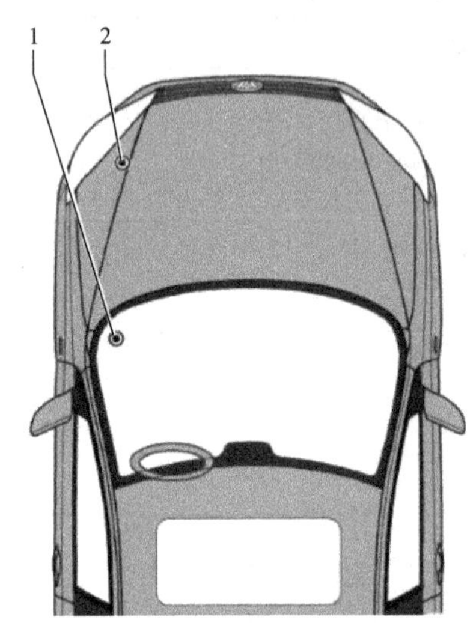

图1-10 继电器盒位置

1—仪表板左下方的继电器支架在侧仪表板左下方；2—蓄电池上的继电器支架在发动机舱内左侧

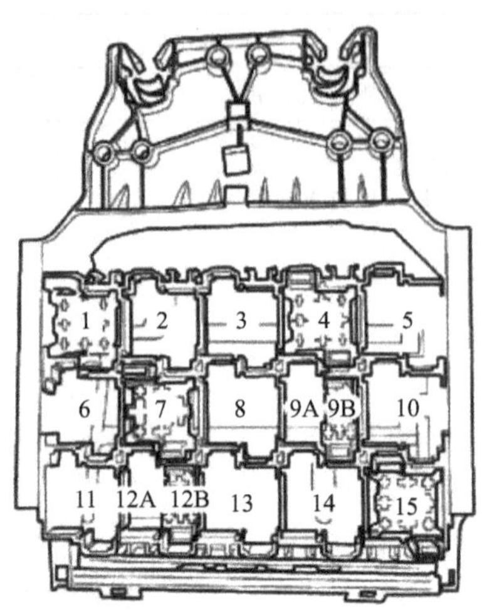

图1-11 仪表板左下方继电器支架上的继电器［仅用于带PR编号（AW0）的车辆］

1—空调继电器（J32）（645）；2—未占用；3—可加热式车外后视镜继电器（J99）（646）；4—端子30供电继电器（J317）（645）；5，6—未占用；7—X触点卸载继电器（J59）（644）；8，9A—未占用；9B—燃油泵继电器（J17）（646）；10～12A—未占用；12B—断流阀继电器1（J651）（646）；13～15—未占用

仪表板左下方继电器支架上的继电器如图1-11所示。

如图1-12所示的样式仅用于带PR编号（AW1）的车辆。

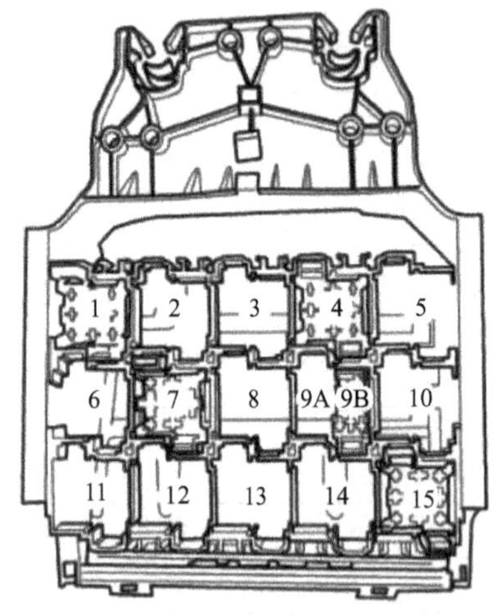

图1-12 仪表板左下方继电器支架上的继电器［仅用于带PR编号（AW1）的车辆］

1—空调继电器（J32）（645）；2，3—未占用；4—端子30供电继电器（J317）（645）；5，6—未占用；7—X触点卸载继电器（J59）（644）；8，9A—未占用；9B—燃油泵继电器（J17）（646）；10—未占用；11—端子75X供电继电器（J694）（645）；12～14—未占用；15—供电继电器，总线端50（J682）（645）

1.1.8 全新捷达NF汽车四轮定位数据

以下额定值适用于所有发动机配置。

前　　桥	标准底盘
产品编号	G44
总前束(无负载)	10′±10′

续表

前　　桥	标准底盘	
车轮外倾角(正前打直位置)	−15′±30′	
两侧之间的最大允许偏差	最大 30′	
车轮向左以及向右转动 20°[①]前束角差	1°18′±20′	
主销后倾	4°40′±30′	
两侧之间的最大允许偏差	最大 30′	
标准高度	(377±10)mm	
后　　桥	标准底盘	
车轮外倾	−1°27′±10′	
两侧之间的最大允许偏差	最大 30′	
总前束(在规定的车轮外倾角下)	10′	+10′
		−7′
运行方向最大允许偏差	最大 20′	
标准高度	(391±10)mm	

①根据制造商的不同，前束角差也可能为负值。

1.1.9　全新捷达 NF 保养归零手工复位方法

下面为不使用车辆诊断、测量和信息系统，车辆诊断测试仪复位保养周期显示的方法。

必须注意，手动复位保养周期编码是固定的，也就是说，每 15000km 或每年需要保养一次。组合仪表操作按钮位置见图 1-13。

① 点火开关关闭时按住按钮 3。

② 打开点火开关。

③ 松开按钮 3，短按一次时间设置钮 1。

④ 保养周期于显示屏（2）显示处于复位模式状态。若干秒后恢复正常视图。

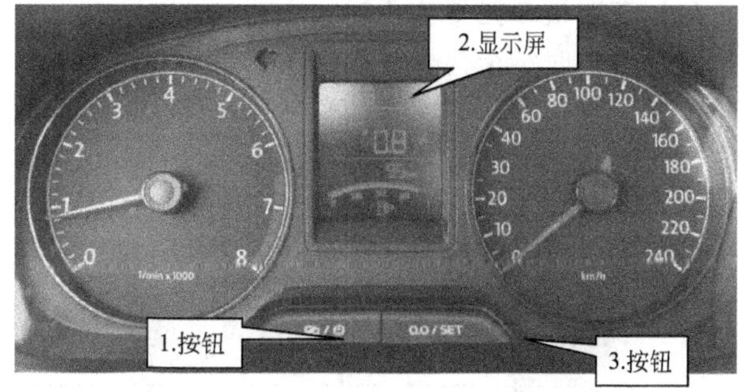

图 1-13　组合仪表操作按钮

1.2　全新宝来 New Bora（2008～2018 年款）

1.2.1　新宝来车型发动机配置信息

发动机类型	汽油发动机	汽油发动机	汽油发动机	汽油发动机
排量/L	1.4	1.6	1.6	2.0
发动机型号	CFB	BWH	CLS	CEN
缸数/每缸气门数	4/4	4/2	4/4	4/2
功率	96kW/5000r/min	74kW/5600r/min	77kW/5600r/min	88kW/5000r/min
扭矩	220N·m/1750～3500r/min	145N·m/3800r/min	155N·m/3500r/min	180N·m/3750r/min

续表

发动机类型	汽油发动机	汽油发动机	汽油发动机	汽油发动机
缸径/mm	76.5	81.0	76.5	82.5
行程/mm	75.6	77.4	86.9	92.8
压缩比	10∶1	10.3∶1	10.5∶1	10.3∶1
喷射装置/点火装置	Motronic MED 17.5.20	Simos 9.2	Motronic ME 7.5.20	BOSCH ME 7.5.20
研究法辛烷值	92号及以上 优质无铅汽油	92号及以上 优质无铅汽油	92号及以上 优质无铅汽油	92号及以上 优质无铅汽油
电子油门	是	是	是	是
自诊断	是	是	是	是
催化反应器	是	是	是	是
λ-调节	是	否	是	是
车载诊断系统	是	是	是	是

1.2.2 2013~2018年款大众1.6L CSR发动机正时维修

该发动机正时链单元结构、拆装与调整和CKA发动机相同，相关内容请参考2.1.3小节。

1.2.3 2009~2016年款大众1.4T CFB发动机正时维修

(1) 正时链单元结构分解

发动机正时链结构分解如图1-14所示。

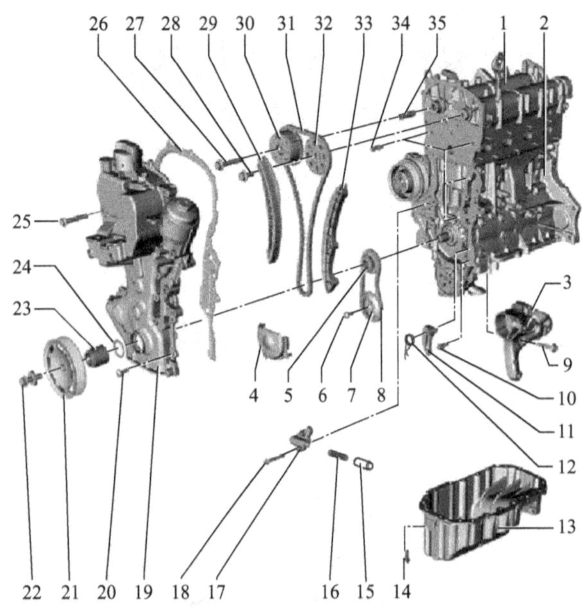

图1-14 CFB发动机正时链单元分解

1—带凸轮轴箱的气缸盖；2—气缸体；3—辅助机组支架；4—盖板；5—链轮；6—螺栓，20N·m+继续转动90°；7—链轮；8—驱动链；9—螺栓，25N·m；10—螺栓，15N·m；11—带张紧轨的链条张紧器；12—张紧弹簧；13—油底壳；14—螺栓，15N·m；15—活塞；16—压簧；17—链条张紧器；18—螺栓，9N·m；19—正时齿轮箱罩；20—螺栓，10N·m；21—皮带轮；22—紧固螺栓；23—轴套；24—O形环；25—螺栓，50N·m；26—密封件；27—螺栓，40N·m+继续转动90°；28—螺栓，50N·m+继续转动90°；29—张紧轨；30—凸轮轴调节器；31—正时链；32—链轮；33—滑轨；34—导向螺栓；35—轴套

(2) 正时链单元的拆卸步骤

① 关闭点火开关及所有用电器，拔出点火钥匙。

② 排放冷却液。

③ 拆下发动机罩。

④ 松开弹簧卡箍，将进气软管从废气涡轮增压器的管接头上拔下。

⑤ 拆卸空气滤清器，将进气软管和空气滤清器一起拆下。

⑥ 脱开压力管上的软管，并打开线束固定夹。

⑦ 从下部拔出冷却液管上的冷却液软管并松开气缸体上冷却液管的固定螺栓。

⑧ 从上部脱开冷却液管上的软管连接并从凸轮轴箱上拧下冷却液管的固定螺栓，拆下冷却液管。

⑨ 旋出凸轮轴后部端盖的固定螺栓，并取下端盖。

⑩ 拆下气缸 1 的火花塞。为此使用起拔器 T10094 A 和火花塞扳手。

⑪ 将千分表适配接头 T10170 拧入火花塞螺纹孔至极限位置。

⑫ 将带加长件 T10170/1 的千分表 VAS 6079 安装到千分表适配接头中至极限位置并拧紧夹紧螺母。

⑬ 将曲轴朝发动机运转方向转到气缸 1 的上止点，记下千分表指针的位置。

⑭ 凸轮轴上的孔必须处于图 1-15 所示的位置。必要时，将曲轴再旋转一圈（360°）。

提示：如果曲轴转动超过上止点 0.01mm，则将曲轴逆着发动机运转方向再转动约 45°，接着将曲轴朝发动机运转方向转动到气缸 1 上止点位置。气缸 1 上止点允许的偏差：0.01mm。

⑮ 如图 1-16 所示，将凸轮轴固定件 T10171 A 插入到凸轮轴开口中，直到极限位置。定位销（箭头 1）必须嵌入孔（箭头 2）中。必须可以从上方看到标记“TOP”（箭头 3）。

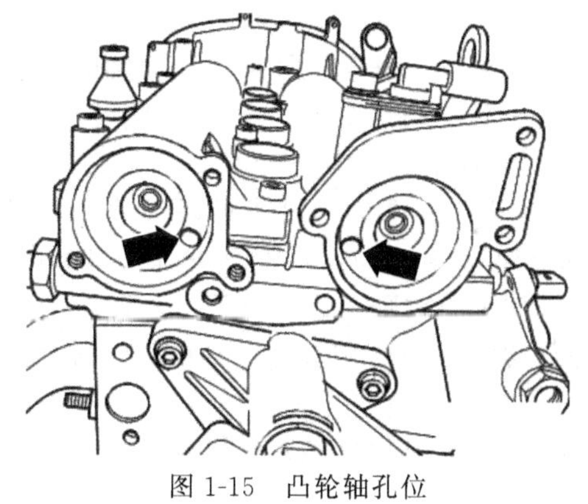

图 1-15 凸轮轴孔位

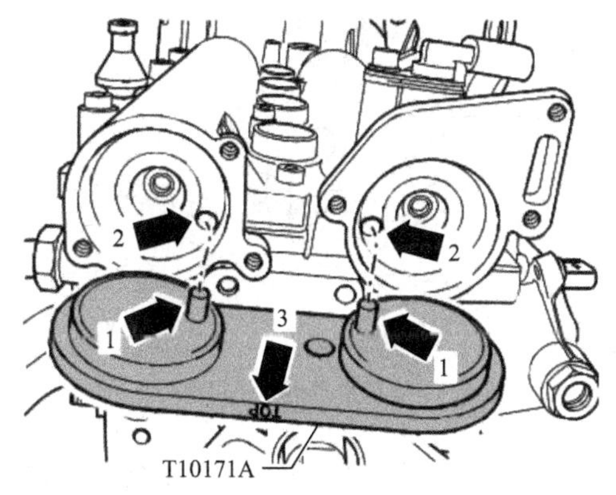

图 1-16 专用工具的使用

⑯ 在相应的孔中用手拧入一个螺栓 M6，固定凸轮轴固定件 T10171 A，不要拧紧。

⑰ 拆卸正时齿轮箱罩。

⑱ 从机油泵上拔出盖板（1）。

⑲ 用记号笔标记正时链（3）的运转方向。注意凸轮轴调节器的紧固螺栓（2）为左旋螺纹。

⑳ 用固定支架 T10172 固定凸轮轴正时齿轮（5），松开螺栓（2）和（4），如图 1-17 所示。

㉑ 如图 1-18 所示，沿箭头方向压张紧轨并用定位销 T40011 固定链条张紧器的活塞。

㉒ 将凸轮轴调节器和正时链一起取下。

㉓ 用固定支架 T10172 固定机油泵的链轮并松开紧固螺栓。

㉔ 将固定销上的张紧弹簧用一把螺丝刀撬出并取出张紧弹簧。

㉕ 旋出紧固螺栓并取下链条张紧器。

㉖ 用记号笔标记机油泵驱动链的运转方向。

㉗ 拧下链轮的紧固螺栓并将链轮连同机油泵驱动链一起取下。

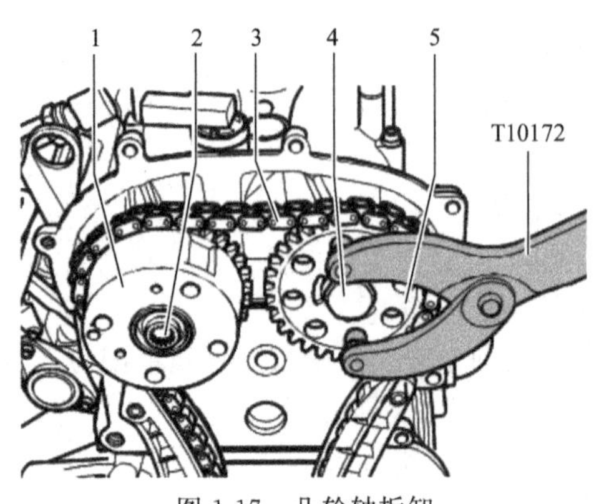

图 1-17 凸轮轴拆卸

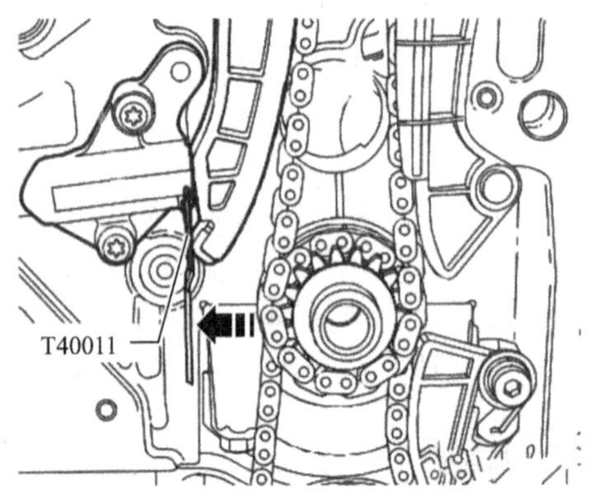

图 1-18 拆卸张紧器图

(3) 正时链单元的安装

说明： 曲轴必须位于气缸 1 的上止点位置。

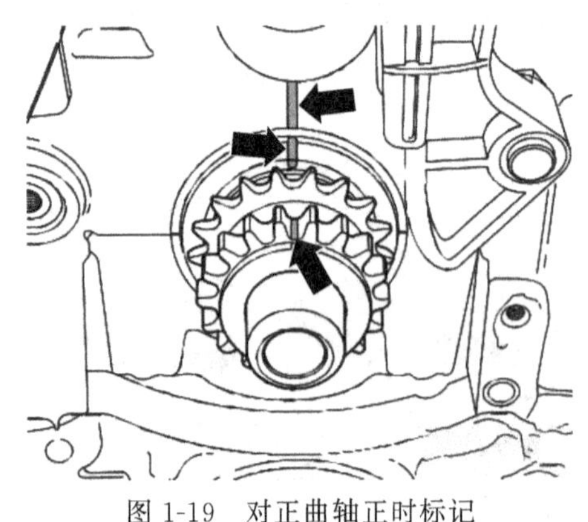

图 1-19 对正曲轴正时标记

① 如图 1-19 所示，沿箭头方向推链轮直到曲轴轴颈的极限位置。

注意： 与链轮铸在一起的凸缘必须插入曲轴轴颈的凹槽中。

② 用记号笔标记链轮和气缸体、曲轴的位置。

③ 将机油泵驱动链放到链轮上并同时将链轮放到机油泵的驱动轴上。

提示： 注意机油泵驱动链上的运转方向标记。机油泵驱动轮只在一个位置与机油泵驱动轴匹配。

④ 将机油泵驱动轴用固定支架 T10172 固定。

⑤ 将新的固定螺栓用 20N·m 的力矩拧紧并继续转动 1/4 圈（90°）。

⑥ 将链条张紧器安装到机油泵驱动链上并用 15N·m 的力矩拧紧紧固螺栓。

⑦ 将张紧弹簧用一把螺丝刀安装到固定销上。

⑧ 用手给链轮拧上一个新的紧固螺栓。

⑨ 将正时链装到曲轴链轮、排气凸轮轴链轮和凸轮轴调节器上，并用手给凸轮轴调节器拧上一个新的紧固螺栓。

提示： 注意正时链上的运转方向标记。导向套安装在进气凸轮轴和凸轮轴调节器之间。凸轮轴调节器的紧固螺栓为左旋螺纹。

⑩ 安装链条张紧器并用 9N·m 的力矩拧紧紧固螺栓。

⑪ 从链条张紧器中拔出定位销 T40011，张紧正时链。

⑫ 检查曲轴链轮和气缸体上的标记，它们必须相互重叠。

⑬ 用 40N·m 的力矩拧紧紧固螺栓，并用 50N·m 的力矩拧紧螺栓（使用固定支架 T10172）。

提示： 检查过配气相位后，继续转动 1/4 圈（90°）拧紧紧固螺栓。凸轮轴调节器的紧固螺栓为左旋螺纹。

⑭ 拧下螺栓并将凸轮轴固定件 T10171 A 从凸轮轴箱上取下。

⑮ 检查配气相位。

⑯ 将凸轮轴正时齿轮用固定支架 T10172 固定并用一把刚性扳手将紧固螺栓（左旋螺纹）继续转 1/4 圈（90°）。

提示：凸轮轴调节器的紧固螺栓为左旋螺纹。在拧紧螺栓时，凸轮轴正时齿轮不允许转动。

⑰ 安装机油泵齿轮盖板。

⑱ 安装正时齿轮箱罩。

⑲ 安装油底壳。

⑳ 安装曲轴皮带轮。

㉑ 安装多楔皮带。

1.2.4　2010～2016 年款大众 1.6L CLS 发动机正时维修

(1) 发动机正时检查

① 拆卸空气滤清器。

② 拆下凸轮轴侧面密封盖罩。

③ 拆下气缸 1 的火花塞。为此，使用拔出器 Hazet 1849-7 或拔出器 T10094 和火花塞扳手 Hazet 4766-1。

④ 如图 1-20 所示，将千分表适配器 T10170 旋入火花塞的孔中至极限位置。百分表 1 的凸台（箭头 A）和千分表适配器 T10170 的第一个螺纹（箭头 B）对齐，这样才能保证千分表/百分表的量程足够大。

⑤ 旋入百分表 V/35.1 和加长件 T10170/1 至极限位置，并用锁止螺母锁定在该位置上。

⑥ 沿发动机转动方向将曲轴转到气缸 1 的上止点。记住百分表上小指针的位置。

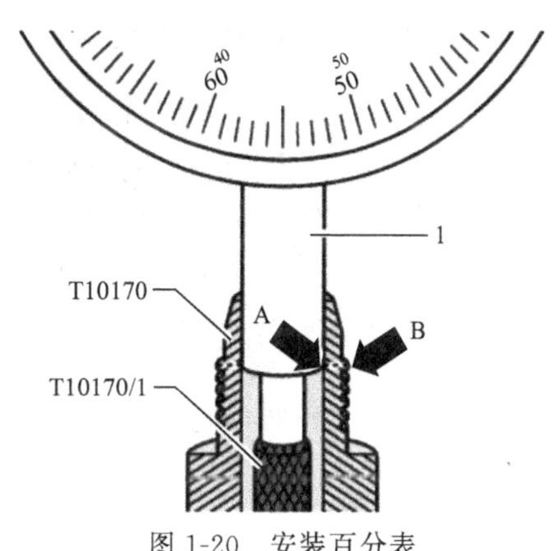

图 1-20　安装百分表

凸轮轴中的孔（箭头）必须如图 1-21 所示对准，否则将曲轴再旋转一圈（360°）。

如果曲轴转动的位置超过了上止点 0.01mm，应当沿发动机转动的相反方向把曲轴转回 45°。接着沿发动机转动方向将曲轴转到气缸 1 的上止点。与气缸 1 上止点的允许偏差：±0.01mm。

⑦ 把凸轮轴夹具 T10171A 装入凸轮轴开口中至极限位置。防松销（箭头 1）必须嵌入孔（箭头 2）中。必须能够从上面看到标记“TOP”（箭头 3），见图 1-22。

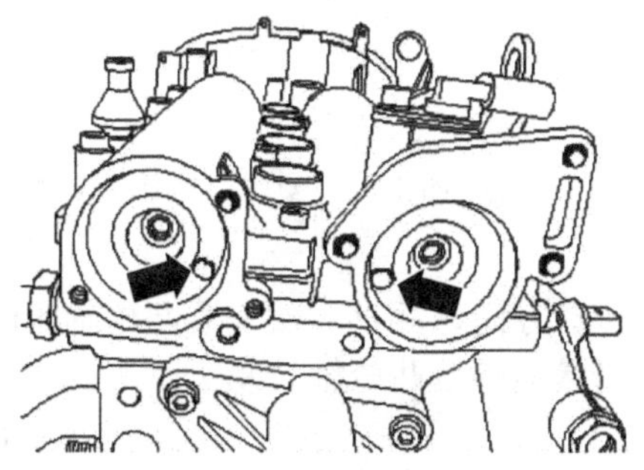
图 1-21　凸轮轴中孔对准位置

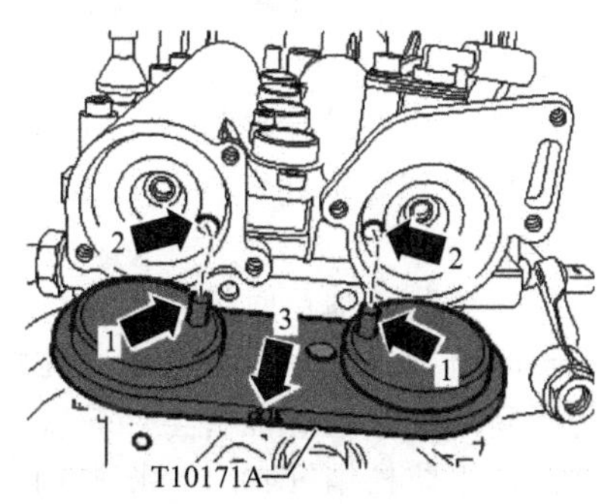

图 1-22　安装凸轮轴夹具

如果不能把凸轮轴夹具 T10171A 装入凸轮轴开口中至极限位置，则气门正时不正确，必须重新进行调整。

如果能够把凸轮轴夹具 T10171A 装入凸轮轴开口中至极限位置，表示气门正时正常。

其余的安装以拆卸的相反顺序进行，安装过程中要注意下列事项：更换凸轮轴侧面盖罩密封圈时，应当在安装前用机油浸润。

(2) 发动机正时调整

① 拆卸发动机正时带罩盖。

② 随后要旋转曲轴，应重新装入轴承套、曲轴皮带轮（2）、曲轴螺栓（3），用扳手 3415 固定皮带轮，拧紧曲轴螺栓，见图 1-23。

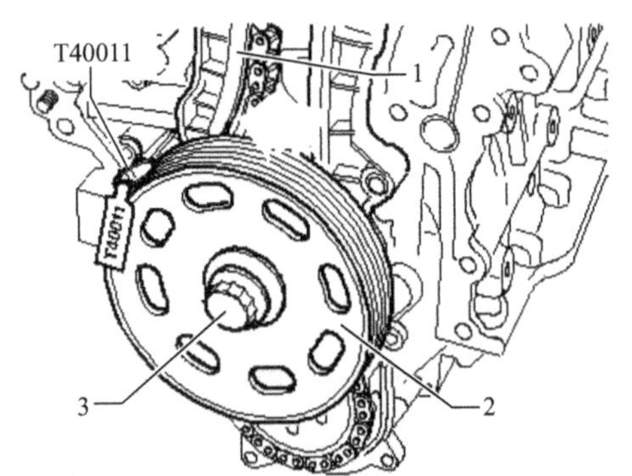

图 1-23 安装曲轴螺栓

③ 拆下气缸 1 的火花塞。为此，使用拔出器 Hazet 1849-7 或拔出器 T10094 和火花塞扳手 Hazet 4766-1。

④ 将千分表适配器 T10170 旋入火花塞的孔中至极限位置。百分表的凸台和千分表适配器 T10170 的第一个螺纹对齐，这样才能保证千分表/百分表的量程足够大。

⑤ 旋入百分表 V/35.1 和加长件 T10170/1 至极限位置，并用锁止螺母锁定在该位置上。

⑥ 沿发动机转动方向将曲轴转到气缸 1 的上止点。记住千分表/百分表上小指针的位置。

⑦ 接着沿发动机旋转方向旋转曲轴 45°。

⑧ 沿箭头方向按压张紧导轨 1 并用防松销 T40011 锁定活塞。

⑨ 用彩色记号笔标出正时链条 3 的转动方向。

⑩ 旋出螺栓 2 和 4，并拆下带正时链条 3 的正时齿轮。拆卸时，用定位扳手 T10172 固定链轮。

⑪ 重新安装正时齿轮 1 和 5。使用新的凸轮轴正时齿轮固定螺栓。

⑫ 重新装入螺栓 2 和 4，并拧紧至 50N·m（用定位扳手 T10172 固定链轮）。以上部件见图 1-24。

⑬ 旋转进气和排气凸轮轴直至能够将凸轮轴夹具 T10171A 推入凸轮轴孔中至极限位置。防松销（箭头 1）必须嵌入孔（箭头 2）中。必须能够从上面看到标记“TOP”（箭头 3），见图 1-22。转动时，不允许轴向推动凸轮轴。

⑭ 用手装入一个 M6 螺栓（不要拧紧）来固定凸轮轴夹具 T10171A。

⑮ 旋出凸轮轴正时齿轮螺栓。拆卸时，必须使用定位扳手 T10172。不允许将凸轮轴夹具 T10171A 用作止动工具。

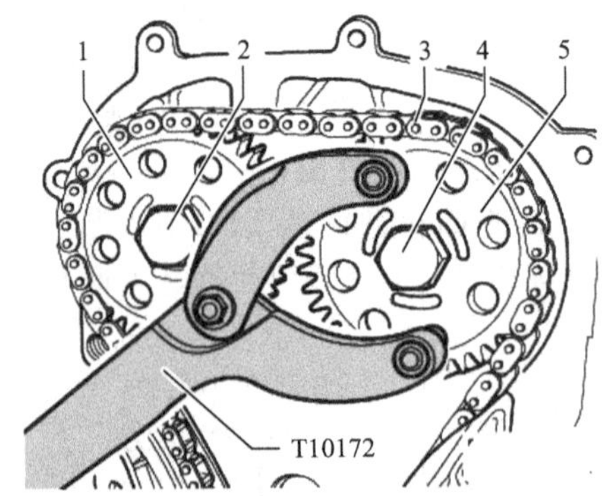

图 1-24 安装凸轮轴链轮螺栓

⑯ 拆下一个凸轮轴正时齿轮。

⑰ 把正时链条放在正时齿轮上，注意链条的转动方向，并再一次安装凸轮轴正时齿轮。

⑱ 拧紧新的凸轮轴螺栓直至凸轮轴正时齿轮仍然能够被凸轮轴转动。

⑲ 通过拆下防松销 T40011 张紧正时链条。

⑳ 沿发动机转动方向将曲轴转到气缸 1 的上止点。与气缸 1 上止点的允许偏差：±0.01mm。

如果曲轴转动的位置超过了上止点 0.01mm，应当沿发动机转动的相反方向把曲轴转回45°。接着沿发动机转动方向将曲轴转到气缸 1 的上止点。

㉑ 用定位扳手 T10172 将凸轮轴正时齿轮固定在此位置上，接着拧紧螺栓至 50N·m。拧紧凸轮轴螺栓时，不允许转动曲轴，并且两侧的正时链条都应当处于张紧状态。

㉒ 拆下凸轮轴夹具 T10171A。

㉓ 沿发动机转动方向旋转曲轴两圈至气缸 1 的上止点。与气缸 1 上止点的允许偏差：±0.01mm。

㉔ 把凸轮轴夹具 T10171A 装入凸轮轴开口中至极限位置。如果不能安装凸轮轴夹具 T10171A，重复调整操作。

㉕ 如果能够安装凸轮轴夹具 T10171A，拆下凸轮轴夹具 T10171A，用定位扳手 T10172 固定凸轮轴正时齿轮，并用一把坚硬的扳手继续拧紧螺栓 2 和 4 1/4 圈（90°）。拧紧时不允许旋转凸轮轴正时齿轮。

㉖ 再一次沿发动机转动方向旋转曲轴两圈至气缸 1 的上止点。与气缸 1 上止点的允许偏差：±0.01mm。

㉗ 把凸轮轴夹具 T10171A 装入凸轮轴开口中至极限位置。如果不能安装凸轮轴夹具 T10171A 凸轮轴夹具，重复调整操作。

㉘ 其余的安装以拆卸的相反顺序进行。

- 安装气门正时壳体。
- 安装多楔皮带。
- 更换凸轮轴侧面盖罩密封圈时，应当在安装前用机油浸润。

1.2.5 全新宝来搭载 CLS 发动机电控系统部件位置分布

CLS 发动机电控系统部件安装位置如图 1-25 所示。

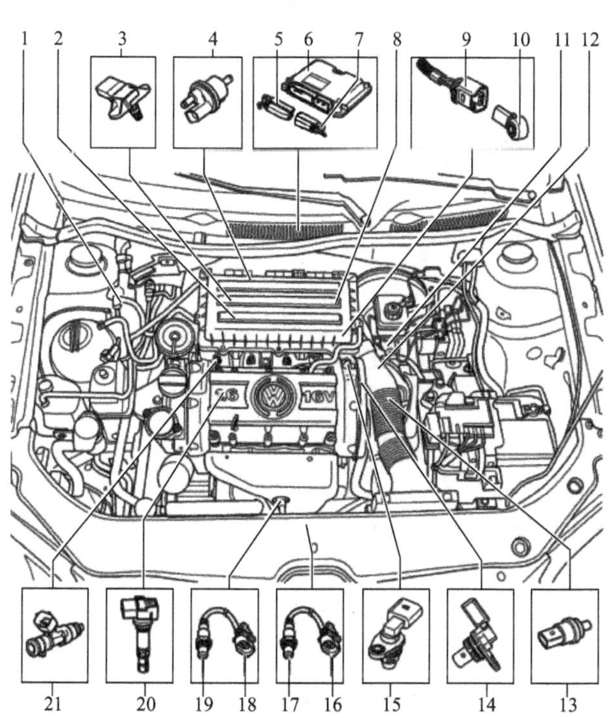

图 1-25 1.6L CLS 发动机电控系统部件分布
1—供油管路；2—空气滤清器；3—进气温度传感器（G42）和进气歧管压力传感器（G71）；4—活性炭罐电磁阀（N80），在发动机舱内；5—52 针插头连接，插头要在点火开关已关闭的情况下拔插；6—发动机控制单元（J623），安装位置：在排水槽中部；7—28 针插头连接，插头要在点火开关已关闭的情况下拔插；8—节气门控制单元（J338），更换后将发动机控制单元与节气门控制单元匹配，插头连接，6 针，触点镀金；9—2 针插头连接，用于爆震传感器（G61），黑色；10—爆震传感器（G61），触点镀金；11—制动信号灯开关（F）及制动踏板开关（F47）；12—进气管；13—冷却液温度传感器（G62），灰色，触点镀金，拆卸前降低冷却系统的压力；14—发动机转速传感器（G28）；15—霍尔传感器（G40），黑色，3 针，触点镀金；16—4 针插头连接，黑色，用于尾气催化净化器后的氧传感器（G130），触点镀金；17—尾气催化净化器后的氧传感器（G130），50N·m，更换时删除故障存储；18—4 针插头连接，棕色，用于尾气催化净化器前的氧传感器（G39），触点镀金；19—尾气催化净化器前的氧传感器（G39），50N·m，更换时删除故障存储；20—带功率输出级的点火线圈；21—燃油喷嘴（N30、N31、N32、N33），检查喷射量和密封性，更换时删除故障存储

1.2.6 全新宝来全车控制器安装位置

新宝来全车控制器位置分布如图 1-26 所示。

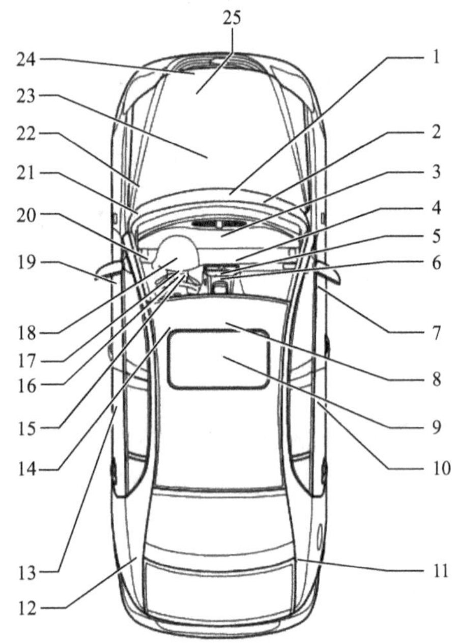

图 1-26　新宝来全车控制器位置分布

1—发动机控制单元（J），安装位置：在排水槽中间；2—自动变速箱控制单元（J217），安装位置：在排水槽内右侧；3—安全气囊控制单元（J234），安装位置：在中控台下面；4—进入及启动许可控制单元（J518），安装位置：在手套箱左侧的仪表板支架上；5—收音机和导航系统的带显示单元的控制单元或收音机（R/J503）；6—空调器控制单元（J301）或 Climatronic 控制单元（J255），安装位置：在仪表板中部；7—副驾驶员侧车门控制单元（J387）；8—滑动天窗控制单元（J245），安装位置：在滑动天窗前部中间；9—移动电话电子操作装置控制单元（J412），安装位置：在副仪表板下方手制动器旁；10—右后车门控制单元（J389），安装位置：在右后车门内；11—驻车辅助控制单元（J446），安装位置：在后备厢内右后轮罩后部；12—后视镜记忆功能控制单元（J267），安装位置：在后备厢左侧饰板后方；13—左后车门控制单元（J388），安装位置：在左后车门内；14—可加热前座椅控制单元（J774），安装位置：在驾驶员座椅底部左侧；15—电子转向柱锁止装置控制单元（J764），安装位置：安装在转向柱开关下方的转向柱上；16—转向柱电子装置控制单元（J527），安装位置：在方向盘下方的转向柱上；17—组合开关；18—仪表板中控制单元（J285）；19—驾驶员侧车门控制单元（J386），安装位置：在左前车门内；20—车身控制模块（J519），安装位置：在仪表板左侧下方；21—刮水器电动机控制单元（J400），安装位置：在排水槽左侧；22—ABS 控制单元（J104）；23—节气门控制单元（J338），安装位置：在进气歧管左侧；24—散热器风扇控制单元（J293），安装位置：在散热器左侧；25—双离合器变速箱机电一体化装置（J743），安装位置：在变速箱中部

1.2.7 新宝来继电器位置信息

新宝来汽车继电器盒内继电器分布如图 1-27 所示。

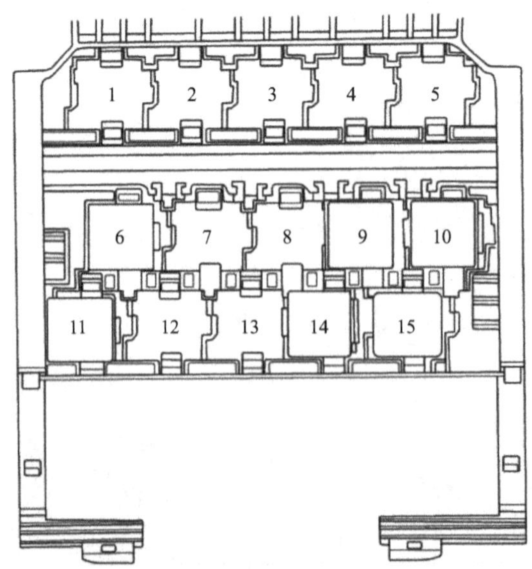

图 1-27　新宝来汽车继电器盒分布

仪表板左下方继电器支架上的继电器位置分配（至2014年2月止）

序号	功　能	备　注
1～5	未占用	
6	总线端30供电继电器(J317)(458继电器)	
7	远光灯继电器(J12)(53继电器)	自2011年3月起
8	端子15供电继电器(J329)(100继电器)	自2012年12月起
9/1	电动燃油泵2继电器(J49)(449继电器)	自2008年9月起,仅限装备2.0L发动机的汽车
9/2	燃油泵继电器(J17)(449继电器)	仅限装备不带涡轮增压发动机的汽车
10	接线端50供电继电器(J682)(100继电器)	
11	二次空气泵继电器(J299)(100继电器)	仅限装备1.6L 2阀74kW发动机的汽车
12	86s触点继电器(J629)(404继电器)	自2012年12月起
13	供电继电器1,端子75(J680)(100继电器)	自2012年12月起
14	空调继电器(J32)(126继电器)	
15	X触点卸载继电器(J59)(100继电器)	

仪表板左下方继电器支架上的继电器位置分配（自2014年2月起）

序号	功　能	备　注
1～5	未占用	
6	总线端30供电继电器(J317)(458继电器)	仅用于带启动许可的车辆
	转换盒(J935)(499继电器)	仅用于带启动许可的车辆
7	远光灯继电器(J12)(53继电器)	
8	端子15供电继电器(J681)(100继电器)	
9	燃油泵继电器(J17)(449继电器)	
10	接线端50供电继电器(J682)(100继电器)	
	接线端50供电继电器(J682)(433继电器)	
11	未占用	
12	转换盒(J935)(499继电器)	
	总线端30供电继电器(J317)(458继电器)	
13	供电继电器1,端子75(J680)(100继电器)	
14	空调继电器(J32)(126继电器)	
15	端子15供电继电器(J329)(100继电器)	

1.2.8 2008～2016年款新宝来四轮定位数据

前　桥	舒适型底盘	后　桥	舒适型底盘
PR号码	G03	PR号码	UA2
总前束(无负载)	0±10′	总前束(在规定的车轮外倾角下)	+16′±10′
车轮外倾角(在正前打直方向)	−25′±30′	车轮外倾	−1°27′±10′
两侧之间的最大允许偏差	最大30′	两侧之间的最大允许偏差	最大30′

续表

前　　桥	舒适型底盘	后　　桥	舒适型底盘
向左和向右转向角为20°时的转向角差	1°29′±20′		
主销后倾	7°30′±30′		
左销后倾左右侧之间的最大允许偏差	最大30′	与运行方向最大允差	最大30′
标准高度	(398±10)mm	标准高度	(399±10)mm

1.2.9 2010～2016年款新宝来保养归零手工复位方法

下面为不使用车辆诊断、测量和信息系统，车辆诊断测试仪来复位保养周期显示的步骤。

① 关闭点火开关后，按住按钮B。

② 打开点火开关后，松开按钮B。

③ 按压按钮A，保养周期显示被重置。操作按钮位置如图1-28所示。

④ 恢复显示模式。

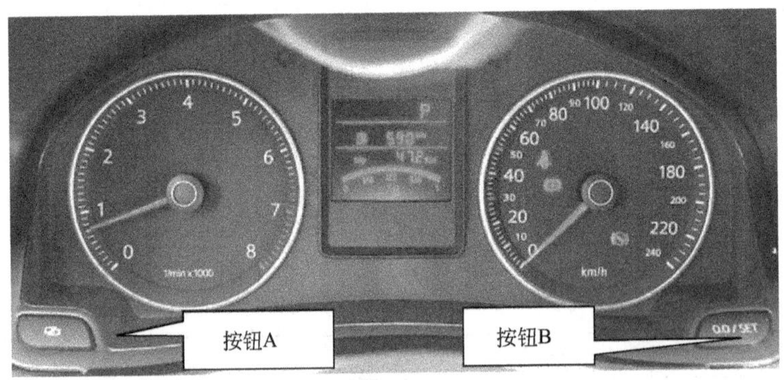

图1-28　2012年款前新宝来仪表

自2012年10月起生产的汽车操作方法如下。

① 点火开关关闭时，按住按钮B。

② 打开点火开关。

③ 松开按钮B，短按一次时间设置钮A，保养周期显示被重置。操作按钮位置如图1-29所示。

④ 恢复显示模式。

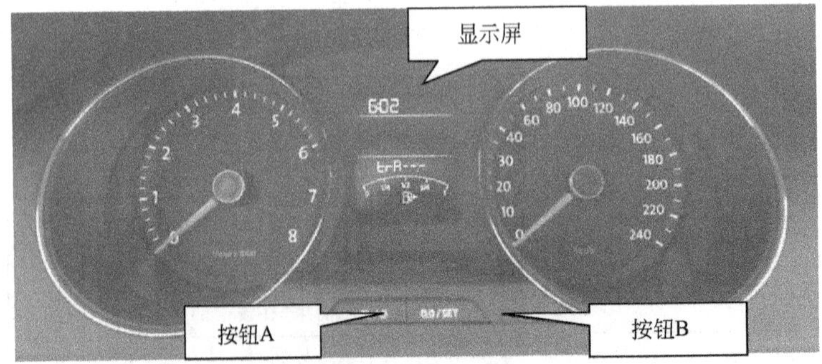

图1-29　2012年10月起新宝来仪表

1.2.10 2010年款新宝来遥控器匹配

用VCDS10.6.3中文版匹配2010款新宝来的遥控器1K0959753N。无法登陆46—舒适单元。用大众原厂诊断仪VAS5054A接上，选择一汽大众维修系统选择15—新宝来，查看所有系统单元没有46—舒适系统。选择09—中央电器管理模块，选择遥控匹配，按照向导操作完成。遥控器正常使用。

说明：换为VCDS10.6.3进入09，输入通道号00—自适应清除。回到界面输入通道号01，按下遥控器LOCK。操作没有反应。一汽大众为了防止大家再像以前德国大众血统的车系，如老宝来、奥迪等，自己调整自动落锁、一键升窗、开启警示灯之类的操作，将此46—舒适系统去掉！而新的匹配或者开启功能只能通过VCDS10.6.3修改长编码或者原厂VAS5054引导操作。

1.2.11 新宝来第四代防盗系统匹配流程

新宝来全系车型配备了第四代防盗锁止系统。作为第四代防盗系统的核心组成部分的中央数据库（FAZIT），记录着所有相关控制单元的防盗信息数据。只有通过与中央数据库的在线连接，参与防盗锁止系统的控制单元和该数据库的匹配才能实现。如此相对于原宝来车的第三代防盗系统，整车的安全性得到了实质性提高。因为集成有防盗电子控制单元组合仪表和发动机控制器都含有能和中央数据库通信的防盗信息，这就意味着组合仪表和发动机电控单元同时损坏时，必须同时更换掉具有独立身份识别能力的点火钥匙，而且必须通过FAZIT数据库的防盗信息对组合仪表和发动机电控单元进行一致性在线匹配。

① 在线匹配前需做的准备工作

a. 确认一汽-大众专用汽车诊断检测设备VAS5052A调试到良好工作状态。

b. 确保网线工作状态良好。

c. 检查经销商网络权限和IP地址有效性。

d. 确认所要更换的电控单元零件号与损坏件的一致性（发动机电控单元零件号：06A906023B；组合仪表零件号：18G920826）。

e. 记录原仪表和发动机电控单元编码并保存记录。

f. 确认所要匹配车辆电瓶的静态电压大于12.5V。

g. 按照新宝来维修手册更换全车锁、组合仪表和发动机电控单元。

② 选择功能引导。按提示依次确定品牌为FAW _ VW，车型为新宝来，年型为2009，发动机类型为BWH1.6 SIMOS 74kW。在车辆系统或功能菜单项中选择“防盗锁止系统”，此时利用测量数据块功能读取防盗模块数据流。显示防盗锁止系统使用状态为“1”（正常为6），防盗锁止系统状态为“1”（正常值“0”），实际已配的钥匙数为0，发动机控制单元1询问为“NEIN”，再读取发动机模块数据流，显示发动机电控系统使用状态为“0”（正常为4），说明参与防盗锁止系统的部件（如钥匙、发动机、防盗单元）之间的数据未进行解码和相互识别。

③ 为确保在线匹配的顺利进行，首先进行网络系统测试。如果显示在线测试为“X”或提示测试失败，还需进一步进行调试；硬件问题（检测设备和网卡等）或软件问题（IP地址等）都可能会引起网络测试失败。

④ 选择“新的一致性”任务形成测试计划，因更换的仪表和发动机电控单元为新备件，选择1—新的防盗锁止系统/发动机控制单元，此时如选择2—旧的防盗锁止系统/发动机控制单元，系统将会提示发动机控制单元使用状态不正常，中止匹配。在整个匹配过程中，如无系统特别提示，保持钥匙位于点火挡位打开位置。

如无登录锁止，系统需要依次输入客户姓名、用户识别号、国籍（建议使用真实的车主用户信息输入，国籍为 CN），特别要注意用户数据中汽车底盘号的输入，因为只有通过底盘号唯一的识别性才能与中央数据库的防盗信息建立联系。为将输入信息和诊断测试仪读取到的相关信息进行在线传输，系统将提示创建在线连接，要求进入 GEKO 操作权限登录；登录成功后，在线查询系统会发回有关查询数据，VAS5052 接收和分析相关数据并进行登录验证，此时系统写入配置信息指令字节，系统提示已匹配防盗锁止系统控制单元。

⑤ 接下来进行发动机电控单元的适配，同时匹配防盗锁止系统和发动机电控单元之间的密码，通过接收和分析数据过程后开始功能检查任务项，系统提示进行点火开关的关闭/打开操作。此时一定要严格按提示开关要求去做，否则将导致防盗系统损坏。在经过两个点火开关周期后，将进行防盗锁止系统控制单元信息的校验。由于匹配通道程序设置的原因，有些情况下，系统无法完成分析防盗信息的有效条件，此时会出现防盗锁止系统控制单元当前状态为“0”不正常的提示而自动中止测试。随后的测试计划中显示更换防盗锁止系统时匹配失败，尽管系统显示匹配没有成功，建议不要关闭点火开关、拔下诊断插头或断电，因为防盗系统已进行部分匹配，任何非正常中断都可能被存储为不可修复的错误防盗数据，此时实测发动机已进行成功防盗信息匹配，防盗锁止系统防盗信息显示为空内容。要等到防盗锁止系统测量值使用状态为“6”时才能进行继续适配的进程，如查询车辆识别号已为防盗系统所正确识别，则可进入适配钥匙任务项。

⑥ 确认控制单元匹配成功后，需要进入钥匙匹配程序。选择匹配钥匙任务进程，将重新执行防盗匹配的流程。所有（包括补定）钥匙出厂时都进行了预设码，仅能适合在本车使用，因为防盗信息的更新，原钥匙必须和防盗系统中央控制单元进行匹配。按照工作流程，同样需要输入用户信息和 GEKO 密码登录进行在线传递。匹配钥匙时，为避免干扰，每把钥匙应放在距点火开关足够远的地方，通过屏幕上的加或减标识符，来确定所配钥匙的总数；在确定钥匙总数后，多功能仪表盘的日里程表处会显示所要匹配的钥匙的目标值和匹配成功的数值，按照引导程序打开半闭点火钥匙，直到适配钥匙总数达到目标值。至此，通过在线连接对参与防盗锁止系统的各部件之间的数据进行了解码，实现了各系统部件的相互通信。在系统读取和验证 WFS（防盗锁止系统）数据后，最终将显示成功地将防盗系统写入防盗钥匙。

⑦ 退出功能引导，进入系统收集服务功能，清除电控单元所有的故障码，确认无故障码存储后，进行打火试验，一切表现正常；此时利用引导性功能中的测量数据块功能读取防盗模块数据流。显示防盗锁止系统使用状态为“6”，防盗锁止系统状态为“0”，钥匙已锁定为“JA”，实际已配的钥匙数为 2，读取发动机模块数据流，显示发动机电控系统使用状态为“4”，说明参与防盗锁止系统的部件（如钥匙、发动机和防盗单元）之间的数据未进行解码和相互识别。

1.2.12 宝来 GP 2008 遥控钥匙手动匹配流程

宝来 GP 2008 采用了新设计的中控锁及电动窗电控单元，电控单元零件号为 1JD989857，电控单元采用长编码，匹配方法也较原宝来有了变化，流程如下。

在 5s 内连续开/关点火开关 3 次后，通过转向灯闪一下，提示控制器进入初始化状态。初始化状态维持 15s，在这段时间内，控制器准备接收来自遥控钥匙的初始化编码。流程如下。

① 通过钥匙在 5s 内使 KL15 开/关各三次。

② 当转向灯闪光一下，提示进入初始化状态，并开始计时。

③ 按住遥控钥匙的开/闭锁的任一键后，再马上按遥控钥匙开/闭锁的另外一键，转向

灯闪一下表示成功进入。

④ 重复操作步骤③可以初始化另外的遥控钥匙，共可以初始化 4 把遥控钥匙。

注意：整个初始化过程必须在 15s 内完成；在 15s 后或打开点火开关或初始化 4 把遥控钥匙，退出初始化状态。

一个新遥控钥匙的成功初始化，所有原来的遥控钥匙信息会全部被清除，也就是说，如果想用几把遥控钥匙操作车辆，必须在同一个初始化过程把几把钥匙初始化。

1.3 全新速腾 Sagitar（2011～2018 年款）

1.3.1 全新速腾发动机配置信息

发动机型号代码	CFB,DAG	CLR	CEA	CGM
排量/L	1.4	1.6	1.8	2.0
气缸数量	4	4	4	4
每缸气门数	4	4	4	4
功率	96kW/5000r/min	77kW/5600r/min	118kW/5000～6200r/min	147kW/5500r/min
扭矩	220N·m/1750～3500r/min	155N·m/3500r/min	250N·m/1500～4200r/min	280N·m/1800r/min
压缩比	10∶1	10.5∶1	9.8∶1	10.2∶1
喷射装置/点火装置	Motronic MED 17.5 TSI 涡轮增压器	Motronic ME 7.5	Motronic MED 17.5 TSI 涡轮增压器	Motronic MED 17.5 TSI 涡轮增压器
ROZ（辛烷值）无铅，至少	92 号及以上无铅汽油	92 号及以上无铅汽油	92 号及以上无铅汽油	92 号及以上无铅汽油
凸轮轴传动装置	链条	链条	链条	链条

1.3.2 2015～2018 年款大众 1.2T CYA 发动机正时维修

该款发动机正时带单元结构及拆装调整方法与 CSS 相同，请参考 1.3.3 小节。

1.3.3 2014～2018 年款大众 1.4T CSS/CST 发动机正时维修

（1）正时带单元部件分解

发动机正时带单元部件如图 1-30、图 1-31 所示。

（2）发动机正时检查方法

① 将 1 缸活塞调整至上止点位置。

a. 旋出气缸体上止点孔锁定螺栓，见图 1-32。

b. 将定位销 T10340 或 CT10340 旋入至极限位置，并以 30N·m 的力矩拧紧，将曲轴沿发动机工作时的运转方向转至极限位置，此时定位销与曲轴臂充分接触。

注意：定位销 T10340 或 CT10340 无法旋至极限位置时，说明 1 缸活塞必定不在上止点位置，可以通过允许旋入定位销的程度去判断 1 缸活塞所处的位置。

当允许旋入定位销长度较短时，1 缸活塞处于上止点附近（已过上止点），此时应旋出定位销，将曲轴沿发动机工作时的运行方向旋转约 270°。然后将定位销拧至极限位置，并以 30N·m 的力矩拧紧，继续将曲轴沿发动机工作时的运转方向旋转至止动位置。

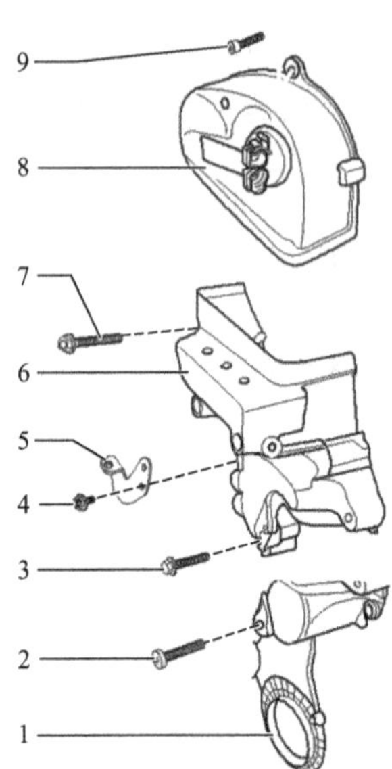

图 1-30 正时皮带罩盖

1—正时皮带下部盖罩；2—螺栓，拧紧力矩：8N·m；3—螺栓，拧紧力矩：40N·m＋继续旋转 90°；4—螺栓；5—支架，仅适用于 New Lavida 新朗逸、Gran Lavida 朗行、Cross Lavida 朗境、New Santana 全新桑塔纳、New Polo GTI 波罗、New Lavida 全新朗逸、Gran Santana 浩纳；6—发动机支撑件；7—螺栓；8—正时皮带上部盖罩；9—螺栓，拧紧力矩：8N·m

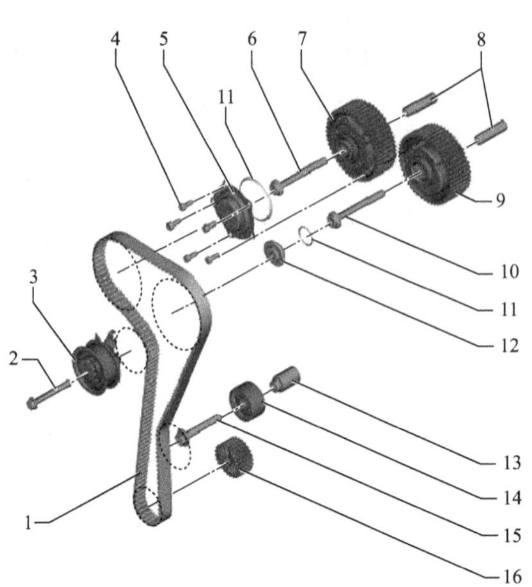

图 1-31 正时皮带单元

1—正时齿形皮带，拆卸皮带时，用粉笔或记号笔标出其运行方向，检查是否磨损；2—螺栓，拧紧力矩：25N·m；3—张紧轮；4—螺栓，更换，拧紧力矩：7N·m；5—密封盖；6—螺栓，更换，拧紧力矩：50N·m＋继续旋转 135°；7—排气凸轮轴齿形皮带轮，带凸轮轴调节装置；8—导向套；9—进气凸轮轴齿形皮带轮，带凸轮轴调节装置；10—螺栓，更换，拧紧力矩：50N·m＋继续旋转 135°；11—O 形圈，更换；12—密封螺栓，拧紧力矩：20N·m；13—间距套；14—导向轮；15—螺栓，拧紧力矩：40N·m；16—正时齿形皮带轮，正时齿形皮带轮和曲轴皮带轮之间表面上不允许有油脂，只有一个安装位置

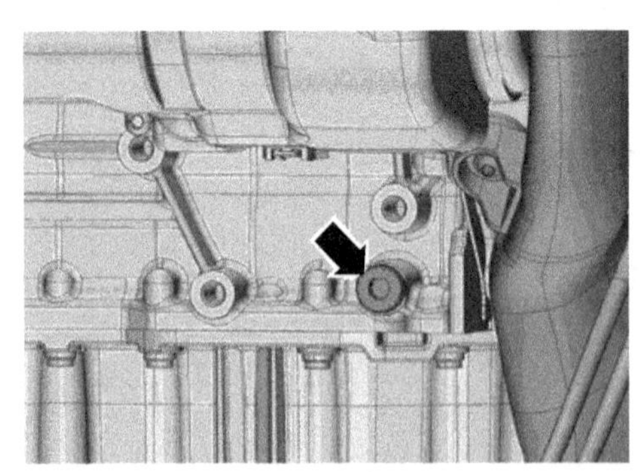

图 1-32 气缸体“上止点”锁定螺栓安装位置

当允许旋入定位销长度较长时，1 缸活塞处于下止点附近（已过下止点），此时应旋出定位销，将曲轴沿发动机工作时的运行方向旋转约 90°。然后将定位销拧至极限位置，并以 30N·m 的力矩拧紧，继续将曲轴沿发动机工作时的运转方向旋转至止动位置。

使用扳手 3415 或 S 3415 和固定工具 CT80009 转动曲轴，见图 1-33（状态 1）。

使用扳手 3415 或 S 3415 和固定工具 CT80012 转动曲轴，见图 1-34（状态 2）。

调整 1 缸活塞上止点时，可结合飞轮侧凸轮轴的状态进行进一步判断。如图 1-35 所示，变速箱侧的两个凸轮轴上各有两个不对称的槽（箭头）。在排气凸轮轴上，可以通过冷却液泵齿形皮带轮上的孔看到凸轮轴上两个不对称的槽（箭头）。在进气凸轮轴上，凹槽（箭头）位于凸轮轴中部上方。

② 凸轮轴位置不在描述位置时，旋松定位销 T10340 或 CT10340，并再转动曲轴，直至到达“上止点”位置。

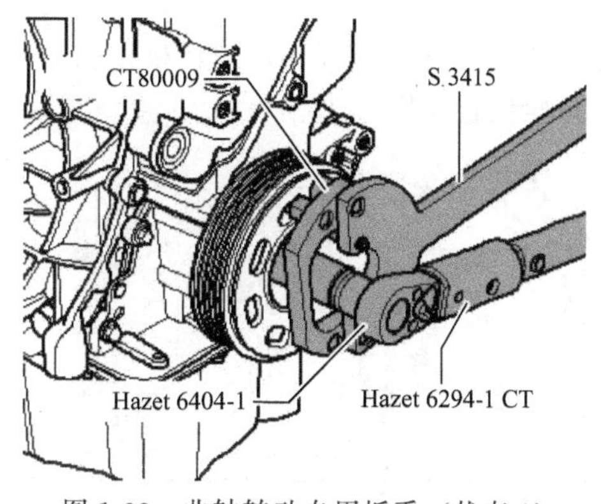

图 1-33 曲轴转动专用扳手（状态 1）

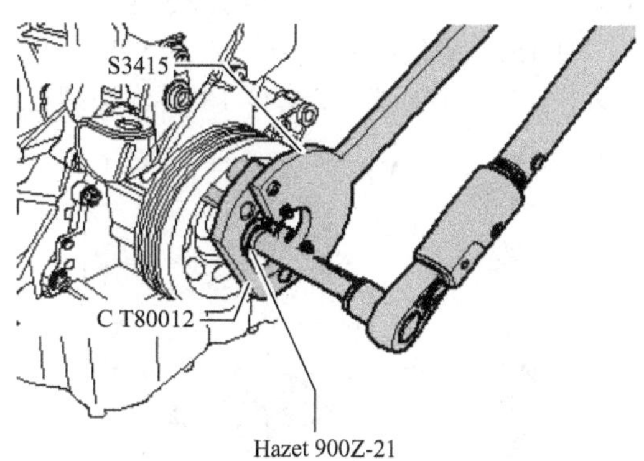

图 1-34 曲轴转动专用扳手（状态 2）

如图 1-36 所示，凸轮轴固定工具 T10494 必须能很容易放入安装位置。不能使用其他工具敲击凸轮轴固定工具，以使其能安装到位。

如果凸轮轴固定工具 T10494 不能很容易地放入安装位置：

a. 用手从上向下按压正时齿形皮带。

b. 同时将凸轮轴固定工具 T10494 插入凸轮轴内，直至止动位置。

c. 用手拧紧固定工具上螺栓（图 1-36 中箭头）。

如果无法插入凸轮轴固定工具 T10494，则调整正时，取下凸轮轴上的正时齿形皮带。

如果可以插入凸轮轴固定工具 T10494，则正时正常。

结束工作之前，检查是否已经取下定位销 T10340 或 CT10340 和凸轮轴固定工具 T10494。

③ 其余的安装以拆卸的相反顺序进行。

更换采用角度控制方式拧紧的螺栓（如拧紧要求为 30N・m+继续旋转 90°）。

锁定螺栓 O 形圈损坏时须及时更换。

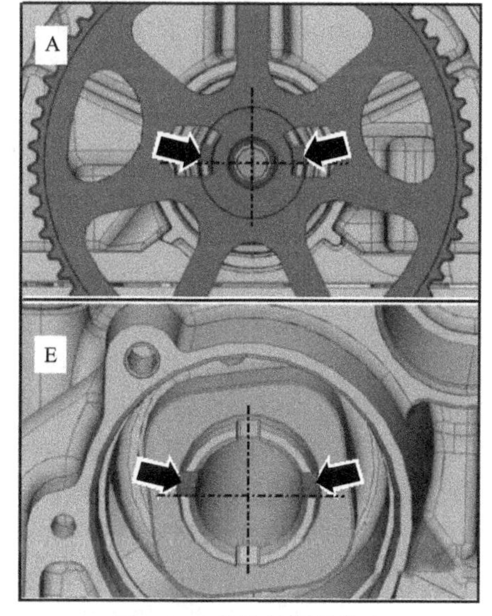

图 1-35 凸轮轴位置状态
A—排气侧；E—进气侧

(3) 正时带单元拆卸步骤

① 设置气缸 1 位于上止点位置，方法参考正时检查。

② 拆卸曲轴皮带轮。

③ 旋出螺栓，取下正时齿形皮带下部盖罩。

④ 松开固定卡子，脱开燃油供油管和活性炭罐电磁阀连接管。

⑤ 旋出上部盖罩固定螺栓。

⑥ 松开固定卡子，取下正时齿形皮带上部盖板。

⑦ 旋出螺栓，取下排气凸轮轴密封盖。为了保护齿形皮带，在排气凸轮轴密封盖下方放置一块抹布，用于收集溢出的发动机机油。

⑧ 使用定位扳手 T10172 或 CT10172、适配器 T10172/2 或 CT10172/2 和扭力扳手 Hazet 6290-1 CT 或 V. A. G 1331 旋出进气侧凸轮轴齿形皮带轮的密封螺栓。

⑨ 使用定位扳手 T10172 或 CT10172、适配器 T10172/2 或 CT10172/2 和扭力扳手

Hazet 6292-1 CT 或 V. A. G 1332 旋松螺栓 1 一圈。

⑩ 使用定位扳手 T10172 或 CT10172、适配器 T10172/1 或 CT10172/1 和扭力扳手 Hazet 6292-1 CT 或 V. A. G 1332 旋松螺栓 2 一圈。螺栓位置见图 1-37。

图 1-36 安装凸轮轴固定工具

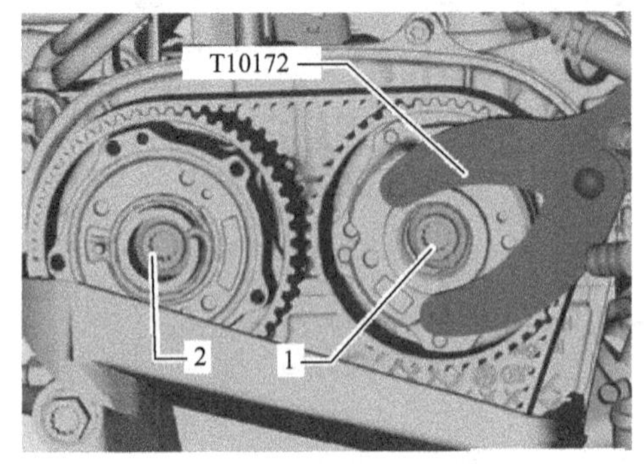

图 1-37 旋松凸轮轴齿轮螺栓

⑪ 使用 30mm 特殊扳手 T10499 或 CT10499 固定偏心轮上的张紧轮，松开螺栓。

⑫ 将正时齿形皮带从凸轮轴上脱开。

正时齿形皮带安装方向应与其原有运转方向保持一致，否则有损坏的危险。因此，拆卸正时齿形皮带时，用粉笔或记号笔标出其运转方向，便于重新安装。

⑬ 取下正时齿形皮带。

⑭ 取下正时齿形皮带轮。

(4) 正时带单元安装步骤（调整正时）

① 调整 1 缸活塞至上止点位置。

② 更换两个凸轮轴齿形皮带轮螺栓，并将其拧入，但不要拧的很紧。只要凸轮轴齿形皮带轮能够绕螺栓自由旋转且转动过程中不会在螺栓轴向方向来回运动即可。

③ 检查张紧轮的凸耳是否啮合在气缸盖的铸造孔上。

④ 将正时齿形皮带轮装到曲轴上。必须保证曲轴皮带轮和正时齿形皮带轮的接触面无油脂。正时齿形皮带轮铣切面（图 1-38 箭头）必须放在曲轴销铣切面上。

⑤ 首先将齿形皮带套在齿形带的下部。

⑥ 安装正时齿形皮带下部盖罩。

⑦ 安装曲轴皮带轮。

⑧ 安装齿形皮带时注意安装顺序：向上拉齿形皮带，并置于导向轮（1）、张紧轮（2）、排气凸轮轴齿形皮带轮（3）和进气凸轮轴齿形皮带轮（4）上（见图 1-39）。

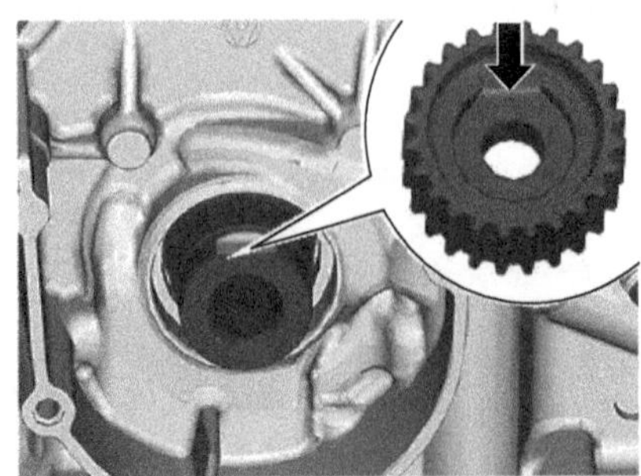

图 1-38 曲轴皮带轮安装

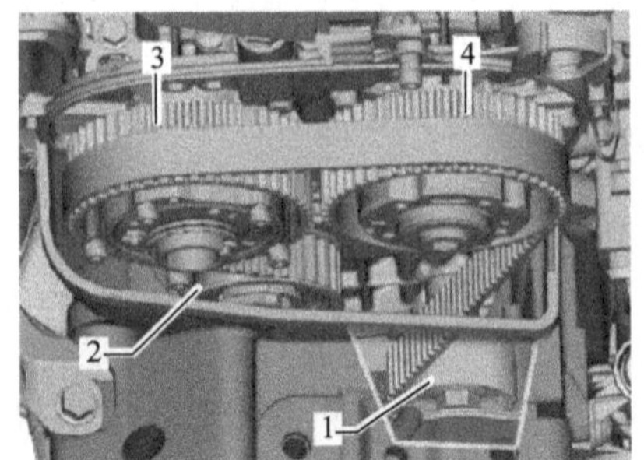

图 1-39 安装正时皮带

⑨ 沿图 1-40 箭头方向转动 30mm 特殊扳手 T10499 或 CT10499 [即转动张紧轮偏心轮

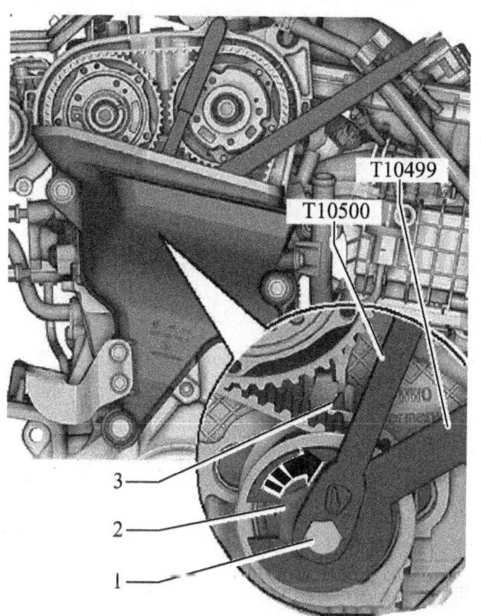

图 1-40 转动张紧轮到既定位置

(2)]，直到设置指示针（3）位于设置窗右侧10mm处。

⑩ 回转偏心轮，直到指示针正好位于设置窗口内。

⑪ 使用13mm特殊环形扳手T10500或CT10500将偏心轮保持在该位置，拧紧螺栓（1）至额定要求。发动机转动或运行后，指示针（3）位置和设置窗口之间的距离可能会出现细小差异，这对齿形皮带张紧并没有影响。

⑫ 使用带适配器T10172/1或CT10172/1的定位扳手T10172或CT10172和扭力扳手Hazet 6292-1 CT或V. A. G 1332以50N·m的力矩拧紧2个凸轮轴皮带轮螺栓。

⑬ 旋出定位销T10340或CT10340。

⑭ 旋出螺栓，取出凸轮轴固定工具T10494。

⑮ 检查正时，参考上述步骤。

⑯ 使用带适配器T10172/1或CT10172/1的定位扳手T10172或CT10172、扭力扳手Hazet 6292-1 CT或V. A. G 1332和角度盘Hazet 6690将凸轮轴皮带轮螺栓拧紧至额定要求。

⑰ 使用带适配器T10172/2或CT10172/2的定位扳手T10172或CT10172和扭力扳手Hazet 6290-1 CT或V. A. G 1331拧紧密封螺栓。

⑱ 维修工作结束后，需检查是否已经取下定位销T10340或CT10340和凸轮轴固定工具T10494。

进一步的安装以拆卸的相反顺序进行。

1.3.4 2013～2018年款大众1.6L CPD发动机正时维修

该发动机款型与全新桑塔纳所装载的一样，请参考2.1.3小节内容。

1.3.5 2009～2018年款大众1.6L CLR发动机正时维修

CLR发动机正时链结构与拆装步骤与CDF相同，相关内容请参考1.6.4小节。

1.3.6 全新速腾四轮定位数据

这些标准值适用于所有发动机配置。

前　桥	标准底盘	运动底盘
产品编号	2UA	2UC
总前束(无负载)	10′±10′	10′±10′
车轮外倾角(正前打直位置)	−30′±30′	−30′±30′
两侧之间的最大允许偏差	最大30′	最大30′
车轮向左以及向右转动20°① 前束角差	1°19′±20′	1°19′±20′
主销后倾	7°37′±30′	7°37′±30′
两侧之间的最大允许偏差	最大30′	最大30′
标准高度	(379±10)mm	(379±10)mm

续表

后　　桥	标准底盘	运动底盘
车轮外倾	−1°±30′	−1°20′±30′
两侧之间的最大允许偏差	最大 30′	最大 30′
总前束(在规定的车轮外倾角下)	+20′±10′	10′±10′
运行方向最大允许偏差	最大 20′	最大 20′
标准高度	(379±10)mm	(379±10)mm

①根据制造商的不同，前束角差也可能为负值。

1.3.7 速腾更换转向角传感器后手工匹配方法

在更换转向角传感器（G85）、转向机总成含转向控制单元（J500）、转向柱开关总成含控制单元（J527），做过一次车轮定位的调整，做过转向零位（中间）位置设定后，或出现故障代码“02546”时，就需要做转向极限位置的设定。

速腾极限位置设定方法：前轮处于直线行驶状态，启动发动机，方向盘朝左转动 10°左右，停顿 1～2s，回正，再朝右转动 10°左右，停顿 1～2s，回正，双手离开方向盘，停顿 1～2s，然后方向朝左打到底，停顿 1～2s，再朝右打到底，停顿 1～2s，方向盘再回正，关闭点火开关，6s 后生效。

注意：做完转向零位（中间）位置设定和转向极限位置的设定后，必须用电脑解码器进入 44-02 查询转向系统无故障，设定工作才能结束。

1.3.8 速腾遥控器匹配方法

① 主车门打开，钥匙开关 3 次不拔。

② 关开车门 3 次，门锁动作，则进入学习状态。

③ 按遥控器任意按键 2 次，门锁动作。

④ 拔出钥匙，门锁再动作，则遥控器匹配成功。

详细操作过程如下：

① 打开驾驶位的门。

② 用门上的开锁键锁门一次、开锁一次。

③ 把钥匙插进锁孔。

④ 把钥匙转到 ON，然后转回到 LOCK，10s 内做 3 次，最后停在 LOCK 位（不用等仪表盘上钥匙那个灯灭）。

⑤ 关门开门 3 次，最后把门打开。

⑥ 防盗器电脑这时候应该会反应，表现为自动锁门一次、开锁一次。

⑦ 在每个遥控器（很关键，没按的遥控器会失效，那你只有重新做遥控编程了）上任意一个钮键按 2 次，电脑应该会锁门、开锁一次。

⑧ 把钥匙拔掉，防盗电脑会最后作一次反应，大约是 4 次连续的车门锁门和开锁。

1.3.9 速腾保养灯归零方法

① 首先按住保养按钮（是按住小里程归零按钮）。

② 插入钥匙到灯亮，听到叮的一声后放开保养按钮。

③ 不要动钥匙，按住仪表旁边的分钟按钮（min），只要分钟时间没有走动即设置完成。

仪表按钮如图 1-41 所示。

图 1-41 大众速腾仪表

1.3.10 速腾下雨关窗功能

首先把大众 VCDS908.1 连接到车子的诊断接口，选择 09-Cent. Elect 里面的 RLS (Rain&Light Sensor) 46-Central Conv。

(1) 修改 RLS 编码（以下操作以 704.1 版本为例说明，下同）

① 打开 09 模块。

② 选择 07 编码。

③ 在下拉菜单选择 RLS 组件。

④ 记下当前的编码。车编码为 00208933（十进制）。

⑤ 把 00208933 转成十六进制，结果为 33025。

⑥ 把第一位，即 3 加 4，结果为 73025（十六进制）。

⑦ 把 73025（十六进制）转成十进制，结果为 471077。

⑧ 把 00471077 替换 00208933（不知道前面的零有没有用，保守还是加上）。

⑨ 保存。

(2) 修改 46 编码

① 打开 09 模块。

② 选择 07 编码。

③ 把第 10 位改成 02；从左边开始数，每 2 个数字为一位。或者用长编码（Long Code）辅助工具更好，就是 Byte 9。

④ 保存。

1.3.11 速腾离家、回家灯更改说明

用大众 VCDS908.1 进入 09 中央电器控制单元，把长编码第一位改为 A，就可以实现离家/回家功能。

说明：长编码都是 16 进制的，A 不是代表字母，而是十六进制的 10，B、C、D、E、F 则分别代表 11、12、13、14、15，将 1 改为 A 就是相当于将十进制的 1 改为 10。

1.3.12 速腾冠军版加装定速巡航功能方法

① 先将原转向变光开关更换为带定速巡航功能的转向变光开关。

② 然后激活发动机电控单元模块中的定速巡航启用功能：进入发动机控制单元将原编码 0403000018070060 倒数第三位的十六进制数 0 改为 1，即编码变为 0403000018070160。

③ 最后进入 16 方向盘电控单元将代码 0012001 改为 0012021。

J527 的编码规则：如第 4 位改为 0，系统认为多功能方向盘识别错误，将出现报警音长报警提示；如第 5 位改为 3（带 4 按键位置的 CCS），多功能方向盘无静音功能；如第 6 位改为 4，多功能显示器系统将提示刮水器开关 E22 有故障。安装成功后，读取 66 数据组，2 区显示 00001000，4 区显示为 10000001。

1.3.13 速腾冠军加装巡航编码

（1）冠军巡航编码方法

① 进入发动机控制单元将原编码 0403000018070060 倒数第三位改为 1，即 160。

② 进入 16 控制单元，07 编码将 0002001 改为 0002021。

（2）增配定速巡航功能

① 换装定速巡航手柄。

② 匹配：进入 01 发动机控制单元，点击 11 登陆，输入 11463。

③ 激活：进入 16 方向盘电器单元，点击 07 重新编码，将编码 0010012 的倒数第二位数字改为 4，即 0010042。

说明：0010012 的含义是有板载电脑、无巡航控制；0010042 的含义是有板载电脑、有巡航控制。

1.3.14 速腾 1.6AT 加装全屏仪表和多功能方向盘编码

AK 模块：仪表匹配；钥匙匹配；仪表调整。

关闭工厂模式 17→10→22 输入 0；关闭机油传感器 17→10→输入 39。

改成中文显示 17→10→04，更改仪表编码 17→07→0019103。

Address 16：Steering wheel　　　Labels：1K0-953-549.lbl

　Part No SW：1K0 953 549 AK　　HW：1K0 953 549 AK

　Component：J0527　　　036 0070

　Coding：0012122

　Shop ＃：WSC 33410 758 16598

　Part No：XXXXXXXXXXX

　Component：E0221　　　002 0010

No fault code found.

加装带拨片 GLI 方向盘，编码：0012122。

不带拨片，改成：0012022。

注：AK 初始化需要在服务站进行，仿制诊断线无法对 AK 模块进行首次编码。

1.3.15 速腾加装巡航功能编码

将巡航手柄换上，连接诊断仪进入发动机控制单元 01—登陆 11—输入 11463 进入方向盘电器单元 16—重新编码 07—改成 0012041（2.0L 车型编码为 0010042）。

冠军版 TSI 和 1.8T、2.0、1.6 加装巡航手柄的编码有所不同：TSI 的发动机单元是长编码，需要把长编码倒数第三位由 0 改为 1（改发动机编码时必须是熄火状态，否则改后数据保存不进去），方向盘控制单元编码倒数第二位由 0 改为 2。

说明：改为 4，这时巡航能正常使用但方向盘控制单元故障码雨刮器的故障消除不掉，因为冠军版的模块跟其他车有些不同，大概是在模块里把雨刮雨量感应的功能也减配掉了，所以只能改成 2（倒数第二位为 2 的含义是无电脑有巡航）。

注意：车型不同，编码有所不同。

倒数第二位是巡航功能编码，含义如下：

＊0xxxx? x：Board Computer/Cruise Control System（CCS）板载电脑/巡航控制

0＝w/o Board Computer and w/o Cruise Control System（CCS）无板载电脑无巡航控制

1＝with Board Computer and w/o Cruise Control System（CCS）有板载电脑无巡航控制

2＝w/o Board Computer and with Cruise Control System（CCS）无板载电脑有巡航控制

4＝with Board Computer and with Cruise Control System（CCS）有板载电脑有巡航控制

1.3.16　速腾安全开门功能编码

此功能表现为按一下遥控的开锁键仅打开司机旁的车门，连续按两次打开全车车门。配合15km/h落锁功能可有效防止抢劫。

进入到46-07单元，修改前的编码（1K0 959 433 CA）18D802487F2D8405484 F01E011A0，修改后的编码19D802487F2D8405484F01E011A0。拔钥匙自动解锁10-05开通。

1.3.17　速腾/迈腾加装原厂胎压监控编码

速腾ABS控制单元编码原：0021121改0004737（备件号：1K0 927 121B）。

迈腾ABS控制单元编码原：0000318改0002366。

冠军版的比较特别——将原编码0021122改为0004738。

1.3.18　速腾车门控制单元编码

车门控制单元的编码分别代表各个不同的功能（与仪表控制单元的编码规则类似，结果为累加之和），具体编码说明如下：

＋0000001＝增加后备厢开关功能；

＋0000002＝打开外后视镜登车照明灯；

＋0000004＝后视镜上的转向信号灯；

＋0000016＝玻璃升降器自动升/降功能（用开关上的一触功能，即第二挡）；

＋0000032－带后视镜加热功能；

＋0000064＝安装有车门警告灯；

＋0000128＝基数。

① 若某速腾车带有后视镜加热，但无车门警告灯，编码为：基数128＋后视镜加热32＋自动升降16＋后视镜转向灯4＝180，该车型即后期生产的不带车门警告灯的速腾前门电脑编码。

② 若速腾后门电脑只有自动升降功能，后门电脑编码为：基数128＋自动升降16＝144。

③ 若某速腾车带有后视镜加热、带车门警告灯，编码为：基数128＋后视镜加热32＋自动升降16＋后视镜转向灯4＋车门警告灯64＝244。

1.3.19　速腾一键升窗功能编码

舒适系统零件号	通道和操作单元	原编码	改后编码
1K0 959 433 AM	46→07	19D8 02(08)7F2D 8405 484F01E0 11A0	19D8 02(48)7F2D 8405 484F 01E0 11A0
1K0 959 433 CA	46→07	11900A000106(08) 7F2D04840560084F01E0FCA0	11900A000106(48) 7F2D04840560084F01E0FCA0

续表

舒适系统零件号	通道和操作单元	原编码	改后编码
1K0 959 433 AM	46→07	19D8 02(08)7F2D 8405 484F 01E0 11A0	19D8 02(48)7F2D 8405 484F 01E0 11A0
1K0 959 433 CA	46→07	11900A000106(08) 7F2D04840560084F01E0FCA0	11900A000106(48) 7F2D04840560084F01E0FCA0

说明：冠军版天窗无法一键关闭，46—07 进长编码 0C 改 4C 后即可。

1.3.20 速腾舒适系统匹配

通道 00：删除所有钥匙（0=删除）；

01：匹配钥匙（钥匙 1 至钥匙 4）；

03：单门开启功能；

04：15km/h 自动落锁；

05：S 触点断开自动开锁；

14：倾斜传感器的灵敏性（100～200；“100”=50%，“140”=70%，“200”=100%）；

17：通过遥控钥匙开启和关闭玻璃升降器和天窗（便捷功能）；

07：遥控开锁时信号灯闪烁两次；

08：钥匙开锁时信号灯闪烁两次；

10：遥控锁车时信号灯闪烁一次；

11：钥匙锁车时信号灯闪烁一次。

1.3.21 速腾汽车匹配指导

(1) 组合仪表自诊断—10 功能

02—保养周期显示复位 17—10—02—00000（还可以使用功能引导程序：仪表盘→复位保养周期指示器）；

03—燃油显示自适应；

04—信息语言种类（中文—09）；

09—行驶里程输入；

16—读出里程脉冲数；

30—校正燃油表显示显示在 120～136 间，可以调整 8 步；

40—上次保养后行驶的里程；

41—上次保养后行驶的时间；

43—下次保养前里程；

44—下次保养前时间。

仪表行驶里程输入 17—11—1386110—09—诊断插座 8 角、9 角是 CAN 线，7 角是 K 线。网关编码 06 或 07。

(2) 网关 19—08

—01：仪表唤醒/舒适总线/信息总线/动力总线；

—02：二区运输模式（激活/禁用）；

—125：发动机、变速箱、刹车；

—126：转向角、气囊、操纵、柴油泵；

—127：中央电器。

08—13X：舒适总线（130～133）；

08—14X：信息总线（140、141）。

FSI燃油系统压力：低压系统压力可以达到0.5～50bar（1bar=10^5Pa，下同），发动机启动时，低压压力可以达到6.5bar。滤清器油压限压阀开启压力6.8bar。高压压力30～110bar。高压油轨限压阀开启压力120bar。低压油压传感器G410，更换发动机控制单元或燃油泵控制单元必须做自适应。

(3) 中央控制单元J519—09

08—08—009：检查是否进行电能管理；

09—10—01：回家功能时间设定10～120s；

09—10—02：离家功能时间设定10～120s；

09—10—03：后风窗加热自动切断时间设定1～254s；

09—10—04：大灯清洗时间设定50～10000ms。

雨刷APS功能关闭，使用故障导航。

(4) 发动机控制单元—节气门

基本设定01—04—060，强制低挡设定01—04—063踩油门踏板到底3s以上（更换发动机控制单元或油门踏板）。

(5) EPS—电动助力转向系统

J500—44（电动机平均工作电流2.5A，最大工作电流80A）

44—10—02：改变报警灯颜色；

44—10—01：改变转向助力特性曲线；

44—10—00和断电后故障灯亮，需重新设定中心位置—方向盘从左到右。

(6) 舒适系统—46

46—10—00：删除所有钥匙；

10—01：匹配钥匙（1～4把）；

10—03：单门开启功能；

10—04：15km落锁功能；

10—05：S触点断开自动开锁功能；

10—07：遥控开锁时信号灯闪烁两次；

10—08：钥匙开锁时信号灯闪烁两次；

10—10：遥控锁车时信号灯闪烁一次；

10—11：钥匙锁车时信号灯闪烁一次；

10—14：倾斜传感器灵敏度（100～200，“100”=50%，“140”=70%，“200”=100%）；

10—17：开启、关闭遥控钥匙控制玻璃升降和天窗开闭；

司机门控制单元42—07—244；

副司机控制单元52—07—244；

左后门控制单元62—07—144；

右后门控制单元72—07—144；

车载控制单元J412。

(7) 停车辅助功能J446—76

76—10—01：警报提示音（0～100%）；

76—10—02：灵敏度。

(8) 安全气囊J234—15—10

—01：副司机气囊；

—02：司机气囊（不允许做）；

—03：副司机气囊；

—04：司机侧气囊；

—05：副司机安全带；

—06：司机安全带；

—07：副司机头部气帘；

—08：司机头部气帘。

副气囊通过钥匙关闭/打开！

（9）刹车控制单元 J104—03

更换 ABS 控制单元 J104	需要完成的操作 —对 ABS J104 控制单元编码 —清洗管路，加注制动液 —方向盘转角传感器（G85）基本设定 —制动压力传感器（G201）基本设定 —组合传感器（G419）基本设定 —对 ESP 系统整体试车检测
更换方向盘转角传感器（G85）	—方向盘转角传感器（G85）基本设定 —对 ESP 系统整体试车检测
更换 ESP 组合传感器（G419）	—横行加速度传感器（G200）基本设定

04—060、063、066、069 都没有了，必须用故障导航！

制动系统检测：故障引导程序→功能或部件选择→底盘→制动系统→01 具有自诊断功能的系统→防抱死制动系统→功能。选择要执行的功能。

（10）19—08—002 检查运输模式（激活/禁用）

（11）网关插头脚说明

1、2 脚—30＃正电；14 脚—15＃正电；13 脚—仪表唤醒信号线；11、12 脚—31＃负极；9、19 脚—诊断 CAN；6、16 脚—驱动 CAN；5、15 脚—未用。

（12）组合仪表—J285—17

更换仪表—故障导航→车身→电器设备→01 具有自诊断功能的系统→仪表盘→仪表盘功能→匹配/更换仪表盘。

（13）外部的输入信号

外部温度传感器（G17）、机油压力开关（F1）、清洗液面传感器（G33）、冷却液面传感器（G32）、制动蹄片磨损（G34）、制动液面开关（F34）、油箱油量传感器（G）、机油温度及液面（G266）、手制动开关（F9）。

多功能显示—Min—行驶时间，最长 99h59min；mph—平均车速。100m 后显示，此前显示短横线，每 5s 更新一次。km/h—车速；km—行驶距离；L/100km—平均燃油消耗率；防盗控制单元 J362—25。

（14）底盘——四轮定位参数

前轮（2UA/2UD）总前束	10°±10′
外倾角	−30′±30′
两侧最大允许偏差	max30′
20°时左右锁止位置最大允许偏差	1°38′±20′
后倾角	7°34′±30′
两侧最大允许偏差	max30′

续表

装载高度	(382.5±10)mm
后轮(1JA/IJB)外倾角	−1°20′±30′
前束	+10′±12.5′
行驶方向最大允许偏差	max 20′
外倾角调整上摆臂螺栓 65NM	前束调整下摆臂

加热及通风系统有单独的地址码：7D

外部环境温度/℃	制冷系统平衡压力/bar
15	3.9
20	4.7
25	5.6
30	6.7
35	7.5

(15) 风扇工作条件

92～97℃：一挡。99～105℃：二挡。高于 16bar：二挡。

双温开关高于 99℃或压力大于 16bar：二挡。

压力小于 16bar：一挡，压力大于 2bar 开空调一挡。

(16) 匹配设定

更换电源控制单元时对 J519 设码：故障导航→车身→01 具有自诊断功能的系统→车载电网控制单元→车载控制单元功能→控制单元设码。

更换网关（数据总线诊断接口）J533：车身→01 具有自诊断功能的系统→网关→网关功能→更新网关。

G85 基本设定：底盘→01 有诊断能力的系统 Mark60/Mark70→制动防抱死系统 ABS/EDS/ASR/ESP Mar60→功能→转向角传感器（G85）的基本设定。

车窗防夹开启功能：打开点火开关→关闭所有门窗→拉动左前玻璃开关保持“关闭”位置 1s→再拉动开关 1s。现在车窗必须由于按下开关自动降下，并由于拉出开关重新自动升高。

轮胎气压监控基本设置：打开点火开关→同时按住 ESP 和 SET 键（没有 ESP 时，请按 ASR)，有提示音确定。

前大灯基本设置：故障引导程序→跳转→车身→电器设备→01 具有自诊断的系统→55 动态前大灯调节器→J431 动态前大灯调节器，功能→J431 用于 LWR 的控制器基本设定→按压 iu 按钮，按照测试仪的流程进行，并直至出现文字，J431 用于 LWR 的控制器，基本设置→按压 iu 按钮，按照测试仪的流程进行，并确认出现文字，J431 用于 LWR 的控制器，基本设置，按照测试仪的流程进行。检查大灯调节装置，必要时调节大灯。完成基本设置。

空调基本设定：车身→加热空调→01 系统自诊断→climatoonic 全自动空调或 climatic 半自动空调→功能→基本设定。

更换发动机控制单元：驱动系统→发动机→01 系统自诊断→发动机控制单元→功能→更换发动机控制单元、节气门基本设定、废气再循环阀匹配、J362 防盗控制单元编码、控制单元 J361 编码、清除 J361 匹配、激活/不激活车速控制、存储低挡开关。

转向柱控制单元编码：车身→电器设备→01 系统自诊断→方向盘电子装置→方向盘电子装置功能→给方向盘电子装置编码。

仪表匹配：车身→电器设备→01 系统自诊断→仪表盘→仪表板功能→仪表板匹配/更新→完成（如有异常查看保养周期和编码是否已匹配）→完成。

燃油消耗显示匹配：车身→电器设备→01 系统自诊断→仪表盘→仪表盘功能→燃油消耗指示匹配→直接输入百分数值（85%～115%）。

舒适系统功能匹配：车身→车身装配工件→01 系统诊断→舒适系统→功能→变捷系统控制单元→J393 无线电遥控钥匙匹配、单门锁、倾斜角度、后备厢等功能。

匹配回家模式：车身→电器设备→01 系统自诊断→车身电源控制单元→车辆电器控制模块功能→匹配回家外视镜加热功能、后部加热功能、APS 停用编码、匹配大灯系统。

关闭气囊：15-10-01～08。

APS：车身→电器设备→01 系统自诊断→车辆电源控制单元 J519→电子器件→雨滴传感器。

车身→电器设备→01 系统自诊断→车辆电源控制单元 J519→车辆电器系统模块的功能→匹配后视镜加热、匹配回家模式、匹配脚窝照明亮度、匹配大灯清洗系统、对车辆电源控制单元编码、停用 APS。

收音机解码：在 SAFE 和“1000”后输入防盗码，后按 Pfeil 按钮。

激活巡航：01-11-11463（打开）、16167（关闭），故障导航→功能/部件选择→驱动→01 具有自诊断功能的系统→发动机控制装置→功能→激活/关闭巡航装置。

雨刷片保养、冬季位置：关闭点火开关后 10s 内将雨刷开关拨到“点动刮水”位置。

节温器检查：开启起点温度—87℃，开启终点温度 102℃，开启行程最小 7mm。

机油压力检测：水温 80℃，怠速，1.2bar，2000r/min，2.7～4.5bar，继续提高转速压力不超 7.0bar。

冷却系统检测：测试压力 1.0bar，水壶盖安全阀开启压力 1.4～1.6bar。

汽油泵检测：电压 12.5V，最小输送量 580cm^3/30s，怠速时，汽油泵标准电流 9A。

油压：关闭表阀压力 4bar，10min 后不低于 3bar。

高压线阻值 4～8kΩ。

1.3.22 全新速腾保养归零手工复位方法

不使用车辆诊断测试仪复位保养周期显示的方法如下。

必须注意，手动复位保养周期编码是固定的，也就是说，每 15000km 或每年需要保养一次。

用前风窗玻璃刮水器操纵杆上的翘板开关或多功能方向盘上的按键进行操作。

① 用前风窗玻璃刮水器操纵杆上的翘板开关（见图 1-42）选择“设置”菜单。

② 或用多功能方向盘上的按键选择“设置”菜单，见图 1-43。

③ 在“保养”子菜单中选定“复位”选项，然后按下前风窗玻璃刮水器操纵杆或多功能方向盘上的“OK”键来复位保养周期显示。

④ 接下来弹出安全询问时，再次按“OK”键确认。

用如图 1-44 所示组合仪表上的操作键。

① 点火开关关闭时按住按钮 B。

② 打开点火开关。

③ 松开按钮 B，短按一次时间设置钮 A。

④ 保养周期显示处于复位模式状态，若干秒后恢复正常视图。

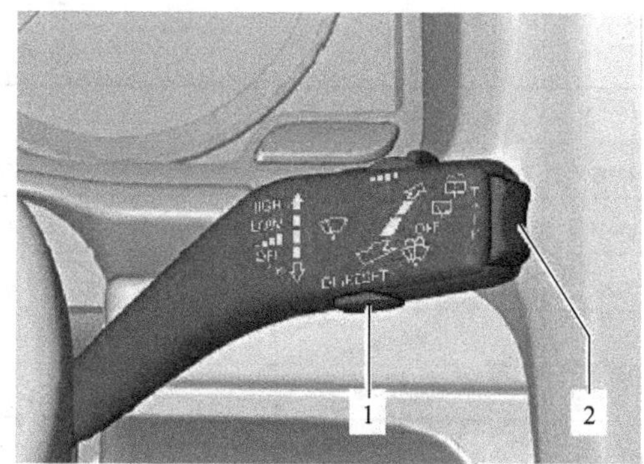

图 1-42 翘板开关

图 1-43 多功能方向盘设置按钮

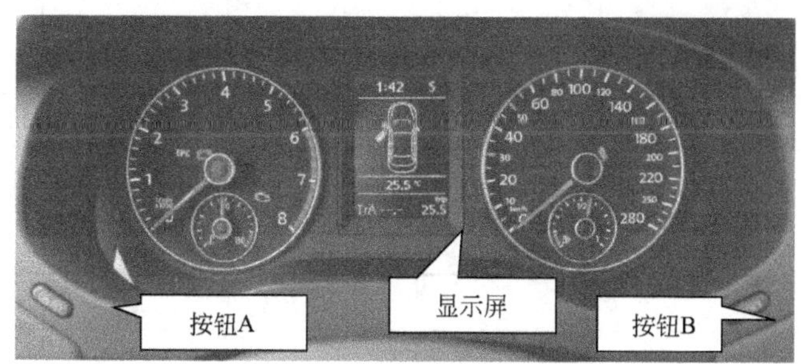

图 1-44 新速腾仪表设置按钮位置

1.3.23 全新速腾电动车窗定位操作步骤

在断开并连接蓄电池后，电动车窗升降器的自动上升和下降功能失灵。因此，在交付新车前必须重新对车窗升降器重新进行定位。定位后不允许再断开蓄电池。

注意：在断开并连接蓄电池后，电动车窗升降器的防夹功能失灵。因此可能会造成严重的挤伤！

对电动车窗升降器进行定位时，请执行以下操作步骤。

以下操作说明只针对左前车窗升降器。其他车窗升降器的定位方法相同，也是通过按下或拉起驾驶员车门内的相应按键来进行。

① 打开点火开关。

② 完全关闭所有车窗和车门。

③ 通过拉住左前车窗玻璃升降按键（超过 1s）使左前车窗玻璃保持在“关闭”位置。

④ 再将按键拉动 1s。左前车窗玻璃现在必须在按下开关时自动降下，并在拉出按键时重新自动升高。

提示：可以单独恢复一个或同时恢复多个车窗升降器的设置。

⑤ 关闭点火开关。

1.4 全新迈腾 Magotan B7L/B8L（2011~2018 年款）

1.4.1 全新迈腾 B7L 车型发动机配置信息

发动机型号代码	CNG	CFB	CGM	CEA
排量/L	3.0	1.4	2.0	1.8

续表

气缸数/每缸气门数	6/4	4/4	4/4	4/4
功率	184kW/6400r/min	96kW/5000r/min	147kW/5500r/min	118kW/5000～6200r/min
扭矩	310N·m/3500r/min	220N·m/1750～3500r/min	280N·m/1800r/min	250N·m/1500～4200r/min
缸径/mm	84	76.5	82.5	82.5
冲程/mm	89.5	75.6	92.8	84.2
压缩比	11.4∶1	10∶1	10.2∶1	9.8∶1
喷射装置/点火开关	Motronic MED 17 FSI	Motronic MED 17.5 TSI 涡轮增压器	Motronic MED 17.5 TSI 涡轮增压器	Motronic MED 17.5 TSI 涡轮增压器
ROZ	95 号及以上优质无铅汽油	92 号及以上优质无铅汽油	95 号及以上优质无铅汽油	92 号及以上优质无铅汽油
凸轮轴传动	链条	链条	链条	链条

1.4.2 全新迈腾 B8L 车型发动机配置信息

发动机型号代码	CUG	CUF	CSS
排量/L	2.0	1.8	1.4
气缸数量/每气缸气门数	4/4	4/4	4/4
功率	162kW/4500～6200r/min	132kW/4300～6250r/min	110kW/5000～6000r/min
扭矩	350N·m/1500～4400r/min	300N·m/1450～4100r/min	250N·m/1750～3000r/min
缸径/mm	82.5	82.5	74.5
冲程/mm	92.8	84.1	80
压缩比	9.6∶1	9.6∶1	10.5∶1(−0.5)
喷射装置/点火装置	Motronic SIMOS 18.6 TSI 涡轮增压器	Motronic SIMOS 18.3 TSI 涡轮增压器	Motronic MED 17.5.25 TSI 涡轮增压器
辛烷值(无铅，最低值)	95 号及以上优质无铅汽油①	95 号及以上优质无铅汽油①	92 号及以上优质无铅汽油①
凸轮轴传动装置	链条	链条	齿形皮带

①RON 92 或 95 号优质无铅汽油仅在国Ⅴ排放标准地区提供。

1.4.3 2016～2018 年款大众 2.0T CUG 发动机正时维修

该发动机正时单元结构与拆装调整步骤和 CUH 发动机相同，相关内容请参考 2.9.2 小节。

1.4.4 2016～2018 年款大众 1.8T CUF 发动机正时维修

该发动机正时单元结构与拆装调整步骤和 CUH 发动机相同，相关内容请参考 2.9.2 小节。

1.4.5 2014～2018 年款大众 1.4T CSS 发动机正时维修

该款发动机也装备在一汽大众全新速腾车型上，相关内容请参考 1.3.3 小节。

1.4.6 2012～2016年款大众1.8T CEA发动机正时维修

(1) 正时链单元结构图解

发动机正时链单元结构图解如图1-45所示。平衡轴正时链单元结构分解如图1-46所示。

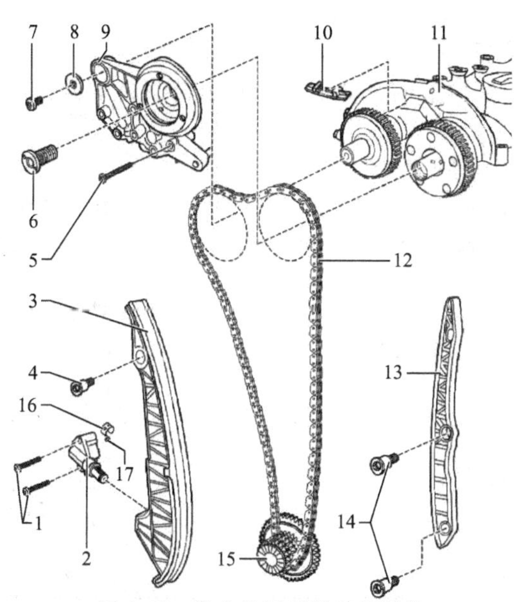

图1-45 发动机正时链单元结构

1—螺栓（9N·m）；2—链条张紧器；3—凸轮轴正时链导向夹板；4—导向螺栓（20N·m）；5—螺栓（9N·m）；6—控制阀左旋螺纹（35N·m）；7—螺栓，装备1.8L发动机（8N·m+继续旋转90°），装备2.0L发动机（20N·m+继续旋转90°）；8—垫圈；9—轴承座；10—凸轮轴正时链的导轨；11—气缸盖罩；12—凸轮轴正时链；13—凸轮轴正时链导向夹板；14—导向螺栓（20N·m）；15—曲轴链轮；16—锁定片；17—锁块

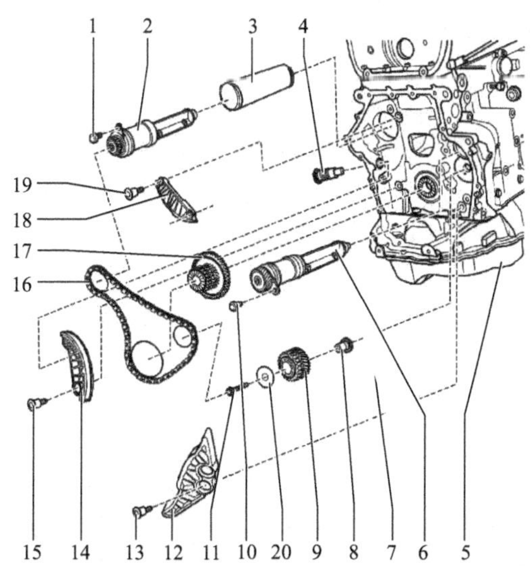

图1-46 平衡轴正时链单元结构分解

1—螺栓（9N·m）；2—排气凸轮轴的平衡轴；3—平衡轴管；4—链条张紧器（65N·m）；5—气缸总成；6—进气凸轮轴的平衡轴；7—O形圈；8—轴承销；9—中间链轮；10—螺栓（9N·m）；11—螺栓带垫片；12—导向夹板；13—导向螺栓（20N·m）；14—导向夹板；15—导向螺栓（20N·m）；16—平衡轴正时链；17—曲轴链轮；18—导向夹板；19—导向螺栓（20N·m）；20—垫片

(2) 正时链单元拆卸方法

① 用拆卸工具 CT 10352/1 拆下控制阀。控制阀是左旋螺纹。

② 旋出螺栓，并取下轴承座。

③ 用止动工具 T10355 将减震盘/皮带轮旋转到位置“上止点”。注意减震盘/皮带轮上的切口必须与正时链下部盖板的箭头标记相对。凸轮轴上的标记 1 必须指向上方，如图 1-47 所示。

④ 拆下正时链下部盖板。

⑤ 按压机油泵链条张紧器上的张紧弹簧，并用定位销 T40011 锁定，拆卸机油泵链条张紧器。

⑥ 从曲轴链轮上取下机油泵链条。

⑦ 使用定位销 T40011 插入链条张紧器上锁定片的孔中，稍稍撬开链轮张紧器的锁块，同时按压凸轮轴链条导向夹板，并用定位销 T40011 锁定，如图 1-48 所示。

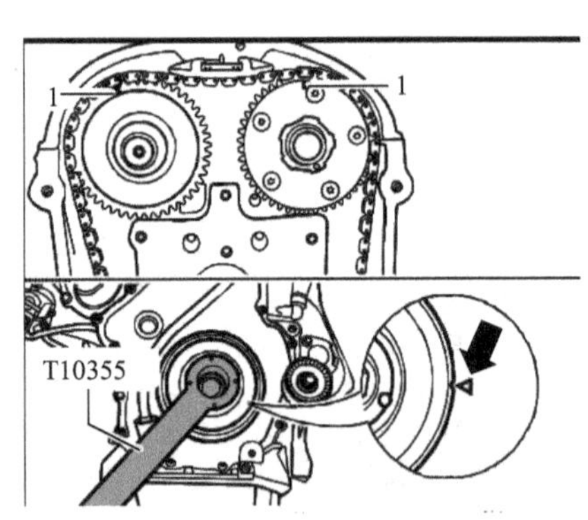

图 1-47 对准发动机正时标记

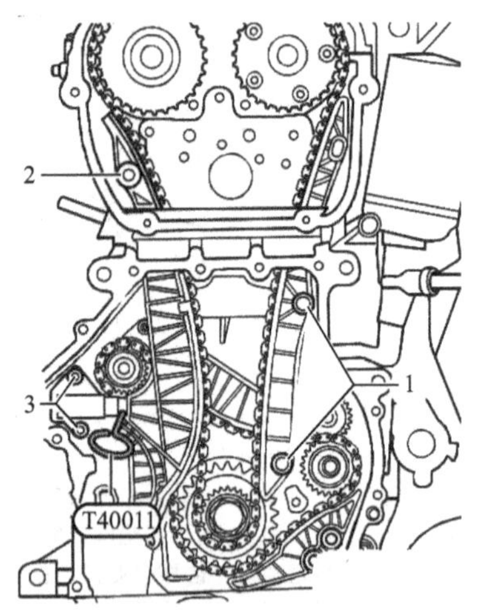

图 1-48 拆卸正时链张紧器和导向板

⑧ 旋出链条张紧器固定螺栓 3，取下链条张紧器。

⑨ 旋出导向螺栓 1 和 2，取下凸轮轴正时链导向夹板。

⑩ 取下凸轮轴正时链。

(3) 正时链单元安装步骤

① 拆卸油气分离器。

② 松开弹簧卡箍，拔下供油管。

③ 旋出燃油管锁紧螺母。

④ 拔下插头。

⑤ 旋出螺栓。

⑥ 取下机械式单活塞高压泵。

⑦ 旋出螺栓，取下真空泵。

⑧ 撬出凸轮轴密封盖。

⑨ 安装 TSI 发动机进气凸轮轴调整工具 SVW 9002 和 TSI 发动机排气凸轮轴调整工具 SVW 9001，用螺栓固定 TSI 发动机排气凸轮轴调整工具 SVW 9001。

注意：以下工作步骤必须在一个工作程序内完成，因此需要 2 名人员进行操作。凸轮轴正时链上的有色链节必须对准凸轮轴链轮上的标记。

⑩ 将凸轮轴正时链放到排气凸轮轴上，使凸轮轴正时链上的有色链节对准排气凸轮轴链轮上的标记，如图 1-49 所示。

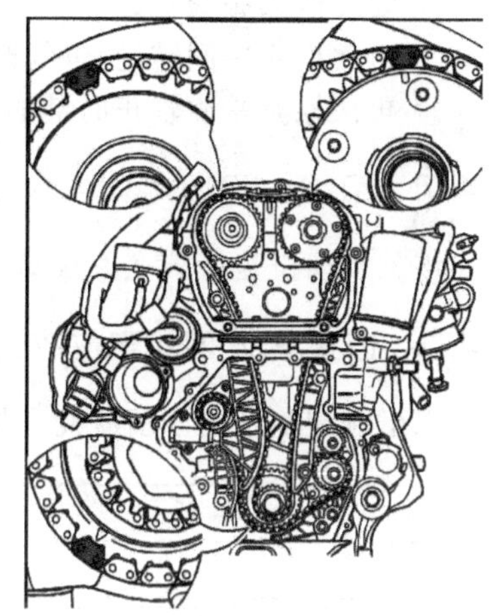
图 1-49 对准凸轮轴正时标记

⑪ 转动 TSI 发动机进气凸轮轴调整工具 SVW 9002，使凸轮轴正时链上的有色链节对准进气凸轮轴链轮上的标记。

⑫ 同时转动 TSI 发动机排气凸轮轴调整工具 SVW 9001 和 TSI 发动机进气凸轮轴调整工具 SVW 9002，使正时链上的有色链节对准曲轴链轮上的标记。凸轮轴正时链上的有色链节对准曲轴链轮上的标记后，将 TSI 发动机排气凸轮轴调整工具 SVW 9001 和 TSI 发动机进气凸轮轴调整工具 SVW 9002 把持住再进行下一步操作。

⑬ 安装凸轮轴正时链的导向夹板，拧紧两个导向螺栓，安装链条张紧器的固定螺栓，取下定位销 T40011。

⑭ 松开并取下 TSI 发动机排气凸轮轴调整工具 SVW 9001 和 TSI 发动机进气凸轮轴调整工具 SVW 9002。

⑮ 安装轴承座，并用螺栓（箭头）固定。

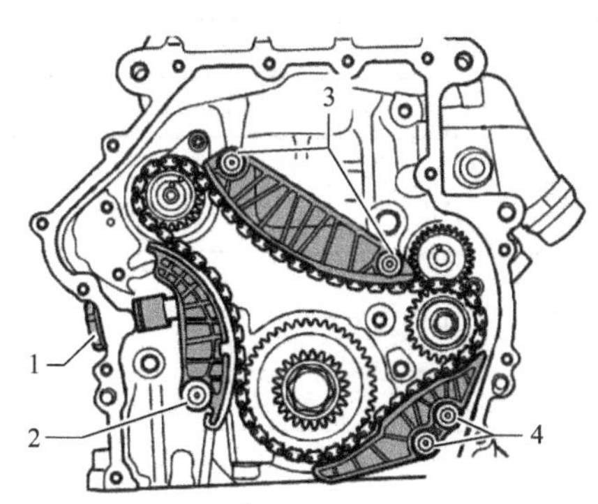

图 1-50 拆卸平衡轴正时链张紧器与导向轨

⑯ 安装正时链下部盖板。

⑰ 安装正时链上部盖板。

⑱ 安装多楔皮带张紧装置。

⑲ 安装发动机支架。

（4）平衡轴正时链单元的拆装

① 拆卸凸轮轴正时链。

② 旋出平衡轴正时链的链条张紧器螺栓 1。

③ 旋出导向螺栓 2、3 和 4，如图 1-50 所示。

④ 取下平衡轴正时链。

⑤ 旋转中间链轮/进气凸轮轴的平衡轴，如图 1-51 所示，使进气凸轮轴的平衡轴上的标记位于中间链轮上的标记之间。

⑥ 安装平衡轴正时链，如图 1-52 所示，使平衡轴正时链上的有色链节分别对准曲轴链轮上的标记和进/排气凸轮轴的平衡轴链轮上的标记。

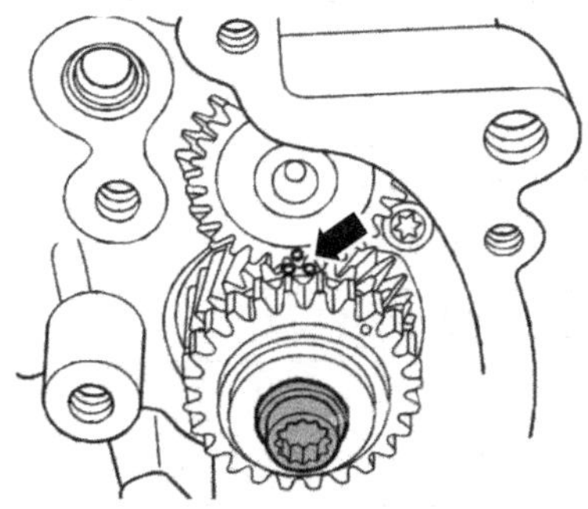
图 1-51 设置平衡轴安装标记

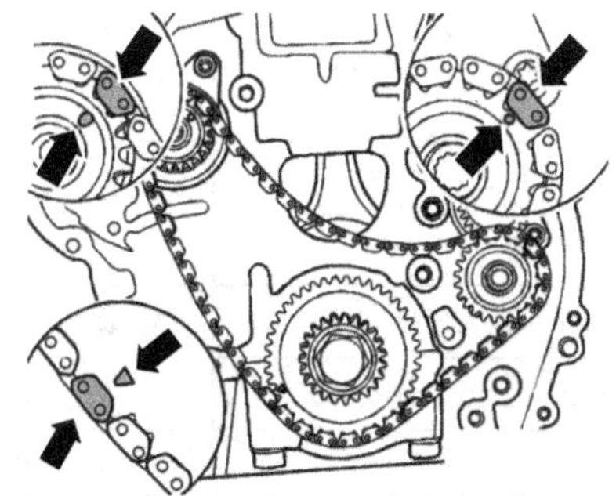
图 1-52 对准平衡轴正时链标记

⑦ 安装平衡轴正时链的导向夹板，旋入导向螺栓并固定。

⑧ 安装链条张紧器。

⑨ 再次检查中间链轮/进气凸轮轴的平衡轴上的标记。

⑩ 再次检查平衡轴正时链的标记。其余的安装以拆卸的相反顺序进行。

1.4.7 2012~2015年款大众3.0L CNG发动机正时维修

该款发动机也搭载在大众CC车型上，相关内容请参考1.5.4小节。

1.4.8 迈腾B8L四轮定位数据

以下额定值适用于所有发动机配置。

前 桥	基本底盘	DCC底盘
PR编号	G01	G04
总前束(无负载)	10′±10′	10′±10′
车轮外倾角(在直线行驶位置上)①	−32′±30′	−39′±30′
两侧之间最高允许的差值	30′	30′
转向角度20°时的前展②	1°18′±20′	1°26′±20′
主销后倾	7°23′±30′	7°38′±30′
两侧之间最高允许的差值	30′	30′
离地高度	394mm	384mm

①车轮外倾角不可调，它只能通过移动副车架略微校正。

②四轮定位计算机的制造商不同，前展也可能为负值。

后 桥	基本底盘	DCC底盘
PR编号	G01	G04
车轮外倾角两侧之间最高允许的差值	−1°20′±30′30′	−1°20′±30′30′
总前束行驶轴线最大允许偏差	+10′±10′20′	+10′±10′20′
离地高度	391mm	381mm

1.4.9 迈腾B7L四轮定位数据

以下额定值适用于所有发动机配置。

前 桥	标准底盘	后 桥	标准底盘
产品编号	G11		
总前束(无负载)	10′±10′	总前束(规定的车轮外倾角)	+10′±10′
车轮外倾角(正前打直位置)	−30′±30′	车轮外倾	−1°20′±30′
两侧之间允许的最大偏差	最大30′	两侧之间允许的最大偏差	最大30′
向左和向右转向20°时，前束角差①	1°19′±20′		
主销后倾	7°32′±30′		
两侧之间允许的最大偏差	最大30′	运行方向允许的最大偏差	最大20′
离地高度	(383±10)mm	离地高度	(383±10)mm

①根据制造商的不同，前束角差也可能为负值。

1.4.10 迈腾大灯设定匹配

J519—10—功能匹配。

09-10-01：回家功能时间设定 10～120s。

09-10-02：离家功能时间设定 10～120s。

09-10-03：后风窗加热自动切断时间设定 1～254s。

09-10-04：大灯清洗时间设定 50～10000ms。

1.4.11 迈腾一键升窗功能编码

46 修改长编码：19910A0001860E76300494157008CF0B607C00 为 19910A0001864E76300494157008CF0B607C00。

1.4.12 迈腾智能钥匙遥控器同步方法

① 拆开驾驶员侧车门把手塑料盖。

② 按遥控器的开锁按键。

③ 用遥控器内的小钥匙转动车门锁至“锁车门”。

④ 再次按遥控器的开锁按键。

⑤ 完成同步。

1.4.13 迈腾保养灯归零操作步骤

(1) 手动归零设置步骤

① 钥匙关了，同时按住扳手与清零（右侧）按钮不放，如图 1-53 所示。

图 1-53 一汽大众迈腾仪表

② 打开钥匙，此时按住仪表的 min 按钮（左下侧）就可以了。

③ 只要显示出来了“大众集团”字样，就说明清零了。

(2) 使用设备归零操作步骤

进入“仪表系统”17—匹配。

① 通道 02 改为 00000。

② 通道 42 改为 00150。

③ 通道 43 改为 00150。

④ 通道 40 改为 00075，即为 7500km 保养。

1.4.14 迈腾车钥匙遥控玻璃升降匹配

操作步骤：

① 插入钥匙，打开钥匙门。

② 操作多功能方向盘右侧；组合仪表菜单控制机构。

③ 按菜单按钮进入设置。

④ 按菜单选择按钮进入舒适系统，按确认按钮选择舒适模式。

⑤ 舒适模式有三种模式。

⑥ 三种模式说明：选关模式，插入钥匙门的钥匙遥控将不能遥控 4 门玻璃升降；选所有模式，插入钥匙门的钥匙能遥控 4 门玻璃升降；选司机模式，插入钥匙门的钥匙遥控只能遥控司机门玻璃升降。

1.4.15 迈腾更换舒适电脑单元操作方法和注意事项

迈腾全系车型应用了技术先进的第四代防盗止动系统。因防盗止动系统控制单元(J362)集成在舒适系统中央控制单元(J393)中，若防盗止动系统控制单元损坏，必须更换舒适系统中央控制单元(J393)，且必须对防盗止动系统进行在线匹配。

(1) 在线匹配前需做的准备工作

① 确认一汽-大众专用汽车诊断检测设备 VAS5052A 工作良好。

② 确保 Internet 正常连接。

③ 检查经销商是否有相应授权及用户名密码是否正确，必要时，进行在线测试，确保可以在线连接。

④ 确认所要更换的舒适系统中央控制单元零件号与损坏的原舒适系统中央控制单元零件号一致或可替代。

⑤ 读取原舒适系统中央控制单元的长编码并保存。

⑥ 确保所要匹配车辆电瓶的静态电压大于 12.5V，必要时进行充电。

(2) 数据流分析

安装新的舒适系统中央控制单元，连接 VAS5052A，选择功能引导，按提示依次确定品牌为 FAW—VW—车型为 3C 迈腾—年型为 2007—发动机类型为 BPL1.8，在车辆系统或功能菜单项中选择“防盗锁止系统”，此时利用测量数据块功能读取舒适系统中央控制单元内防盗模块数据流。

① 显示防盗锁止系统使用状态为“1”(正常为 6)。

② 防盗锁止系统状态为“1”(正常值“0”)。

③ 授权钥匙为“否”。

④ 已配的钥匙数为 0。

⑤ 发动机控制单元应答为“否”。

⑥ 许可启动过程为“否”。

说明防盗锁止系统相关部件(如钥匙、进入及启动许可开关、发动机控制单元、防盗单元、转向锁止模块)之间未进行相应的匹配。

(3) 确保在线匹配顺利进行

首先进行在线测试，如果显示在线测试为“X”或提示测试失败，则需找出问题并予以解决，硬件问题(检测设备和网卡等)或软件问题(IP 地址)等都可能会造成在线测试失败。若在线测试成功，系统显示“已成功进行系统测试”的信息。

(4) 选择“更换防盗锁止系统时进行匹配”，在整个匹配过程中，保持钥匙位于点火挡位，如 15 号正电不能接通，则可通过操作变光开关激活网关，使 VAS5052A 能连接到车辆。正式匹配进程开始后，系统会进行登录锁止状态查询。

如屏幕显示“无登录锁止”，进行下一步，按照提示依次输入客户姓名、用户识别号、国籍(建议使用真实的用户信息输入，国籍为 CN)等信息，然后输入服务站用户名及相应密码登录系统，登录成功后，中央数据库会返回有关查询数据，VAS5052A 接收和分析相关数据并进行验证，此时系统提示已写入配置信息指令字节。接下来，VAS5052A 会将下载包写入防盗锁止系统控制单元。由于程序设置的原因，一般情况下，VAS5052A 无法一次性将下载包写入防盗锁止系统控制单元，这时会显示更换防盗锁止系统时匹配失败。

注意：若匹配不成功，一定不要关闭点火开关、拔下诊断插头、断电或退出系统。因为此时防盗系统已进行部分匹配，任何非正常中断都会造成防盗锁止控制单元因不能完成匹配而永久损坏；正确的做法是按继续箭头再次运行匹配程序，继续防盗锁止系统匹配的进程，在系统读取和验证 WFS（防盗锁止系统）数据后，最终将显示成功地将下载包写入防盗锁止系统控制单元。

(5) 根据第四代防盗锁止系统的工作原理，需要点火钥匙 S 触点的信号才能激活防盗信息的交换，因此选择“查询 S 触点”，将点火钥匙暂时从钥匙座内抽出再推回至 S 触点位置。目的是进行断电和 S 触点的识别工作，并根据屏幕提示选择“是”，此时如选择“否”，舒适系统中央控制单元（J393）就会处在未定义状态，无法继续使用。

通过 S 触点的正常识别，由 50 通道适配功能传递车辆底盘号，在车辆底盘号成功传递后，VAS5052A 显示成功地进行了舒适系统中央控制单元的匹配，并提示打开点火开关，以对系统进行确认。

(6) 确认舒适系统中央控制单元匹配成功后，系统自动进入钥匙匹配程序。所有车辆钥匙出厂时均进行了预设码，只能在相应车辆上使用，因为防盗信息的更新，原钥匙必须和舒适系统中央控制单元（J393）进行匹配。按照提示步骤，输入服务站用户信息和 GEKO 密码登录进行在线匹配。匹配钥匙时，为避免干扰，每把钥匙应放在距点火开关足够远的地方，通过屏幕上的加或减按钮，来确定所配钥匙的总数；在确定需匹配钥匙总数后，多功能仪表盘的日里程表处会显示所要匹配钥匙数的目标值和匹配成功的数值，按照引导程序打开关闭点火钥匙，直到匹配钥匙总数达到目标值。至此，通过在线连接对防盗锁止系统的各部件之间的数据进行了匹配，实现了各系统部件的相互识别。

(7) 最后进行遥控器的匹配，将相应的带遥控器的车辆钥匙插入点火开关，通过系统键盘输入带遥控器功能钥匙的数量；在系统激活适配功能时，依次按一下待匹配钥匙的开锁或闭锁键至少 1s 以上，随着 15s 的适配时间上限截止，钥匙的匹配过程自动结束。

虽然显示遥控已成功匹配，但一般会出现操作遥控却不能开/闭锁的现象，进入舒适系统中央控制单元 46-11-10 数据组，读取开锁/闭锁遥控信号是否处于正常接收状态，此时如操作左前门的车内中控锁控制键也同样失效，说明新更换的舒适系统中央控制单元处于工厂模式，通过 VAS505A 功能引导关闭工厂模式。完成后，车辆开/闭锁功能恢复正常。

(8) 至此，工作并没有结束，因为此时进入 J393 查询故障码，通常会有左右后门电控单元无信号/通信的故障存储，且无法清除。这是因为新的舒适系统中央控制单元预置的长编码与本车实际配置不符，需要按原来记录的长编码重新进行更改。改写编码后，故障码自动变为偶发故障，存储可以消除。

(9) 退出功能引导，进入系统收集服务功能，清除所有电控单元的故障码，确认无故障码存储后，启动车辆，确认是否正常；此时利用引导性功能中的测量数据块功能再读取舒适系统中央控制单元内防盗模块数据流。

① 显示防盗锁止系统使用状态为正常值“6”。

② 防盗锁止系统状态为正常值“0”。

③ 授权钥匙为“是”。

④ 已配的钥匙数为 1。

⑤ 发动机控制单元应答为“是”。

⑥ 许可启动过程为“是”。

1.4.16 迈腾遥控钥匙匹配方法

前提条件：匹配前先通过引导功能的读取数据块功能，确认各防盗信息的正确性。为保证在线的成功率，先对 FAZITA 的在线匹配功能进行测试。

① 进入匹配钥匙功能项目，系统提示在点火开关开启的状态下进行匹配。

② 系统检查有无登录锁止。

③ 从防盗电控单元内读取包含在线匹配申请的相关 WFS 数据。

④ 输入用户的姓名、身份证号、国籍进行基本信息登录。

⑤ 输入在线连接的用户名和密码，也是 GEKO 系统的 PASSWORD。

⑥ 登录成功后，发送在线查询数据。

⑦ 接下来为 VAS5052 接收在线传回的数据，同时对接收的相关防盗信息（主要是计算公式约定）进行分析和再写入。

⑧ 写入就绪后，开始对所要匹配的钥匙进行相关约定写入。系统提示在匹配时钥匙要分别放在离点火钥匙足够远的地方，特别是匹配时间隔不能超过 30s。

⑨ 选择所要匹配钥匙的数量。

⑩ 第一把钥匙的匹配需要经过一个开闭周期，此时仪表上原显示里程表的位置会相应显示匹配成功的钥匙数量。若显示为 *N-N*，说明系统完全认可全部钥匙，关闭点火开关，再打开点火开关，可重新出现里程表的读数。

⑪ 系统显示成功匹配 *N* 把钥匙。

注意：此时不要选择退出，继续进程，系统将进行重要的一步，回传反馈信息；这样为下一次匹配做好准备。

⑫ 接下来遥控功能，此进程不需要在线了。

⑬ 整个匹配过程结束。

1.4.17 迈腾 ZF 转向机的四种匹配方法

做匹配之前，确保四轮定位正确和确保方向盘对中。

(1) 第一种方法

① 启动发动机。

② 方向盘在正中±10°位置。

③ 将方向盘分别向左和向右打到极限位置，需要保持一定的时间。如果是第三代转向机，每次打到极限位置后，等待直至仪表会发出“哨哨哨”三声报警声。

④ 将方向盘回位至正中位置，EPS 黄灯熄灭。

⑤ 关闭点火开关后，就会记忆参数。

(2) 第二种方法

① 启动发动机，方向盘在正中±10°位置。

② 使用 VAS5052A 清除学习值：44-10-00；仪表上 EPS 黄灯点亮。

③ 进入 03-16-31857（登录)-04-060，仪表上 EPS 黄灯和 ESP 灯点亮。

④ 退出 03，EPS 黄灯仍点亮（44 中有 02546 故障码)/ESP 灯熄灭。

⑤ 将方向盘分别向左和向右打到极限位置，需要保持一定的时间。如果是第三代转向机，每次打到极限位置后，等待直至仪表会发出“哨哨哨”三声报警声。

⑥ 将方向盘回位至正中位置。仪表上 EPS 黄灯熄灭。

⑦ 关闭点火开关后，就会记忆参数。

(3) 第三种方法

① 启动发动机，方向盘在正中±10°位置。

② 使用 VAS5052A 清除学习值：44-10-00，仪表上 EPS 黄灯点亮。

③ 进入 03-16-40168（登录)-04-060，仪表上 EPS 黄灯和 ESP 灯点亮。

(后续具体操作步骤参看 HST 相关文件)

(4) 第四种方法

使用诊断仪上的“引导性功能”，依提示操作。

1.4.18 迈腾出现“02546 (转向限位挡块基本设置或匹配没有或不正确)”解决方法

安装第三代转向机，如果出现“02546（转向限位挡块基本设置或匹配没有或不正确）”，可试用以下方法进行设定。

① 使用 VAS5052A 进入 03-16-40168（登录）-04-60（设定)，这时 ESP 和 EPS 黄灯点亮。退出 03。

② 使车辆低于 20km/h 速度直线行驶一段路程，ESP 灯熄灭。

③ 停车，将方向盘向左打到极限位置并保持，直至听到仪表出现“当当当”三声报警声；然后继续低于 20km/h 速度直线行驶一段路程后停车，将方向盘向右打到极限位置并保持，直至听到仪表出现“当当当”三声报警声。

④ 将方向盘转到正中位置。这时 EPS 黄灯会熄灭，设定完成。

说明：不同品牌的转向机，ZF（代码为 ZF0，供应商为 ZF 公司）和 APA（代码为 VWA，供应商为 VDO）维修时必须分别对待。以上是对 VWA 品牌的转向机（G85）限位设定。第三代转向机，由于转角传感器（G85）已集成在转向机中，速腾不需要对 G85 限位进行设定，但迈腾需要做。

1.4.19 迈腾遥控单元恢复座椅和后视镜位置方法

对于有记忆功能的电动座椅和后视镜，可将所存储的座椅位置输入到遥控钥匙上，为此先存储座椅和后视镜位置，之后在 10s 内将该位置输入到遥控钥匙上。再将遥控钥匙从点火开关内拔下，按下遥控钥匙开锁按钮并保持大约 2s 直到听到输入完成的确认声音。

注意：在重新调整座椅的记忆位置后，在 10s 内不要随便按遥控钥匙按键，否则，遥控器将记忆你最后所存储的座椅位置。

1.4.20 迈腾 B7L 保养归零手工复位方法

不使用车辆诊断、测量和信息系统，车辆诊断测试仪也可以复位保养周期显示。必须注意，手动复位保养周期的编码是固定的，也就是说，每 15000km 或每年要保养一次。

(1) 用车窗玻璃刮水器操纵杆上的翘板开关或多功能方向盘上的按钮

① 用车窗玻璃刮水器操纵杆上的翘板开关（见图 1-54）选择“设置”菜单。

② 用多功能方向盘上的按钮选择“设置”菜单，见图 1-55。

③ 在“保养”子菜单中选定“重置”选项，然后按下车窗玻璃刮水器操纵杆或多功能方向盘上的 OK 按钮（5）来复位保养周期显示。

④ 接下来弹出安全询问时，再次按 OK 按钮确认。

(2) 用组合仪表上的操作按钮（见图 1-56)

① 点火开关关闭时按住按钮 3。

② 打开点火开关。

③ 松开按钮 3，短按一次时间设置按钮 1。

④ 这时保养周期显示处于复位模式。片刻后显示屏 2 会切换回正常显示。

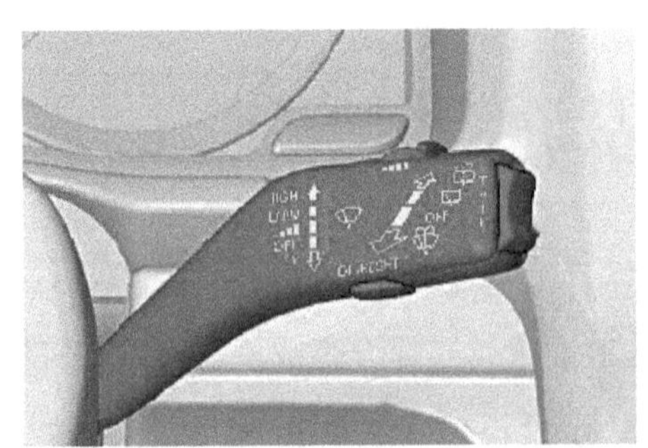

图 1-54 迈腾组合开关上的操作按钮

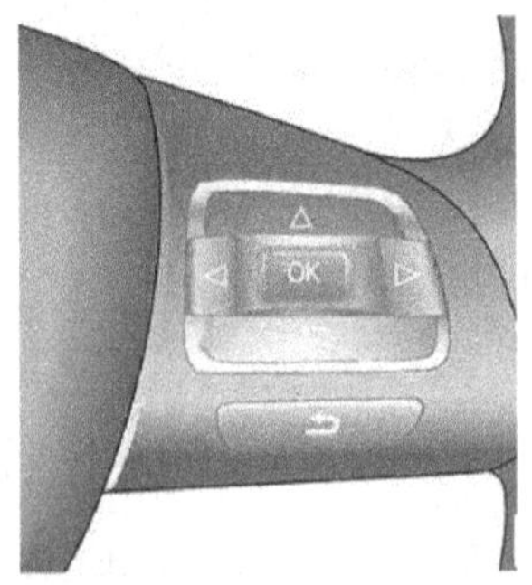

图 1-55 迈腾多功能方向盘上的设置按钮

图 1-56 迈腾组合仪表上操作按钮

1.4.21 迈腾 B8L 保养归零方法

(1) 使用诊断器复位

进入 ODIS 服务，根据引导进行操作：

① 连接车辆诊断测试器。

② 打开点火开关。

③ 进行车辆识别。

④ 输入委托单数据或选择“无任务”。

⑤ 选择“控制单元”。

⑥ 选择“组合仪表”。

⑦ 选择“引导型功能”。

⑧ 选择应复位的相应保养项目。

⑨ 根据“引导型功能”的说明进行匹配。

(2) 手动操作仪表按钮进行复位

① 复位机油更换保养。用组合仪表上的操作按钮，见图 1-57。

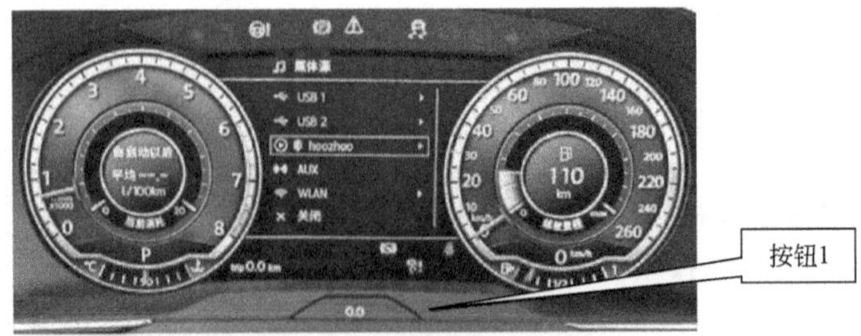

图 1-57 迈腾 B8L 仪表盘

- 点火开关关闭时按住按钮 1。
- 打开点火开关。一直等到显示屏上显示“是否复位机油更换保养?”。
- 松开按钮 1。保养周期显示现在处于复位模式。
- 短促按一次按钮 1。若干秒后恢复正常视图。

② 复位常规保养。用组合仪表上的操作按钮。

- 点火开关关闭时按住按钮 1。
- 打开点火开关。一直等到显示屏上显示“是否复位常规保养?”。
- 松开按钮 1。保养周期显示现在处于复位模式。
- 短促按一次按钮 1。若干秒后恢复正常视图。

1.4.22 迈腾 B7L 天窗初始化方法

① 确认好天窗电动机初始位置，打开点火开关。

② 天窗开关后部往下掰保持 30s，天窗向上翘起至最大位置抖动一下。

③ 松开开关后，再次掰住直至天窗向下关闭，然后向前、向后完成所有动作后初始化成功结束。

1.4.23 迈腾 B7L 电动车窗初始化方法

断开并重新连接蓄电池后，电动车窗升降器的自动上升和自动下降功能失效。因此，在交付新车前必须重新设置车窗升降器。设置后不得再断开蓄电池。

在断开并重新连接蓄电池后，电动车窗升降器的防夹功能失效。这可能会造成严重夹伤!

如下所述设置电动车窗升降器。

① 打开点火开关。

② 完全关闭所有车窗和车门。

③ 向上拉起车窗升降器按钮，并保持至少 1s。

④ 松开按钮，然后再次向上拉起。

这样自动升降功能就恢复正常了。依上述操作可以单独恢复一个或同时恢复多个车窗升降器的设置。

⑤ 关闭点火开关。上述操作说明是以左前车窗升降器为例的。其他车窗升降器的设置方法相同，也是通过驾驶员车门内的相应开关来进行。

1.4.24 迈腾 B7L 维修经验一句话

① 迈腾 B7L 2.0T 左前传动轴异响。左前传动轴在出厂时漏装了内球笼的润滑脂，使得干摩擦造成异响。更换左前转动轴总成。

② 迈腾 B7L 空调不制冷，由于压缩机皮带盘与轴心压盘处接点脱落，导致故障。更换压缩机后，故障排除。

③ 迈腾 B7L 加油跳枪，拆卸油泵检查油箱内部，发现加油通气阀固定销损坏，脱落物掉入油箱堵塞管路，导致加油跳枪。更换油箱总成。

④ 迈腾 B7L 车辆在颠簸路面行驶，车顶右边 B 柱上面有哒哒的异响，检查右边车顶加强筋发现打胶不好，确定打胶处理，加强筋处打胶处理，放置 12h 风干后试车异响消除。

⑤ 迈腾 B7L 用后行李箱盖把手中的解锁按钮无法打开行李箱，拆开后行李箱盖把手中的解锁按钮发现插头的两个针脚未插好，弯曲。造成舒适系统控制单元没有接收到后行李箱

盖把手中的解锁按钮信号。修正后行李箱盖把手中的解锁按钮插头的两个针脚，并重新装配。

⑥ 迈腾 B7L 发动机动力不足，高速行驶无力，将车辆举升检查油路，发现车辆油箱处燃油管曲折变形（无刮碰痕迹）。更换燃油管后故障排除。

⑦ 迈腾 B7L 起动车辆，起动机工作正常，但车辆无法启动。由于燃油泵电机故障导致燃油泵供油压力低，车辆无法启动。更换燃油泵后故障排除。

⑧ 迈腾 B7L 车辆怠速状态下组合仪表工作正常，当转速上升至 3000 转时组合仪表不工作。连接 VAS 5052A，当发动机转速逐渐升至 3000 转左右故障再现时，读取车辆各电控系统基本运行状态。当读取发动机电控系统发电机充电电压时，发电电压随转速逐渐升高，甚至达到 16V 以上，初步判断为发电机电压调节器故障造成组合仪表工作不正常。更换发电机后故障排除。

⑨ 迈腾 B7L 冷车高怠速过后，从发动机底部可以听到断续的“嗡嗡嗡”异响，使用螺丝刀抵住各相关部件进行监听，判定声音从发动机油底壳内部发出。发动机继续工作 3min 后，声音由断续变成连续且声音减弱不易听到。初步判断为机油泵运转时发出的声音。异响为可调式机油泵工作时发出的声音。由于该机油泵为可调式机油泵，其供油压力根据发动机的工况进行调节，此时机油泵移动单元在机油泵内部做轴向运动，与壳体之间相对运动而发出得声音。冷车高怠速过后，在缓慢加油再松油门后异响就会出现，为正常现象。

⑩ 迈腾 B7L 发动机怠速运转时缸盖正时罩盖内部有“咕咕”异响，初步判断为正时部分或正时调节部分故障，且响声随发动机转速变化而变化。拆下轴承桥发现轴承桥内部有磨损的部位，更换轴承桥后异响排除。

⑪ 迈腾 B7L 车辆开启空调运行半分钟左右，空调压缩机限压阀打开，制冷剂泄漏。检查高压传感器接口，拆下接口单向阀，发现内部不通，初步判断为高压管路问题。更换高压管、压缩机后故障排除。

⑫ 迈腾 B7L 冷车启动后仪表 EPC 灯报警，根据故障码的提示“08482 加速踏板位置传感器信号太低”，试更换油门踏板传感器总成，故障排除。

⑬ 迈腾 B7L 天窗开到上翘位置后无法关闭，开关不论旋到什么位置玻璃只是下来再翘上去。判断天窗零点位置错误，需要重新初始化。重新按正确方法对天窗进行初始化，故障排除。

⑭ 迈腾 B7L 车辆 2 把钥匙无钥匙进入系统不起作用，用遥控器遥控开、关车门正常。由于 J393 内部故障导致 J393 无法接收 R137 天线信号。更换 J393 控制单元，重新进行防盗与钥匙匹配，故障排除。

⑮ 迈腾 B7L 仪表气囊报警灯和电子驻车制动器故障灯点亮，拆卸安全气囊控制单元。检查接地时，发现连接螺栓接触面有油漆，另外，车内铺设的隔音隔热垫窜动，覆在连接螺栓表面。清理气囊控制单元连接固定螺栓接触表面，重新安装紧固后故障排除。

⑯ 迈腾 B7L 发动机无法启动，起动机工作正常。检查发现发动机控制器内部供电电路对地短路，造成 SB13 熔丝熔断，导致发动机无法启动抛锚。更换发动机控制器，进行发动机系统与防盗匹配，启动发动机试车，故障排除。

⑰ 迈腾 B7L 发动机故障灯报警，急踩油门让转速提高到 3000 转，可以听到皮带轮侧有明显漏气噪声，从车辆前方可以看到皮带轮侧增压管已经脱落，拆装后发现进气软管密封圈已经断裂。更换进气软管总成，故障排除。

⑱ 迈腾 B7L 天窗打开后，听到“咯嘣”一声后，遮阳板不动，天窗可以打开但无法关闭，遮阳板挡块脱落夹在天窗玻璃与遮阳板之间，在天窗运动时导致遮阳板移位。在挡块的后部和下部固定增加固定点，使挡块可靠固定。在天窗滑轨涂抹少量玻璃胶，等待 24h 干胶

后可以开关天窗。

⑲ 迈腾 B7L 一把钥匙功能正常；但另一把钥匙只能使用无钥匙进入系统打开车门，但是无法通过遥控器对车门进行解锁，匹配过钥匙和遥控器后故障仍未解决，后更换新的带遥控器的钥匙后故障解决。

⑳ 迈腾 B7L 机油油位报警灯闪亮，为故障车组合仪表内部有问题，进行断电测试故障依旧，倒换组合仪表测试，故障排除。

㉑ 迈腾 B7L 前机盖无法打开，拉动前机盖操纵杆感觉无弹力，前机盖无弹起现象。向上打开拉索接头上盖板，发现拉索接头内凹槽有变形，拉索脱落无法与接头连接。将拉索接头归位，故障解决。

㉒ 迈腾 B7L 仪表台中央出风口不出风，空调/暖风电子设备中对出风口的伺服电动机可以做基本设定。

㉓ 迈腾 B7L 发动机无法启动，检查燃油泵线路，发现燃油泵控制单元 J538 线束有破损，由于 J538 供电线破损搭铁导致 SC36 熔丝烧断，造成发动机无法启动。对破损线束进行处理，更换 SC36 熔丝。

㉔ 迈腾 B7L 车辆不能正常启动，起动机无动作。检查发现保险损坏，更换新保险，测量发动机供电恢复正常。由于发动机控制单元内部损坏，从而导致发动机无法启动。更换熔丝及发动机控制单元。

㉕ 迈腾 B7L 挂上倒车挡没有外部环境影像，摄像头没有翻起，引导线正常。检查 R189，1 号脚没有电压，E234 上的 4 号脚电压时有时无，通过分析确定是这两条线路问题，检查到行李箱左侧插头连接处，这里供电正常。再检查这两条线路的导通没问题，说明就是插头插接不正常，处理插头连接后，摄像头工作正常。

㉖ 迈腾 B7L 打方向有“嗡嗡”异响的声音，方向盘底座不平，导致与安全气囊滑环间隙不一致，在转动方向盘的过程中，因间隙偏小，转动过程中干涉，导致产生异响的噪声。更换方向盘。

㉗ 迈腾 B7L 蓝牙电话无法连接，查询蓝牙电话控制单元 J412 编码，故障车的编码为 003420，与同样车型（蓝牙电话连接正常）对比，编码为 412120，对故障车进行编码，编码后连接蓝牙电话能够连接，故障排除。

㉘ 迈腾 B7L 左前门防盗指示灯不亮，将后门内衬板打开，发现防盗指示灯 K133 插头没装，重新安装后试车正常。

㉙ 迈腾 B7L 车辆在行驶颠簸路面时顶棚天窗右后侧异响，拆下车辆天窗后，试车发现异响来自天窗右侧顶棚与天窗固定板之间的间隙、将异响处用薄木片塞住，再用密封胶固定住木片，防止器脱落，异响消除。

㉚ 迈腾 B7L 倒车时 DVD 无视频显示，由于倒车摄像头线束固定位置不当，当摄像头工作时使线束被拉紧，导致线束断路或虚接。调整线束在行李箱盖上的固定位置。

㉛ 迈腾 B7L 左后转向灯不亮，检查线路上，发现 T52C/51 号针脚处存在虚接的情况，处理 T52C/51 针脚，故障消除。

㉜ 迈腾 B7L 2.0T 右前辅助转向灯不亮，中央电气控制单元 J519 内部故障，导致转弯辅助灯没有供电。更换中央电气控制单元 J519。

㉝ 迈腾 B7L 模拟时钟与仪表时间不符，无法同步，拆卸模拟时钟进行检查，发现模拟时钟插头只有两条线：原本应装于手套箱触点开关的插头却安装在模拟时钟上，而且正确的模拟时钟插脚被闲置，没有安装。按照正确的位置将线束插头安装好，故障排除。

㉞ 迈腾 B7L 用遥控钥匙无法锁车，试车发现锁止无反应，但解锁可以，锁止时遥控钥匙的指示灯是亮的。由于 P 挡未完全入位导致转向柱锁锁止要求未满足。

㉟ 迈腾 B7L 一键启动功能失效，按键指示灯熄灭，用点火钥匙可正常启动或关闭发动机。更换接线端和发动机启动控制单元 J942。

㊱ 迈腾 B7L 仪表上多个报警灯点亮，P 挡指示灯闪烁，扳手指示灯闪烁。油漆附着到 ABS 控制单元的搭铁点（13）螺栓上，在安装过程中未将搭铁点处理，紧固螺母上也有油漆，造成搭铁不良。处理发动机舱内右侧接地点并紧固，清除故障码。

㊲ 迈腾 B7L 灯光偶尔报警，随动转向大灯失效。检查至右侧大灯照明距离调节伺服电动机的供电熔丝 SC8 时，发现熔丝座间隙较大，稍微动一下熔丝故障即消失，随即对熔丝座间隙进行缩小处理，故障得以排除。

㊳ 迈腾 B7L 按下点火开关，车辆无法正常启动。将发动机拆下，打开正时罩盖，发现排气平衡轴抱死，将排气平衡轴拆下，检查缸体平衡轴装配孔内塑料烧焦，缸体已经变色，平衡轴与轴套已完全卡死。更换发动机总成。

㊴ 迈腾 B7L 仪表盘 ESP 警告灯常亮。根据故障码，“前 EDL 转换阀-N166 损坏”与“控制单元损坏”，损坏均来自 ABS 泵总成内部，所以可判定该总成内部损坏，更换 ABS 泵总成。

㊵ 迈腾 B7L 打不着火，启动后自动熄火，J538 燃油泵控制单元内部电气故障，断路。更换燃油泵控制单元。

㊶ 迈腾 B7L 电子手刹无法释放，驻车制动器警告灯常亮。线束插头内部，导线压入线卡太紧，造成导线大部分被切断，产生虚接。更换新的线卡，修复线束，并重新装配。

㊷ 迈腾 B7L 两把钥匙均能够启动车辆，且无钥匙进入功能均正常；但其中一把钥匙的遥控功能失效。将该车两把钥匙与车辆重新做防盗功能匹配，钥匙遥控功能恢复正常。如果钥匙匹配不成功，可以断电瓶线负极。

注意：断电之前必须关闭点火开关及所有用电器。等待几分钟。断完电以后重新匹配防盗，系统会提示“请关闭点火开关等待 6 分钟”，第一次可能还会不成功，多功能显示屏提示找不到钥匙，仪表没有电。多进行一次匹配可成功。

1.5 CC（2011～2018 年款）

1.5.1 CC 车型发动机配置信息

发动机型号代码	CEA	CGM	CNG
排量/L	1.8	2.0	3.0
气缸数量/每个气缸气门数	4/4	4/4	6/4
功率	118kW/5000～6200r/min	147kW/5500r/min	184kW/6400r/min
扭矩	250N·m/1500～4200r/min	280N·m/1800r/min	310N·m/3500r/min
缸径/mm	82.5	82.5	84
冲程/mm	84.2	92.8	89.5
压缩比	9.8∶1	10.2∶1	11.4∶1
喷射装置/点火开关	Motronic MED 17.5 TSI 涡轮增压器	Motronic MED 17.5 TSI 涡轮增压器	Motronic MED 17 FSI
ROZ	92 号及以上优质无铅汽油	95 号及以上优质无铅汽油	95 号及以上优质无铅汽油
凸轮轴传动	链条	链条	链条

1.5.2 2013~2017年款大众1.8T CEA发动机正时维修

此款发动机也装备于迈腾B7L车型，相关内容请参考1.4.6小节。

1.5.3 2013~2017年款大众2.0T CGM发动机正时维修

CGM 2.0L发动机与CEA发动机正时链结构与拆装相同，相关内容请参考1.4.6小节。

1.5.4 2013~2016年款大众3.0T CNG发动机正时维修

(1) 正时链单元结构分解

CNG发动机正时链单元结构如图1-58所示。

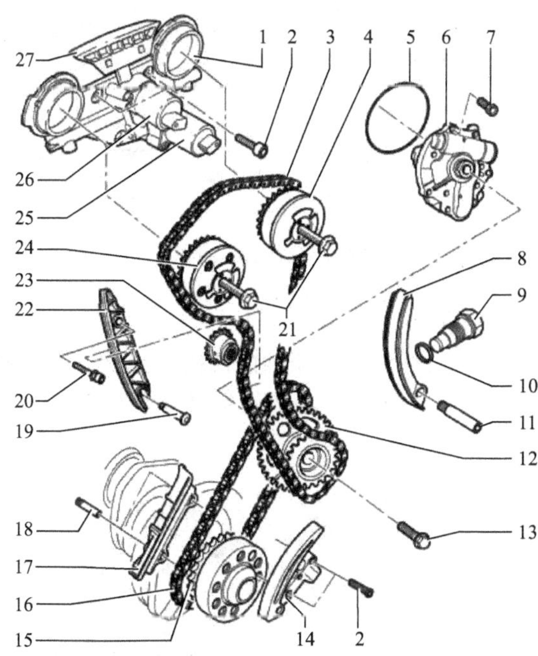

图1-58 CNG发动机正时链单元

1—配气机构壳体，安装前给密封环的接触面上油，安装前检查配气机构壳体的滤网是否有污物；2—8N·m，给螺栓涂抹防松剂（D000600A2）后再装入配气机构壳体内；3—凸轮轴正时链，拆卸前标记转动方向（安装位置）；4—排气凸轮轴调节器，标记：32A；5—密封环，更换；6—机油泵；7—8N·m，更换；8—张紧轨，用于凸轮轴正时链；9—链条张紧器，50N·m，用于凸轮轴正时链，只有在不拆下链条张紧器的情况下才能转动发动机；10—密封环，一旦损坏或泄漏应予以更换；11—轴承螺栓，10N·m，用于张紧轨；12—链轮，用于正时链；13—60N·m＋继续旋转1/4圈（90°），仅使用强度等级10.9的螺栓，更换；14—带张紧轨的链条张紧器，用于正时链，只有在不拆下链条张紧器的情况下才能转动发动机；15—传动链轮，插入曲轴中，磨平的轮齿指向轴承接缝＝气缸1上止点；16—正时链，拆卸前标记转动方向（安装位置）；17—滑轨，用于正时链，与正时链一起拆卸和安装；18—无凸肩螺栓，10N·m，用于滑轨；19—10N·m；20—23N·m；21—60N·m＋继续旋转1/4圈（90°），更换，安装时，螺栓头上的传感轮支承面必须干燥，在拆卸和安装时，用开口宽度为27mm的开口扳手固定住凸轮轴；22—滑轨，用于凸轮轴正时链；23—传动链轮，用于高压泵；24—进气凸轮轴调节器，标记：24E；25—排气凸轮轴调节阀1（N318），用于排气凸轮轴，在拔出之前，先标记插头和部件的对应关系；26—凸轮轴调节阀1（N205），用于进气凸轮轴，在拔出之前，先标记插头和部件的对应关系；27—滑轨，用于凸轮轴正时链，卡在配气机构壳体上

(2) 发动机正时检查

所需要的专用工具和维修设备：凸轮轴尺（T10068 A），见图1-59。

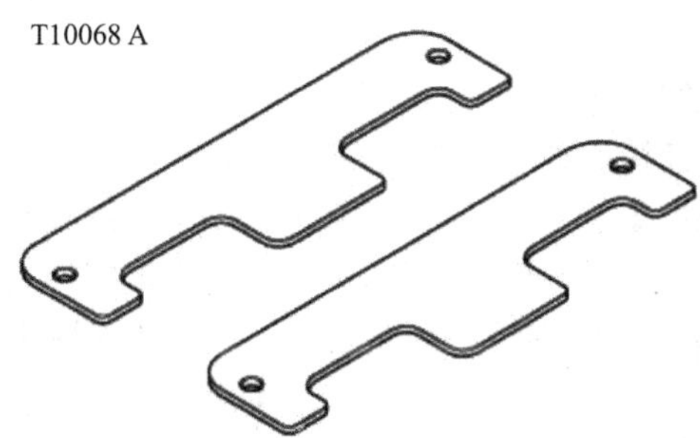

图1-59 正时检查工具

检测操作步骤如下：

① 拆卸护板。

② 拆卸进气歧管上部件。

③ 拆下气缸盖罩。

④ 如图 1-60 所示沿发动机运转方向转动曲轴，转至气缸 1 的上止点标记处。

⑤ 如图 1-61 所示气缸 1 的凸轮（A）必须相对。

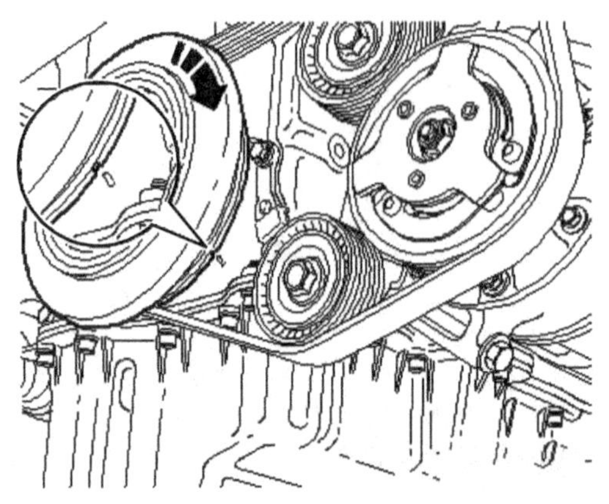

图 1-60 曲轴转到上止点位置

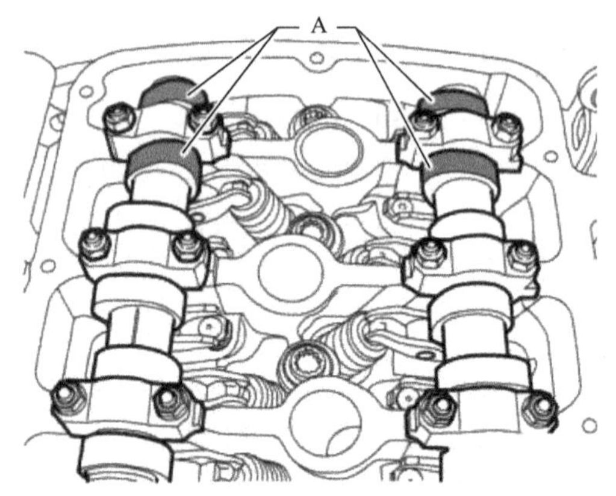

图 1-61 气缸 1 凸轮相对

⑥ 在两个轴槽中插入凸轮轴尺（T10068 A），见图 1-62。

由于凸轮轴调节器功能受限，有可能无法精确地水平放置凸轮轴的凹槽。因此，必要时用开口扳手来回小幅度地转动凸轮轴（图 1-63 中箭头），从而装入凸轮轴尺（T10068 A）。

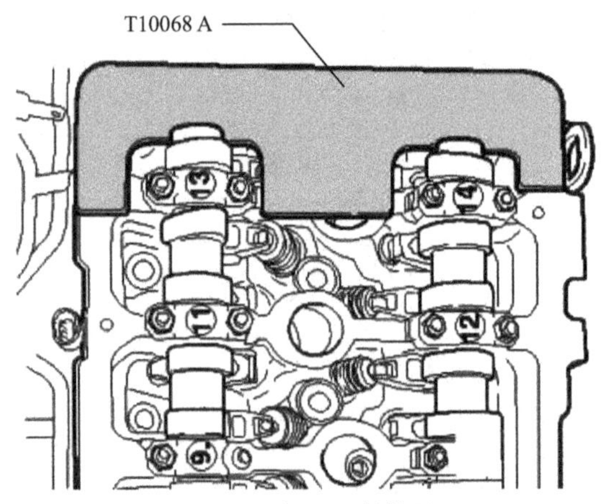

图 1-62 插入凸轮轴尺

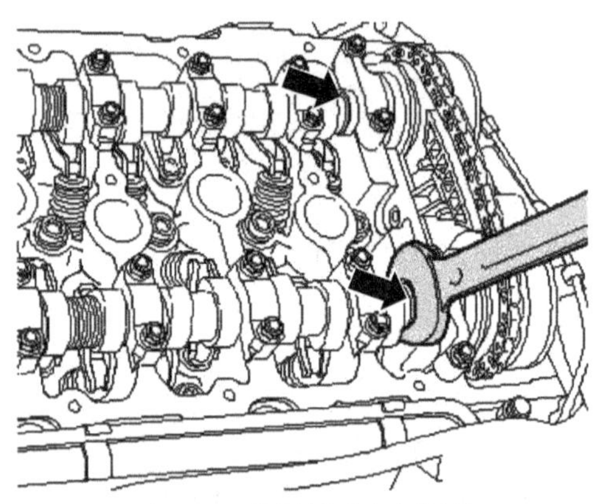

图 1-63 使用扳手小幅调整

参照配气机构壳体上的标记来检查凸轮轴调节器的调节标记：凸轮轴调节器上的如图 1-64 所示箭头须与配气机构壳体最右侧的切口对齐。

标记“32A”和切口的位置稍有错开是允许的。无需注意铜色链环的位置。

⑦ 凸轮轴调节器的标记之间的距离必须刚好等于凸轮轴正时链 16 个滚子的长度，见图 1-65。如果标记不一致，调整正时；如果标记一致，继续以下步骤。

⑧ 安装气缸盖罩。

⑨ 安装进气歧管上部件。

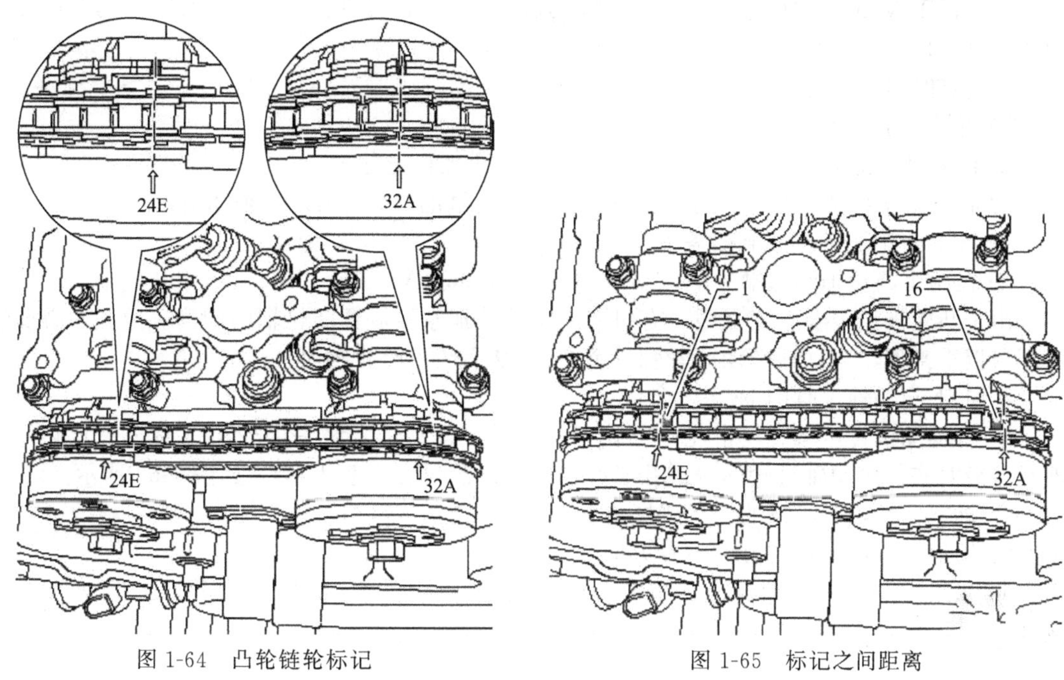

图 1-64 凸轮链轮标记　　　　图 1-65 标记之间距离

FSI 发动机配气机构壳体上的标记如图 1-66 所示，A 为飞轮侧视图，B 为减震皮带轮侧视图。

切口（箭头）是凸轮轴调节器标记的参考点。

(3) 发动机正时链拆装

1）拆卸所需专用工具介绍。拆卸和安装凸轮轴正时链和机油泵正时链所需要的专用工具和维修设备见图 1-67。

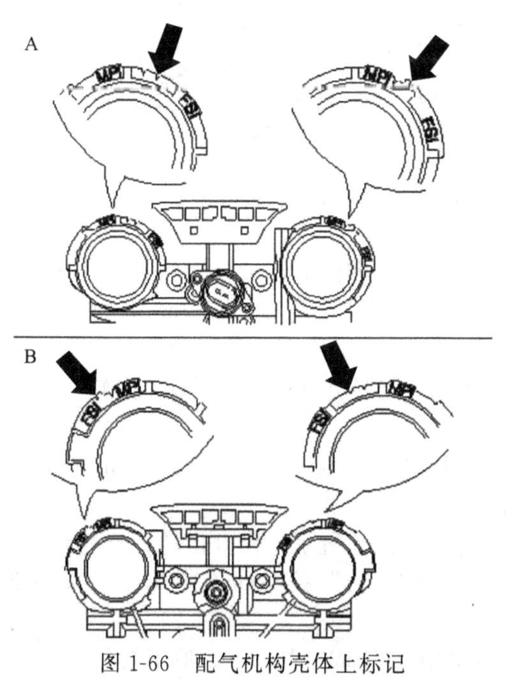

图 1-66 配气机构壳体上标记

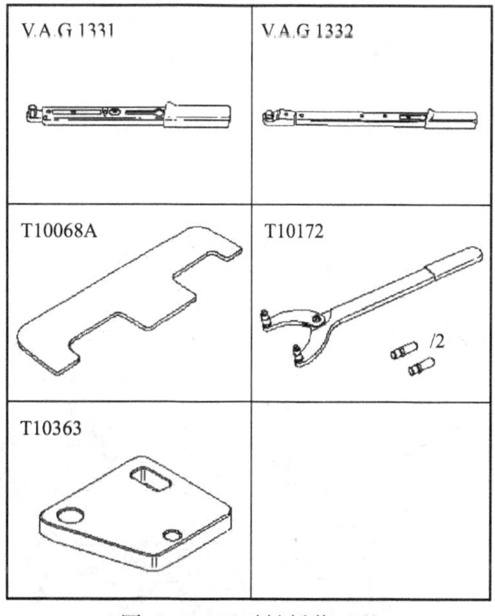

图 1-67 正时链拆装工具

扭矩扳手 VAG 1331；扭矩扳手 VAG 1332；凸轮轴尺 T10068 A；固定工具 T10172；调节工具 T10363。

2）拆卸操作步骤。

① 拆下气缸盖罩。

② 沿发动机运转方向转动曲轴，转至 1 缸上止点标记处。

③ 将气缸盖内的凸轮轴至于 1 缸上止点处，1 缸的凸轮（A）必须相对。

④ 拆下凸轮轴正时链上部盖板。

⑤ 在两个凸轮轴端部槽中插入凸轮轴尺（T10068 A）。

由于凸轮轴调节器功能受限，有可能无法精确地水平放置凸轮轴的凹槽。因此，必要时用开口扳手来回小幅度地转动凸轮轴（箭头），从而装入凸轮轴尺 T10068 A。

⑥ 拆下凸轮轴正时链下部盖板。

⑦ 将发动机转至减震皮带轮上的调节标记处。传动链轮磨平的轮齿（箭头 A）必须与轴瓦接缝对齐。中间轴链轮的小圆孔必须与后部凸缘对齐（箭头 B）。如图 1-68 所示。

⑧ 拆下凸轮轴正时链的链条张紧器。

⑨ 用记号笔标记正时链的运转方向。

⑩ 如图 1-69 所示，松开固定螺栓 5，取下张紧器导轨 4。松开固定螺栓 3 和 1，取下导轨 2。

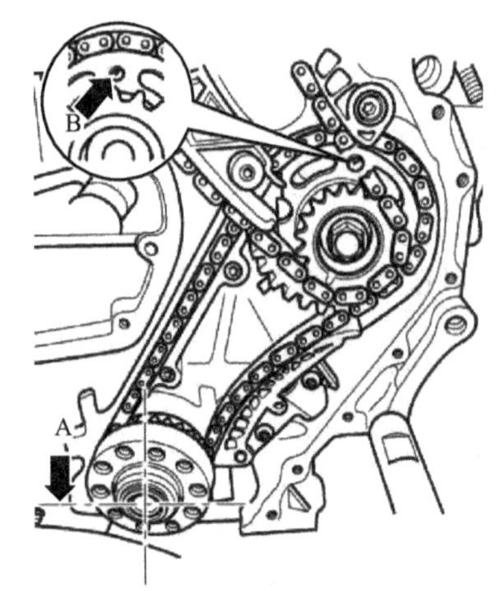

图 1-68 对齐标记

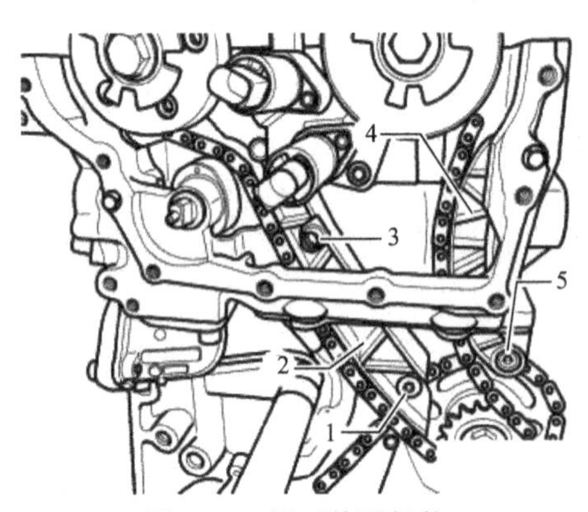

图 1-69 拆下外围部件

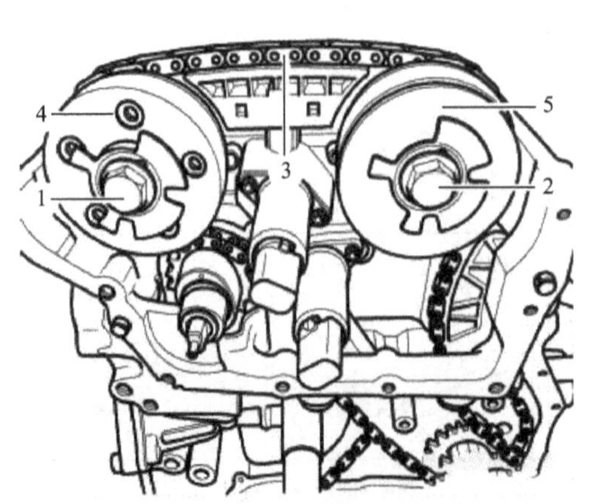

图 1-70 拆卸凸轮轴调节器

⑪ 用开口扳手固定相应要松开的凸轮轴。提示此时不得插入凸轮轴尺 T10068 A。

⑫ 如图 1-70 所示，松开调节器螺栓 1 和 2。将调节器 4 和 5 连同正时链 3 一起取下。

⑬ 用记号笔标记机油泵正时链的转动方向。

⑭ 如图 1-71 所示，松开链轮固定螺栓 1。

⑮ 旋出链条张紧器的固定螺栓，取下张紧器。

⑯ 旋出链轮固定螺栓 1，取下链轮。

⑰ 取下链条 1 和导轨 2，见图 1-72。

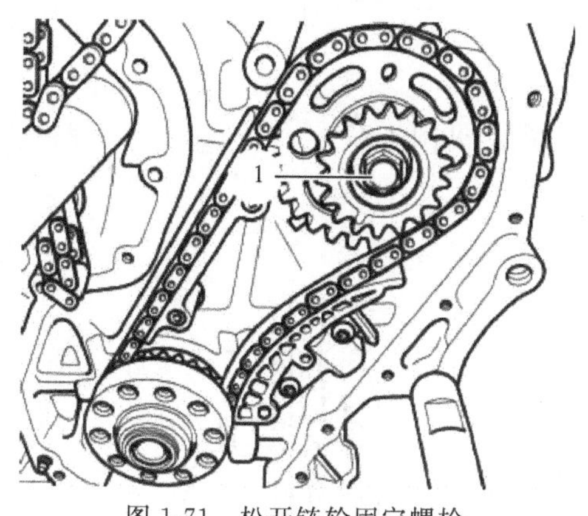

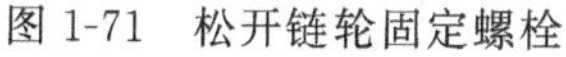

图 1-71　松开链轮固定螺栓

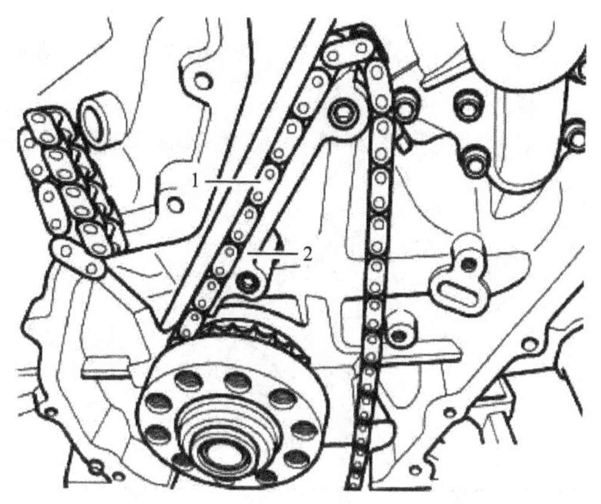

图 1-72　拆下正时链和导轨

3）发动机正时链安装。

① 将曲轴置于 1 缸上止点位置，此时传动链上的磨平轮齿（箭头）必须与轴瓦接缝对齐，见图 1-73。

② 安装导轨的两个无凸肩螺栓 2。拧紧力矩 10N·m，如图 1-74 所示，将导轨 1 插到螺栓 2 上。

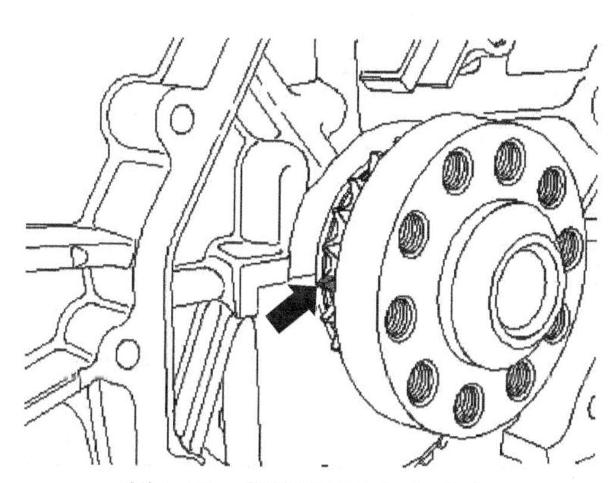

图 1-73　曲轴置于 1 缸上止点

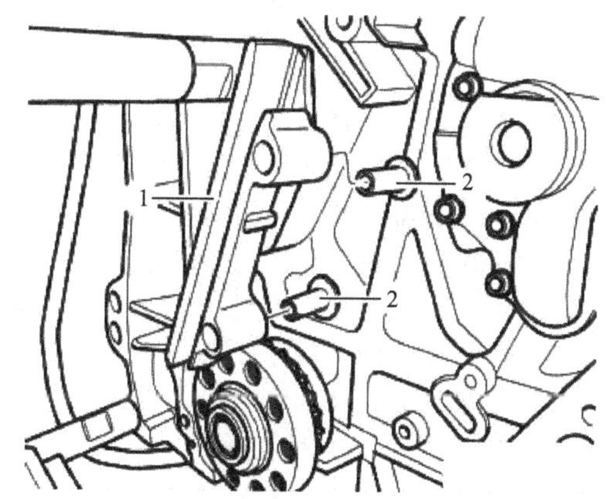

图 1-74　安装导轨

③ 将机油泵轴 1 的平面侧（箭头）与标记 2 对齐放置，见图 1-75。

④ 将正时链插入导轨中，并装在曲轴上。

提示： 按标记的转动方向安装链条。

⑤ 将链条装到链轮上。

⑥ 将链轮装到正时处，使链轮的小圆孔对准机油泵上的标记，如图 1-76 所示（箭头 B）。

⑦ 将链轮装到机油泵轴上。导轨中的正时链条应笔直地伸展至机油泵轴上。传动链轮的磨平轮齿必须与轴瓦接缝（箭头 A）对齐。机油泵链轮小圆孔必须与后部标记（箭头 B）

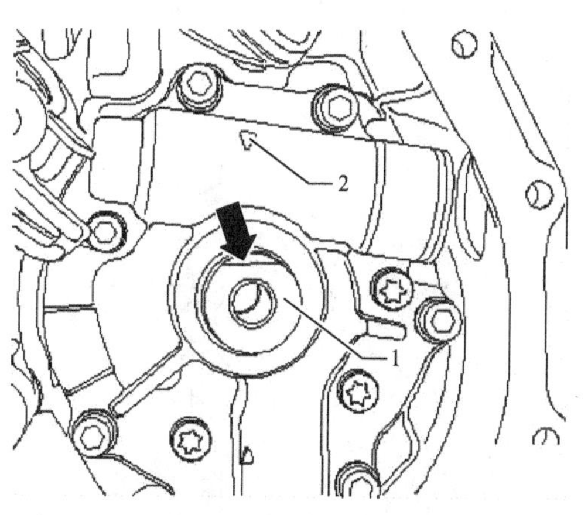

图 1-75　对齐机油泵轴

对齐。

⑧ 如果无法装入链轮，则略微转动机油泵。

⑨ 安装链条张紧器。

⑩ 将张紧轨压向链条张紧器并用通用轴销 1 锁定，见图 1-77。

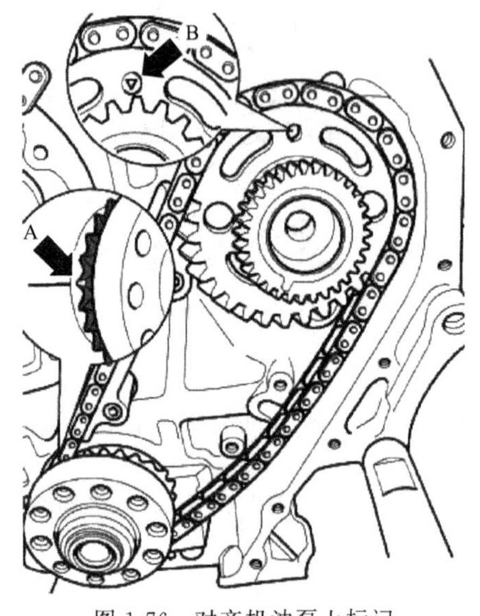

图 1-76 对齐机油泵上标记

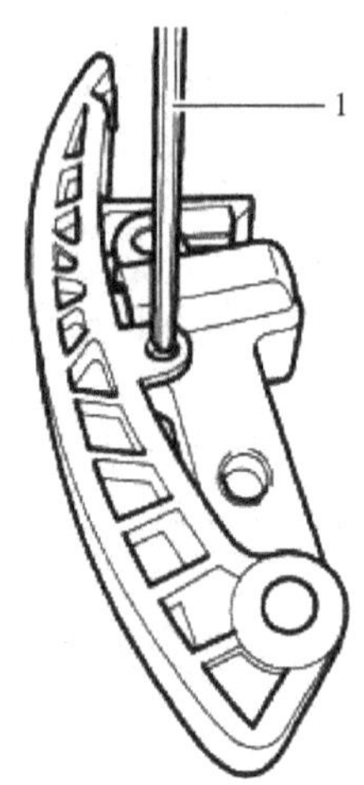

图 1-77 固定张紧器

⑪ 安装链条张紧器，并以 8N·m 的力矩拧紧固定螺栓。

⑫ 拉出轴销 1。曲轴不允许转动。

⑬ 将气缸盖内的凸轮轴置于 1 缸上止点。

⑭ 气缸 1 的凸轮（A）必须相对，见图 1-78。

⑮ 在两个凸轮轴端部槽中插入凸轮轴尺 T10068 A。

⑯ 必要时用开口扳手小幅度地转动凸轮轴。

⑰ 用调节工具 T10363 固定高压泵传动链轮的位置，如图 1-79 所示，高压泵传动凸轮上的标记（A）必须位于上部。

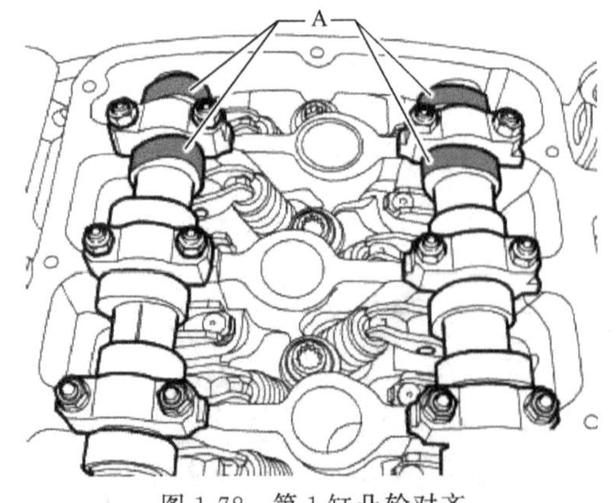

图 1-78 第 1 缸凸轮对齐

图 1-79 固定高压泵传动链轮

⑱ 如图 1-80 所示，用螺栓固定（箭头）。由于凸轮轴调节器与凸轮之间有定位销，因此只能在同一个位置安装。按标记的转动方向安装链条。

⑲ 先将进气凸轮轴安装到正时链上，然后一起装到进气凸轮轴上。

⑳ 拧紧调节器固定螺栓 1，见图 1-81。

同时注意下列事项：连接高压泵传动链的正时链不得“下垂”。因此装在凸轮轴调节器上的正时链必须处于“绷紧”状态，才可拧紧。

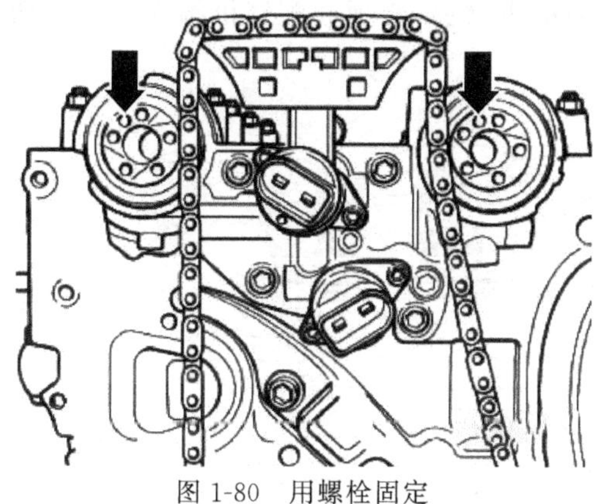

图 1-80　用螺栓固定

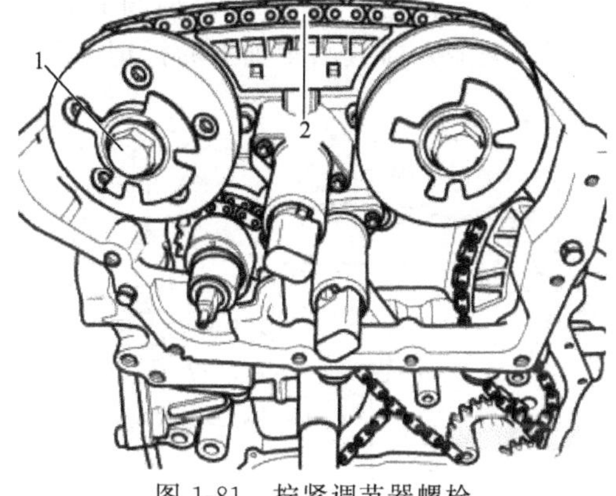

图 1-81　拧紧调节器螺栓
1—固定螺栓；2—正时链

㉑ 如图 1-82 所示，凸轮轴调节器“24E”上的箭头（1）必须和配气机构壳体右侧切口（2）对齐。

㉒ 如图 1-83 所示安装导轨（2），拧上固定螺栓 1 和 3。

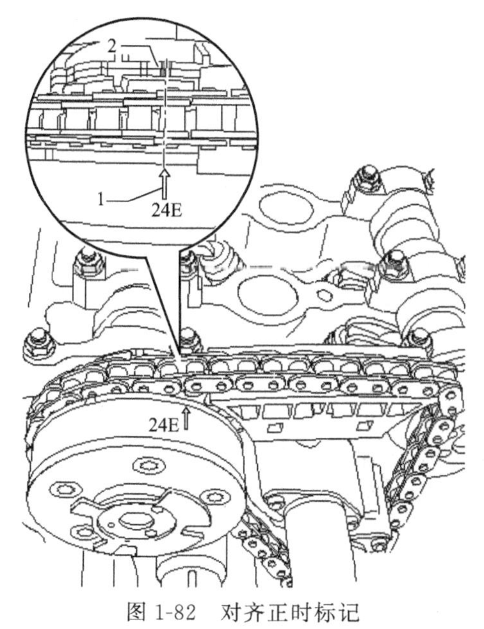

图 1-82　对齐正时标记

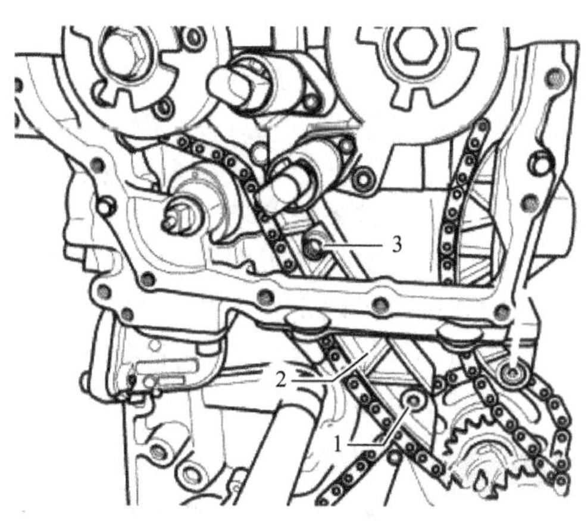

图 1-83　安装导轨

㉓ 然后从图 1-84 的箭头（1）和切口（2）对齐的轮齿开始自右在正时链上数 16 个滚子。用记号笔标记。

凸轮轴调节器锁止在“静止状态”，因此在调整正时时不能旋转传感器。如果“静止状态”下的锁止装置没有卡入锁定，必须用手将调节器沿两个方向转动至锁止。如不能调整则更换凸轮轴调节器。

㉔ 将排气凸轮轴调节器“32A”置入凸轮轴正时链内，齿轮的箭头标记“24E”和

“32A”之间必须有之前数出的 16 个滚子。

㉕ 先将排气凸轮轴调节器装到凸轮轴正时链上。

㉖ 接着装到凸轮轴上。

㉗ 拧紧排气调节器固定螺栓。

同时注意下列事项：凸轮轴调节器“32A”上的箭头（1）必须和配气机构壳体右侧切口（2）对齐。排气凸轮轴上的标记见图 1-85。

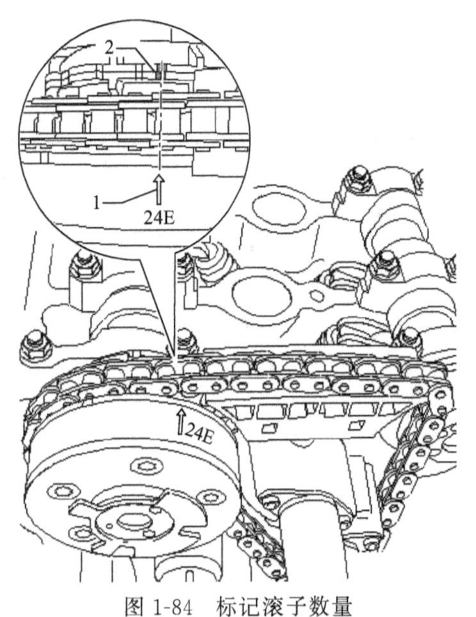

图 1-84 标记滚子数量

图 1-85 排气凸轮轴上标记

排气凸轮调节器必须轻轻地安装到排气凸轮轴上，并拧紧。标记“32A”和切口位置稍有错开是允许的。

㉘ 拆下高压泵轴上的调节工具 T10363。

㉙ 取出凸轮轴调节工具 T10363。

㉚ 安装张紧器导轨，拧紧固定螺栓。

㉛ 安装正时链条张紧器。拧紧力矩：50N·m。

㉜ 将发动机沿运转方向转 2 圈，并检测正时。

㉝ 用开口扳手固定相应凸轮轴。

㉞ 以 60N·m 的拧紧力矩拧紧进气和排气凸轮轴调节器的新螺栓，并继续旋转 1/4 圈（90°）。此时不可插入凸轮轴尺 T10068A。必须更换链轮的所有紧固螺栓。

其他安装步骤以倒序进行。

1.5.5 2011～2016 年款 CC 四轮定位数据

以下额定值适用于配备各种发动机的车型。

前　　桥	舒适-不良路况底盘	后　　桥	舒适-不良路况底盘
总前束(无负载)	10′±10′	总前束(车轮外倾角符合规定)	+10′±10′
车轮外倾(正前打直位置)	−34′±30′	车轮外倾	−1°20′±30′
两侧之间最大允许偏差	最大 30′	两侧之间的最大允许偏差	最大 30′

续表

前　　桥	舒适-不良路况底盘	后　　桥	舒适-不良路况底盘
向左和向右转向角为 20°时,转向轮的偏差角①	1°20′±20′		
主销后倾	7°35′±30′		
两侧之间最大允许偏差	最大 30′	运行方向的最大允许偏差	最大 20′
标准高度	(389±10)mm	标准高度	(388.5±10)mm

①由于生产商不同，转向角差值也可能为负值。

1.5.6　CC 汽车全车控制器安装位置

汽车控制器分布如图 1-86～图 1-88 所示。

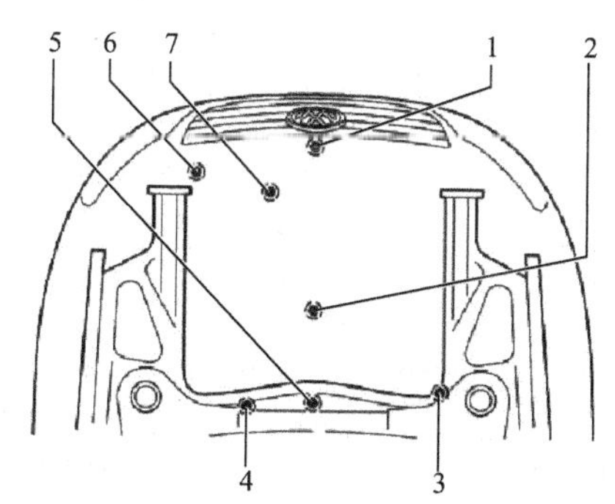

图 1-86　汽车发动机舱控制器安装位置

1—车距控制系统控制单元（J428），安装位置：散热器格栅后方中部；2—转向辅助控制单元（J500），安装位置：在副车架中部转向机上；3—防抱死制动系统控制单元（J104），安装位置：发动机舱右侧前围板；4—刮水器装置控制单元（J400），安装位置：在排水槽内左侧；5—发动机控制单元（J623），安装位置：在排水槽中部；6—散热器风扇控制单元（J293），安装位置：散热器风扇左侧；7—双离合器变速箱机械电子装置控制单元（J743），安装位置：在变速箱前部-变速箱内

图 1-87　CC 车身控制器安装位置

1—安全气囊控制单元（J234），安装位置：中控台前方；2—鼓风机控制单元（J126），安装位置：在仪表板右侧下方；3—收音机/收音机导航系统控制单元（R/J503），安装位置：在仪表板中部；4—动态随动转向灯和大灯照明距离调节装置控制单元（J745），安装位置：仪表板中部右侧支架上；5—多媒体设备接口（R215），安装位置：在前排乘员侧手套箱内；6—舒适系统中央控制单元（J393），安装位置：仪表板下方的手套箱后部；7—外翻式天窗控制单元（J878），安装位置：在外翻式天窗前部中间；8—副驾驶员侧车门控制单元（J387），安装位置：在副驾驶员侧前车门内板上；9—移动电话操作电子设备控制单元（J412），安装位置：右前座椅下方；10—电动机械式驻车制动器控制单元（J540），安装位置：后部中间通道上；11—右后车门控制单元（J389），安装位置：在副驾驶侧后车门内板上；12—燃油泵控制单元（J538），安装位置：后侧座椅下方，燃油输送单元上方；13—左后车门控制单元（J388），安装位置：在驾驶侧后车门内板上；14—功率放大器（R12），安装位置：驾驶员座椅下方；15—带记忆功能的座椅调节和转向柱调节装置（J136），安装位置：驾驶员座椅架上；16—驾驶员侧车门控制单元（J386），安装位置：在驾驶员侧前车门内板上；17—可加热前座椅控制单元（J774），安装位置：在驾驶员侧座椅底架上；18—转向柱电子装置控制单元（J527），安装位置：在方向盘下方的转向柱上；19—组合仪表中的控制单元（J285）；20—电子转向柱锁止装置控制单元（J764），安装位置：在转向柱上；21—端子及发动机起动控制系统的控制单元（J942），安装位置：仪表板左侧踏板支架上；22—车载电源控制单元（J519）（至 2011 年 3 月止），安装位置：在仪表板左侧下方；23—驻车转向辅助控制单元（J791）/驻车辅助控制单元（J446），安装位置：左侧仪表板下方，车载电源控制单元上部继电器支架后方；24—数据总线诊断接口（J533），安装位置：驾驶员侧脚部空间内，踏板机构附近；25—全自动空调控制单元（J255），安装位置在仪表板中部；26—车道保持辅助系统控制单元（J759），安装位置：在前部挡风玻璃上部中间位置

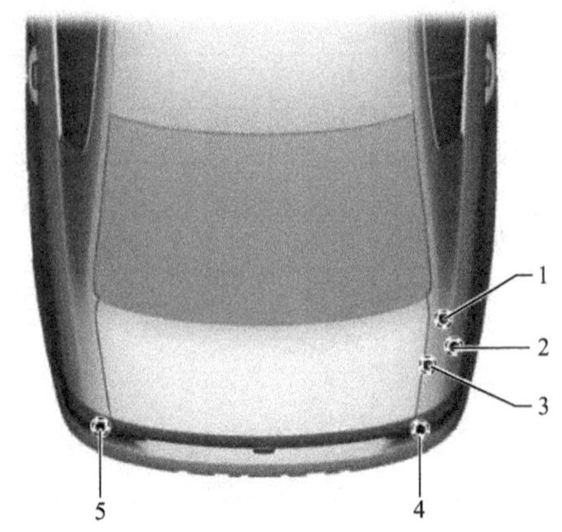

图 1-88 CC 后备厢控制器安装位置

1—倒车摄像头系统控制单元（J772），安装位置：后备厢右侧侧面饰板后方；2—电视调谐器（R78），安装位置：后备厢右侧侧面饰板后方；3—减震电子调节控制单元（J250），安装位置：后备厢右侧侧面饰板后方；4—行驶换道助理系统控制单元 2（J770），安装位置：后侧保险杠横梁右侧上方；5—行驶换道助理系统控制单元（J769），安装位置：后侧保险杠横梁左侧上方

1.5.7 2013 年款起 CC 车型电路接地点分布

CC 车型接地点分布如图 1-89～图 1-91 所示。

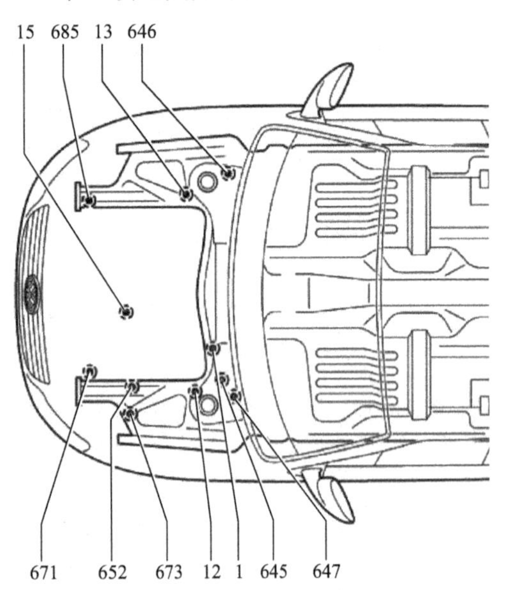

图 1-89 CC 车型发动机舱接地点分布

15—接地点，在气缸盖上，拧紧力矩：15N·m；685—接地点 1，在右前纵梁上，拧紧力矩：9N·m；13—接地点，发动机舱右上侧，拧紧力矩：9N·m；646—接地点 2，在前围板上，拧紧力矩：9N·m；647—接地点 3，在前围板上，拧紧力矩：9N·m；645—接地点 1，在前围板上，拧紧力矩：9N·m；1—接地带，蓄电池-车身，拧紧力矩：9N·m，仅用于 1.8/2.0LTSI 发动机的汽车；12—接地点，发动机舱左侧，拧紧力矩：20N·m；673—接地点 3，在左前纵梁上，拧紧力矩：9N·m；652—变速箱和发动机接地的接地点，拧紧力矩：20N·m；671—接地点 1，在左前纵梁上，拧紧力矩：9N·m

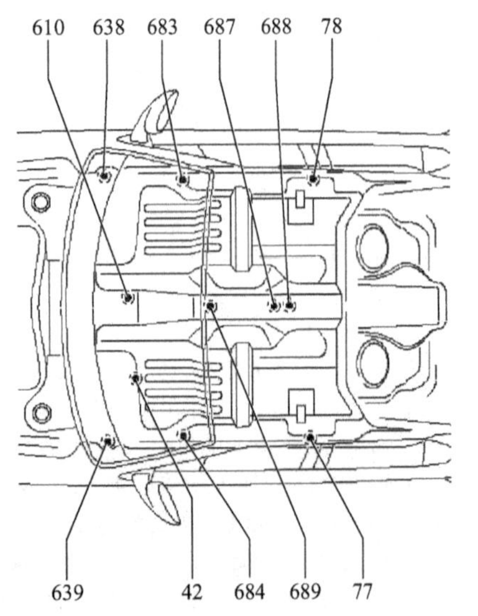

图 1-90 CC 车身接地点分布

610—接地点（音频），前中控台下方，拧紧力矩：9N·m；638—右侧 A 柱上的接地点，拧紧力矩：9N·m；683—接地点，右前下边梁，拧紧力矩：9N·m；687—接地点 1，在中间通道上，拧紧力矩：9N·m；688—接地点 2，在中间通道上，拧紧力矩：9N·m；78—右侧 B 柱下部接地点，拧紧力矩：9N·m；77—左侧 B 柱下部接地点，拧紧力矩：9N·m；689—接地点，天窗中前部，拧紧力矩：9N·m；684—接地点，左前下边梁，拧紧力矩：9N·m；42—接地点，转向柱旁，拧紧力矩：9N·m；639—接地点，在左侧 A 柱上，拧紧力矩：9N·m

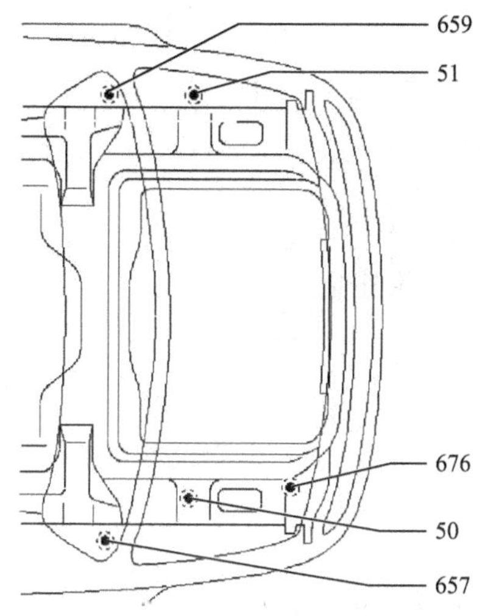

图 1-91 CC 后备厢接地点分布

659—接地点 1，右侧后窗玻璃附近，拧紧力矩：9N・m；51—接地点，后备厢右侧，拧紧力矩：9N・m；676—接地点 2，后备厢左侧，拧紧力矩：9N・m；50—接地点，后备厢左侧，拧紧力矩：9N・m；657—接地点 1，左侧后窗玻璃附近，拧紧力矩：9N・m

1.5.8 CC 天窗基本设置操作方法

(1) CC 在以下情况下必须进行天窗的基本设置

① 更换天窗后。

② 车辆蓄电池断电。

③ 天窗无故障码，也无动作。

④ 天窗无法关闭及关闭后又自动弹起。

(2) 基本设置操作过程

① 进入汽车诊断仪自诊断项，选择车载诊断。

② 进入汽车诊断中的 4F—中央电子装置系统 2 的选项。

③ 进入汽车诊断中的 4F—中央电子装置系统 2 后，选择 006—基本设置选项。

④ 进入 006—基本设置选项后，在对话框中输入 1，然后按 Q 执行。

⑤ 执行 1 后会出现“启动”界面，然后再按下右下角的“启动”键，基本设置启动。

⑥ 如出现“标准化-未学习”的画面，5052 不再继续运行，说明基本设置还没完成，继续按“启动”键，直至出现“标准化-已学习”的画面，基本设定完成。

(3) 操作注意事项

① 保证蓄电池有充足的电量。

② 保证天窗导轨及周边没有杂物。

1.5.9 CC 自适应巡航系统的初始化

只在第一次使用或更换车前测距监控系统的控制单元（J428）时才需要进行初始化。

操作步骤如下：

① 连接车辆诊断测试仪。

② 选择车辆诊断测试仪中的“引导型故障查询”。

③ 通过“跳转”按钮选择“功能/部件选择”，并依次选择以下菜单项：

- 底盘。
- 车前测距监控系统。
- 01-支持车载诊断（OBD）系统。
- 车距控制功能。

• 自动跟踪停车匹配（启动/停用）。

1.5.10 CC自适应巡航系统（ACC）校正方法

（1）在下列情况下必须校正

① 已拆卸和安装锁支架。

② 已拆卸和安装自动车距控制系统传感器（G550）。

③ 在进行四轮定位的过程中已调整前束和/或后桥车轮外倾。

（2）校正时必须满足下列检测前提条件

① 之前进行了四轮定位或轮辋偏位补偿。

② 检查轮胎充气压力的额定值和离地高度。

（3）在进行四轮定位的过程中校正ACC

1.5.11 CC空调系统初始化方法

① 同时按下后风窗除霜按钮＋AC开关超过3s，系统会进行自检。

② 自检完成后，再同时按下面部出风按钮＋AC开关超过3s，系统会进行初始化。见图1-92。

图1-92 CC空调系统初始始化方法

1.5.12 CC座椅记忆初始化方法

座椅记忆：进行初始化。

初始化时将清除存储器内所有匹配，然后可以重新匹配，并对无限遥控钥匙进行匹配。

① 打开驾驶员侧车门。

② 将座椅靠背整个向前调至限位位置。

③ 当座椅靠背完全靠前时，松开开关，然后重新按下，直至几秒钟后发出报警音。

1.5.13 CC保养归零手工复位方法

不使用车辆诊断、测量和信息系统，车辆诊断测试仪也可以复位保养周期显示。必须注意，手动复位保养周期的编码是固定的，也就是说，每15000km或每年要保养一次。

（1）用车窗玻璃刮水器操纵杆上的翘板开关或多功能方向盘上的按钮

① 用车窗玻璃刮水器操纵杆上的翘板开关2（见图1-93）选择“设置”菜单。

② 用多功能方向盘上的OK按钮选择“设置”菜单，见图1-94。

③ 在“保养”子菜单中选定“重置”选项，然后按下车窗玻璃刮水器操纵杆或多功能方向盘上的OK按钮来复位保养周期显示。

④ 接下来弹出安全询问时，再次按 OK 按钮确认。

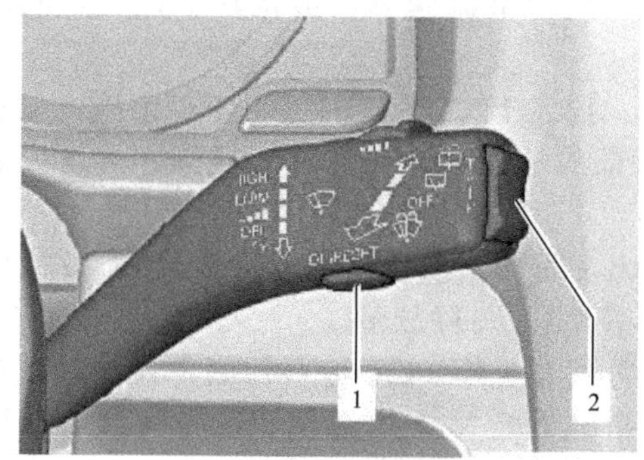

图 1-93 组合开关上的设置按钮

图 1-94 多功能方向盘上的设置开关

(2) 用组合仪表上的操作键 (见图 1-95)

① 点火开关关闭时按住按钮 3。

② 打开点火开关。

③ 松开按钮 3，短按一次时间设置按钮 1。

图 1-95 CC 车型组合仪表

1,3—设置按钮；2—显示屏

这时保养周期显示处于复位模式。片刻后显示屏会切换回正常显示。

1.5.14 CC 维修经验一句话

① CC EPC 故障灯报警，电脑检测有故障码“08482-节气门/踏板位置传感器/开关 D 信号太弱”，G79 的 4 脚和发动机电脑 83 脚之间有部分导线断路，导致油门踏板位置传感器的信号太弱，更换问题线束后故障排除。

② CC 行驶中偶发轻微耸车现象，此时仪表上发动机排气指示灯亮。由于空气流量计后部漏气，使部分进气量漏出，导致实际进气量偏低，混合气偏浓，尾气排放灯点亮。更换涡轮增压器出口处的密封圈，故障排除。

③ CC 车辆行驶过程中发动机排气系统故障灯报警，车辆行驶状况无明显变化。清除故障码后行驶一段时间故障再现。但检查中发现，该车机油尺未完全插入，密封不严，导致出现此故障。重新插拔机油尺，确保机油尺完全插入。

④ CC 仪表黄色机油警报灯报警，该车加装过 PLA（泊车辅助控制系统），改装时将迈腾 B6 的改装方案直接用在 CC 车型上。由于 CC 带有机油温度传感器，导致 CC 改装后机油温度传感器线束被断开，机油警报灯报警。补加机油温度传感器连接导线（3 根）。拔掉外接插头，恢复原车连接插头即可。

⑤ CC 冷却液温度/液位警报灯报警。由于出厂时，冷却液补水壶上没有安装液位传感

器导致报警，更换冷却液补水壶。

⑥ CC 仪表内 EPC 灯报警，发动机加速不良。更换节流阀体，重新基本设定，故障排除。

⑦ CC 早上冷车启动后，挡位从 P 挡无法移出。仪表上“P”灯闪烁，变速箱挡位显示灯不亮，车辆无法行驶。检查熔丝发现 SC11 熔丝插的比较松，处理熔丝插脚，重新安装 SC11 熔丝，故障排除。

⑧ CC 仪表变速箱温度警报指示灯报警，车辆无法行驶。离合器温度传感器 G509 故障导致温度信号不正确，通过更换离合器温度传感器 G509 可排除故障。

⑨ CC 电子驻车开关闪亮，仪表上的驻车指示灯闪亮；CC 电子驻车控制单元接地点接触不良造成驻车系统失效。将该控制单元的两根搭铁固定柱进行处理，重新安装后故障消除。

⑩ CC 打转向时，左/右前减震器部位发出“哒哒哒”异响，原地打转向时尤为明显。使用听诊器，判断声音来自左/右前悬架上部，打转向时用手触摸左/右前螺旋弹簧有明显震动感，越靠近上部震动越明显，此时可初步判断为减震器推力球轴承异响。调整方向重新装配并更换损坏部件。

⑪ CC 低速行驶时踩制动踏板较硬；制动正常时连踩二次制动踏板后刹车踏板较硬，基本无制动。由于真空泵机械故障，导致制动真空助力器真空度不够，刹车踏板发硬，制动不良。更换真空泵后，从真空管检测口实测到怠速真空压力为 91kPa，故障排除。

⑫ CC 拆卸电瓶后，挂 R 挡，DVD 只显示停车辅助图像，无法显示倒车影像。由于 6C—倒车影像系统未激活，导致倒车影像无法显示。通过重新编码激活该功能后倒车影像系统可正常使用。

⑬ CC 挂 R 挡无倒车影像，检查信号线束被后备厢铰链弹簧夹住，线束内部有短路或断路的情况，造成视频传输故障。将线束被后备厢弹簧夹住处复位安装后故障排除。

⑭ CC 停车辅助系统失效，VAS5052 诊断有故障码“01629—左前停车辅助设备传感器断路/对地短路”，偶尔无倒车影像。更换停车辅助系统控制单元后故障排除。

⑮ CC 车辆在夜间行驶时，左侧大灯灯光偏左，且无法通过机械调整回位。用户通过仪表菜单功能开启了大灯旅行模式，属于正常现象。通过仪表设置菜中“关闭旅行模式”即可。

⑯ CC 手机与车载电话蓝牙匹配成功后，打电话时收音机系统能断开，但扬声器无法出声。更换电话控制单元，故障排除。

⑰ CC 低速行驶时突然熄火，无法着车，停放一段时间后可以正常着车。J538 油泵控制单元内部虚接或其他问题造成车辆故障。更换 J538 油泵控制单元。

⑱ CC 发动机转速在 1800r/min 时，驾驶室内有明显的共振异响。查看黑色供油管装配状态，发现在车身钣金内比较松动。黑色油管与白色油管分别装配在白色夹子内。将黑白两油管分别装配在更加紧固的位置上，黑色油管固定良好，噪声消失。

⑲ CC 启动困难，启动后立即熄火。燃油泵管接头扣合不牢，车辆颠簸路行驶后出现松脱，导致燃油泵建立的油压泄漏，输送至高压燃油泵及喷油器喷射压力不足而引起发动机无法启动，更换燃油泵总成后故障排除。

⑳ CC 两把钥匙均能够启动车辆，但其中一把钥匙无钥匙进入功能及遥控功能失效。将该车两把钥匙与车辆重新匹配防盗功能再匹配遥控功能，钥匙功能恢复正常。

㉑ CC 仪表上 EPC 灯和排放故障灯亮，行驶过程中偶尔耸车。更换发动机元件供电继电器（100），试车故障排除。

㉒ CC 打开点火开关后，大灯点亮（车灯开关失去控制），发动机不能启动，自动变速

箱不能挂挡，仪表上右上方的挡位显示（P）闪烁，点火钥匙也不能马上拔出（要等到仪表的 EPS 灯熄灭后）；偶尔能着火，但还是不能挂挡。检查熔丝座发现 SC13 开口过大，重新处理后故障排除。

㉓ CC 多个故障灯偶然闪亮。检查为 SC17 熔丝插接处间隙不正常导致偶发断路产生故障。

㉔ CC 前部室内照明灯不亮，检查 SC15 保险烧断。更换 SC15 保险后，室内照明灯可正常点亮，但过一段时间后自动熄灭，SC15 保险再次烧断，进一步检查 SC12 保险发现接触不良，造成 SC15 保险电流过大，超过 5A，SC15 烧断，从而导致前部室内照明灯不亮。紧固 SC12 端子，同时对 SC13～SC17 保险的端子也进行紧固处理，确保保险插脚与端子之间接触充分。

㉕ CC 用遥控器闭锁后有时不能马上解锁，后备厢有时会自动打开，用遥控器闭锁后再解锁，听到舒适系统控制单元有类似继电器“嗒嗒”的声音，声音持续约 10s。更换带触摸传感器左门把手后故障排除。

㉖ CC 仪表上的安全气囊故障指示灯点亮。气囊线束在 C 柱位置被压在一个塑料支架下边，并损坏露出铜线，与车身搭铁连接。对露出铜线的线束用专用胶带进行处理，故障排除。

㉗ CC 仪表安全气囊报警灯常亮、按喇叭按钮喇叭不响。复位环损坏，导致喇叭和安全气囊故障。CC 复位环和 J527 集成在一起不能单独更换，只有更换 J527 总成。

㉘ CC 转向机突然无助力，方向指示灯红灯报警，更换转向机，匹配 44-11-51514-04-060，然后以低于 20km/h 车速匀速行驶，方向往左打到底踩住刹车等听到 3 声报警声后，再往右打到底踩住刹车等听到 3 声报警声后，把方向盘回正。这时指示灯黄灯熄灭，清除系统故障码，试车故障排除。

㉙ CC 倒车影像无显示。拆下前保险杠，发现线束与车身上的喇叭支架摩擦导致线路磨损搭铁。修理线束，固定线束与车身位置后故障排除。

㉚ CC 气囊故障灯亮。由于气囊插头上 T100/8 或 T100/88 针脚与导线间接触不良造成 G257 间歇故障。用钳子将针脚再次紧固后故障排除。

1.6 高尔夫 Golf A6-A7-嘉旅（2009~2018 年款）

1.6.1 高尔夫 A7 车型发动机配置信息

发动机型号代码	CSR	CSS	CST
排量/L	1.6	1.4	1.4
气缸数量	4	4	4
每缸气门数	4	4	4
功率	81kW/5800r/min	110kW/5000～6000r/min	96kW/5000～6000r/min
拧紧力矩	155N·m/3800r/min	250N·m/1750～3000r/min	225N·m/1500～3500r/min
压缩比	10.5∶1	10.5∶1	10.5∶1
喷射装置/点火装置	Motronic ME 17.5.22	Motronic MED 17.5.25	Motronic MED 17.5.25
辛烷值	92 号及以上无铅汽油	92 号及以上无铅汽油	92 号及以上无铅汽油
凸轮轴传动装置	齿形皮带	齿形皮带	齿形皮带

1.6.2 2014~2018年款大众1.4T CSS/CST发动机正时维修

该款发动机也装备在一汽大众全新速腾车型上，相关内容请参考1.3.3小节。

1.6.3 2013~2018年款大众1.6L CSR发动机正时维修

该发动机正时链单元结构、拆装与调整和CKA发动机相同，相关内容请参考2.1.3小节。

1.6.4 2009~2010年款大众1.6L CDF发动机正时维修

(1) 正时链单元结构分解

发动机正时链单元分解如图1-96所示。

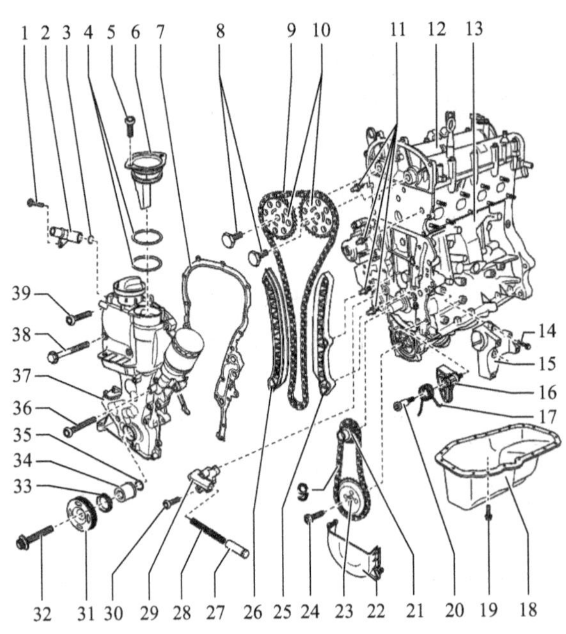

图1-96 CDF发动机正时链单元分解

1,5,14,19,20,30,32,36,38,39—固定螺栓；2—管路连接；3,4,33,35—密封圈；6—油雾分离器；7—密封件；8—紧固螺栓；9—驱动链条；10—凸轮轴链轮；11—导杆；12—带凸轮轴箱的气缸盖；13—气缸体；15—辅助机组支架；16—带张紧轨的链条张紧器；17—张紧弹簧；18—油底壳；21—曲轴链轮；22—盖罩；23—机油泵链轮；24—紧固螺栓；25—导轨；26—张紧轨；27—活塞；28—活塞弹簧；29—链条张紧器；31—曲轴皮带轮；34—轴套；37—正时齿轮箱罩

(2) 正时链单元拆卸方法

① 旋出发动机盖罩的固定螺栓，取下盖罩。

② 按压卡口，从进气导管上脱开进气软管。

③ 拆卸弹簧夹箍并拔下进气软管。

④ 旋出凸轮轴后部密封盖罩的固定螺栓，取下密封盖罩。

⑤ 拆卸气缸1的带功率输出级的点火线圈。

⑥ 拆卸第1缸的火花塞。

⑦ 将千分表适配接头T10170旋到火花塞螺纹孔至极限位置。

⑧ 将带加长件T10170/1的千分表VAS 6079安装到千分表适配接头中至极限位置，并拧紧夹紧螺母。千分表的凸台和千分表适配接头T10170的第一个螺纹对齐，这样才能保证千分表的量程足够大。

⑨ 沿发动机转动方向将曲轴转到气缸1的上止点。记住千分表指针的位置。

提示：凸轮轴上的孔必须在内侧相对并与缸盖平行的位置，否则将曲轴再旋转一圈(360°)。如果曲轴转动的位置超过了上止点0.01mm，应当沿发动机转动的相反方向把曲轴转回45°。接着沿发动机转动方向将曲轴转到气缸1的上止点。与气缸1上止点允许偏差：0.01mm。

⑩ 把凸轮轴固定装置T10171A装入凸轮轴开口中至极限位置。防松销必须嵌入孔中。必须能够从上方看到标记“TOP”。

⑪ 用手装入1个M6螺栓（不要拧紧）来固定凸轮轴固定装置T10171A。

⑫ 拆卸正时齿轮箱罩。

⑬ 拆下机油泵链轮罩盖。

⑭ 用手按压张紧轨，并用定位销T40011固定链条张紧器的活塞。

⑮ 用彩色记号笔标出正时链条3的转动方向。

⑯ 用固定支架T10172固定凸轮轴正时链轮5。

⑰ 松开螺栓2和4。取下凸轮轴链轮1和正时链条3，如图1-97所示。

⑱ 用固定支架T10172固定住机油泵的链轮，同时松开紧固螺栓。

⑲ 用螺丝刀在螺栓处拨开张紧弹簧。

⑳ 旋出紧固螺栓并取下链条张紧器。

㉑ 用彩色笔标明机油泵驱动链的转动方向。

㉒ 如图1-98所示，旋出链轮1的紧固螺栓并取下链轮1和3，以及机油泵驱动链2。

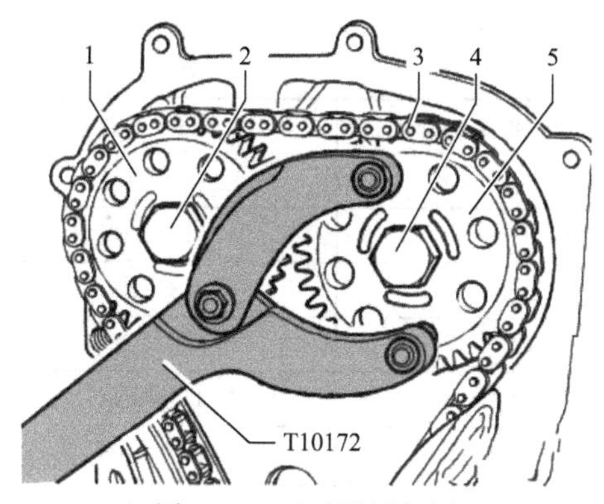

图1-97 正时链拆卸图

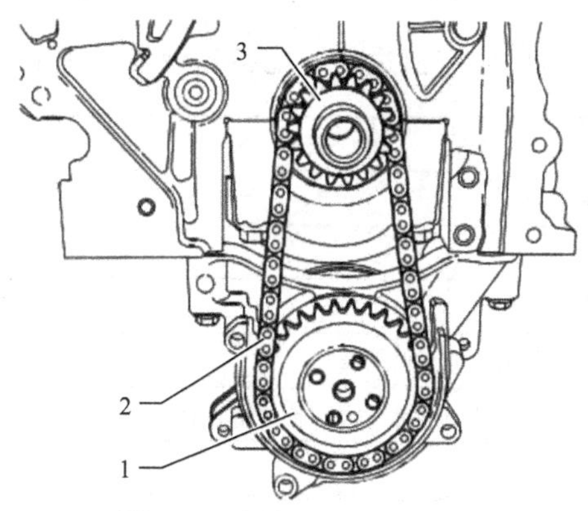

图1-98 拆卸机油泵驱动链

(3) 正时链单元的安装

注意：拆卸前曲轴必须位于1缸上止点位置。

① 将链轮推到曲轴轴颈上。

② 用彩笔标明链轮、曲轴和气缸体的相对位置。链轮上的凸起必须插入曲轴轴颈的键槽中，如图1-99所示。

③ 将机油泵的驱动链装到链轮上，同时将机油泵链轮装到机油泵的驱动轴上。注意机油泵驱动链的转动方向标记。机油泵链轮在机油泵驱动轴上的安装位置只有一个（箭头），见图1-99。

④ 用固定支架T10172固定住机油泵链轮。

⑤ 安装新的固定螺栓。拧紧力矩：20N·m+1/4圈（90°）。

⑥ 将链条张紧器安装到机油泵驱动链上，并安装固定螺栓。拧紧力矩：15N·m。

⑦ 用螺丝刀将张紧弹簧卡入螺栓上。

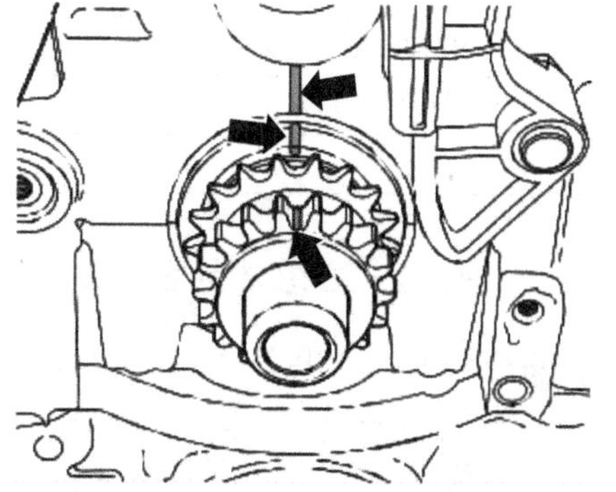

图1-99 曲轴与气缸体的位置标记

注意：不要旋转曲轴。

⑧ 用手将新的固定螺栓拧紧，固定链轮。

⑨ 将正时链条放到曲轴链轮、凸轮轴链轮上，并用新的固定螺栓固定，用手拧紧。注意正时链条的转动标记。

⑩ 安装链条张紧器并将固定螺栓用 9N·m 的力矩拧紧。

⑪ 从链条张紧器中拔出防松销 T40011，从而张紧正时链条。注意曲轴链轮和气缸体上的标记，它们必须对齐。

⑫ 如图 1-97 所示用固定支架 T10172 将凸轮轴链轮 1 和 5 固定在此位置上，接着用 50N·m 的力矩拧紧螺栓 2 和螺栓 4。

⑬ 旋出螺栓，并取下凸轮轴固定装置 T10171A。

⑭ 检查配气相位。

⑮ 用固定支架 T10172 把持住凸轮轴链轮，将两个固定螺栓继续旋转 1/4 圈（90°）。

⑯ 安装机油泵轮的盖罩。

⑰ 安装正时齿轮箱罩。

其他的安装以与拆卸相反的顺序进行。

1.6.5 2009~2013 年款高尔夫 A6 四轮定位数据

这些额定值适用于配备各种发动机的车型。

前　　桥	基本底盘	运动底盘
产品编号	2UA	G11
总前束(无负载)	10′±10′	10′±10′
车轮外倾角(正前打直位置)	−30′±30′	−30′±30′
两侧之间的最大允许偏差	最大 30′	最大 30′
向左和向右转向角为 20°时,转向轮的偏差角①	1°38′±20′	1°38′±20′
主销后倾	7°34′±30′	7°34′±30′
两侧之间的最大允许偏差	最大 30′	最大 30′
标准高度	(382.5±10)mm	(382.5±10)mm

①根据不同制造商的四轮定位计算机，转向角差值也可能为负值。

后　　桥	基本底盘	运动底盘
车轮外倾	−1°20′±30′	−1°20′±30′
两侧之间的最大允许偏差	最大 30′	最大 30′
总前束(在规定的车轮外倾角下)	+10°±12.5′	+10°±12.5′
运行方向最大允许偏差	最大 20′	最大 20′
标准高度	(380.5±10)mm	(380.5±10)mm

1.6.6 2016~2018 年款高尔夫嘉旅汽车四轮定位数据

这些标准值适用于所有发动机配置。

前　　桥	标准底盘	运动底盘
产品编号	2UA	2UC

续表

前　　桥	标准底盘	运动底盘
总前束(空载)	10′±10′	10′±10′
车轮外倾角(正前打直位置)	−30′±30′	−30′±30′
两侧之间的最大允许偏差	最大 30′	最大 30′
车轮向左以及向右转动 20°① 前束角差	1°19′±20′	1°19′±20′
主销后倾	7°23′±30′	7°23′±30′
两侧之间的最大允许偏差	最大 30′	最大 30′
标准高度	(383±10)mm	(383±10)mm

①根据制造商的不同，前束角差也可能为负值。

后　　桥	标准底盘	运动底盘
产品编号	2UA	2UC
车轮外倾	−1°±20′	−1°±30′
两侧之间的最大允许偏差	最大 30′	30′
总前束(在规定的车轮外倾角下)	20′±12′	10′±10′
运行方向最大允许偏差	最大 20′	12′
标准高度 a(车轮中心到轮眉)	(385±10)mm	(377±10)mm

1.6.7 2014~2018 年款高尔夫 A7 汽车四轮定位数据

这些标准值适用于所有发动机配置。

前　　桥	标准底盘	运动底盘
产品编号	2UA	2UC
总前束(空载)	10′±10′	10′±10′
车轮外倾角(正前打直位置)	−30′±30′	−36′±30′
两侧之间的最大允许偏差	最大 30′	最大 30′
车轮向左以及向右转动 20°① 前束角差	1°19′±20′	1°26′±20′
主销后倾	7°23′±30′	7°33′±30′
两侧之间的最大允许偏差	最大 30′	最大 30′
标准高度	(383±10)mm	(375±10)mm

①根据制造商的不同，前束角差也可能为负值。

后　　桥	标准底盘	运动底盘
车轮外倾	−1°±10′	−1°±30′
两侧之间的最大允许偏差	最大 30′	30′
总前束(在规定的车轮外倾角下)	20′±12′	10′±10′
运行方向最大允许偏差	最大 20′	12′
标准高度	(385±10)mm	(377±10)mm

1.6.8 高尔夫 A7 熔丝与继电器信息

(1) 熔丝信息

熔丝架安装位置如图 1-100 所示。

熔丝架 C（SC）安装位置见图 1-101。

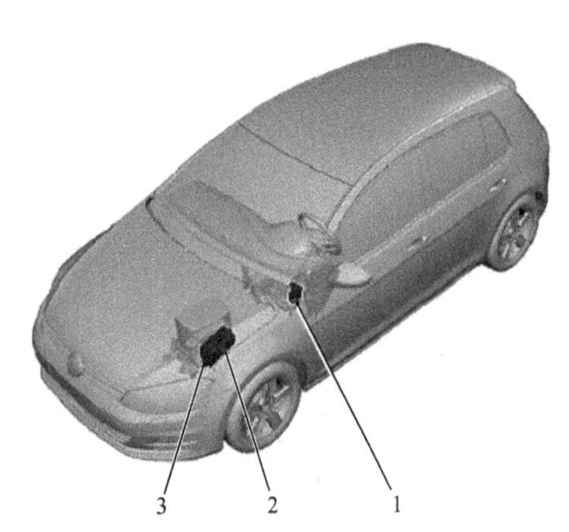

图 1-100 熔丝盒安装位置

1—熔丝架 C（SC）；2—熔丝架 B（SB）；3—熔丝架 A（SA）

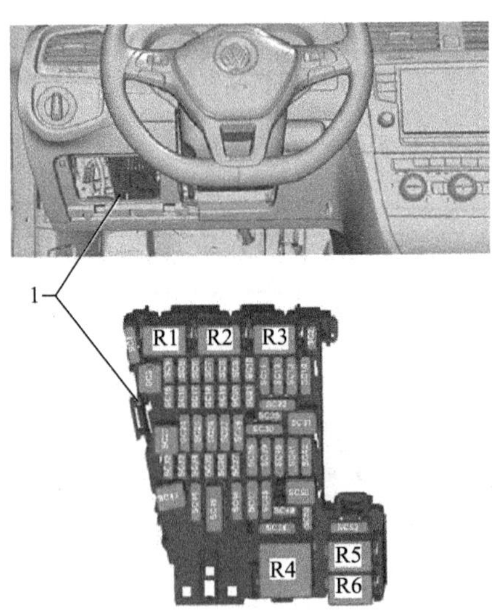

图 1-101 熔丝架 C（SC）安装位置

1—熔丝架 C（SC）

熔丝颜色说明：50A—红色；40A—橘色；30A—浅绿色；25A—自然色（白色）；20A—黄色；15A—浅蓝色；10A—红色；7.5A—棕色；5A—浅棕色；3A—紫色。

熔丝架 C（SC）熔丝位置分配

插接位置	电路图中的名称	额定值	功能/部件	端子
F1	未占用	—		—
F2	未占用	—		—
F3	未占用	—		—
F4	未占用	—		—
F5	熔丝架 C 上的熔丝 5(SC5)	5A	数据总线诊断接口(J533)	30
F6	未占用	—		—
F7	熔丝架 C 上的熔丝 7(SC7)	10A	暖风/空调操作系统(EX21)，全自动空调控制单元(J255)，空调控制单元(J301)，换挡杆(E313)，可加热后窗玻璃继电器(J9)	30
F8	熔丝架 C 上的熔丝 8(SC8)	10A	车灯开关(EX1)，电控机械式驻车制动器按键(E538)，湿度、雨量和光照识别传感器(G823)，诊断接口(U31)	30
F9	熔丝架 C 上的熔丝 9(SC9)	10A	转向柱电子装置控制单元(J527)	30
F10	熔丝架 C 上的熔丝 10(SC10)	10A	前部信息显示和操作单元的控制单元的显示单元(J685)	30
F11	未占用	—		—

续表

插接位置	电路图中的名称	额定值	功能/部件	端子
F12	熔丝架 C 上的熔丝 12(SC12)	20A	电子通信信息设备 1 控制单元(J794) 前部信息显示和操作单元的控制单元的显示单元(J685)	30
F13	未占用	—		—
F14	熔丝架 C 上的熔丝 14(SC14)	30A	新鲜空气鼓风机控制单元(J126)	30
F15	熔丝架 C 上的熔丝 15(SC15)	10A	电子转向柱锁止装置控制单元(J764)	30
F16	未占用	—		—
F17	熔丝架 C 上的熔丝 17(SC17)	5A	组合仪表中的控制单元(J285) 组合仪表(KX2)	30
F18	熔丝架 C 上的熔丝 18(SC18)	7.5A	倒车摄像头(R189),尾门把手中的解锁按钮(E234)	30
F19	熔丝架 C 上的熔丝 19(SC19)	7.5A	进入和启起动系统接口(J965)	30
F20	未占用	—		—
F21	未占用	—		—
F22	未占用	—		—
F23	熔丝架 C 上的熔丝 23(SC23)	40A	车载电网控制单元(J519);右前大灯(MX2)	30
F24	熔丝架 C 上的熔丝 24(SC24)	30A	滑动天窗控制单元(J245)	30
F25	熔丝架 C 上的熔丝 25(SC25)	30A	驾驶员侧车门控制单元(J386),左后车窗升降器电动机(V26)	30
F26	熔丝架 C 上的熔丝 26(SC26)	20A 30A	车载电网控制单元(J519);前部座椅加热装置	30
F27	熔丝架 C 上的熔丝 27(SC27)	30A	数字式音响套件控制单元(J525)	30
F28	未占用	—		—
F29	未占用	—		—
F30	未占用	—		—
F31	熔丝架 C 上的熔丝 31(SC31)	40A	车载电网控制单元(J519);左前大灯(MX1)	30
F32	熔丝架 C 上的熔丝 32(SC32)	7.5A	驾驶员辅助系统前部摄像头(R242),车距控制装置控制单元(J428),驻车辅助控制单元(J446),自动泊车辅助系统控制单元(J791)	15
F33	熔丝架 C 上的熔丝 33(SC33)	5A	安全气囊控制单元(J234)	15
F34	熔丝架 C 上的熔丝 34(SC34)	7.5A	车灯开关(EX1),轮胎监控显示按钮(E492),车内后视镜(EX5),自动防眩车内后视镜(Y7),高压传感器(G65),倒车灯开关(F4),AUTO HOLD(E540),电控机械式驻车制动器按键(E538)	15
F35	熔丝架 C 上的熔丝 35(SC35)	10A	诊断接口(U31),大灯照明距离调节和仪表照明装置调节器(EX14),自动防眩目车内后视镜(Y7),左侧大灯照明距离调节伺服电动机(V48),右侧大灯照明距离调节伺服电动机(V49)	15
F36	未占用	—		—
F37	未占用	—		—
F38	未占用	—		—
F39	熔丝架 C 上的熔丝 39(SC39)	30A	副驾驶员侧车门控制单元(J387),右后车窗升降器电动机(V27)	30

续表

插接位置	电路图中的名称	额定值	功能/部件	端子
F40	熔丝架 C 上的熔丝 40(SC40)	20A	点烟器(U1)	15/30
F41	熔丝架 C 上的熔丝 41(SC41)	7.5A 1A	转向柱电子装置控制单元(J527)	30
F42	熔丝架 C 上的熔丝 42(SC42)	40A	车载电网控制单元(J519):中央门锁	30
F43	熔丝架 C 上的熔丝 43(SC43)	30A	车载电网控制单元(J519)	30
F44	未占用	—		—
F45	熔丝架 C 上的熔丝 45(SC45)	15A	驾驶员座椅高度调节按钮(E424),驾驶员座椅调整装置操作单元(E470),驾驶员座椅纵向调节按钮(E418),驾驶员座椅靠背调节按钮(E425)	30
F46	未占用	—		—
F47	熔丝架 C 上的熔丝 47(SC47)	15A	后窗玻璃刮水器电动机(V12)	15
F48	未占用	—		—
F49	熔丝架 C 上的熔丝 49(SC49)	5A	离合器位置传感器(G476),起动机继电器 1(J906),起动机继电器 2(J907)	15
F50	未占用	—		—
F51	未占用	—		—
F52	未占用	—		—
F53	熔丝架 C 上的熔丝 53(SC53)	30A		—

熔丝架 B (SB) 安装位置见图 1-102。

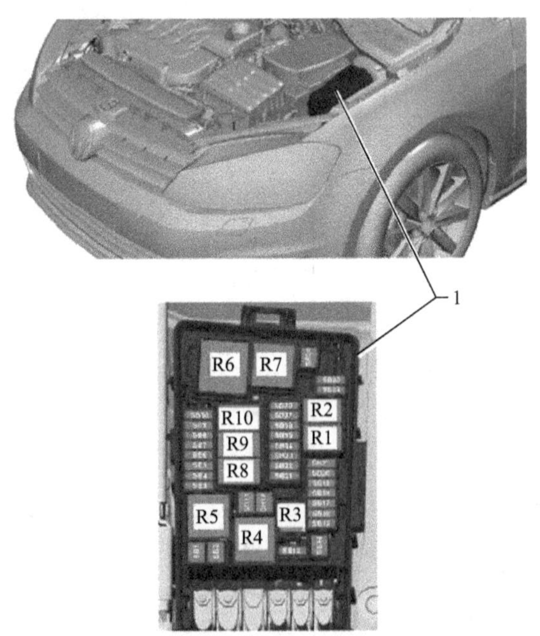

图 1-102 熔丝架 B (SB) 安装位置

1—熔丝架 B (SB)

熔丝颜色说明：50A—红色；40A—橘色；30A—浅绿色；25A—自然色（白色）；20A—黄色；15A—浅蓝色；10A—红色；7.5A—棕色；5A—浅棕色；3A—紫色。

熔丝位置分配保险丝架 B（SB）

插接位置	电路图中的名称	额定值	功能/部件	端子
F1	熔丝架 B 上的熔丝 1(SB1)	40A	ABS 控制单元(J104)	30
F2	熔丝架 B 上的熔丝 2(SB2)	40A	ABS 控制单元(J104)	30
F3	熔丝架 B 上的熔丝 3(SB3)	15A	发动机控制单元(J623)	87
F4	熔丝架 B 上的熔丝 4(SB4)	10A	散热器风扇控制单元(J293)，活性炭罐电磁阀 1(N80)，凸轮轴调节阀 1(N205)，排气凸轮轴调节阀 1(N318)，机油压力调节阀(N428)	87
F5	未占用	—		—
F6	熔丝架 B 上的熔丝 6(SB6)	5A	制动信号灯开关(F)	87
F7	熔丝架 B 上的熔丝 7(SB7)	10A	增压空气冷却系统泵(V188)	87
	未占用	—		—
F8	熔丝架 B 上的熔丝 8(SB8)	10A	氧传感器加热装置(Z19)，尾气催化净化器前的氧传感器 1(GX10)，尾气催化净化器后的氧传感器 1(Z29)，尾气催化净化器后的氧传感器 1(GX7)	87
F9	熔丝架 B 上的熔丝 9(SB9)	20A	带功率输出级的点火线圈 1(N70)，带功率输出级的点火线圈 2(N127)，带功率输出级的点火线圈 3(N291)，带功率输出级的点火线圈 4(N292)	87
F10	熔丝架 B 上的熔丝 10(SB10)	15A 10A	燃油泵控制单元(J538)，气缸盖 1 喷油阀(N30)，气缸盖 2 喷油阀(N31)，气缸盖 3 喷油阀(N32)，气缸盖 4 喷油阀(N33)，发动机部件供电继电器(J757)	87
F11	未占用	—		—
F12	未占用	—		—
F13	熔丝架 B 上的熔丝 13(SB13)	30A 15A	双离合器变速箱机电控制模块(J743)	30
F14	未占用	—		—
F15	熔丝架 B 上的熔丝 15(SB15)	15A	信号喇叭继电器(J413)	30
F16	熔丝架 B 上的熔丝 16(SB16)	15A	发动机部件供电继电器(J757)	87
F17	熔丝架 B 上的熔丝 17(SB17)	7.5A	主继电器(J271)，发动机控制单元(J623)，ABS 控制单元(J104)	30
F18	熔丝架 B 上的熔丝 18(SB18)	5A	蓄电池监控控制单元(J367)，数据总线诊断接口(J533)	30
F19	熔丝架 B 上的熔丝 19(SB19)	30A	刮水器控制单元(J400)	30
F20	未占用	—		—
F21	未占用	—		—
F22	熔丝架 B 上的熔丝 22(SB22)	5A	发动机控制单元(J623)	50
F23	熔丝架 B 上的熔丝 23(SB23)	30A	起动机(B)	50
F24～F38	未占用	—		—

熔丝架 A（SA）安装位置见图 1-103。

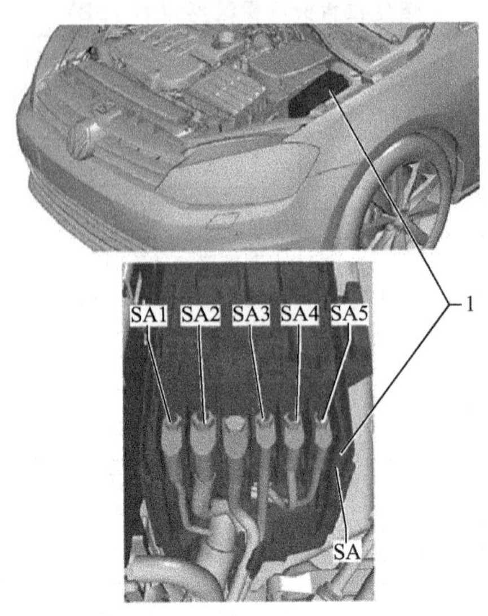

图 1-103 熔丝架 A (SA) 安装位置

1—熔丝架 A (SA)，熔丝带自复式熔丝，熔丝带（自复式熔丝）只能整体更换

熔丝位置分配熔丝架 A (SA)

旋接位置	电路图中的名称	额定值	功能/部件	端子
J1	熔丝架 A 上的熔丝 1(SA1)	100A	熔丝电源:(SC7),(SC8),(SC9),(SC10),(SC12),(SC14),(SC31),(SC39),(SC40),(SC41),(SC42),(SC53),插座继电器(J807),接线端 15 的电源继电器(J329)	30
G1	熔丝架 A 上的熔丝 2(SA2)	140A	三相交流发电机(C)	30
E1	熔丝架 A 上的熔丝 3(SA3)	80A	转向辅助控制单元(J500)	30
K1	熔丝架 A 上的熔丝 4(SA4)	80A	熔丝电源:(SC15),(SC17),(SC18),(SC19),(SC23),(SC24),(SC25),(SC26),(SC27),(SC39),(SC41),(SB42)	30
L1	熔丝架 A 上的熔丝 5(SA5)	80A	散热器风扇(VX57)	30

(2) 继电器信息

① 继电器支架一览见图 1-104。

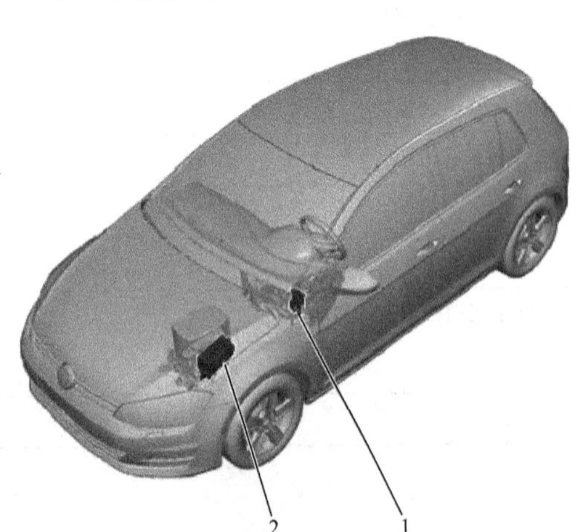

图 1-104 继电器盒安装位置

1—继电器和熔丝座 2 (SR2)，在左侧仪表板下面，其上安装有以下继电器：可加热后窗玻璃继电器 (J9)，接线端 15 的电源继电器 (J329)，插座继电器 (J807)；2—继电器和熔丝座 1 (SR1)，在发动机舱电控箱上，其上安装有以下继电器：主继电器 (J271)，信号喇叭继电器 (J413)，燃油泵继电器 (J17)，起动机继电器 1 (J906)，起动机继电器 2 (J907)

② 继电器和熔丝座 2（SR2），在左侧仪表板下面。

继电器和熔丝座 2（SR2）安装位置和继电器位置分配见图 1-105。

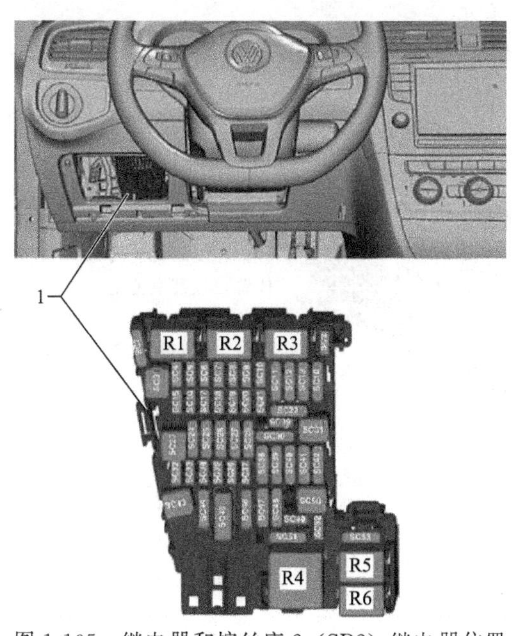

图 1-105 继电器和熔丝座 2（SR2）继电器位置

1—继电器和熔丝座 2（SR2），在左侧仪表板下面；R1—未占用；R2—未占用；R3—未占用；R4—接线端 15 的电源继电器（J329）；R5—可加热后窗玻璃继电器（J9）；R6—插座继电器（J807）

电控箱上的继电器安装位置和继电器位置分配见图 1-106。

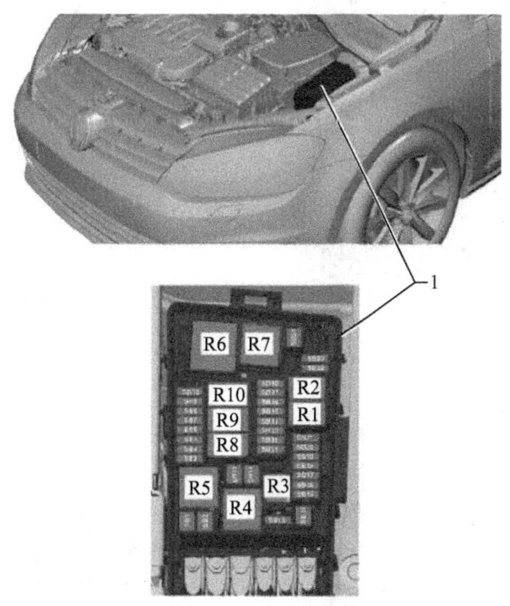

图 1-106 电控箱上继电器盒

1—在发动机舱电控箱上的继电器和熔丝座 1（SR1）；R1—起动机继电器 1（J906）；R2—起动机继电器 2（J907）；R3—信号喇叭继电器（J413）；R4—未占用；R5—主继电器（J271）；R6—未占用；R7—未占用；R8—燃油泵继电器（J17），仅适用于配备 1.6L 发动机的车辆；R9—未占用；R10—未占用

1.6.9 高尔夫 A7 全车控制器安装位置

(1) 车辆前部的控制单元

高尔夫 A7 车辆前部控制单元安装位置如图 1-107 所示。

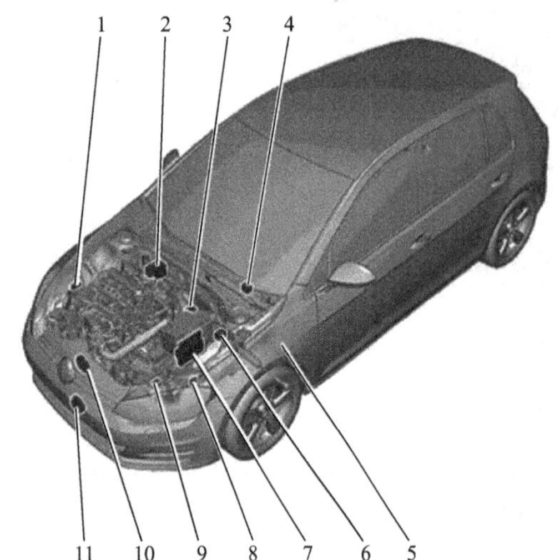

图 1-107 车辆发动机舱控制器安装位置

1—右侧气体放电灯泡控制单元（J344），安装位置：在右侧大灯上［提示：右侧气体放电灯泡控制单元（J344）安装到右前大灯（MX2）上］；2—ABS 控制单元（J104），安装位置：在发动机舱内；3—蓄电池监控控制单元（J367），安装位置：在蓄电池上；4—刮水器电动机控制单元（J400），安装位置：在驾驶员侧排水槽内；5—6 挡自动变速箱控制单元（J217），安装位置：在左前翼子板内；6—转向辅助控制单元（J500），安装位置：在转向器上；7—发动机控制单元（J623），安装位置：在发动机舱内，在蓄电池与电控箱之间；8—左侧气体放电灯泡控制单元（J343），安装位置：在左侧大灯上；9—双离合器变速箱机电控制单元（J743），安装位置：在双离合器变速箱 0AM 上；10—散热器风扇（VX57），安装位置：在散热器上；11—车距控制装置控制单元（J428），安装位置：在前保险杠中部

(2) 车辆中部的控制单元

车辆中部控制单元安装位置见图 1-108。

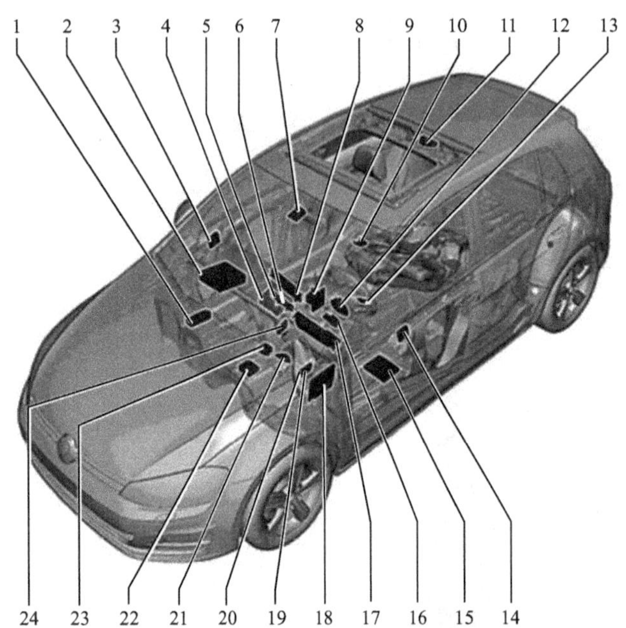

图 1-108 车辆中部控制器位置

1—新鲜空气鼓风机控制单元（J126），安装位置：在副驾驶员侧脚部空间内；2—电子通信信息设备 1 控制单元（J794），安装位置：高端在手套箱中；3—副驾驶员侧车门控制单元（J387），安装位置：在副驾驶员车门内；4—电子通信信息设备 1 控制单元（J794），安装位置：低端在中控台内；5—空调器控制单元（J301），安装位置：在中部仪表板内；6—全自动空调控制单元（J255），安装位置：在中部仪表板内；7—驾驶员辅助系统前部摄像头（R242），安装位置：车内后视镜附近；8—前部信息显示和操作控制单元的显示单元（J685），安装位置：在中控台内；9—换挡杆（E313），安装位置：在换挡杆座中控台内；10—燃油泵控制单元（J538），安装位置：在后排座椅下方；11—滑动天窗控制单元（J245），安装位置：在后部滑动天窗电动机上；12—转向柱电子装置控制单元（J527），安装位置：在转向柱上；13—多功能方向盘控制单元（J453），安装位置：在左侧方向盘多功能按键（E440）的操作单元中；14—驾驶员侧车门控制单元（J386），安装位置：在驾驶员侧车门内；15—数字式音响套件控制单元（J525），安装位置：驾驶员座椅下方；16—电子转向柱锁止装置控制单元（J764），安装位置：在转向柱上；17—组合仪表中控制单元（J285），安装位置：在仪表板内；18—车载电网控制单元（J519），安装位置：在左侧仪表板后面；19—自动泊车辅助系统控制单元（J791），安装位置：在驾驶员侧仪表板后面；20—驻车辅助控制单元（J446），安装位置：在驾驶员侧仪表板后面；21—数据总线诊断接口（J533），安装位置：在仪表板下面；22—安全气囊控制单元（J234），安装位置：在中控台后面；23—带自动大灯和大灯照明距离调节控制单元（J745），安装位置：在驾驶员侧仪表板后面；24—进入和启动系统接口（J965），安装位置：在仪表板下面

1.6.10 高尔夫 A7 全自动空调控制单元 J255

空调控制单元安装位置在中部仪表板内，其端子分布见图 1-109。

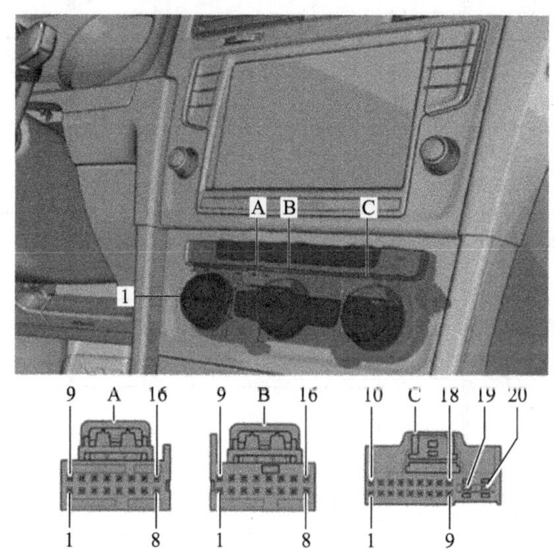

图 1-109　全自动空调控制单元（J255）安装位置

1—全自动空调控制单元（J255）；A—16 芯连接插头（T16d）；B—16 芯连接插头（T16c）；C—20 芯连接插头（T20c）

全自动空调控制单元（J255）插头分布

T16d(A)	名　　称	T16c(B)	名　　称	T20c(C)	名　　称
1	左侧温度翻板伺服电动机(V158)	1	前侧空气分配器翻板伺服电动机电位计(G642),5V 新鲜空气/循环空气、通风翻板伺服电动机电位计(G644),5V 除霜翻板伺服电动机电位计(G135),5V 左侧温度翻板伺服电动机电位计(G220),5V 右侧温度翻板伺服电动机电位计(G221),5V	1	日照光电传感器(G107)
2	左侧温度翻板伺服电动机(V158)	2	左侧温度翻板伺服电动机(V158)	2	
3	除霜翻板伺服电动机(V107)	3		3	日照光电传感器(G107)
4	除霜翻板伺服电动机(V107)	4	除霜翻板伺服电动机(V107)	4	
5	前部空气分配器翻板伺服电动机(V426)	5		5	舒适 CAN 总线,High
6	前部空气分配器翻板伺服电动机(V426)	6		6	舒适 CAN 总线,Low
7		7	新鲜空气/循环空气、通风翻板伺服电动机(V425)	7	

续表

T16d(A)	名　称	T16c(B)	名　称	T20c(C)	名　称
8		8	脚部空间出风口温度传感器(G192)	8	
9	新鲜空气/循环空气、通风翻板伺服电动机(V425)	9		9	日照光电传感器(G107),5V
10	新鲜空气/循环空气、通风翻板伺服电动机(V425)	10		10	
11	右侧温度翻板伺服电动机(V159)	11	蒸发器温度传感器(G308)	11	
12	右侧温度翻板伺服电动机(V159)	12		12	
13		13		13	左侧出风口温度传感器(G150)
14		14	前侧空气分配器翻板伺服电动机电位计(G642),－ 新鲜空气/循环空气、通风翻板伺服电动机电位计(G644),－ 除霜翻板伺服电动机电位计(G135),－ 左侧温度翻板伺服电动机电位计(G220),－ 右侧温度翻板伺服电动机电位计(G221),－ 脚部空间出风口温度传感器(G192),－ 蒸发器温度传感器(G308),－	14	右侧出风口温度传感器(G151)
15		15		15	
16		16		16	新鲜空气鼓风机控制单元(J126)(LIN 总线)
				17	日照光电传感器(G107),－ 右侧出风口温度传感器(G151),－ 左侧出风口温度传感器(G150),－
				18	空调压缩机调节阀(N280)
				19	接线端 31
				20	接线端 30

1.6.11　高尔夫 A7 汽车 ABS 电脑端子信息

ABS 控制单元（J104）安装位置在发动机舱内，其端子分布如图 1-110 所示。

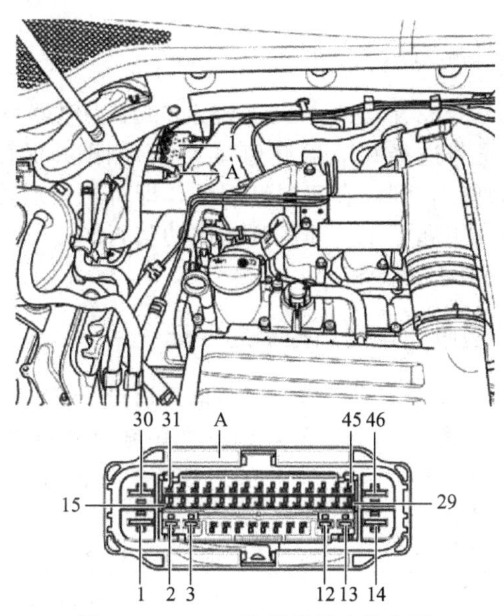

图 1-110 ABS 控制单元安装位置

1—ABS 控制单元（J104）；A—46 芯连接插头（T46a）

ABS 控制单元（J104）插头分布

T46a(A)	名称	T46a(A)	名称
1	接线端 30	24	电控机械式驻车制动器按键(E538)
2	右侧驻车电动机(V283)	25	
3	右侧驻车电动机(V283)	26	
4	右前转速传感器(G45),－	27	
5	右前转速传感器(G45),＋	28	
6	左后转速传感器(G46),－	29	
7	左后转速传感器(G46),＋	30	接线端 30
8	左前转速传感器(G47),－	31	接线端 30a
9	左前转速传感器(G47),＋	32	自动驻车指示灯(K237)
10	右后转速传感器(G44),－	33	离合器位置传感器(G476)
11	右后转速传感器(G44),＋	34	
12	左侧驻车电动机(V282)	35	接线端 15
13	左侧驻车电动机(V282)	36	电控机械式驻车制动器指示灯(K213)
14	接线端 31	37	
15		38	真空传感器(G608)
16		39	
17	电控机械式驻车制动器按键(E538)	40	
18	电控机械式驻车制动器按键(E538)	41	轮胎监控显示按钮(E492)
19	电控机械式驻车制动器按键(E538)	42	底盘/组合仪表 CAN 总线,High
20		43	底盘/组合仪表 CAN 总线,Low
21		44	真空传感器(G608)
22		45	真空传感器(G608)
23	自动驻车按钮(E540)	46	接线端 31

1.6.12 高尔夫 A6 遥控匹配方法

① 遥控器型号为 1K0959753N，使用 5053 进入 09 中央电器系统。

② 点击匹配—10，通道号选择 01，新建值写入 1，测试并保存。

③ 按压遥控器的锁车键，看到仪表双闪灯闪烁，即可松开遥控器。

④ 遥控匹配成功，拔掉钥匙下车，即可测试成功与否。

说明：增加一把钥匙的匹配方法同上。

1.6.13 高尔夫、宝来、迈腾、速腾遥控钥匙匹配

速腾、迈腾遥控钥匙的匹配方式与宝来类似，依然通过 46-10-01 进行设置，但常用功能引导/故障引导完成。SAGITAR 新增遥控匹配：用一把钥匙打开点火开关，用另一把钥匙锁车门，用遥控键开或关车门，按键停至少 1s 后再按遥控按钮，自适应结束时有喇叭提示。

关于遥控的其他补充说明：

控制器和发射器配套使用原则。控制器和发射器应配套使用，否则无法实现遥控功能。对于捷达遥控器来讲，零件号为 1GD962258 的控制器与零件号为 1GD959753 的发射器组合；零件号为 1GD959875D 的控制器与零件号为 1GD959753A 的发射器组合。如 2006 款捷达 CIF（生产日期：06/06/16）遥控器失效，匹配时有确认闪动但遥控器无效，经检查发现该车用的遥控器为 L1GD959753，315MHz，与该车的遥控控制单元协议不匹配，更换新的遥控器 L1GD959753A，315.5MHz（适用于 2005 年 5 月后生产的车型），匹配成功。

① 打开点火开关，连接电脑检测仪器，进入地址：46。

② 选择功能 10—选择 00 通道，删除适配记忆。

③ 选择功能 10—选择 01 通道—输入适配钥匙数 00001——4（最多四把）。

④ 依次按需适配的钥匙上的遥控键 1s 以上，所有钥匙要在 15s 内完成。

⑤ 用未失效遥控器钥匙，打开点火开关。

对宝来、高尔夫车系的新增遥控器，可使用新增遥控钥匙的匹配流程：

① 用未失效遥控钥匙打开点火开关。

② 用新钥匙锁车门。

③ 用遥控键开或关车门。

④ 按键停至少 1s 后再按遥控按钮。

⑤ 自适应结束时有喇叭提示（根据车型而定）。

1.6.14 高尔夫 A6 保养灯归零方法

① 关闭点火开关，按压里程表侧“SET”按钮。

② 按住按钮打开点火开关，保养周期显示区进入清零模式。

③ 松开按钮，然后在 20s 内按压转速表左下角调节按钮，显示屏稍后即恢复为常规显示模式。仪表按钮见图 1-111。

图 1-111 大众高尔夫 A6 仪表

1.6.15 高尔夫 A7 保养归零设置

在以下工作中必须复位保养周期显示（匹配）。

- 交车检查。
- 每次更换机油。
- 每次检查保养。

也可手动复位保养周期显示。但是必须注意，手动复位保养周期显示时，要将汽车的保养周期设为固定，即每行驶 15000km 或每 12 个月保养一次。

不使用车辆诊断测试仪来复位保养周期显示。

① 在点火开关关闭的情况下，按下归零按钮 A（见图 1-112）并保持。

图 1-112 高尔夫 A7 归零按钮

② 点火开关打开。等候，直到在屏幕上显示“复位更换机油保养？”。

③ 松开归零按钮 A。此时保养周期显示处于复位模式。

④ 短暂按下按钮 A 一次。短暂时间后显示回到正常的显示。

1.6.16 高尔夫 A7 胎压监控显示设置

在对轮胎气压进行矫正后必须对胎压监测系统进行校准。

如果在胎压报警之后没有发现胎压降低或轮胎破损，则可以通过基本设置消除错误的报警。

胎压检测通过 ABS 传感器比较车速和单个车轮滚动周长以及单个车轮的震动。如果发生某个或多个轮胎气压的变化，胎压检测会在组合仪表和信息娱乐系统上显示。

如果发生下列情况，轮胎滚动周长将发生变化：

- 轮胎充气压力过低。
- 轮胎结构损坏。
- 汽车单侧载重。
- 一个轴上的载重过大（例如，在山路上行驶时牵引车辆）。
- 安装了雪地防滑链。
- 安装了备用车轮。
- 单个车桥上更换了一个轮胎。

在组合仪表中有一个黄色的轮胎气压监控警告灯（箭头）。如图 1-113 所示。

图 1-113 胎压警报指示灯显示位置

“指示灯持续亮起”同时发出警告声则表示识别到压力损失而发出“警告”，此时应检查胎压并对系统进行基本设置。

① 打开点火开关。
② 接通信息娱乐系统。
③ 按下娱乐信息系统 CAR 按钮。
④ 按下 Setup 功能按钮。
⑤ 按下 Tyres 功能按钮。
⑥ 按下 Set 功能按钮。
⑦ 按下 Confirm 功能按钮。

1.6.17 车窗调节器：检查位置（开启和关闭功能）

在断开并重新连接蓄电池之后，电动车窗的自动开启和关闭功能失效。因此，在交车之前，必须激活车窗调节器。在激活了车窗调节器之后，不得再断开蓄电池。

在断开并重新连接蓄电池之后，电动车窗的防夹功能失效。可能导致严重的夹伤！

按照以下的步骤重新激活车窗调节器的自动功能：

① 打开点火开关。
② 完全关闭所有车窗和车门。
③ 向上拉动车窗调节器开关并保持至少 1s。
④ 松开开关并再次向上拉起。现在自动开启和关闭功能激活。
⑤ 关闭点火开关。

上述操作说明是以左前车窗调节器为例。其他车窗调节器的激活方式与其大体相同。

1.6.18 高尔夫 A6 一句话维修经验

① 高尔夫 A6 车辆无法启动，仪表上的所有报警灯全部点亮。当检查到发动机控制单元时，发现发动机控制单元连接线束和雨刷臂干涉，动力 CAN 总线高位线外皮磨损与雨刷臂接触造成对地短路。修复破损的线束并重新固定，避免再次干涉，故障排除。

② 高尔夫 A6 偶尔无法启动。检查到大灯后面的搭铁线的时候，发现搭铁线松动，由于搭铁线松动，导致点火线圈偶尔不工作，造成车辆无法启动。紧固搭铁线，故障排除。

③ 高尔夫 A6 行驶中仪表内 EPS 灯与 ESP 灯报警，车辆加速无力，之后仪表内所有故障灯全部亮起，车辆熄火。由于动力 CAN 总线的 CAN-H 对负极短路，使动力 CAN 上传递的信息无法传递，造成车辆行驶中熄火，并且仪表中所有的警报灯全部亮起，发动机无法启动。修复破损的线束并重新固定，故障排除。

④ 高尔夫 A6 更换完停车辅助控制单元后无虚拟影像（OPS），倒车雷达能正常工作。与正常车辆对比 DVD 编码正常，检查停车辅助控制单元编码不一样。故障车编码为 000101，正常车编码 100101。控制编码不正确，首位 0 改为 1 后故障排除。新换的控制单元需要激活码 71679 才可以进行编码。用激活码 71679 在 015 访问认可中输入密码，然后再进入编码 008 编码。

⑤ 高尔夫 A6 1.6L CLS 发动机不能启动，按电路图检查网关 15 供电 T20/14，点火开关打开，万用表测量 T20/14 无 12V 电压；万用表测量熔丝 SC2 到 T20/14 线路，发现断路；拆解熔丝 SC2 结点 278，发现结点 278 到 J533-15 供电线路已折断。修复线路后故障排除。

1.7 蔚领 C-TREK（2017~2018 年款）

1.7.1 蔚领汽车发动机配置信息

发动机型号代码	CSR	CST
排量/L	1.6	1.4
气缸数量	4	4
每缸气门数	4	4
功率	81kW/5800r/min	96kW/5000～6000r/min
扭矩	155N·m/3800r/min	225N·m/1500～3500r/min
压缩比	10.5∶1	10.5∶1
喷射装置/点火装置	Motronic ME 17.5.22	Motronic MED 17.5.25
ROZ(辛烷值)无铅，至少	92 号及以上优质无铅汽油	92 号及以上优质无铅汽油
凸轮轴传动装置	齿形皮带	齿形皮带

1.7.2 2014~2018 年款大众 1.4T CST 发动机正时维修

该款发动机也装备在一汽大众全新速腾车型上，相关内容请参考 1.3.3 小节。

1.7.3 2013~2018 年款大众 1.6L CSR 发动机正时维修

该发动机正时链单元结构、拆装与调整和 CKA 发动机相同，相关内容请参考 2.1.3 小节。

1.7.4 蔚领汽车四轮定位数据

前　　桥	舒适型底盘
PR 号码	2UA
总前束(无负载)	0′±10′
车轮外倾角(在正前打直方向)	−14′±30′
两侧之间的最大允许偏差	最大 30′
向左和向右转向角为 20°时的转向角差	1°26′±20′
主销后倾	7°10′±30′
左销后倾左右侧之间的最大允许偏差	最大 30′
标准高度	(387±10)mm
后　　桥	舒适型底盘
PR 号码	2UA
车轮外倾	−1°27′±10′
两侧之间的最大允许偏差	最大 30′
总前束(在规定的车轮外倾角下)	$10'^{+10'}_{-7'}$
与运行方向最大允差	最大 20′
标准高度	(394±10)mm

1.7.5 蔚领手动复位保养周期方法

提示： 手动复位保养周期编码是固定的，也就是说，每10000km或每年需要保养一次。功能是否会实现，取决于车辆电气系统以及装备范围。

① 点火开关关闭时按住按键3。

② 打开点火开关。

③ 松开按钮3，短按一次时间设置按钮1。以上部件及按钮位置见图1-114。

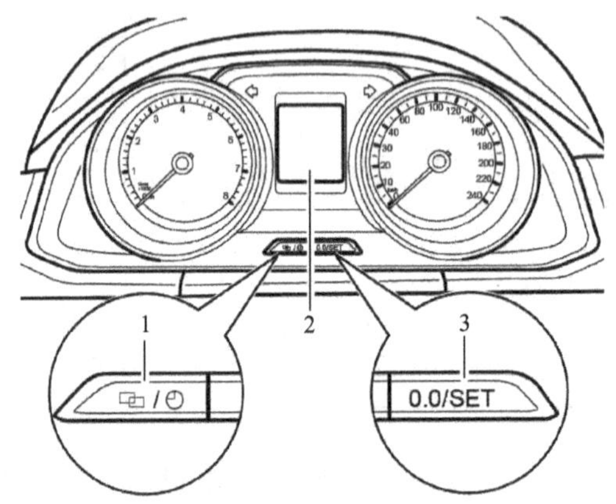

图1-114 操作仪表盘按钮位置

保养周期显示处于复位模式状态。若干秒后恢复正常视图。

1.8 探歌C-TROC（2018年款至今）

1.8.1 2014~2018年款大众1.4T CSS/CST发动机正时维修

该款发动机也装备在一汽大众全新速腾车型上，相关内容请参考1.3.3小节。

1.8.2 2015~2018年款大众1.2T CYA发动机正时维修

该款发动机正时带单元结构及拆装调整方法与CSS相同，请参考1.3.3小节。

第2章 上海大众车型

2.1 全新桑塔纳 Santana/浩纳（2013~2018 年款）

2.1.1 全新桑塔纳发动机配置信息

标识字母	CKA	CPD
排量/L	1.395	1.598
功率	66kW/(5500±200)r/min	81kW/(5800±200)r/min
扭矩	132N·m/(3800±200)r/min	155N·m/(3800±200)r/min
转速限制/(r/min)	从约 5600 起	从约 6000 起
怠速/(r/min)	700	700
缸径/mm	74.5	76.5
行程/mm	80.0	86.9
压缩比	10.5∶1	10.5∶1
RON	93/92	93/92
喷射装置/点火装置	SIMOS 15.10	SIMOS 15.10
点火顺序	1—3—4—2	1—3—4—2
爆震控制	是	是
自诊断	是	是
增压装置	否	否
废气再循环	否	否
废气温度调节器	否	否
空气进气调节器	是	是
增压空气冷却器	否	否
凸轮轴调节	否	是
可变进气管	否	否
三元催化转化器	是	是

续表

标识字母	CKA	CPD
每个气缸内的阀数	4	4
二次空气	否	否
标识字母	CUC(CNG 发动机)	CST
排量/L	1.598	1.395
功率	汽油:81kW/(5800±200)r/min CNG:70kW/(5500±200)r/min	96kW/(5000±200)r/min
扭矩	汽油:155N·m/(3800±200)r/min CNG:140N·m/(3800±200)r/min	225N·m/[(1400~3500)±200]r/min
缸径/mm	76.5	74.5
行程/mm	86.9	80
压缩比	10.5∶1	10.0∶1
RON	93/92	93
喷射装置/点火装置	ME 17.5.22	MED 17.5.25
点火顺序	1—3—4—2	1—3—4—2
爆震控制	是	是
自诊断	是	是
增压	否	是
废气再循环	否	否
可变进气管	否	是
凸轮轴调节	否	是
二次空气	否	否

2.1.2 2014~2018年款大众1.4T CST发动机正时维修

该款发动机也装备在一汽大众全新速腾车型上，相关内容请参考1.3.3小节。

2.1.3 2013~2018年款大众1.4L CKA/1.6L CPD发动机正时维修

(1) 适用发动机参数

发动机标识字母	CKA	CPD	CSR	DAH
配载车型	全新桑塔纳		新朗逸、朗境、朗行、途安	新波罗
排量/L	1.395	1.598	1.598	1.395
功率	66kW/(5500±200)r/min	81kW/(5800±200)r/min	81kW/(5800±200)r/min	66kW/(5500±200)r/min
扭矩	132N·m/(3800±200)r/min	155N·m/(3800±200)r/min	155N·m/(3800±200)r/min	132N·m/(3800±200)r/min
缸径/mm	74.5	76.5	76.5	74.5
行程/mm	80.0	86.9	86.9	80.0
压缩比	10.5∶1	10.5∶1	10.5∶1	10.5∶1
RON	93/92	93/92	93/92	92

续表

发动机标识字母	CKA	CPD	CSR	DAH
喷射装置/点火装置	进气道喷射			
废气再循环	否	否	否	否
废气温度调节器	否	否	否	否
增压	否	否	否	否
爆震控制	是	是	是	是
增压空气冷却器	否	否	否	否
凸轮轴调节	否	是	是	否
二次空气	否	否	否	否
每个气缸内的阀数	4	4	4	4
点火顺序	1—3—4—2	1—3—4—2	1—3—4—2	1—3—4—2

(2) 正时带单元分解

装配标识字母为CKA/DAH的发动机正时带单元分解如图2-1所示。

装配标识字母为CPD/CSR的发动机正时带单元结构分解如图2-2所示。

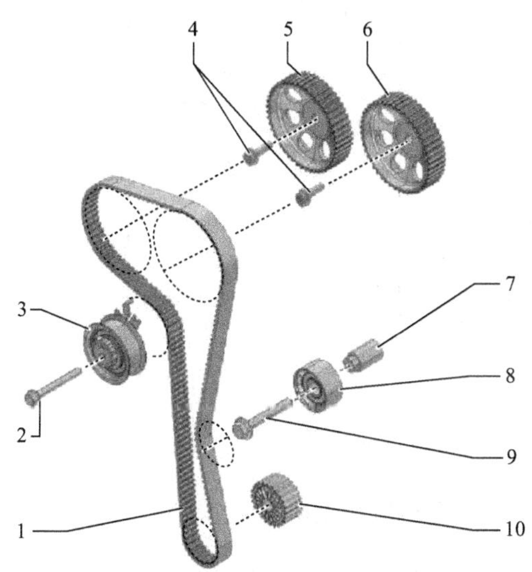

图2-1 CKA/DAH发动机正时带单元结构分解

1—正时齿形皮带，拆卸皮带时，用粉笔或记号笔标出其运行方向，检查是否磨损；2—螺栓，拧紧力矩：20N·m；3—张紧轮；4—螺栓，更换，拧紧力矩：50N·m+继续旋转90°；5—排气凸轮轴齿形皮带轮；6—进气凸轮轴齿形皮带轮；7—间距套；8—导向轮；9—螺栓，拧紧力矩：20N·m；10—正时齿形皮带轮，正时齿形皮带轮和曲轴之间表面上不允许有油脂，只有一个安装位置

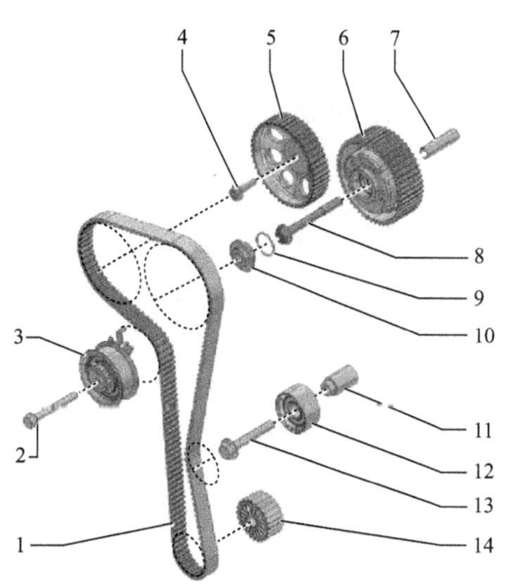

图2-2 CPD/CSR发动机正时带单元结构

1—正时齿形皮带，拆卸皮带时，用粉笔或记号笔标出其运行方向，检查是否磨损；2—螺栓，拧紧力矩：20N·m；3—张紧轮；4—螺栓，更换，拧紧力矩：50N·m+继续旋转90°；5—排气凸轮轴齿形皮带轮；6—进气凸轮轴齿形皮带轮，带凸轮轴调节器；7—导向套；8—螺栓，更换，拧紧力矩：50N·m+继续旋转135°；9—O形圈，更换；10—锁定螺栓，拧紧力矩：20N·m；11—间距套；12—导向轮；13—螺栓，拧紧力矩：20N·m；14—正时齿形皮带轮，正时齿形皮带轮和曲轴之间表面上不允许有油脂，只有一个安装位置

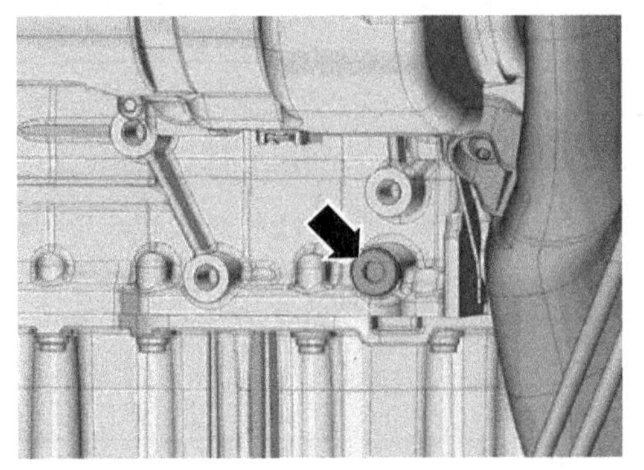

图 2-3 上止点锁定位置

气缸体“上止点”孔锁定位置如图 2-3 所示（箭头）。

提示：O 形圈损坏时，进行更换。锁定螺栓拧紧力矩：30N·m。

(3) 发动机正时链单元拆解

所需要的专用工具和维修设备见图 2-4。

定位扳手 T10172 或 CT10172 以及适配器 T10172/2 或 CT10172/2；角度盘 Hazet 6690；定位销 T10340 或 CT10340；13mm 特殊环形扳手 T10500 或 CT10500；凸轮轴固定工具 CT10477；30mm 特殊扳手 T10499 或 CT10499。

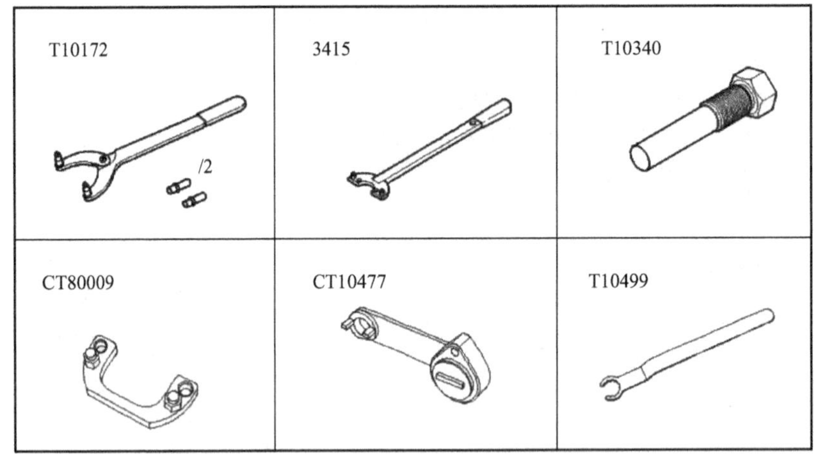

图 2-4 正时带单元拆装专用工具

拆卸步骤如下：

① 拆卸空气滤清器壳体。

② 排放冷却液。

③ 脱开线束固定卡子。旋出左右两个螺栓，取下冷却液泵正时齿形皮带盖罩。

④ 旋出螺栓，拆下凸轮轴密封盖。

⑤ 以下适用于 New Santana 全新桑塔纳：旋出螺栓 A～D，将节温器盖罩 1 放置一旁，见图 2-5。

⑥ 适用于 2013 款 New Lavida 新朗逸、Gran Lavida 朗行、Cross Lavida 朗境、New Polo 波罗：松开弹簧卡箍，拔下软管 1 和 2。旋出螺栓 A～D，拆下节温器盖罩 3，见图 2-6。

⑦ 所有车型如下，将曲轴转到 1 缸“上止点”位置

a. 旋出气缸体“上止点”孔的锁定螺栓。

b. 将定位销 T10340 或 CT10340 以 30N·m 的力矩拧到气缸体上并拧到底。

c. 将曲轴沿发动机转动方向转动至限位位置。

现在，定位销 T10340 或 CT10340 位于曲轴侧壁，见图 2-7。

提示：定位销 T10340 或 CT10340 只在发动机转动方向上锁定曲轴。

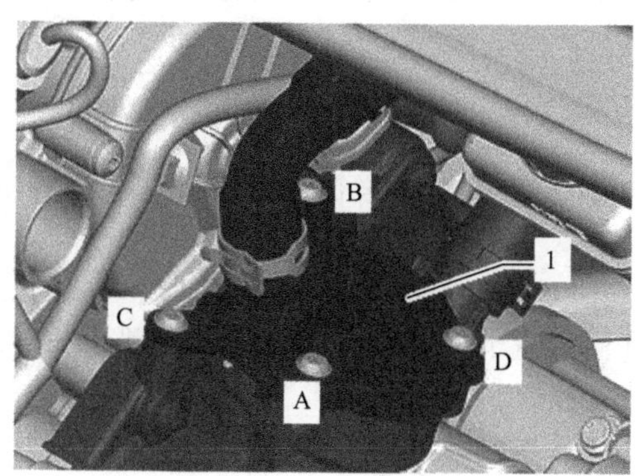

图 2-5 拆下节温器盖罩

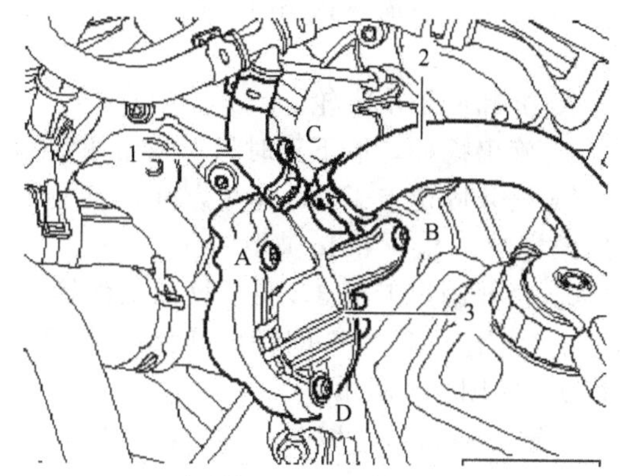

图 2-6 拆下节温器盖罩

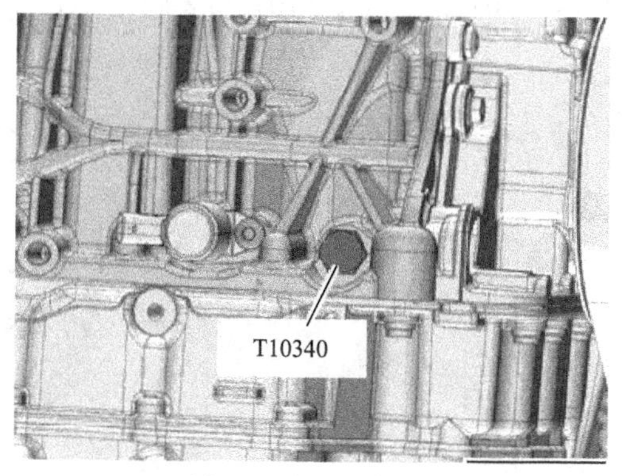

图 2-7 插入定位销

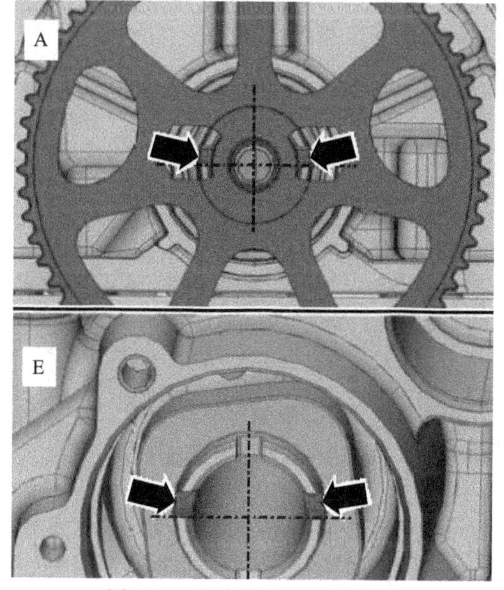

图 2-8 发动机正时标记位置

A—排气侧；E—进气侧

⑧ 如果定位销 T10340 或 CT10340 没有拧到限位位置，曲轴就不位于 1 缸“上止点”位置。这时进行如下操作：

a. 旋出定位销。

b. 顺时针旋转曲轴，使曲轴转过 1 缸“上止点”270°左右。

c. 将定位销 T10340 或 CT10340 以 30N·m 的力矩拧到气缸体上并拧到底。

d. 将曲轴沿发动机转动方向再次转动，直到转不动为止。

e. 如图 2-8 所示，变速箱侧的两个凸轮轴上，每个凸轮轴上各有两个不对称的槽（箭头）。在排气凸轮轴上，可以通过冷却液泵齿形皮带轮上的孔进入凸轮轴上两个不对称的槽（箭头）。

⑨ 使用定位扳手 T10172 或 CT10172 和适配器 T10172/2 或 CT10172/2 转动进、排气凸轮轴齿形皮带轮。

凸轮轴上有两个对称卡槽，两个非对称卡槽。在“上止点”位置时，非对称卡槽必须位于假想的水平中心线以上。

⑩ 凸轮轴位置不在描述位置时，旋松定位销 T10340 或 CT10340，并再转动曲轴，直至到达“上止点”位置。

提示：凸轮轴固定工具 CT10477 必须能很容易放入安装位置。不能使用冲击工具安装凸轮轴固定工具。

⑪ 凸轮轴在描述状态时，凸轮轴固定工具 CT10477 插到凸轮轴不对称的槽内，并用螺栓（箭头）拧紧。

⑫ 拆卸曲轴皮带轮。

⑬ 旋出螺栓，取下正时齿形皮带下部盖罩。

⑭ 松开固定卡子 3，脱开燃油供油管和活性炭罐电磁阀连接管（适用于 New Santana 全新桑塔纳、New Polo 波罗）。

⑮ 松开固定卡子 3，脱开燃油供油管（适用于 2013 款 New Lavida 新朗逸、Gran Lavida 朗行、Cross Lavida 朗境），旋出螺栓 2。松开固定卡子（箭头），取下正时齿形皮带上部盖板 1。如图 2-9 所示。

注意： 凸轮轴损坏时，凸轮轴固定工具 CT10477 禁止作为固定支架使用。

⑯ 使用定位扳手 T10172 或 CT10172 和适配器 T10172/2 或 CT10172/2 旋出进气侧凸轮轴齿形皮带轮的锁定螺栓。

⑰ 使用定位扳手 T10172 或 CT10172 和适配器 T10172/2 或 CT10172/2 旋松螺栓 1 和 2，旋松一圈，见图 2-10。

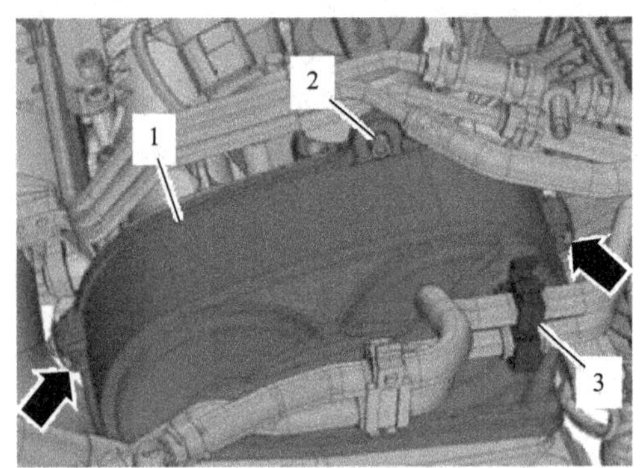

图 2-9 拆卸正时罩盖上部

图 2-10 拆卸凸轮轴齿轮紧固螺栓

⑱ 使用 30mm 特殊扳手 T10499 或 CT10499 固定偏心轮上的张紧轮，松开螺栓。

⑲ 将正时齿形皮带从凸轮轴上脱开。

注意： 正时齿形皮带运行时，使其在相反方向运行会导致设备损坏危险。拆卸正时齿形皮带时，用粉笔或记号笔标出其运行方向，用于重新安装。

⑳ 取下正时齿形皮带。

㉑ 取下正时齿形皮带轮。

(4) 正时带单元安装步骤

提示： 更换需要进一步旋转而拧紧的螺栓。损坏时，更换锁定螺栓 O 形圈。

① 检查曲轴和凸轮轴的“上止点”位置。

② 将凸轮轴固定工具 CT10477 安装在凸轮轴箱上，见图 2-11。

③ 将定位销 T10340 或 CT10340 以 30N·m 的力矩拧到气缸体并拧到底。

④ 将曲轴沿发动机转动方向转动至限位位置。

⑤ 更换凸轮轴齿形皮带轮螺栓，并将其拧上，但不要拧紧。

⑥ 凸轮轴齿形皮带轮还要在凸轮轴上转动，但要防止其倾翻。

⑦ 张紧轮的凸耳必须啮合在气缸盖的铸造孔上。

⑧ 将正时齿形皮带轮装到曲轴上。必须保证曲轴皮带轮和正时齿形皮带轮的接触面无油脂。

⑨ 正时齿形皮带轮铣切面（箭头）（见图 2-12）必须放在曲轴销铣切面上。

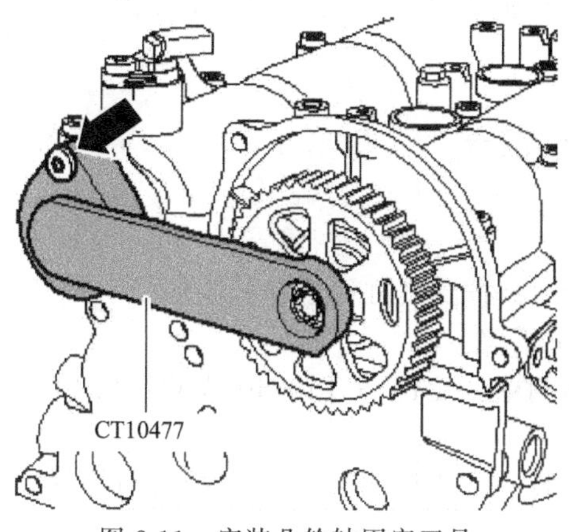

图 2-11 安装凸轮轴固定工具

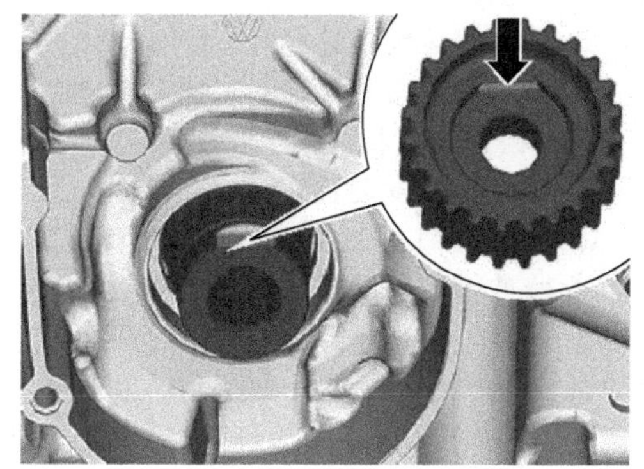

图 2-12 对齐正时齿轮与曲轴齿轮的铣切面

⑩ 如图 2-13 所示，按照给出的顺序放置正时齿形皮带。

⑪ 安装正时齿形皮带下部盖罩。

⑫ 安装曲轴皮带轮。

⑬ 如图 2-14 所示，沿箭头方向转动 30mm 特殊扳手 T10499 或 CT10499（即转动张紧轮偏心轮 2），直到设置指示针 3 位于设置窗右侧 10mm 处。

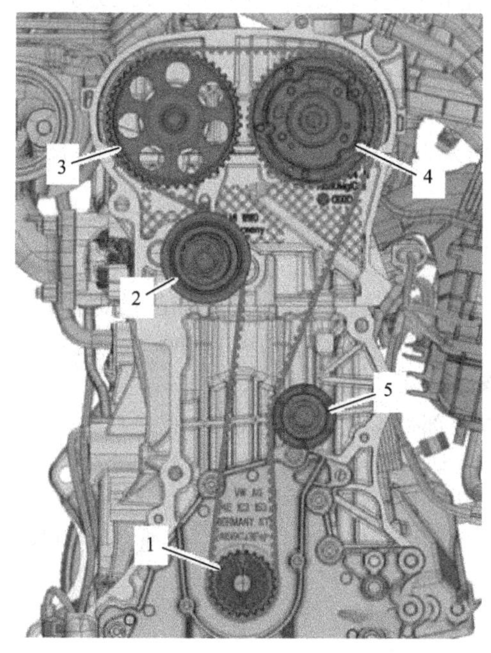

图 2-13 正时带单元安装顺序

1—正时齿形皮带轮；2—张紧轮；3—排气凸轮轴齿形皮带轮；
4—带调节器的进气凸轮轴齿形皮带轮；5—导向轮

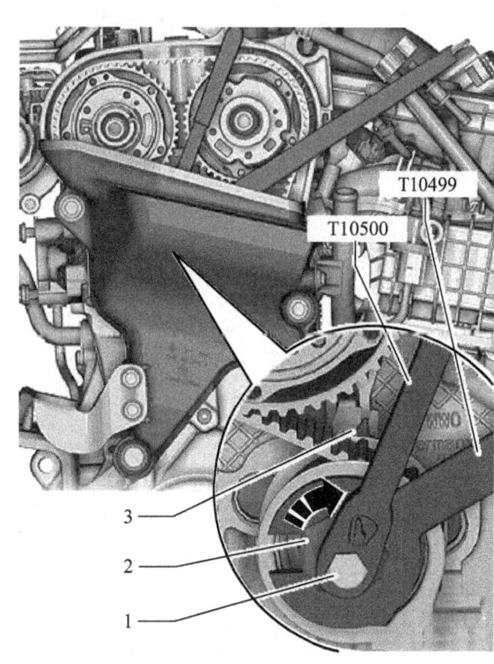

图 2-14 设置正时张紧轮

⑭ 偏心轮向回转，直到设置指示针正好位于设置窗口。

⑮ 偏心轮保持在该位置并拧紧螺栓 1，使用 13mm 特殊环形扳手 T10500 或 CT10500。

提示：发动机继续转动或继续运行时，设置指示针 3 位置和设置窗口之间的距离很容易出现偏差。这对正时齿形皮带张紧没有影响。

⑯ 使用带适配器 T10172/2 或 CT10172/2 的定位扳手 T10172 或 CT10172 以 50N・m 的力矩拧紧凸轮轴齿轮紧固螺栓。

⑰ 旋出定位销 T10340 或 CT10340。

⑱ 旋出固定工具螺栓，取出凸轮轴固定工具 CT10477。

(5) 检查配气相位

① 将曲轴沿发动机转动方向转 2 圈。

② 将定位销 T10340 或 CT10340 以 30N・m 的力矩拧到气缸体上并拧到底。

③ 将曲轴沿发动机转动方向继续转动，直到限位位置。

④ 现在，定位销 T10340 或 CT10340 位于曲轴侧壁。定位销 T10340 或 CT10340 只在发动机转动方向上锁定曲轴。

凸轮轴固定工具 CT10477 必须能够很容易地安装。不能使用冲击工具安装凸轮轴固定工具 CT10477。

⑤ 将凸轮轴固定工具 CT10477 插入到凸轮轴止点，用力拧紧螺栓。

⑥ 如果凸轮轴固定工具 CT10477 无法安装，则配气相位不合格：重新调整配气相位。

⑦ 如果凸轮轴固定工具 CT10477 能够安装，则配气相位合格。

⑧ 旋出定位销 T10340 或 CT10340。

⑨ 旋出固定工具螺栓，取出凸轮轴固定工具 CT10477。

⑩ 使用带适配器 T10172/2 或 CT10172/2 的定位扳手 T10172 或 CT10172 以 50N・m 的力矩拧紧螺栓 1 和 2。

⑪ 使用带适配器 T10172/2 或 CT10172/2 的定位扳手 T10172 或 CT10172 拧紧凸轮轴齿形皮带轮的锁定螺栓。

⑫ 最后检查，是否定位销 T10340 或 CT10340 和凸轮轴固定工具 CT10477 已拆卸。

安装以拆卸的相反顺序进行。

2.1.4 2013~2018 年款上汽大众 1.6L CPD 型发动机电控系统部件位置

适用于 New Santana 全新桑塔纳、2013 款 NewLavida 新朗逸、Gran Lavida 朗行、Cross Lavida 朗境、New Polo 波罗、New Lavida 全新朗逸、GranLavida 朗行、Gran Santana 浩纳等车型，发动机舱电控部件安装位置见图 2-15。

适用于 New Touran 新途安车型，发动机舱电控部件安装位置见图 2-16。

适用于 All New Touran L 全新途安 L 车型，发动机舱电控部件分布见图 2-17。

油门踏板位置传感器（G79）/油门踏板位置传感器 2（G185）安装位置见图 2-18。

油门踏板位置传感器（G79）/油门踏板位置传感器 2（G185）集成在加速踏板模块内，不能单独更换。

离合器位置传感器（G476）安装位置见图 2-19。

在离合器踏板（箭头）轴承块上。

发动机左侧电控部件安装位置见图 2-20。

2.1.5 全新桑塔纳熔丝与继电器信息

(1) 熔丝信息

熔丝（SA、SB、SC）盒安装位置见图 2-21。

蓄电池盖上的熔丝（SA），在发动机舱内左侧，各熔丝安装位置见图 2-22。

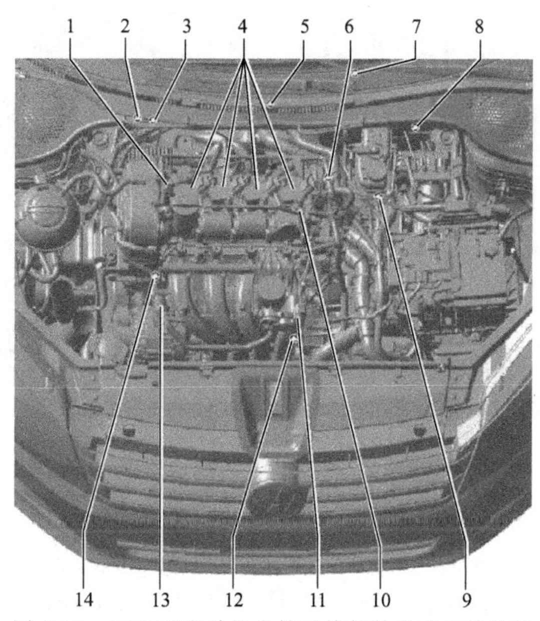

图 2-15 CPD 型发动机电控系统部件发动机舱位置

1—凸轮轴调节阀 1（N205）；2—氧传感器（G39）/氧传感器加热（Z19）；3—尾气催化净化器下游的氧传感器（G130）/尾气催化净化器后的氧传感器 1 加热装置（Z29）；4—带功率输出级的点火线圈，带功率输出级的点火线圈 1（N70），带功率输出级的点火线圈 2（N127），带功率输出级的点火线圈 3（N291），带功率输出级的点火线圈 4（N292）；5—发动机控制单元（J623），适用于 2013 款 New Lavida 新朗逸、Gran Lavida 朗行、Cross Lavida 朗境；6—冷却液温度传感器（G62）；7—油门踏板位置传感器（G79）/油门踏板位置传感器 2（G185）；8—Motronic 控制单元（J220），适用于 New Santana 全新桑塔纳；9—制动信号灯开关（F）；10—霍尔传感器（G40）；11—节气门控制单元（J338），在更换了节气门控制单元（J338）后，必须将其重新与 Motronic 控制单元（J220）相匹配。12—进气温度传感器（G42）/进气管压力传感器（G71）；13—活性炭罐电磁阀 1（N80）；14—机油压力开关（F1）

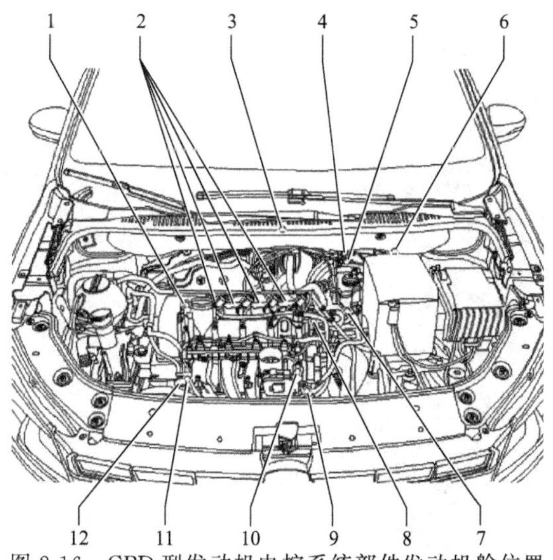

图 2-16 CPD 型发动机电控系统部件发动机舱位置

1—凸轮轴调节阀 1（N205）；2—带功率输出级的点火线圈：带功率输出级的点火线圈 1（N70），带功率输出级的点火线圈 2（N127），带功率输出级的点火线圈 3（N291），带功率输出级的点火线圈 4（N292）；3—发动机控制单元（J623）；4—氧传感器（G39）/氧传感器加热（Z19）；5—尾气催化净化器下游的氧传感器（G130）/尾气催化净化器后的氧传感器 1 加热装置（Z29）；6—油门踏板位置传感器（G79）/油门踏板位置传感器 2（G185）；7—制动信号灯开关（F）；8—冷却液温度传感器（G62）；9—进气温度传感器（G42）/进气管压力传感器（G71）；10—节气门控制单元（J338），在更换了节气门控制单元（J338）后，必须将其重新与 Motronic 控制单元（J220）相匹配；11—机油压力开关（F1）；12—活性炭罐电磁阀 1（N80）

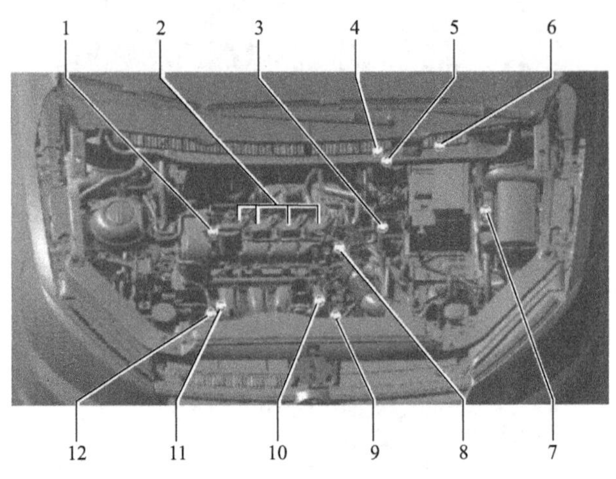

图 2-17　全新途安 L 发动机舱电控部件

1—凸轮轴调节阀 1（N205）；2—带功率输出级的点火线圈，带功率输出级的点火线圈 1（N70），带功率输出级的点火线圈 2（N127），带功率输出级的点火线圈 3（N291），带功率输出级的点火线圈 4（N292）；3—制动信号灯开关（F）/制动踏板开关（F47）；4—氧传感器（G39）/氧传感器加热（Z19）；5—尾气催化净化器下游的氧传感器（G130）/尾气催化净化器后的氧传感器 1 加热装置（Z29）；6—油门踏板位置传感器（G79）/油门踏板位置传感器 2（G185）；7—发动机控制单元（J623）；8—冷却液温度传感器（G62）；9—进气温度传感器（G42）/进气管压力传感器（G71）；10—节气门控制单元（J338）：在更换了节气门控制单元（J338）后，必须将其重新与 Motronic 控制单元（J220）相匹配（参见笔记本车辆诊断系统 VAS 6150A、VAS 6150B、VAS 6150C、VAS 6150D“引导性功能”）；11—机油压力开关（F1）；12—活性炭罐电磁阀 1（N80）

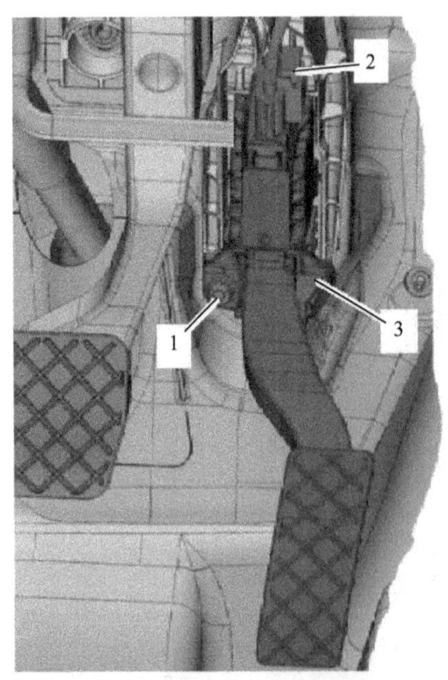

图 2-18　油门踏板位置传感器位置

1—加速踏板固定螺栓；2—加速踏板模块连接端子；3—加速踏板模块

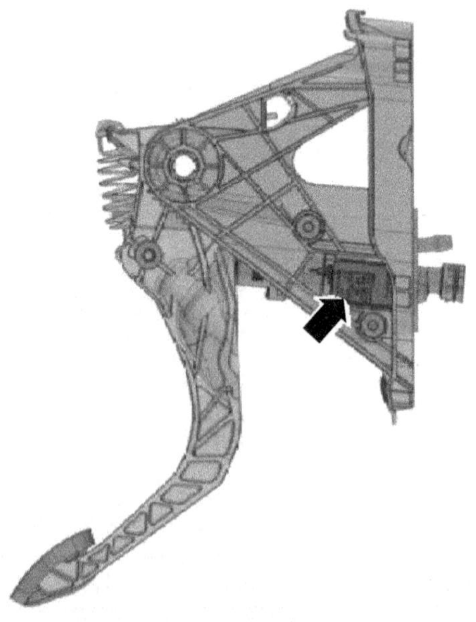

图 2-19　离合器踏板位置传感器

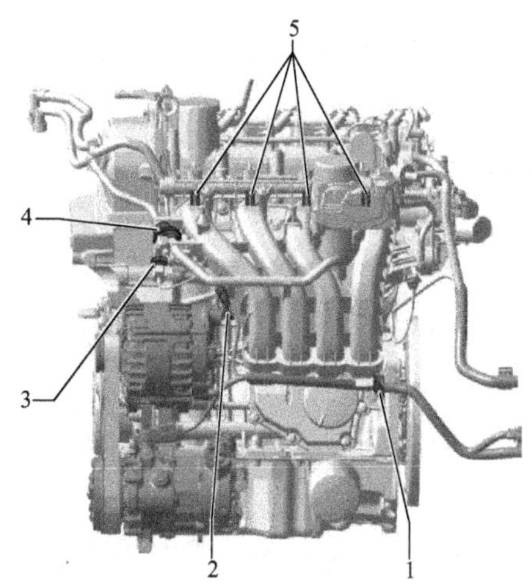

图 2-20 发动机左侧电控部件

1—发动机转速传感器（G28）；2—爆震传感器 1（G61）；3—机油压力开关（F1）；4—活性炭罐电磁阀 1（N80）；5—燃油喷嘴：气缸 1 喷嘴（N30），气缸 2 喷嘴（N31），气缸 3 喷嘴（N32），气缸 4 喷嘴（N33）

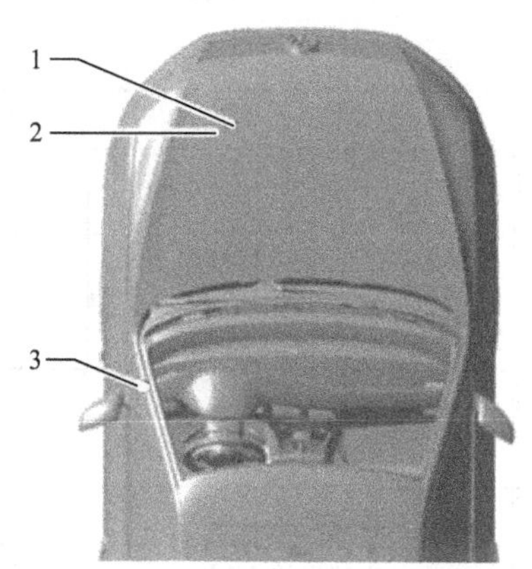

图 2-21 熔丝盒分布位置

1—蓄电池盖熔丝架上的熔丝（SB）；2—蓄电池盖熔丝架上的熔丝（SA）；3—仪表板左侧支架上的熔丝（SC）

熔丝布置（SA）

编号	电路图中的名称	额定值	功能/部件	端子
C	熔丝架 A 上的熔丝 1(SA1)	150A	交流发电机(C)	30a
D	熔丝架 A 上的熔丝 3(SA3)	110A	仪表板左侧熔丝盒内 30 号线供电熔丝 点火启动开关(D) 车灯开关(E1) 主继电器(J271)	30a
E	熔丝架 A 上的熔丝 4(SA4)	50A	转向辅助控制单元(J500)	30a
F	熔丝架 A 上的熔丝 5(SA5)	40A	ABS 控制单元(J104)	30a
G	熔丝架 A 上的熔丝 6(SA6)	40A	散热器风扇控制单元(J293)	30a
H	熔丝架 A 上的熔丝 7(SA7)	50A	供电继电器 1,端子 75(J680)	30a

蓄电池盖上的熔丝（SB），在发动机舱内左侧，其熔丝分布见图 2-23。

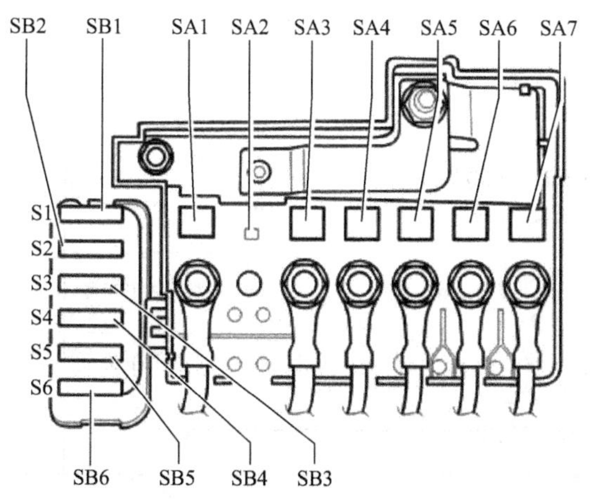

图 2-22 蓄电池上保险盒熔丝分布

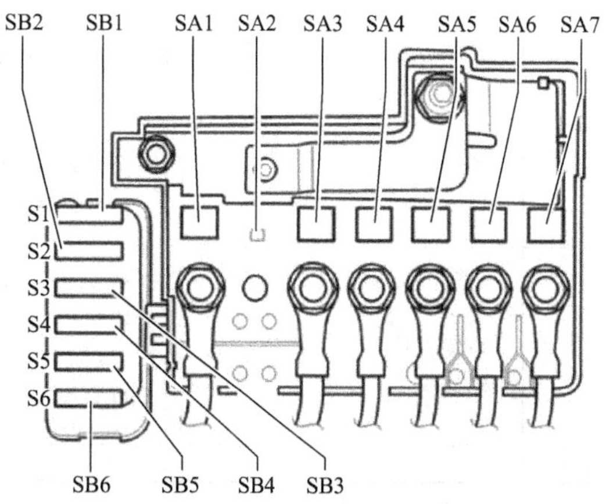

图 2-23 熔丝盒 SB 熔丝分布

熔丝颜色：40A—橙色；30A—绿色；25A—自然色（白色）；20A—黄色；15A—蓝色；10A—红色；7.5A—棕色；5A—淡棕色；3A—紫色。

熔丝布置（SB）

编号	电路图中的名称	额定值	功能/部件	端子
1	熔丝架 B 上的熔丝 1(SB1)	30A	自动变速箱控制单元(J217)[仅适用于带自动变速箱的车辆(自 2014 年 1 月起)] 双离合器变速箱机电装置(J743)(仅适用于带双离合器变速箱 0AM 的汽车)	30a
2	熔丝架 B 上的熔丝 2(SB2)	15A	双离合器变速箱机电装置(J743)(仅适用于带双离合器变速箱 0AM 的汽车)	30a
3	熔丝架 B 上的熔丝 3(SB3)	25A	端子 75x 供电继电器(J694)(仅适用于带座椅加热的车辆)	30a
4	熔丝架 B 上的熔丝 4(SB4)	10A	ABS 控制单元(J104)	30a
5	熔丝架 B 上的熔丝 5(SB5)	5A	车载电网控制单元(J519)	30a
6	熔丝架 B 上的熔丝 6(SB6)	25A	ABS 控制单元(J104)	30a

熔丝（SC），在仪表板左侧下方，熔丝分布见图 2-24。

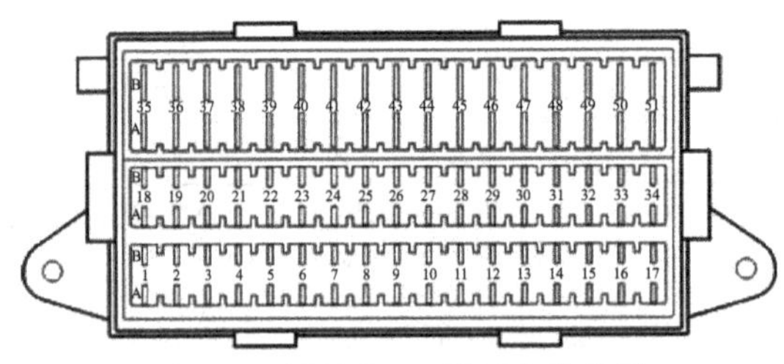

图 2-24　熔丝盒 SC 熔丝安装位置

熔丝颜色说明：40A—橙色；30A—绿色；25A—自然色（白色）；20A—黄色；15A—蓝色；10A—红色；7.5A—棕色；5A—淡棕色；3A—紫色。

熔丝布置（SC）

编号	电路图中的名称	额定值	功能/部件	端子
1	熔丝架 C 上的熔丝 1(SC1)	5A	左侧停车灯灯泡(M1) 左侧制动信号灯和尾灯灯泡(M21) 左侧尾灯灯泡 2(M49)	58L
2	熔丝架 C 上的熔丝 2(SC2)	10A	车窗玻璃刮水器间歇运行调节器(E38) 车窗玻璃清洗泵开关(自动刮水/清洗装置和大灯清洗装置)(E44)	15a
3	熔丝架 C 上的熔丝 3(SC3)	5A	Motronic 控制单元(J220)(仅适用于带 1.6L 发动机的车辆/仅用于带 1.4L 发动机的汽车) 发动机控制单元(J623)(仅用于带双燃料发动机的汽车/仅适用于带发动机编号字母 CSTA 的汽车) 燃油泵控制单元(J538)(仅适用于带发动机编号字母 CSTA 的汽车)	15a

续表

编号	电路图中的名称	额定值	功能/部件	端子
4	熔丝架C上的熔丝4(SC4)	15A	预供给燃油泵(G6)(仅用于带1.4L发动机的汽车/仅适用于带1.6L发动机的汽车/仅用于带双燃料发动机的汽车) 燃油泵继电器(J17)(仅用于带1.4L发动机的汽车/仅适用于带1.6L发动机的汽车/仅用于带双燃料发动机的汽车) Motronic控制单元(J220)(仅适用于带1.6L发动机的车辆/仅用于带1.4L发动机的汽车) 燃油泵控制单元(J538)(仅适用于带发动机编号字母CSTA的汽车) 发动机控制单元(J623)(仅用于带双燃料发动机的汽车/仅适用于带发动机编号字母CSTA的汽车)	30a
5	未占用			
6	熔丝架C上的熔丝6(SC6)	7.5A	定速巡航装置开关(E45)(仅适用于带定速巡航装置的车辆) GRA设置按钮(E227)(仅适用于带定速巡航装置的车辆) 多功能开关(F125)[仅适用于带自动变速箱的车辆(截至2014年1月)] 高压传感器(G65) 转向角传感器(G85)[仅适用于带电控行车稳定系统(ESP)的车辆] 仪表板中的控制单元(J285) 散热器风扇控制单元(J293) 驻车辅助控制单元(J446)[仅适用于带驻车距离报警(PDC)的车辆] 多功能方向盘控制单元(J453)(仅适用于带多功能方向盘的车辆) 车载电网控制单元(J519) 收音机(R)(仅适用于带有收音机MIB-G 1DIN的车辆/仅适用于带有收音机MIB-G入门型的车辆) 诊断接口(U31)	15a
7	熔丝架C上的熔丝7(SC7)	7.5A	车灯开关(E1) 后视镜调节开关(E43) 左后车门内的车窗升降器开关(E52) 右后车门车窗升降器(E54) 可加热驾驶员座椅调节器(E94)[仅适用于带座椅加热的车辆(截至2014年7月)] 可加热副驾驶员座椅调节器(E95)(仅适用于带座椅加热的车辆) 大灯照明距离调节器(E102) 副驾驶员车门中的车窗升降器开关(E107) 后备厢盖开锁开关(E165)(仅适用于带后后备厢盖开锁开关的车辆) 燃料选择开关(汽油、天然气)(E395)(仅用于带双燃料发动机的汽车) Tiptronic开关(F189)(仅适用于带双离合器变速箱0AM的汽车) 空调器控制单元(J301)(仅用于带有手动调节空调器的车辆) 车载电网控制单元(J519) 出租车车顶标志继电器(J1065)(仅适用于带上海出租车装备的汽车) 出租车车顶标志灯泡(L36)(仅适用于带全国性出租车装备的汽车) 车窗升降器开关照明灯泡(L53) 排挡杆挡位指示照明灯(L101)(仅适用于带自动变速箱的车辆) 收音机(R)(仅适用于带有收音机MIB-G 1DIN的车辆/仅适用于带有收音机MIB-G入门型的车辆) 点烟器(U1) 牌照灯(X)	58d

续表

编号	电路图中的名称	额定值	功能/部件	端子
8	熔丝架C上的熔丝8(SC8)	5A	右侧停车灯灯泡(M3) 右侧制动信号灯和尾灯灯泡(M22) 右侧尾灯灯泡2(M50)	58R
9	熔丝架C上的熔丝9(SC9)	5A	ABS控制单元(J104)	15a
10	熔丝架C上的熔丝10(SC10)	15A	车载电网控制单元(J519)	30a
11	熔丝架C上的熔丝11(SC11)	5A	大灯照明距离调节器(E102) 左侧大灯照明距离调节伺服电动机(V48) 右侧大灯照明距离调节伺服电动机(V49)	15a
12	熔丝架C上的熔丝12(SC12)	5A	后视镜调节开关(E43)(仅适用于带电动调节式车外后视镜的车辆) 副驾驶员车门中的车窗升降器开关(E107) 驾驶员侧车门控制单元(J386) 左后车门控制单元(J388)(依汽车装备而定) 右后车门控制单元(J389)(依汽车装备而定)	15a
13	熔丝架C上的熔丝13(SC13)	10A	倒车灯开关(F4)(仅适用于带手动变速箱的车辆)	15a
		15A	自动变速箱控制单元(J217)[仅适用于带自动变速箱的车辆(截至2014年1月)]	
		5A	自动变速箱控制单元(J217)[仅适用于带自动变速箱的车辆(自2014年1月起/截至2014年7月)] 多功能开关(F125)[仅适用于带自动变速箱的车辆(自2014年1月起/截至2014年7月)]	
		10A	多功能开关(F125)[仅适用于带自动变速箱的车辆(自2014年7月起)] 自动变速箱控制单元(J217)[仅适用于带自动变速箱的车辆(自2014年7月起)]	
		5A	Tiptronic开关(F189)(仅适用于带双离合器变速箱0AM的汽车) 双离合器变速箱机电装置(J743)(仅适用于带双离合器变速箱0AM的汽车)	
14	熔丝架C上的熔丝14(SC14)	7.5A	安全气囊控制单元(J234)	15a
15	熔丝架C上的熔丝15(SC15)	10A	出租车标记开关(E138)(仅适用于带全国性出租车装备的汽车) 出租车计价器(G41)(仅适用于带上海出租车装备的汽车/仅适用于带全国性出租车装备的汽车) 车租车标志开关照明灯泡(L74)(仅适用于带上海出租车装备的汽车)	30a
16	熔丝架C上的熔丝16(SC16)	10A	出租车计价器(G41)(仅适用于带上海出租车装备的汽车/仅适用于带全国性出租车装备的汽车)	15a
17	熔丝架C上的熔丝17(SC17)	20A	出租车车顶标志(J1066)(仅适用于带上海出租车装备的汽车) 导航系统接口(R94)(仅适用于带上海出租车装备的汽车/仅适用于带全国性出租车装备的汽车)	30a
18	熔丝架C上的熔丝18(SC18)	5A	仪表板中的控制单元(J285) 左侧后雾灯灯泡(L46)	NSL

续表

编号	电路图中的名称	额定值	功能/部件	端子
19	熔丝架 C 上的熔丝 19(SC19)	5A	车载电网控制单元(J519) 收音机(R)(仅适用于带有收音机 MIB-G 1DIN 的车辆/仅适用于带有收音机 MIB-G 入门型的车辆)	86s
20	熔丝架 C 上的熔丝 20(SC20)	10A	转向角传感器(G85)[仅适用于带电控行车稳定系统(ESP)的车辆] Tiptronic 开关(F189)(仅适用于带双离合器变速箱 0AM 的汽车) 自动变速箱控制单元(J217)[仅适用于带自动变速箱的车辆(截止2014 年 1 月止)] Climatronic 控制单元(J255)(仅适用于带 Climatronic 自动空调的车辆) 主继电器(J271) 仪表板中的控制单元(J285) 点火钥匙拔出锁止电磁铁(N376)(仅适用于带自动变速箱的车辆/仅适用于带双离合器变速箱 0AM 的汽车) 诊断接口(U31)	30a
21	熔丝架 C 上的熔丝 21(SC21)	5A	车载电网控制单元(J519)	30a
22	熔丝架 C 上的熔丝 22(SC22)	15A	可加热式车外后视镜继电器(J99)[仅适用于带车载电网控制单元 BFM 的汽车(自 2014 年 7 月起)] 车载电网控制单元(J519)	30a
23	熔丝架 C 上的熔丝 23(SC23)	7.5A	车窗玻璃清洗泵(V5)	53c
24	熔丝架 C 上的熔丝 24(SC24)	15A	导航系统接口(R94)(仅适用于带上海出租车装备的汽车/仅适用于带全国性出租车装备的汽车)	15a
25	熔丝架 C 上的熔丝 25(SC25)	10A	空调器控制单元(J301)(仅用于带有手动调节空调器的车辆) 空调器电磁离合器(N25)	15a
26	熔丝架 C 上的熔丝 26(SC26)	5A	转向辅助控制单元(J500)	15a
27	熔丝架 C 上的熔丝 27(SC27)	10A	制动器真空泵(V192)(仅适用于带双离合器变速箱 0AM 的汽车)	87a
28	熔丝架 C 上的熔丝 28(SC28)	15A	氧传感器加热(Z19) 尾气催化净化器后的氧传感器 1 加热装置(Z29)	87a
29	熔丝架 C 上的熔丝 29(SC29)	15A	车载电网控制单元(J519)	30a
30	熔丝架 C 上的熔丝 30(SC30)	10A	天然气关闭阀继电器(J908)(仅用于带双燃料发动机的汽车) 活性炭罐电磁阀 1(N80)(仅适用于带发动机编号字母 CSTA 的汽车/仅适用于带 1.6L 发动机的汽车/仅用于带双燃料发动机的汽车) 凸轮轴调节阀 1(N205)(仅适用于带发动机编号字母 CSTA 的汽车/仅适用于带 1.6L 发动机的车辆/仅用于带双燃料发动机的汽车) 排气门凸轮轴调节阀 1(N318)(仅适用于带发动机编号字母 CSTA 的汽车) 气压调节器断流阀 1(N364)(仅用于带双燃料发动机的汽车) 天然气运行模式的高压阀(N372)(仅用于带双燃料发动机的汽车) 机油压力调节阀(N428)(仅适用于带发动机编号字母 CSTA 的汽车)	87a

续表

编号	电路图中的名称	额定值	功能/部件	端子
31	熔丝架C上的熔丝31(SC31)	10A	气缸1喷油阀(N30) 气缸2喷油阀(N31) 气缸3喷油阀(N32) 气缸4喷油阀(N33) 气体喷射阀1(N366)(仅用于带双燃料发动机的汽车) 气体喷射阀2(N367)(仅用于带双燃料发动机的汽车) 气体喷射阀3(N368)(仅用于带双燃料发动机的汽车) 气体喷射阀4(N369)(仅用于带双燃料发动机的汽车) 冷却液循环泵(V50)(仅适用于带发动机编号字母CSTA的汽车)	87a
32	熔丝架C上的熔丝32(SC32)	20A	Motronic控制单元(J220)(仅适用于带1.6L发动机的车辆/仅用于带1.4L发动机的汽车) 发动机控制单元(J623)(仅用于带双燃料发动机的汽车/仅适用于带发动机编号字母CSTA的汽车)	87a
33	熔丝架C上的熔丝33(SC33)	5A	制动信号灯开关(F) 离合器踏板开关(F36)(仅适用于带手动变速箱的车辆) 制动踏板开关(F47) 空调器继电器(J32)(仅用于带有手动调节空调器的车辆)	87a
34	熔丝架C上的熔丝34(SC34)	15A	前雾灯开关(E7)	75a
35	熔丝架C上的熔丝35(SC35)	30A	左后车门控制单元(J388) 右后车门控制单元(J389)	30a
36	熔丝架C上的熔丝36(SC36)	30A	车载电网控制单元(J519)	30a
37	熔丝架C上的熔丝37(SC37)	15A	车灯开关(E1)	75a
38	熔丝架C上的熔丝38(SC38)	15A	仪表板中的控制单元(J285) 左侧大灯双灯丝灯泡(L1) 右侧大灯双灯丝灯泡(L2)	56a
39	熔丝架C上的熔丝39(SC39)	10A	右侧大灯双灯丝灯泡(L2)	56b
40	熔丝架C上的熔丝40(SC40)	40A	新鲜空气鼓风机开关(E9)(仅用于带有手动调节空调器的车辆) 新鲜空气鼓风机控制单元(J126)(仅适用于带Climatronic自动空调的车辆)	75a
41	熔丝架C上的熔丝41(SC41)	20A	带功率输出级的点火线圈1(N70) 带功率输出级的点火线圈2(N127) 带功率输出级的点火线圈3(N291) 带功率输出级的点火线圈4(N292)	87a
42	熔丝架C上的熔丝42(SC42)	20A	点烟器(U1)	75a
43	熔丝架C上的熔丝43(SC43)	15A	可加热驾驶员座椅调节器(E94)(仅适用于带座椅加热的车辆) 可加热副驾驶员座椅调节器(E95)(仅适用于带座椅加热的车辆) 轮胎压力监控按钮(E226)(仅适用于带轮胎充气压力监控的汽车/仅适用于带座椅加热的汽车) 可加热前座椅控制单元(J774)(仅适用于带座椅加热的车辆)	75a
			出租车车顶标志灯泡(L36)(仅适用于带上海出租车装备的汽车)	30a
		5A	轮胎压力监控按钮(E226)(仅适用于带轮胎充气压力监控的汽车)	75a

续表

编号	电路图中的名称	额定值	功能/部件	端子
44	熔丝架 C 上的熔丝 44(SC44)	10A	左侧大灯双灯丝灯泡(L1)	56b
45	熔丝架 C 上的熔丝 45(SC45)	20A	收音机(R)	30a
46	熔丝架 C 上的熔丝 46(SC46)	30A	滑动天窗控制单元(J245)(仅适用于带折叠式滑动天窗的车辆) 车载电网控制单元(J519)	30a
47	熔丝架 C 上的熔丝 47(SC47)	30A	车载电网控制单元(J519)	30a
48	熔丝架 C 上的熔丝 48(SC48)	30A	车载电网控制单元(J519)	30a
49	熔丝架 C 上的熔丝 49(SC49)	15A	手动防眩目功能和远光灯瞬时接通功能开关(E4)	30a
50	熔丝架 C 上的熔丝 50(SC50)	25A	驾驶员侧车门控制单元(J386)	30a
51	熔丝架 C 上的熔丝 51(SC51)	25A	副驾驶员侧车门控制单元(J387)	30a

(2) 继电器信息

车载电网控制单元上的继电器支架继电器分布如图 2-25 所示。

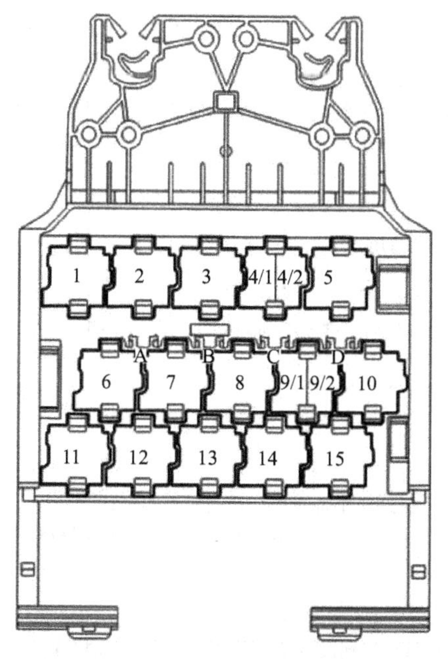

图 2-25 车载电网控制单元上继电器支架

1—空调器继电器 (J32)，继电器序列号 (645)，插头座 1；2—未占用；3—可加热式车外后视镜继电器 (J99)，继电器序列号 (646)，仅适用于带有车外后视镜加热装置的汽车，仅适用于带车载电网控制单元 BFM 的汽车，插头座 3/1；4—燃油泵继电器 (J17)，继电器序列号 (646)，插头座 4/1；5—未占用；6—出租车车顶标志继电器 (J1065)，继电器序列号 (644)，仅适用于带上海出租车装备的汽车，插头座 6；7—供电继电器 1，端子 75 (J680)，继电器序列号 (644)，插头座 7；8—未占用；9—天然气关闭阀继电器 (J908)，继电器序列号 (646)，仅用于带双燃料发动机的汽车，插头座 9/1；10—未占用；11—供电继电器，总线端 50 (J682)，继电器序列号 (645)，仅适用于带自动变速箱的车辆，仅适用于带双离合器变速箱 0AM 的汽车，插头座 11；12—未占用；13—端子 75x 供电继电器 (J694)，继电器序列号 (645)，仅适用于带座椅加热的车辆，插头座 13；14—主继电器 (J271)，继电器序列号 (645)，插头座 14；15—未占用

2.1.6 全新桑塔纳接地点分布

全新桑塔纳接地点位置见图 2-26。

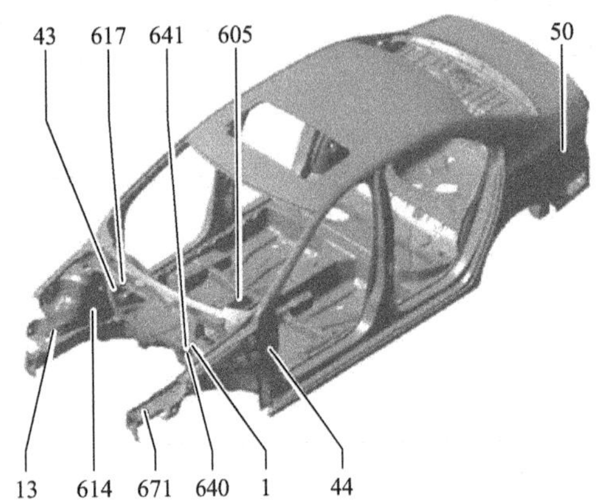

图 2-26 全车接地点分布

43—接地点，右侧 A 柱下部；617—右侧 A 柱下部接地点 2；641—接地点 3，在发动机舱内左侧；605—接地点，在上部转向柱上；50—后备厢左侧接地点；44—接地点，左侧 A 柱下部；1—接地带，蓄电池-车身；640—接地点 2，在发动机舱内左侧；671—接地点 1，左前纵梁上；614—接地点 2，在发动机舱内右侧；13—发动机舱内右侧接地点；15—气缸盖上的接地点（位于发动机上，此处无图示）；714—发动机上右侧接地点（位于发动机上，此处无图示）

电路图中的名称	线束内部连接点		功能/部件
1 接地带，蓄电池-车身	—		蓄电池 A
13 发动机舱内右侧接地点	714		
15 气缸盖上的接地点	306		带功率输出级的点火线圈 1(N70) 带功率输出级的点火线圈 2(N127) 带功率输出级的点火线圈 3(N291) 带功率输出级的点火线圈 4(N292)
43 接地点，右侧 A 柱下部	—		收音机(R)
44 接地点，左侧 A 柱下部	—		车载电网控制单元(J519)
	379		车载电网控制单元(J519)(仅适用于带车载电网控制单元 BCM 的车辆)
	379	372	车窗玻璃清洗泵开关(自动刮水/清洗装置和大灯清洗装置)(E44) 多功能显示器调用按钮(E86) 多功能显示器存储开关(E109) 燃料选择开关(汽油、天然气)(E395)(仅用于带双燃料发动机的汽车) 诊断接口(U31)
		374	闪烁报警灯开关(E3) 手制动器指示灯开关(F9) 转向角传感器(G85)[仅适用于带电控行车稳定系统(ESP)的车辆] Climatronic 控制单元(J255)(仅适用于带 Climatronic 自动空调的车辆) 仪表板中的控制单元(J285) 空调器控制单元(J301)(仅用于带有手动调节空调器的车辆) 车载电网控制单元(J519) 闪烁警报装置指示灯(K6)
		378	转向信号灯开关(E2) 大灯照明距离调节器(E102) Tiptronic 开关(F189)(仅适用于带双离合器变速箱 0AM 的汽车) 选挡杆挡位 P 锁止开关(F319)(仅适用于带自动变速箱的车辆/仅适用于带双离合器变速箱 0AM 的汽车) 信号喇叭控制(H) 空调器继电器(J32)(仅适用于带 Climatronic 自动空调的车辆) 多功能方向盘控制单元(J453)(仅适用于带多功能方向盘的车辆) 供电继电器 1，端子 75(J680)

续表

<table>
<tr><th>电路图中的名称</th><th colspan="3">线束内部连接点</th><th>功能/部件</th></tr>
<tr><td rowspan="8">44 接地点，左侧 A 柱下部</td><td>379</td><td colspan="2">378</td><td>供电继电器，总线端 50(J682)(仅适用于带自动变速箱的车辆/仅适用于带双离合器变速箱 0AM 的汽车)
端子 75x 供电继电器(J694)(仅适用于带座椅加热的车辆)
大灯开关照明灯泡(L9)
大灯照明距离调节设置器照明灯泡(L54)
排挡杆挡位指示照明灯(L101)(仅适用于带自动变速箱的车辆)
换挡杆锁电磁铁(N110)(仅适用于带自动变速箱的车辆/仅适用于带双离合器变速箱 0AM 的汽车)
前部车内照明灯(W1)
副驾驶员侧阅读灯(W13)(仅适用于带阅读灯的车辆)
驾驶员侧阅读灯(W19)(仅适用于带阅读灯的车辆)
中间后部阅读灯(W44)(仅适用于带后部阅读灯的汽车)</td></tr>
<tr><td colspan="3">385</td><td>滑动天窗控制单元(J245)(仅适用于带折叠式滑动天窗的车辆)
车载电网控制单元(J519)</td></tr>
<tr><td rowspan="5">385</td><td colspan="2">205</td><td>后视镜调节开关(E43)(仅适用于带电动调节式车外后视镜的车辆)
后备厢盖开锁开关(E165)(仅适用于带后备厢盖开锁开关的车辆)
车外后视镜加热按钮(E231)(仅适用于带有车外后视镜加热装置的车辆)
驾驶员侧车门接触开关(F2)
驾驶员侧中央门锁开关(F59)
驾驶员侧中央门锁上锁单元(F220)
驾驶员侧车门控制单元(J386)
按钮照明灯泡(L76)(仅适用于带后备厢盖开锁开关的车辆)
后视镜调节开关照明灯泡(L78)(仅适用于带电动调节式车外后视镜的车辆)
驾驶员侧可加热车外后视镜(Z4)(仅适用于带有车外后视镜加热装置的车辆)</td></tr>
<tr><td colspan="2">207</td><td>左后车门接触开关(F10)
左后中央门锁上锁单元(F222)
左后车门控制单元(J388)
车窗升降器开关照明灯泡(L53)</td></tr>
<tr><td colspan="2">387</td><td>可加热前座椅控制单元(J774)(仅适用于带座椅加热的车辆)
可加热驾驶员座椅指示灯(K59)(仅适用于带座椅加热的车辆)
可加热驾驶员座椅 2 挡指示灯(K137)(仅适用于带座椅加热的车辆)
按钮照明灯泡(L76)[仅适用于带座椅加热的车辆(截至 2014 年 7 月)]</td></tr>
<tr><td>387</td><td>96</td><td>可加热式驾驶员座椅(Z6)(仅适用于带座椅加热的车辆)
可加热驾驶员座椅靠背(Z7)(仅适用于带座椅加热的车辆)</td></tr>
<tr><td colspan="2">390</td><td>车载电网控制单元(J519)</td></tr>
<tr><td colspan="3">—</td><td>可加热式后窗玻璃(Z1)</td></tr>
<tr><td rowspan="2">50 后备厢左侧接地点</td><td colspan="3">366</td><td>尾门接触开关(F111)(仅用于带有后备厢照明的车辆)
高位制动信号灯灯泡(M25)
后盖中中央门锁电机(V53)(仅适用于带后备厢盖开锁开关的车辆)</td></tr>
<tr><td colspan="3">368</td><td>驻车辅助控制单元(J446)(仅适用于带驻车距离报警(PDC)的车辆)
左侧后雾灯灯泡(L46)
左后转向信号灯灯泡(M6)
右后转向信号灯灯泡(M8)
右侧倒车灯灯泡(M17)
左侧制动信号灯和尾灯灯泡(M21)
右侧制动信号灯和尾灯灯泡(M22)
左侧尾灯灯泡 2(M49)
右侧尾灯灯泡 2(M50)
气压调节器断流阀 1(N364)(仅用于带双燃料发动机的汽车)
牌照灯(X)</td></tr>
</table>

续表

电路图中的名称	线束内部连接点		功能/部件
605 接地点，在上部转向柱上	379		车载电网控制单元(J519)(仅适用于带车载电网控制单元 BCM 的车辆)
	379	372	车窗玻璃清洗泵开关(自动刮水/清洗装置和大灯清洗装置)(E44) 多功能显示器调用按钮(E86) 多功能显示器存储开关(E109) 燃料选择开关(汽油、天然气)(E395)(仅用于带双燃料发动机的汽车) 诊断接口(U31)
	379	374	闪烁报警灯开关(E3) 手制动器指示灯开关(F9) 转向角传感器(G85)[仅适用于带电控行车稳定系统(ESP)的车辆] Climatronic 控制单元(J255)(仅适用于带 Climatronic 自动空调的车辆) 仪表板中的控制单元(J285) 空调器控制单元(J301)(仅用于带有手动调节空调器的车辆) 车载电网控制单元(J519) 闪烁警报装置指示灯(K6)
	379	378	转向信号灯开关(E2) 大灯照明距离调节器(E102) Tiptronic 开关(F189)(仅适用于带双离合器变速箱 0AM 的汽车) 选挡杆挡位 P 锁止开关(F319)(仅适用于带自动变速箱的车辆/仅适用于带双离合器变速箱 0AM 的汽车) 信号喇叭控制(H) 空调器继电器(J32)(仅适用于带 Climatronic 自动空调的车辆) 多功能方向盘控制单元(J453)(仅适用于带多功能方向盘的车辆) 供电继电器 1，端子 75(J680) 供电继电器，总线端 50(J682)(仅适用于带自动变速箱的车辆/仅适用于带双离合器变速箱 0AM 的汽车) 端子 75x 供电继电器(J694)(仅适用于带座椅加热的车辆) 大灯开关照明灯泡(L9) 大灯照明距离调节设置器照明灯泡(L54) 排挡杆挡位指示照明灯(L101)(仅适用于带自动变速箱的车辆) 换挡杆锁电磁铁(N110)(仅适用于带自动变速箱的车辆/仅适用于带双离合器变速箱 0AM 的汽车) 前部车内照明灯(W1) 副驾驶员侧阅读灯(W13)(仅适用于带阅读灯的车辆) 驾驶员侧阅读灯(W19)(仅适用于带阅读灯的车辆) 中间后部阅读灯(W44)(仅适用于带后部阅读灯的汽车)
614 接地点 2，在发动机舱内右侧	—		车窗玻璃清洗泵(V5)
	364		右侧前雾灯灯泡(L23)(仅适用于带前雾灯的车辆) 右侧弯道灯灯泡(L149)(仅适用于带动态弯道灯的汽车) 右侧侧面转向信号灯灯泡(M19)
	364	369	右侧大灯双灯丝灯泡(L2) 右侧停车灯灯泡(M3) 右前转向信号灯灯泡(M7) 右侧大灯照明距离调节伺服电动机(V49)
	384		高压传感器(G65) 右侧大灯双灯丝灯泡(L2)(仅用于带 H4 大灯的汽车，自 2016 年 7 月起) 右侧前雾灯灯泡(L23)(仅用于带前雾灯的汽车，自 2016 年 7 月起) 右侧弯道灯灯泡(L149)(仅用于带静态弯道灯的汽车，自 2016 年 7 月起) 右侧驻车示宽灯灯泡(M3)(自 2016 年 7 月起) 右前转向信号灯灯泡(M7)(自 2016 年 7 月起) 右侧近光灯灯泡(M31)(仅用于带 H7 大灯的汽车) 右侧远光灯灯泡(M32)(仅用于带 H7 大灯的汽车)

续表

<table>
<tr><th>电路图中的名称</th><th colspan="2">线束内部连接点</th><th>功能/部件</th></tr>
<tr><td rowspan="7">617 右侧 A 柱下部接地点 2</td><td colspan="2">—</td><td>新鲜空气鼓风机控制单元(J126)(仅适用于带 Climatronic 自动空调的车辆)
转向辅助控制单元(J500)
新鲜空气鼓风机(V2)(仅用于带有手动调节空调器的车辆)</td></tr>
<tr><td colspan="2">391</td><td>出租车标记开关(E138)(仅适用于带全国性出租车装备的汽车/仅适用于带上海出租车装备的汽车)
出租车计价器(G41)(仅适用于带全国性出租车装备的汽车/仅适用于带上海出租车装备的汽车)
车速传感器(G68)(仅适用于带全国性出租车装备的汽车/仅适用于带上海出租车装备的汽车)
出租车车顶标志(J1066)(仅适用于带上海出租车装备的汽车)
出租车车顶标志灯泡(L36)(仅适用于带上海出租车装备的汽车)
车租车标志开关照明灯泡(L74)(仅适用于带上海出租车装备的汽车)
导航系统接口(R94)(仅适用于带全国性出租车装备的汽车/仅适用于带上海出租车装备的汽车)</td></tr>
<tr><td rowspan="4">389</td><td>206</td><td>副驾驶员侧车门接触开关(F3)
副驾驶员侧中央门锁开关(F114)
副驾驶员侧中央门锁上锁单元(F221)
副驾驶员侧车门控制单元(J387)
车窗升降器开关照明灯泡(L53)
副驾驶员侧可加热式车外后视镜(Z5)(仅适用于带有车外后视镜加热装置的车辆)</td></tr>
<tr><td>208</td><td>右后车门接触开关(F11)
右后中央门锁上锁单元(F223)
右后车门控制单元(J389)
车窗升降器开关照明灯泡(L53)</td></tr>
<tr><td>386</td><td>预供给燃油泵(G6)
燃油泵控制单元(J538)(仅适用于带发动机编号字母 CSTA 的汽车)
可加热副驾驶员座椅指示灯(K68)(仅适用于带座椅加热的车辆)
可加热副驾驶员座椅 2 挡指示灯(K138)(仅适用于带座椅加热的车辆)
插座照明灯泡(L42)
按钮照明灯泡(L76)(仅适用于带座椅加热的车辆/仅适用于带轮胎充气压力监控的汽车)
点烟器(U1)</td></tr>
<tr><td>136</td><td>可加热式副驾驶员座椅(Z8)(仅适用于带座椅加热的车辆)
可加热副驾驶员座椅靠背(Z9)(仅适用于带座椅加热的车辆)</td></tr>
<tr><td rowspan="6">640 接地点 2—,在发动机舱内左侧</td><td colspan="2">375</td><td>多功能开关(F125)(仅适用于带自动变速箱的车辆)
自动变速箱控制单元(J217)(仅适用于带自动变速箱的车辆)</td></tr>
<tr><td colspan="2">376</td><td>Motronic 控制单元(J220)(仅用于带 1.4L 发动机的汽车/仅用于带 1.6L 发动机的汽车)
发动机控制单元(J623)(仅用于带双燃料发动机的汽车/仅适用于带发动机编号字母 CSTA 的汽车)</td></tr>
<tr><td colspan="2">377</td><td>制动信号灯开关(F)
制动液液位警告信号触点(F34)
制动踏板开关(F47)
制动器真空泵(V192)(仅适用于带双离合器变速箱 0AM 的汽车)</td></tr>
<tr><td>377</td><td>484</td><td>带功率输出级的点火线圈 1(N70)
带功率输出级的点火线圈 2(N127)
带功率输出级的点火线圈 3(N291)
带功率输出级的点火线圈 4(N292)
冷却液循环泵(V50)(仅适用于带发动机编号字母 CSTA 的汽车)</td></tr>
<tr><td colspan="2">392</td><td>双离合器变速箱机电装置(J743)(仅适用于带双离合器变速箱 0AM 的汽车)</td></tr>
</table>

续表

电路图中的名称	线束内部连接点	功能/部件
641 接地点 3—，在发动机舱内左侧	—	ABS 控制单元(J104)
671 接地点 1，左前纵梁上	—	散热器风扇(V7)(仅用于带 1.4L 发动机的汽车/仅适用于带 1.6L 发动机的汽车/仅用于带双燃料发动机的汽车)
	393	散热器风扇热敏开关(F18)(仅适用于带发动机编号字母 CSTA 的汽车) 散热器风扇(V7)(仅适用于带发动机编号字母 CSTA 的汽车)
	388	高音喇叭(H2) 低音喇叭(H7)(仅适用于带双音喇叭的汽车) 刮水器电动机控制单元(J400) 左侧前雾灯灯泡(L22)(仅适用于带前雾灯的车辆) 左侧弯道灯灯泡(L148)(仅适用于带动态弯道灯的汽车) 左侧侧面转向信号灯灯泡(M18) 空调器电磁离合器(N25)
	388 | 371	左侧大灯双灯丝灯泡(L1) 左前转向信号灯灯泡(M5) 左侧停车灯灯泡(M1) 左侧大灯照明距离调节伺服电动机(V48)
714 发动机上右侧接地点	13	

2.1.7 全新桑塔纳控制器单元安装位置

(1) 发动机舱内的控制器

发动机舱内的控制器安装位置见图 2-27。

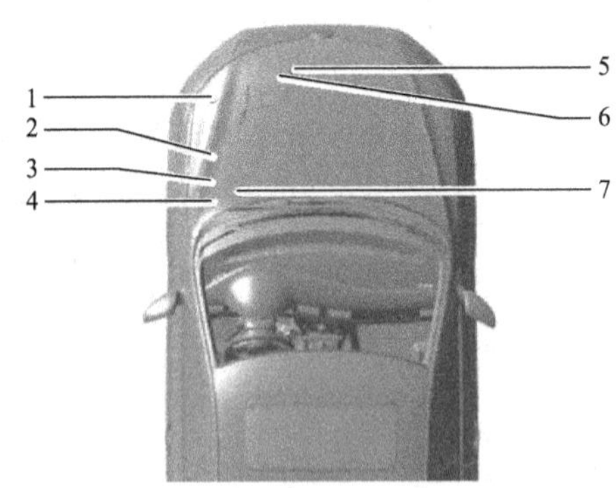

图 2-27 发动机舱内控制器位置

1—散热器风扇控制单元（J293）；2—自动变速箱控制单元（J217）（仅适用于带自动变速箱的车辆）；3—ABS 控制单元（J104）；4—Motronic 控制单元（J220）/发动机控制单元（J623）；5—节气门控制单元（J338）；6—双离合器变速箱机电装置（J743）（仅适用于带双离合器变速箱 0AM 的汽车）；7—刮水器电动机控制单元（J400）

(2) 车内空间内的控制器

车内空间内的控制器及组合插座位置分布如图 2-28 所示。

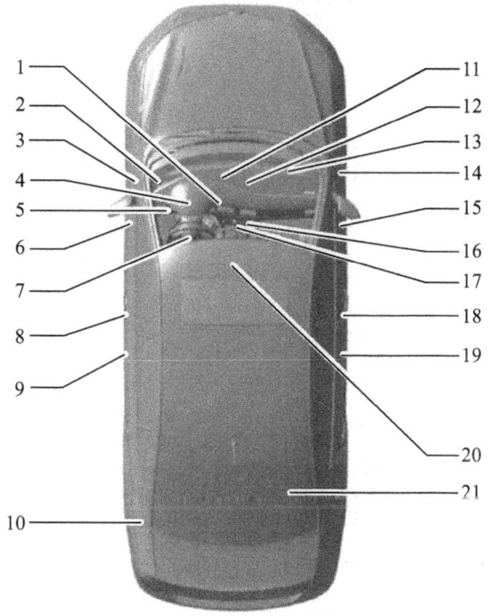

图 2-28 车内控制器安装位置

1—可加热前座椅控制单元（J774），仅适用于带座椅加热的车辆；2—车载电网控制单元（J519）；3—左 A 柱插座；4—仪表板中的控制单元（J285）；5—诊断接口（U31）；6—驾驶员侧车门控制单元（J386）；7—多功能方向盘控制单元（J453），仅适用于带多功能方向盘的车辆；8—左 B 柱插座；9—左后车门控制单元（J388）；10—驻车辅助控制单元（J446），仅适用于带驻车距离报警（PDC）的车辆；11—转向辅助控制单元（J500）；12—安全气囊控制单元（J234）；13—新鲜空气鼓风机控制单元（J126），仅适用于带 Climatronic 自动空调的车辆；14—右 A 柱插座；15—副驾驶员侧车门控制单元（J387）；16—空调器控制单元（J301），仅用于带有手动调节空调器的车辆；17—Climatronic 控制单元（J255），仅适用于带 Climatronic 自动空调的车辆；18—右 B 柱插座；19—右后车门控制单元（J389）；20—滑动天窗控制单元（J245），仅适用于带折叠式滑动天窗的车辆；21—燃油泵控制单元（J538），仅适用于带发动机编号字母 CSTA 的汽车

2.1.8 2014～2018 年款上汽大众 1.4T CST 发动机电控系统部件分布

发动机舱电控系统部件安装位置如图 2-29 所示（适用于 New Lavida 新朗逸、Gran Lavida 朗行、Cross Lavida 朗境、New Santana 全新桑塔纳的车型）。

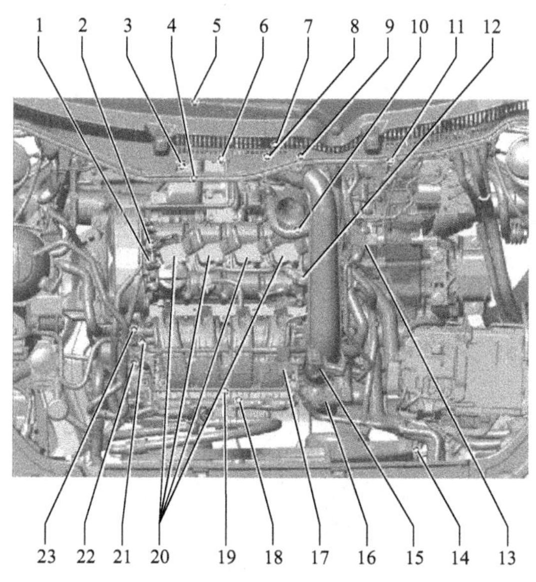

图 2-29 CST 发动机舱电控部件

1—凸轮轴调节阀 1（N205）；2—排气门凸轮轴调节阀 1（N318）；3—氧传感器（G39）/氧传感器加热（Z19）；4—机油压力调节阀（N428）；5—尾气催化净化器下游的氧传感器（G130）/尾气催化净化器后的氧传感器 1 加热装置（Z29）；6—油压开关（F22）；7—发动机控制单元（J623）适用于 New Lavida 新朗逸、Gran Lavida 朗行、Cross Lavida 朗境；8—增压压力限制电磁阀（N75）；9—冷却液温度传感器（G62）；10—霍尔传感器 2（G163）；11—发动机控制单元（J623），适用于 New Santana 全新桑塔纳；12—霍尔传感器（G40）；13—制动信号灯开关（F）/制动踏板开关（F47）；适用于装备 7 挡双离合器变速箱 PGR 的车型；14—散热器出口上的冷却液温度传感器（G83）；15—增压压力传感器（G31）/进气温度传感器 2（G299）；16—节气门控制单元（J338），在更换了节气门控制单元（J338）后，必须将其重新与发动机控制单元（J623）相匹配；17—进气温度传感器（G42）/进气歧管压力传感器（G71）；18—冷却液继续循环泵（V51）；19—爆震传感器 1（G61）；20—带功率输出级的点火线圈：带功率输出级的点火线圈 1（N70），带功率输出级的点火线圈 2（N127），带功率输出级的点火线圈 3（N291），带功率输出级的点火线圈 4（N292）；21—机油压力降低开关（F378）；22—活性炭罐电磁阀 1（N80）；23—燃油压力传感器（G247）

油门踏板位置传感器 1（G79）/油门踏板位置传感器 2（G185）安装位置见图 2-30。

油门踏板位置传感器 1（G79）/油门踏板位置传感器 2（G185）集成在油门踏板模块（3）内，不能单独更换。

制动信号灯开关（F）/制动踏板开关（F47）和离合器位置传感器（G476）安装位置见图 2-31。

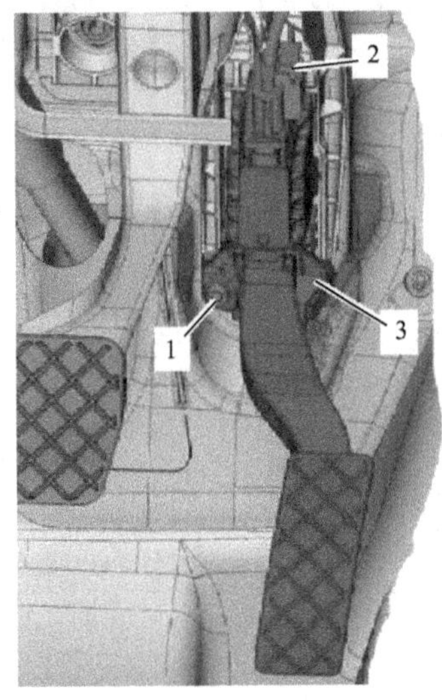

图 2-30 油门踏板位置传感器

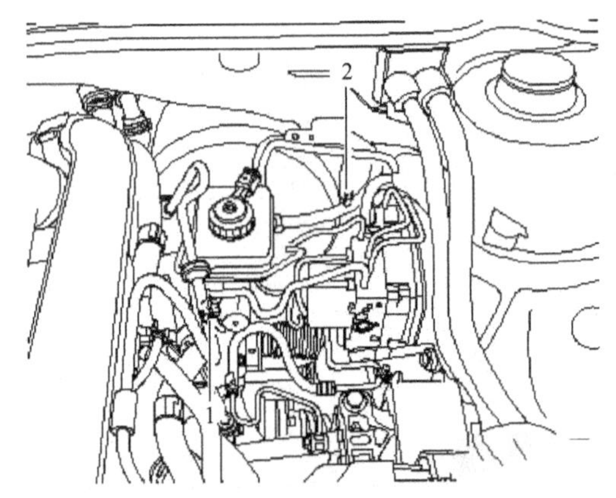

图 2-31 制动灯信号开关

1—制动信号灯开关（F）/制动踏板开关（F47）（适用于装备 7 挡双离合器变速箱 PGR 的车型）；2—离合器位置传感器（G476）（适用于装备 5 挡手动变速箱 PCM 的车型）

发动机左侧电控部件安装位置如图 2-32 所示。

发动机右侧电控部件安装位置见图 2-33。

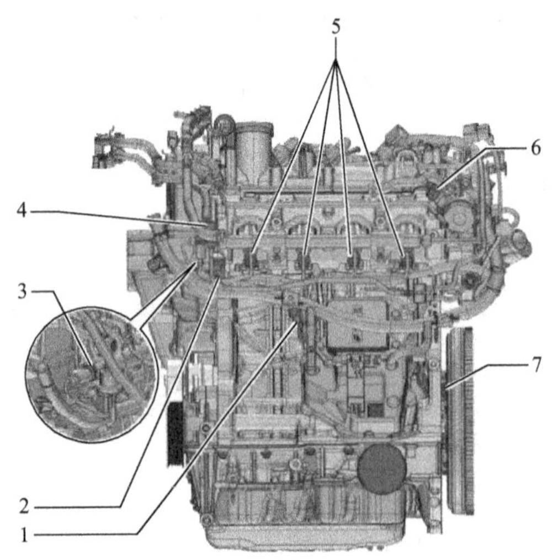

图 2-32 发动机左侧部件

1—爆震传感器 1（G61）；2—机油压力降低开关（F378）；3—燃油压力传感器（G247）；4—活性炭罐电磁阀 1（N80）；5—燃油喷嘴：气缸 1 喷嘴（N30），气缸 2 喷嘴（N31），气缸 3 喷嘴（N32），气缸 4 喷嘴（N33）；6—燃油压力调节阀（N276），安装在高压泵上；7—发动机转速传感器（G28）

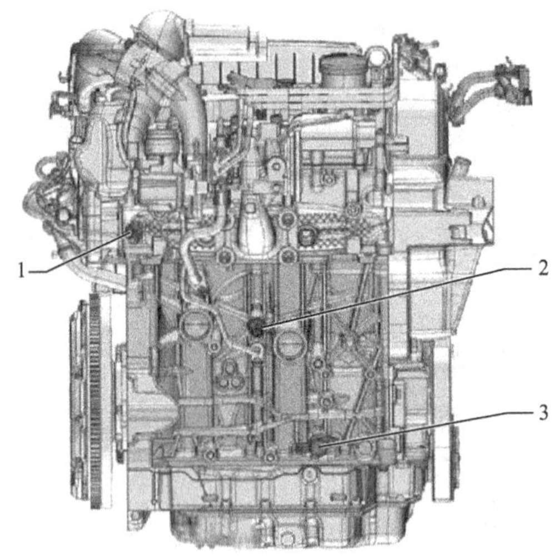

图 2-33 发动机右侧电控部件

1—冷却液温度传感器（G62）；2—油压开关（F22）；3—机油压力调节阀（N428）

2.1.9 自动变速箱控制单元 J217 端子信息

截至 2014 年 1 月的自动变速器电脑端子分布如图 2-34 所示。

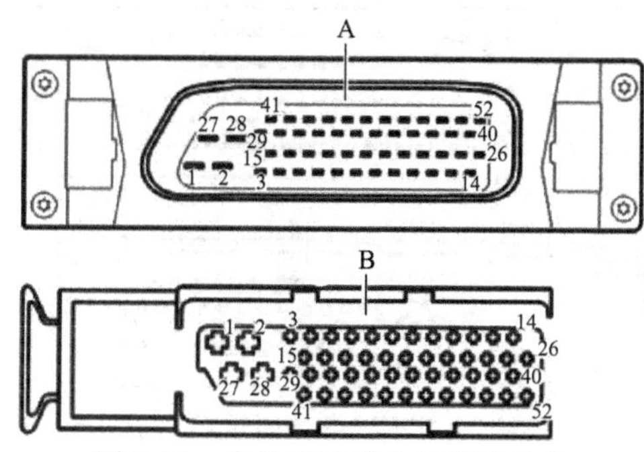

图 2-34 自动变速器电脑端子分布

A—自动变速箱控制单元（J217）；B—52 芯插头连接（T52a），黑色，自动变速箱控制单元插头

针脚	功能	针脚	功能
1	接线柱 31	27	接线柱 15a
2	接线柱 31	28	接线柱 15a
3	接线柱 30a	29	换挡杆锁电磁阀控制端
4	电磁阀 10	30	电磁阀 3
5	电磁阀 4	31	电磁阀 6
6	电磁阀 5	32	电磁阀 9
7	未占用	33	未占用
8	齿轮油温度传感器	34	CAN 总线，低位(驱动系统)
9	K 诊断线	35	未占用
10	多功能开关	36	多功能开关
11	未占用	37	未占用
12	未占用	38	变速箱输出转速传感器＋
13	未占用	39	变速箱输入转速传感器－
14	未占用	40	未占用
15	电磁阀 2	41	电磁阀 1
16	电磁阀 9	42	电磁阀 5
17	电磁阀 6	43	电磁阀 4
18	电磁阀 3	44	电磁阀 10
19	未占用	45	齿轮油温度传感器
20	未占用	46	CAN 总线，高位(驱动系统)
21	多功能开关	47	多功能开关
22	多功能开关	48	未占用
23	未占用	49	未占用
24	未占用	50	变速箱输出转速传感器－
25	未占用	51	变速箱输入转速传感器＋
26	未占用	52	车速信号输出

自2014年1月起至2016年7月止的自动变速箱控制单元（J217）安装位置在发动机舱内左侧蓄电池后部，插头连接见图2-35。

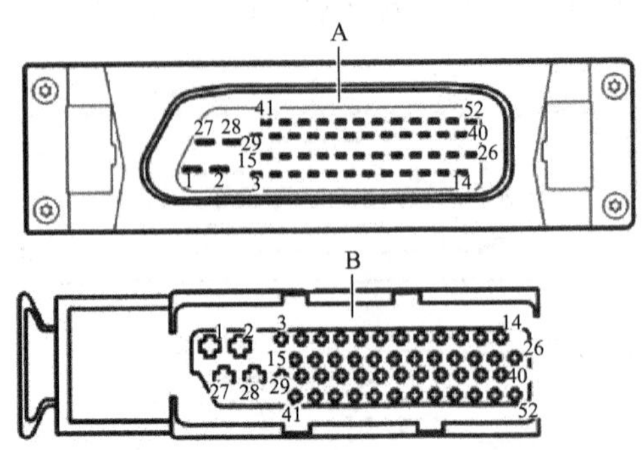

图2-35 自动变速器控制单元端子分布

A—自动变速箱控制单元（J217）；B—52芯插头连接（T52a），黑色，自动变速箱控制单元插头

针脚	功能	针脚	功能
1	接线柱31	27	接线柱30a
2	接线柱31	28	接线柱30a
3	接线柱15a	29	换挡杆锁电磁阀控制端
4	自动变速箱压力调节阀2	30	自动变速箱压力调节阀5
5	自动变速箱压力调节阀7	31	自动变速箱压力调节阀1
6	自动变速箱压力调节阀3	32	自动变速箱压力调节阀4
7	未占用	33	未占用
8	齿轮油温度传感器	34	CAN总线，低位（驱动系统）
9	未占用	35	未占用
10	多功能开关	36	多功能开关
11	未占用	37	未占用
12	未占用	38	变速箱输出转速传感器＋
13	未占用	39	变速箱输入转速传感器－
14	未占用	40	未占用
15	电磁阀2	41	电磁阀1
16	自动变速箱压力调节阀4	42	自动变速箱压力调节阀3
17	自动变速箱压力调节阀1	43	自动变速箱压力调节阀7
18	自动变速箱压力调节阀5	44	自动变速箱压力调节阀2
19	未占用	45	齿轮油温度传感器
20	未占用	46	CAN总线，高位（驱动系统）
21	多功能开关	47	未占用
22	多功能开关	48	多功能开关
23	未占用	49	未占用
24	未占用	50	变速箱输出转速传感器－
25	未占用	51	变速箱输入转速传感器＋
26	未占用	52	车速信号输出

自 2016 年 7 月起的自动变速箱控制单元（J217）电脑端子分布如图 2-36 所示。

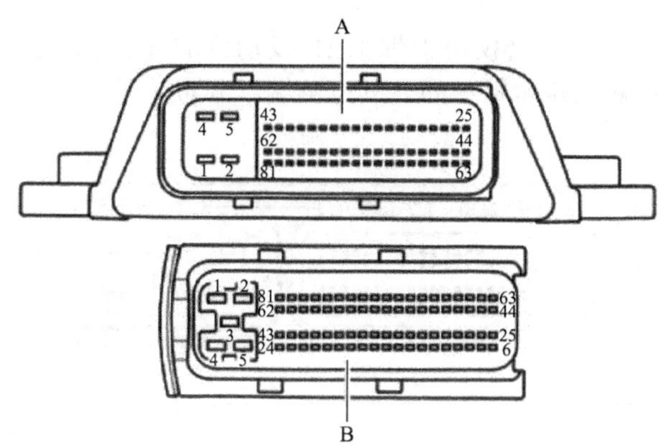

图 2-36 自 2016 年 7 月起的自动变速器电脑端子

A—自动变速箱控制单元（J217）；B—81 芯插头连接（T81a），黑色，自动变速箱控制单元插头

针脚	功　　能	针脚	功　　能
1	接线柱 30a	48	变速箱输出转速传感器＋
2	接线柱 30a	49～51	未占用
3	未占用	52	多功能开关
4	接线柱 31	53	多功能开关
5	接线柱 31	54～56	未占用
6～29	未占用	57	齿轮油温度传感器
30	自动变速箱压力调节阀 2	58	齿轮油温度传感器
31	未占用	59～60	未占用
32	自动变速箱压力调节阀 5	61	变速箱电动泵 2 控制端(用于带 1.5L 汽油发动机的汽车)
33	自动变速箱压力调节阀 4	62	变速箱电动泵 2 控制端(用于带 1.5L 汽油发动机的汽车)
34	自动变速箱压力调节阀 3	63～65	未占用
35	自动变速箱压力调节阀 7	66	变速箱输入转速传感器＋
36	自动变速箱压力调节阀 1	67	变速箱输出转速传感器－
37	自动变速箱压力调节阀 2	68	车速信号输出
38	未占用	69、70	未占用
39	自动变速箱压力调节阀 5	71	多功能开关
40	自动变速箱压力调节阀 4	72	多功能开关
41	自动变速箱压力调节阀 3	73	多功能开关
42	自动变速箱压力调节阀 7	74～77	未占用
43	自动变速箱压力调节阀 1	78	接线柱 15a
44	未占用	79	电磁阀 2
45	CAN 总线，高位(驱动系统)	80	电磁阀 1
46	CAN 总线，低位(驱动系统)	81	换挡杆锁电磁阀控制端
47	变速箱输入转速传感器－		

2.1.10 2013～2018年款上汽大众1.4 CKA/1.6 CPD发动机电脑端子数据

Motronic控制单元（J220）（仅用于带1.4L发动机的汽车/仅用于带1.6L发动机的汽车），安装位置在发动机舱内排水槽中间，其电脑端子分布见图2-37。

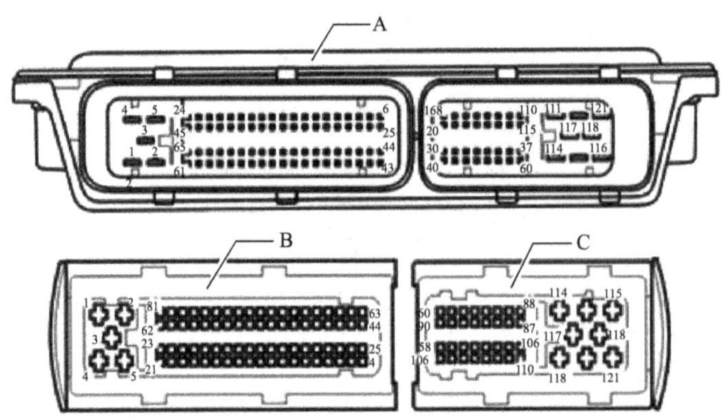

图2-37 CKA与CPD发动机插头连接

A—Motronic控制单元（J220）；B—121芯插头连接（T121）（1～81芯），黑色，Motronic控制单元插头；C—121芯插头连接（T121）（82～121芯），黑色，Motronic控制单元插头

针脚	功　　能	针脚	功　　能
1	接线柱31	21	CAN总线，低位（驱动系统）
2	接线柱31	22	未占用
3	接线柱87a	23	主继电器控制端
4	氧传感器加热控制端	24	未占用
5	尾气催化净化器后的氧传感器1加热装置控制端	25	未占用
6	未占用	26	未占用
7	未占用	27	未占用
8	未占用	28	未占用
9	未占用	29	未占用
10	未占用	30	空调信号输入（仅用于带有手动调节空调器的车辆）
11	蒸发器出风口温度传感器接地（仅用于带有手动调节空调器的车辆）	31	氧传感器接地
		32	未占用
12	氧传感器信号	33	未占用
13	交流发电机励磁控制	34	未占用
14	未占用	35	未占用
15	未占用	36	未占用
16	未占用	37	尾气催化净化器下游的氧传感器信号
17	尾气催化净化器下游的氧传感器接地	38	未占用
18	油门踏板位置传感器电源5V	39	未占用
19	油门踏板位置传感器2电源5V	40	未占用
20	CAN总线，高位（驱动系统）	41	未占用

续表

针脚	功 能	针脚	功 能
42	未占用	77	散热风扇低速控制信号
43	未占用	78	散热风扇高速控制信号
44	未占用	79	蒸发器出风口温度传感器信号(仅用于带有手动调节空调器的车辆)
45	油门踏板位置传感器2接地		
46	未占用	80	燃油泵继电器控制端
47	未占用	81	高压传感器信号(仅用于带有手动调节空调器的车辆)
48	未占用		
49	未占用	82	未占用
50	油门踏板位置传感器接地	83	冷却液温度传感器接地
51	油门踏板位置传感器信号	84	发动机转速传感器电源5V
52	未占用	85	气缸4喷油阀控制端
53	制动信号灯开关信号	86	气缸2喷油阀控制端
54	未占用	87	气缸3喷油阀控制端
55	未占用	88	气缸1喷油阀控制端
56	未占用	89	节气门驱动装置(电控节气门)角度传感器电源5V
57	未占用		
58	未占用	90	电控油门操纵机构的节气门驱动装置角度传感器1信号
59	未占用		
60	未占用	91	节气门驱动装置(电控节气门)角度传感器接地
61	未占用	92	电控油门操纵机构的节气门驱动装置角度传感器2信号
62	接线柱15a		
63	制动踏板开关信号	93	进气温度传感器信号
64	油门踏板位置传感器2信号	94	未占用
65	离合器踏板开关信号(仅适用于带手动变速箱的车辆)	95	进气管压力传感器信号
		96	传感器电源5V
66	K诊断线	97	未占用
67	未占用	98	霍尔传感器接地
68	未占用	99	发动机转速传感器接地
69	定速巡航装置开关信号	100	带功率输出级的点火线圈4控制端
70	未占用	101	爆震传感器1接地
71	未占用	102	未占用
72	未占用	103	带功率输出级的点火线圈2控制端
73	接线柱30a	104	冷却液温度传感器信号
74	未占用	105	霍尔传感器信号
75	未占用	106	发动机转速传感器信号
76	空调器继电器控制端(仅用于带有手动调节空调器的车辆)	107	传感器接地
		108	未占用

续表

针脚	功　　能	针脚	功　　能
109	爆震传感器 1 信号	116	未占用
110	未占用	117	未占用
111	活性炭罐电磁阀 1 控制端	118	未占用
112	带功率输出级的点火线圈 1 控制端	119	电控油门操纵机构的节气门驱动装置控制端
113	带功率输出级的点火线圈 3 控制端	120	未占用
114	未占用	121	电控油门操纵机构的节气门驱动装置控制端
115	凸轮轴调节阀 1 控制端(仅适用于带 1.6L 发动机的车辆)		

2.1.11 CUC 双燃料发动机与 CST 发动机电脑端子数据

发动机控制单元（J623）（仅用于带双燃料发动机的汽车）安装位置在发动机舱内排水槽中间，其电脑端子分布见图 2-38。

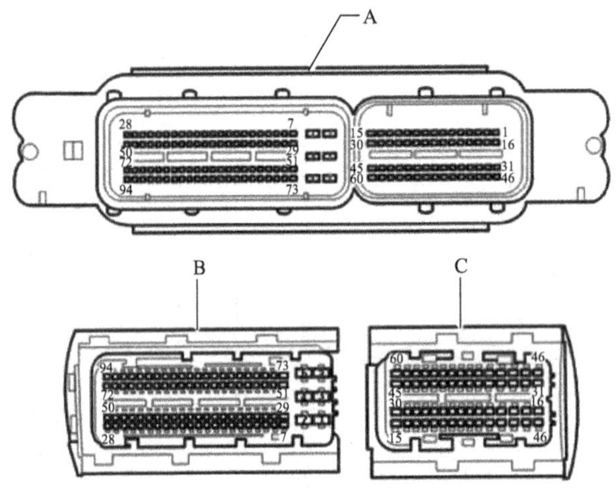

图 2-38　CUC 双燃料发动机电脑端子

A—发动机控制单元 623；B—94 芯插头连接（T94a），黑色，发动机控制单元插头

引脚序号	引脚功能	引脚序号	引脚功能
1	接线柱 31	10	未占用
2	接线柱 31	11	传感器接地
3	接线柱 87	12	未占用
4	未占用	13	蒸发器出风口温度传感器信号
5	接线柱 87	14、15	未占用
6	未占用	16	后氧传感器信号
7	前氧传感器加热装置控制端	17	后氧传感器信号
8	接线柱 87	18、19	未占用
9	未占用	20	发电机发电控制端

续表

引脚序号	引脚功能	引脚序号	引脚功能
21	高压传感器信号	69	主继电器控制端
22	空调开关信号	70、71	未占用
23、24	未占用	72	燃油泵继电器控制端
25	离合器位置传感器信号	73	天然气运行模式的高压阀控制端
26、27	未占用	74	散热器风扇控制信号
28	空调器继电器控制端	75	油箱压力传感器信号
29～50	未占用	76、77	未占用
51	尾气催化净化器后的氧传感器1加热装置控制端	78	油门踏板位置传感器接地
		79	油门踏板位置传感器信号
52～55	未占用	80	油门踏板位置传感器电源5V
56	油门踏板位置传感器2电源5V	81	传感器电源5V
57	油门踏板位置传感器2信号	82	氧传感器信号
58	油门踏板位置传感器2接地	83	氧传感器信号
59	未占用	84	燃气喷头传感器信号
60	氧传感器信号	85	燃料选择开关(汽油、天然气)信号
61	氧传感器信号	86	未占用
62、63	未占用	87	接线柱15a
64	制动踏板开关信号	88～91	未占用
65	未占用	92	接线柱30a
66	制动信号灯开关信号	93	散热器风扇控制单元信号
67	CAN总线，低位(驱动系统)	94	未占用
68	CAN总线，高位(驱动系统)		

C—60芯插头连接（T60a），黑色，发动机控制单元插头

引脚序号	引脚功能	引脚序号	引脚功能
1	节气门驱动装置(电控节气门)－	13	传感器电源5V(霍尔传感器、进气压力传感器)
2	节气门驱动装置(电控节气门)＋		
3	4缸喷油控制	14	发动机转速传感器电源5V
4	1缸喷油控制	15～30	未占用
5	发动机转速传感器信号	31	气体喷射阀1控制端
6	发动机转速传感器接地	32	气体喷射阀4控制端
7	霍尔传感器信号	33	凸轮轴调节阀控制端
8	霍尔传感器接地	34	2缸喷油控制
9	带功率输出级的点火线圈1控制端	35～37	未占用
10	带功率输出级的点火线圈3控制端	38	节气门驱动装置(电控节气门)角度传感器1信号
11	带功率输出级的点火线圈4控制端	39	节气门驱动装置(电控节气门)角度传感器2信号
12	带功率输出级的点火线圈2控制端		

续表

引脚序号	引脚功能	引脚序号	引脚功能
40	未占用	50	未占用
41	冷却液温度传感器信号	51	节气门驱动装置(电控节气门)角度传感器接地
42	未占用		
43	传感器接地	52	未占用
44	节气门驱动装置(电控节气门)角度传感器电源 5V	53	爆震传感器信号
		54	爆震传感器信号
45	未占用	55	未占用
46	气体喷射阀 2 控制端	56	进气温度传感器信号
47	气体喷射阀 3 控制端	57	进气压力传感器信号
48	活性炭罐电磁阀控制端	58	冷却液温度传感器信号
49	3 缸喷油控制	59、60	未占用

插头连接（仅适用于带发动机编号字母 CST 的汽车）端子分布见图 2-39。

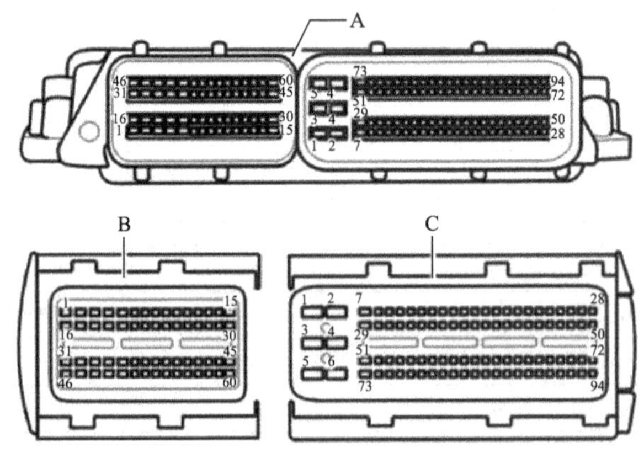

图 2-39　CST 型发动机电脑端子分布

A—发动机控制单元（J623）；B—60 芯插头连接（T60a），黑色，发动机控制单元插头

引脚序号	引脚功能	引脚序号	引脚功能
1	节气门驱动装置(电控节气门)＋	9	进气温度传感器信号
2	燃油压力调节阀控制端	10	燃油压力传感器信号
3	传感器电源 5V(进气管压力传感器、燃油压力传感器、霍尔传感器、霍尔传感器 3)	11	节气门驱动装置(电控节气门)角度传感器接地
4	传感器电源 5V(增压压力传感器、发动机转速传感器)	12	未占用
		13	冷却液温度传感器信号
5	发动机转速传感器信号	14	冷却液循环泵控制端
6	传感器接地(霍尔传感器、霍尔传感器 3)	15	增压压力限制电磁阀控制端
7	霍尔传感器 3 信号	16	节气门驱动装置(电控节气门)－
8	进气管压力传感器信号	17	2 缸喷油控制

续表

引脚序号	引脚功能	引脚序号	引脚功能
18	3 缸喷油控制	38	带功率输出级的点火线圈 3 控制端
19	节气门驱动装置(电控节气门)角度传感器电源 5V	39	节气门驱动装置(电控节气门)角度传感器 1 信号
20	发动机转速传感器信号	40	未占用
21	霍尔传感器信号	41	爆震传感器屏蔽
22	未占用	42	未占用
23	节气门驱动装置(电控节气门)角度传感器 2 信号	43	增压压力传感器信号
		44、45	未占用
24	进气温度传感器 2 信号	46	4 缸喷油控制
25、26	未占用	47	1 缸喷油控制
27	冷却液温度传感器信号	48	2 缸喷油控制
28	传感器接地(进气温度传感器 2、进气温度传感器、燃油压力传感器)	49	进气门凸轮轴调节阀 1 控制端
		50	活性炭罐电磁阀控制端
29	未占用	51	机油压力调节阀控制端
30	增压压力限制电磁阀控制端	52	带功率输出级的点火线圈 2 控制端
31	1 缸喷油控制	53	带功率输出级的点火线圈 1 控制端
32	3 缸喷油控制	54	未占用
33	4 缸喷油控制	55	爆震传感器信号
34	燃油压力调节阀控制端	56	爆震传感器信号
35	排气门凸轮轴调节阀 1 控制端	57、58	未占用
36	未占用	59	机油压力防降开关信号
37	带功率输出级的点火线圈 4 控制端	60	未占用

C—94 芯插头连接（T94a)，黑色，发动机控制单元插头

引脚序号	引脚功能	引脚序号	引脚功能
1	接线柱 31	26	制动器真空泵控制端(仅适用于带双离合器变速箱 0AM 的汽车)
2	接线柱 31		
3、4	未占用	27	制动助力压力传感器接地(仅适用于带双离合器变速箱 0AM 的汽车)
5	接线柱 87a		
6	接线柱 87a	28	后氧传感器加热装置控制端
7	前氧传感器加热装置控制端	29～31	未占用
8、9	未占用	32	油门踏板位置传感器 2 接地
10	燃油泵控制单元信号	33	未占用
11～22	未占用	34	油门踏板位置传感器接地
23	后氧传感器信号	35	油门踏板位置传感器信号
24	前氧传感器信号	36～44	未占用
25	未占用	45	后氧传感器信号

续表

引脚序号	引脚功能	引脚序号	引脚功能
46	前氧传感器信号	75	制动助力压力传感器信号（仅适用于带双离合器变速箱 0AM 的汽车）
47～55	未占用		
56	GRA 开关信号（仅适用于带定速巡航装置的汽车）	76	油门踏板位置传感器 2 信号
		77	未占用
57～61	未占用	78	制动踏板开关信号
62	制动信号灯开关信号	79	发电机发电控制端
63	未占用	80～86	未占用
64	油门踏板位置传感器电源 5V	87	接线柱 15a
65	未占用	88	制动助力压力传感器电源（仅适用于带双离合器变速箱 0AM 的汽车）
66	油门踏板位置传感器 2 电源 5V		
67	CAN 总线，低位（驱动系统）	89～91	未占用
68	CAN 总线，高位（驱动系统）	92	接线柱 30a
69	主继电器控制端	93、94	未占用
70～74	未占用		

2.1.12 全新桑塔纳四轮定位数据

前　　桥	标准底盘	后　　桥	标准底盘	
总前束（无负载）	+10′±10′	车轮外倾角	−1°27′±20′	
车轮外倾角（正前打直位置）	−15′±30′	总前束（车轮外倾角已规定）	10′	+10′
				−7′
左右轮外倾角最大允差	最大 30′	左右轮外倾角最大允差	最大 20′	
主销后倾（不可调）	+4°40′±30′	离地高度	(392±10)mm	
主销内倾（不可调）	13°48′±1°20′			
离地高度	(377±10)mm			

注：不同制造商的车轮定位仪上有些前束偏差可能会显示为负值。这些数据适用于所有车身侧倾“零位”的发动机。

2.1.13 轮胎压力监控：进行轮胎压力标定

所需要的专用工具和维修设备：车辆诊断、测量和信息系统 VAS 6150A 或 VAS 6150B 或 VAS 6150C。

轮胎压力标定只能在轮胎压力调整为标准值后才可以进行。

若轮胎压力监控指示灯亮起后未发现轮胎压力偏低（相对标准值）和轮胎损坏，可通过轮胎压力标定排除此错误警告。

轮胎压力监控显示指示灯 K220 通过 ABS 传感器比较转速和单个轮胎的滚动周长。滚动周长发生变化时将通过轮胎压力监控显示。如果出现以下情况：轮胎压力过低，轮胎结构受损，车辆单侧负载，同一车桥车轮强负载运转（例如，拖车、陡坡行驶时），带防滑链行驶时，安装了应急车轮时，一个车桥上只更换一个轮胎，轮胎的滚动周长会发生变化。

压力的改变、车轮更换（包括前后交换）以及对底盘进行维修都会对轮胎压力监控产生影响，因此每次改变或操作后都应进行轮胎压力标定。

轮胎压力监控指示灯位于组合仪表内。

“指示灯闪烁”表示尚未进行“轮胎压力标定”。

“指示灯常亮”伴随一声警告音表示“警告”，识别到轮胎压力偏低，检查轮胎压力并进行轮胎压力标定。

进行“轮胎压力标定”：

① 打开点火开关。

② 按住轮胎压力监控按钮 2s 以上。

提示： 当按下轮胎压力监控按钮时，组合仪表中的轮胎压力监控显示指示灯 K220 会亮起。确认轮胎压力标定时会伴随有警告音。

③ 关闭点火开关。

④ 再次开启点火开关后，轮胎压力监控显示指示灯 K220 不再亮起。

若轮胎压力监控显示指示灯 K220 闪烁：

① 进行轮胎压力检测。

② 调整轮胎压力至标准值。

a. 打开点火开关。

b. 按下轮胎压力监控按钮。

如果轮胎压力监控显示指示灯 K220 继续闪烁，进行轮胎压力标定。标定步骤如下：

① 接通车辆诊断、测量和信息系统 VAS 6150A 或 VAS 6150B 或 VAS 6150C。

② 在车辆诊断、测量和信息系统 VAS 6150A 或 VAS 6150B 或 VAS 6150C 中选择“启动诊断”“发动机”“接受”“无任务”“控制单元列表”。

③ 在“制动电子装置（ESP＋BAS TRW UDS）”上右击选择“引导型功能”，选择“轮胎压力检验显示/轮胎压力报警”，然后选择“执行”，按照操作提示完成。

2.1.14 电动车窗升降器：检查定位情况（开启和关闭功能）

断开并重新连接蓄电池后，电动车窗升降器的自动开启和关闭功能失灵。因此，新车交付前必须重新激活电动车窗升降器。一旦电动车窗升降器被重新激活，不得再断开蓄电池。

断开并重新连接蓄电池后，电动车窗升降器的防夹功能失灵。可能会造成严重挤伤！

为重新激活电动车窗升降器的自动功能，执行下列操作：

以下工作描述以驾驶员侧前车门车窗升降器为例。激活其他车窗玻璃升降器的自动功能可通过操作驾驶员侧前车门上的相应开关来实现。

① 打开点火开关。

② 完全关闭所有车窗和车门。

③ 拉住开关（1s 以上）使驾驶员侧前车门车窗玻璃保持在“关闭”位置。

④ 再将开关拉动 1s。当拉动或按下开关时，驾驶员侧前车门车窗玻璃必须能自动上升或下降。

⑤ 关闭点火开关。

2.2 帕萨特 Passat NMS（2011～2018 年款）

2.2.1 帕萨特 NMS 车型发动机配置信息

2011～2015 年款车型发动机配置信息

发动机标识字母	CFB	CEA	CGM	CNG
排量/L	1.390	1.798	1.984	2.975
功率/kW	96	118	147	184
扭矩/N·m	220	250	280	310
缸径/mm	76.5	82.5	82.5	84
行程/mm	75.6	84.1	92.8	89.5
压缩比	10.0∶1	9.6∶1	9.6∶1	11.4∶1
RON	93	97	97	97 无铅
喷射装置/点火装置	Motronic MED 17.5.20	FSI	FSI	MED 17.1.6
点火顺序	1—3—4—2	1—3—4—2	1—3—4—2	1—5—3—6—2—4
爆震控制	是	是	是	是
增压	是	是	是	否
废气再循环	否	否	否	内部
可变进气管	是	否	否	是
凸轮轴调节	是	是	是	是
二次空气	否	否	否	否

2016 年款起车型发动机配置信息

发动机标识字母	CSS	CEA	DBH	DBJ	CNG
排量/L	1.395	1.798	1.798	1.984	2.975
功率/kW	110	118	132	162	184
扭矩/N·m	250	250	300	320	310
缸径/mm	74.5	82.5	82.5	82.5	84
行程/mm	80	84.1	84.1	92.8	89.5
压缩比	10.0∶1	9.6∶1	9.6∶1	9.6∶1	11.4∶1
ROZ	92	97	92	92	97
喷射装置/点火装置	缸内直喷	缸内直喷	缸内直喷	缸内直喷＋进气歧管喷射	MED 17.1.6
点火顺序	1—3—4—2	1—3—4—2	1—3—4—2	1—3—4—2	1—5—3—6—2—4
爆震控制	是	是	是	是	是

续表

增压	是	是	是	是	否
废气再循环	否	否	否	否	内部
可变进气管	是	否	是	是	是
凸轮轴调节	是	是	是	是	是
二次空气	否	否	否	否	否

2.2.2 2016～2018年款大众1.8T DBH发动机正时维修

大众DBH发动机与CUF为同一系列发动机，其正时单元结构及拆装调整方法与CUF相同，相关内容请参考1.4.4小节。

标识字母	CUF	DBH
配载车型	Lamando 2015▶All New Touran L 2016▶All New Tiguan L 2017▶	Passat 2016▶
排量/L	1.798	1.798
功率	132kW/4300～6250r/min	132kW/4300～6250r/min
扭矩	300N·m/1450～4100r/min	300N·m/1450～4100r/min
缸径/mm	82.5	82.5
行程/mm	84.1	84.1
压缩比	9.6:1	9.6:1
RON至少	92	92
喷射装置/点火装置	缸内直喷	缸内直喷
点火顺序	1—3—4—2	1—3—4—2
爆震控制	是	是
增压	是	是
废气再循环	否	否
可变进气管	是	是
凸轮轴调节	是	是
二次空气	否	否

2.2.3 帕萨特NMS车型1.4T CFB发动机正时维修

该款发动机正时机构维修与新宝来装备的CFB相同，相关内容请参考1.2.3小节。

2.2.4 帕萨特NMS车型1.8T CEA/2.0T CGM发动机正时维修

这两款发动机也装备在一汽全新迈腾车型上，相关内容请参考1.4.6小节。

2.2.5 帕萨特NMS车型3.0T CNG发动机正时维修

该款发动机也装备在一汽大众CC车型上，相关内容请参考1.5.4小节。

2.2.6 帕萨特 NMS 全车控制器安装位置

全新帕萨特全车控制器安装位置如图 2-40 所示。

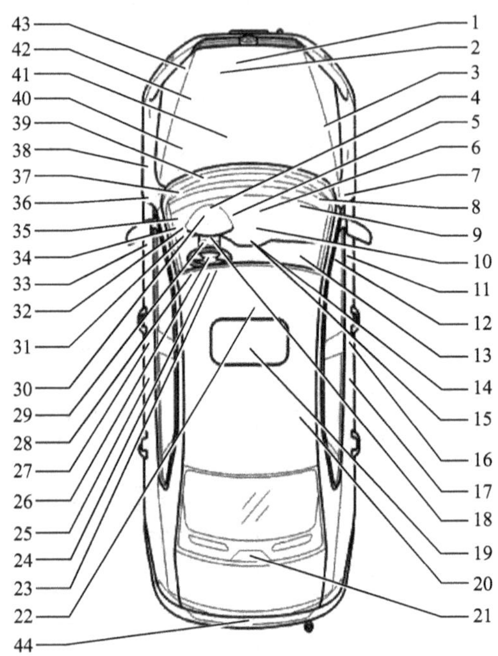

图 2-40 全新帕萨特全车控制器安装位置

1—节气门控制单元（J338），安装位置（仅适用于带 1.8L/2.0L 发动机的车辆）在发动机进气歧管中间，安装位置（仅用于带 1.4L 发动机的车辆）在发动机进气歧管中间，安装位置（仅适用于带 3.0L 发动机的车辆）在进气歧管后部左侧；2—双离合器变速箱机电装置（J743），安装位置（仅适用于带双离合器变速箱 02E 的车辆）在变速箱前部，安装位置（仅适用于带双离合器变速箱 0AM 的车辆）在变速箱前部；3—ABS 控制单元（J104），安装位置在发动机舱内右侧纵梁后部；4—进入及启动许可控制单元（J518）（仅适用于带进入及启动许可的车辆），安装位置在油门踏板上方；5—数据总线诊断接口（J533），安装位置在仪表板中部制动踏板支架右侧；6—安全气囊控制单元（J234），安装位置在换挡杆前面中央通道上；7—右 A 柱插座，安装位置在右 A 柱中部；8—新鲜空气鼓风机控制单元（J126）（仅适用于后部带有 Climatronic 自动空调操作与显示单元的车辆），安装位置在仪表板右侧鼓风机下方；9—稳压器（J532）（仅用于带 1.4L 发动机的车辆/仅适用于带自动启停系统的车辆），安装位置在鼓风机左侧手套箱前部；10—收音机及导航系统带显示单元的控制单元（J503），安装位置（仅用于带收音机-导航系统 RNS 510 的车辆）在仪表板中部出风口下方，安装位置（仅适用于带收音机-导航系统 RNS 315 的车辆）在仪表板中部出风口下方；11—副驾驶员侧车门控制单元（J387），安装位置在副驾驶员侧车门上；12—可加热后座椅控制单元（J786）（可加热式前后座椅），安装位置在副驾驶员座椅右侧下方插头支架上；13—移动电话操作电子装置控制单元（J412）（仅适用于带移动电话的车辆），安装位置在副驾驶员座椅下方；14—空调器控制单元（J301）（仅用于带有手动调节空调器的车辆），安装位置在仪表板中部收音机下方；15—Climatronic 控制单元（J255）（仅适用于后部带有 Climatronic 自动空调操作与显示单元的车辆），安装位置在仪表板中部收音机下方；16—右 B 柱插座，安装位置在右 B 柱中部；17—右后车门控制单元（J389），安装位置在右后车门上；18—转向柱电子装置控制单元（J527），安装位置（仅适用于不带进入及启动许可的车辆）在转向柱上部，安装位置（仅适用于带进入及启动许可的车辆）在转向柱上部；19—机电式驻车制动器控制单元（J540），安装位置在换挡杆后部中央通道上；20—燃油泵控制单元（J538），安装位置在后座垫右侧下方；21—后窗遮阳卷帘控制单元（J262）（仅适用于带电动后窗遮阳卷帘的车辆），安装位置在后窗遮阳卷帘饰板后部中间；22—滑动天窗控制单元（J245）（仅适用于带折叠式滑动天窗的车辆），安装位置在车顶前部中间；23—可加热前座椅控制单元（J774）（可加热式前座椅），安装位置在驾驶员座椅左侧下方插头支架上；24—带记忆功能的座椅调节和转向柱调节装置（J136）（仅适用于带电动座椅调节和记忆功能的车辆），安装位置在驾驶员座椅底部；25—左后车门控制单元（J388），安装位置在左后车门上；26—多功能方向盘控制单元（J453）（仅适用于带多功能方向盘的车辆），安装位置在方向盘内；27—左 B 柱插座，安装位置在左 B 柱中部；28—功率放大器（R12）（仅适用于带了音响系统的车辆），安装位置在驾驶员座椅下方；29—电子转向柱锁止装置控制单元（J764）（仅适用于带进入及启动许可的车辆），安装位置在转向柱上部；30—仪表板中的控制单元（J285），安装位置在仪表板左侧；31—诊断接口（U31），安装位置在仪表板左侧下面；32—车载电网控制单元（J519），安装位置在仪表板左侧下方；33—驾驶员侧车门控制单元（J386），安装位置在驾驶员侧车门上；34—弯道灯和大灯照明距离调节控制单元（J745）（仅适用于带气体放电灯大灯的车辆），安装位置在仪表板左侧；35—驻车辅助控制单元（J446）[仅适用于带驻车距离报警（后）/带驻车距离报警（前/后）的车辆]，安装位置在仪表板左侧车载电网控制单元支架上面；36—驻车辅助系统控制单元（J791）（仅适用于带驻车转向辅助系统的车辆），安装位置在仪表板左侧车载电网控制单元支架上面；37—左 A 柱插座，安装位置在左 A 柱中部；38—刮水器电动机控制单元（J400），安装位置在排水槽左侧；39—自动变速箱控制单元（J217）（仅适用于带自动变速箱的车辆），安装位置在左前车轮罩壳内；40—转向辅助控制单元（J500），安装位置在发动机下方机组支架中部；41—蓄电池监控控制单元（J367）（仅用于带 1.4L 发动机的车辆/仅适用于带自动启停系统的车辆），安装位置在发动机舱内蓄电池负极接线柱上；42—Motronic 控制单元（J220）（仅适用于带 3.0L 发动机的车辆），安装位置在发动机舱内左侧；43—发动机控制单元（J623），安装位置在发动机舱内蓄电池左侧；44—散热器风扇控制单元（J293），安装位置在散热风扇左侧

2.2.7 帕萨特 1.8T DBH 型发动机电脑端子数据

如图 2-41 所示为发动机电脑插头连接（仅用于带发动机编号字母 DBH 的汽车/仅用于带 2.0L 发动机的汽车）。

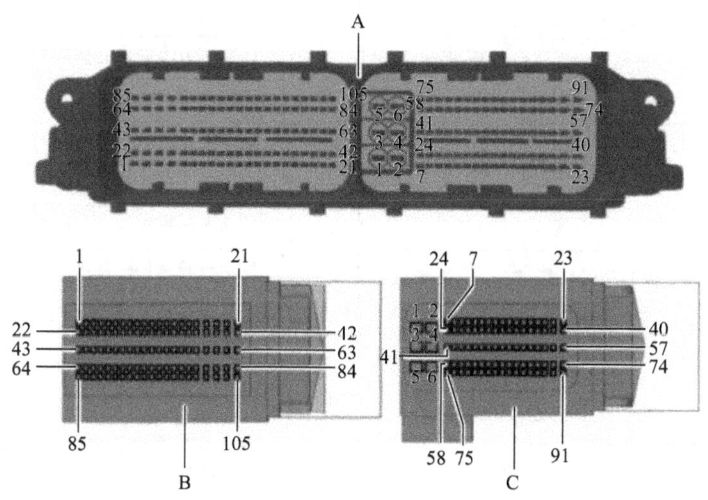

图 2-41 大众 DBH 发动机电脑连接端子

A—发动机控制单元 J623；B—105 芯插头连接 T105a，黑色，发动机控制单元插头

针脚	功能	针脚	功能
1	2 缸喷油控制	24	气缸 3 喷油阀 2 控制端(仅用于带 2.0L 发动机的汽车)
2	3 缸喷油控制		
3	活性炭罐电磁阀控制端	25	气缸 1 喷油阀 2 控制端(仅用于带 2.0L 发动机的汽车)
4	凸轮轴调节元件 5 控制端		
5	未占用	26	发动机温度调节伺服元件电源(仅用于带 2.0L 发动机的汽车)
6	凸轮轴调节元件 1 控制端		
7	活塞冷却喷嘴控制阀控制端	27	进气管风门电位计接地
8	双离合器变速箱机电装置	28	霍尔传感器 3 信号
9～10	未占用	29	霍尔传感器 3 接地
11	燃油压力传感器接地	30	霍尔传感器信号
12～16	未占用	31	低压的燃油压力传感器接地(仅用于带 2.0L 发动机的汽车)
17	机油压力调节阀控制端		
18～19	未占用	32	未占用
20	增压压力调节位置传感器接地(仅用于带 2.0L 发动机的汽车)	33	传感器接地
		34	节气门驱动装置(电控节气门)角度传感器 1 信号
21	增压压力限制电磁阀控制端(仅用于带发动机编号字母 DBH 的汽车)	35	发动机转速传感器电源 5V
		36	进气管风门电位计信号
22	3 缸喷油控制	37	低压的燃油压力传感器电源 5V(仅用于带 2.0L 发动机的汽车)
23	2 缸喷油控制		

续表

针脚	功　　能	针脚	功　　能
38	霍尔传感器 3 电源 5V	69	霍尔传感器电源 5V
39	未占用	70	发动机转速传感器信号
40	冷却液温度传感器信号	71	未占用
41	增压压力调节位置传感器信号（仅用于带 2.0L 发动机的汽车）	72	机油压力降低开关信号
		73	油压开关，3 挡信号
42	进气管压力传感器电源 5V	74	油压开关信号
43	4 缸喷油控制	75	未占用
44	霍尔传感器接地	76	带功率输出级的点火线圈 1 控制端
45	气缸 4 喷油阀 2 控制端（仅用于带 2.0L 发动机的汽车）	77	发动机转速传感器接地
46	气缸 2 喷油阀 2 控制端（仅用于带 2.0L 发动机的汽车）	78	发动机温度调节伺服元件接地（仅用于带 2.0L 发动机的汽车）
		79	带功率输出级的点火线圈 2 控制端
47	冷却液温度传感器信号	80	发动机温度调节伺服元件信号（仅用于带 2.0L 发动机的汽车）
48	进气管风门电位计电源 5V		
49	燃油压力传感器信号	81～83	未占用
50	低压的燃油压力传感器信号（仅用于带 2.0L 发动机的汽车）	84	冷却液继续补给泵控制端
		85	1 缸喷油控制
51	进气温度传感器信号	86	发动机温度调节伺服元件控制端（仅用于带 2.0L 发动机的汽车）
52	进气管压力传感器信号		
53	进气管风门阀门控制端	87	发动机温度调节伺服元件控制端（仅用于带 2.0L 发动机的汽车）
54	节气门驱动装置（电控节气门）角度传感器电源 5V		
		88	增压调节器（仅用于带 2.0L 发动机的汽车）
55	节气门驱动装置（电控节气门）角度传感器 2 信号	89	增压调节器（仅用于带 2.0L 发动机的汽车）
56	节气门驱动装置（电控节气门）角度传感器接地	90	节气门驱动装置（电控节气门）
57	带功率输出级的点火线圈 3 控制端	91	节气门驱动装置（电控节气门）
58	凸轮轴调节元件 4 控制端	92	燃油压力调节阀控制端
59	凸轮轴调节元件 3 控制端	93	燃油压力调节阀控制端
60	未占用	94	凸轮轴调节元件 6 控制端
61	增压压力调节位置传感器电源（仅用于带 2.0L 发动机的汽车）	95	凸轮轴调节元件 8 控制端
		96	凸轮轴调节元件 7 控制端
62	带功率输出级的点火线圈 4 控制端	97	爆震传感器信号
63	未占用	98	爆震传感器信号
64	1 缸喷油控制	99、100	未占用
65	4 缸喷油控制	101	凸轮轴调节元件 2 控制端
66	涡轮增压器循环空气阀控制端	102、103	未占用
67	未占用	104	排气门凸轮轴调节阀 1 控制端
68	燃油压力传感器电源 5V	105	凸轮轴调节阀控制端

C—91 芯插头连接（T91a)，黑色，发动机控制单元插头

针脚	功　能	针脚	功　能
1	接线柱 31	39	变速箱冷却液阀控制端(仅用于带 2.0L 发动机的汽车) 变速箱冷却液阀控制端(仅用于带发动机型号代码 DBH 的汽车,截至 2017 年 1 月)
2	接线柱 31		
3、4	未占用		
5	接线柱 87a	40	未占用
6	接线柱 87a	41	前氧传感器信号
7	主继电器控制端	42	未占用
8	发动机部件供电继电器控制端	43	前氧传感器信号
9	燃油泵控制单元信号	44	前氧传感器信号
10	未占用	45	制动助力压力传感器信号
11	后氧传感器加热装置控制端	46～48	未占用
12	散热器风扇控制信号	49	散热器出口处的冷却液温度传感器信号
13、14	未占用	50	接线柱 15a
15	变速箱油冷却泵控制端(仅用于带 2.0L 发动机的汽车)	51	油门踏板位置传感器 2 接地
		52	油门踏板位置传感器信号
16	油门踏板位置传感器 2 电源 5V	53、54	未占用
17	未占用	55	增压压力传感器信号
18	制动助力压力传感器电源 5V	56～59	未占用
19～21	未占用	60	制动踏板开关信号
22	冷却液断流阀控制端(仅用于带 2.0L 发动机的汽车) 冷却液断流阀控制端(仅用于带发动机型号代码 DBH 的汽车,截至 2017 年 1 月)	61	未占用
		62	P/N 挡信号
		63～66	未占用
		67	接线柱 50
23、24	未占用	68	接线柱 50
25	后氧传感器信号	69	油门踏板位置传感器 2 信号
26	后氧传感器信号	70	GRA 开关信号
27	未占用	71～73	未占用
28	启动/停止模式按钮信号	74	前氧传感器加热装置控制端
29	散热器出口处的冷却液温度传感器接地	75～78	未占用
30、31	未占用	79	CAN 总线,高位(驱动系统)
32	增压压力传感器电源 5V	80	CAN 总线,低位(驱动系统)
33	油门踏板位置传感器电源 5V	81	启动/停止运行模式指示灯控制端
34	油门踏板位置传感器接地	82～85	未占用
35	传感器接地	86	接线柱 30a
36	制动助力压力传感器接地	87	起动机继电器 1 控制端
37	制动信号灯开关信号	88	起动机继电器 2 控制端
38	未占用	89～91	未占用

2.2.8 帕萨特 NMS 车型 3.0T CNG 发动机电脑端子信息

3.0T CNG 发动机电脑端子 J220 针脚排列如图 2-42 所示。

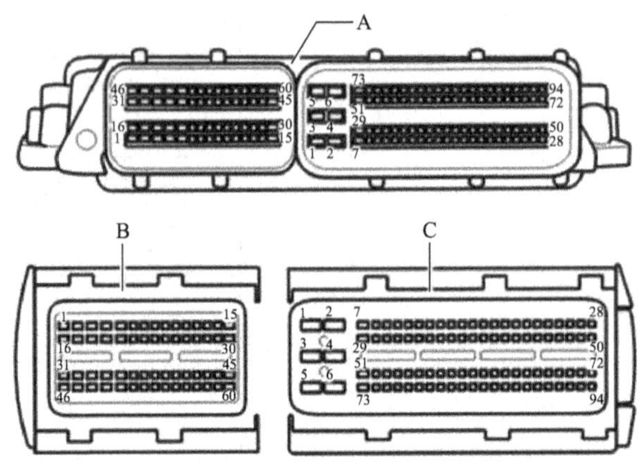

图 2-42 3.0T CNG 发动机电脑端子 J220 针脚排列

A—Motronic 控制单元（J220）；B—60 芯插头连接（T60b），黑色，Motronic 控制单元插头

引脚序号	引脚功能	引脚序号	引脚功能
1	2 缸喷油控制	23	活性炭容器装置电磁阀（周期性控制）控制端
2	1 缸喷油控制		
3	4 缸喷油控制	24	爆震传感器 2 信号
4	未占用	25	燃油压力传感器信号
5	排气凸轮轴调节阀控制端	26	传感器电源 5V（霍尔传感器、燃油压力传感器）
6	进气管风门气流控制阀控制端		
7、8	未占用	27	节气门驱动装置角度传感器 1 信号
9	爆震传感器 2 信号	28	节气门驱动装置角度传感器电源 5V
10	冷却液温度传感器信号	29	节气门驱动装置角度传感器接地
11	未占用	30	节气门驱动装置
12	节气门驱动装置角度传感器 2 信号	31	3 缸喷油控制
13	未占用	32	5 缸喷油控制
14	传感器接地（冷却液温度传感器、燃油压力传感器、低压燃油压力传感器）	33	1 缸喷油控制
		34、35	未占用
15	节气门驱动装置＋	36	发动机转速传感器信号
16	6 缸喷油控制	37	传感器电源 5V（霍尔传感器 2、低压燃油压力传感器）
17	5 缸喷油控制		
18	3 缸喷油控制	38	未占用
19	燃油压调节阀控制端	39	爆震传感器 1 信号
20	凸轮轴调节阀控制端	40	未占用
21、22	未占用	41	6 缸点火控制信号

续表

引脚序号	引脚功能	引脚序号	引脚功能
42	4 缸点火控制信号	52	传感器接地(霍尔传感器、爆震传感器)
43	5 缸点火控制信号	53	未占用
44	霍尔传感器信号	54	爆震传感器 1 信号
45	未占用	55	未占用
46	4 缸喷油控制	56	3 缸点火控制信号
47	2 缸喷油控制	57	2 缸点火控制信号
48	6 缸喷油控制	58	1 缸点火控制信号
49	未占用	59	霍尔传感器 2 信号
50	发动机转速传感器信号	60	曲轴箱排气加热电阻控制端
51	发动机转速传感器信号		

C—94 芯插头连接（T94b），黑色，Motronic 控制单元插头

引脚序号	引脚功能	引脚序号	引脚功能
1	接线柱 31	30～32	未占用
2	接线柱 31	33	循环泵继电器控制端
3	接线柱 87a	34～38	未占用
4	接线柱 31	39	P/N 联锁信号
5	接线柱 87a	40、41	未占用
6	接线柱 87a	42	进气温度传感器 2 信号
7	尾气催化净化器后的氧传感器 1 加热装置控制端	43～46	未占用
		47	制动踏板开关信号
8～11	未占用	48～50	未占用
12	水箱出口冷却液温度传感器信号	51	前氧传感器加热装置控制端
13	空气质量计信号	52、53	未占用
14	水箱出口冷却液温度传感器信号	54	后氧传感器 2 信号
15	低压燃油压力传感器信号	55	后氧传感器 2 信号
16、17	未占用	56	油门踏板位置传感器 2 接地
18	GRA 开关信号	57	油门踏板位置传感器 2 信号
19～21	未占用	58	油门踏板位置传感器 2 电源 5V
22	进气温度传感器 2 信号	59	氧传感器 2 信号
23、24	未占用	60	前氧传感器信号
25	制动信号灯开关信号	61	前氧传感器信号
26	未占用	62	氧传感器 2 信号
27	燃油泵控制信号	63	未占用
28	冷却液风扇控制信号	64	空气质量计信号
29	尾气催化净化器后的氧传感器 2 加热装置控制端	65	发电机发电控制端
		66	未占用

续表

引脚序号	引脚功能	引脚序号	引脚功能
67	CAN 总线,低位(驱动系统)	80	油门踏板位置传感器电源 5V
68	CAN 总线,高位(驱动系统)	81	前氧传感器信号
69	Motronic 继电器控制端	82	前氧传感器信号
70～72	未占用	83	氧传感器 2 信号
73	氧传感器 2 加热装置控制端	84	氧传感器 2 信号
74、75	未占用	85、86	未占用
76	后氧传感器信号	87	接线柱 15a
77	后氧传感器信号	88～91	未占用
78	油门踏板位置传感器接地	92	接线柱 30a
79	油门踏板位置传感器信号	93、94	未占用

2.2.9 电控减震系统电脑端子数据

减震电子调节控制单元（J250）（仅用于带有电控调节减震系统的汽车）安装位置在后备厢内右侧，见图 2-43。

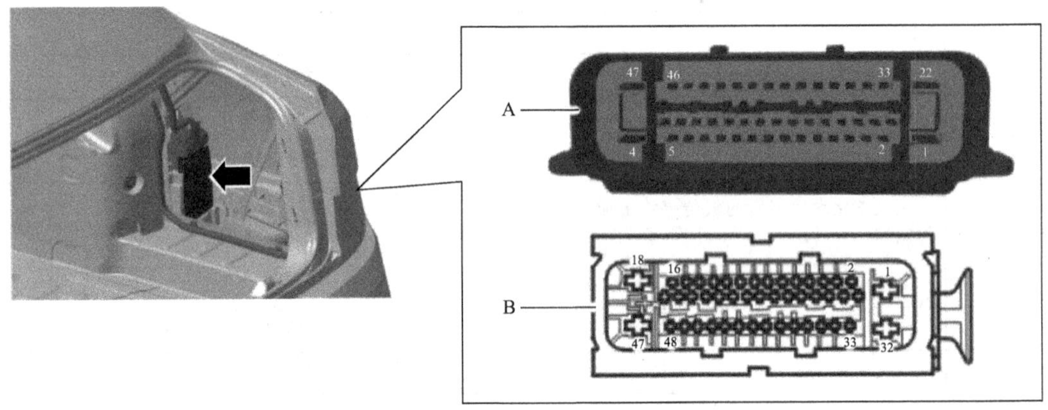

图 2-43 电控减震系统控制器位置

A—减震电子调节控制单元（J250）；B—47 芯插头连接（T47b），黑色，减震电子调节控制单元插头

针脚	功　能	针脚	功　能
1	未占用	9	前右车身加速传感器电源
2	未占用	10	前右车身加速传感器接地
3	未占用	11	左前汽车高度传感器信号
4	后部车身加速传感器接地	12	未占用
5	减震调节按钮信号	13	未占用
6	前左车身加速传感器电源	14	右前汽车高度传感器信号
7	前左车身加速传感器接地	15	未占用
8	左后汽车高度传感器信号	16	接线柱 31

续表

针脚	功能	针脚	功能
17	未占用	33	CAN 总线，低位(驱动系统)
18	未占用	34	CAN 总线，高位(驱动系统)
19	后部车身加速传感器信号	35	未占用
20	后部车身加速传感器电源	36	减震调节指示灯控制端
21	后部车身加速传感器接地	37	未占用
22	前左车身加速传感器信号	38	减震调节指示灯控制端
23	左后汽车高度传感器电源	39	左前减震调节阀控制端
24	左后汽车高度传感器接地	40	左前减震调节阀控制端
25	前右车身加速传感器信号	41	右前减震调节阀控制端
26	左前汽车高度传感器电源	42	右前减震调节阀控制端
27	左前汽车高度传感器接地	43	左后减震调节阀控制端
28	未占用	44	左后减震调节阀控制端
29	右前汽车高度传感器电源	45	右后减震调节阀控制端
30	右前汽车高度传感器接地	46	右后减震调节阀控制端
31	未占用	47	接线柱 30a
32	接线柱 15a		

2.2.10 2011年款起帕萨特全轮驱动车型四轮定位数据

以下参数适用于装有不同发动机的车型。

前桥	标准底盘(1BA)	运动型底盘(1BE)	环路面底盘(1BB)
车轮外倾角	−25′±25′	−40′±25′	−15′±25′
左右两轮间最大允许偏差	30′	30′	30′
单个车轮的前束(调整值在空载状态)	+10′±2′	+10′±2′	+10′±2′
单个车轮的前束(检查值在空载状态)	+10′±5′	+10′±5′	+10′±5′
单个车轮的前束恒定值(调整值)	+12′±2′	+12′±2′	+12′±2′
单个车轮的前束恒定值(检查值)	+12′±7′	+12′±7′	+12′±7′
转20°时的前束差	−1°20′±30′	−1°20′±30′	−1°20′±30′
后桥	标准底盘(1BA)	运动型底盘(1BE)	环路面底盘(1BB)
车轮外倾角	−40′±30′	−40′±30′	−40′±30′
左右两轮间最大允许差别	30′	30′	30′
单个车轮的前束	+8′±5′	+8′±5′	+8′±5′
总前束角	+16′±10′	+16′±10′	+16′±10′
最大允许行驶方向与汽车纵轴的偏差	±10′	±10′	±10′

2.2.11 帕萨特 NMS 四轮定位数据

以下数据适用于所有发动机。

前　　桥	标准底盘	后　　桥	标准底盘
总前束(无负载)	10′±10′	车轮外倾角	−1°20′±30′
车轮外倾角(不可调)	−30′±30′	总前束(车辆外倾角已规定)	+10′±10′
两侧之间的最大允许偏值	最大 30′	两侧之间的最大允许偏值	最大 30′
主销后倾	7°55′±30′		
离地高度	398mm	离地高度	396mm

2.2.12 帕萨特 NMS 天窗玻璃电动机的设定

① 打开点火开关。

② 旋转开关必须位于“天窗关闭”位置。

③ 长按 1 键关闭，且在整个（大约 10s）过程中，保持在该位置。

④ 当设定时，全程工作一次。

⑤ 在天窗被再次关闭后，完成了设定后，必须松开旋转开关，如图 2-44 所示。

图 2-44　帕萨特 NMS 天窗旋转开关

2.2.13 帕萨特 NMS 移动电话的匹配

操作步骤：

① 打开点火开关（同时保证移动电话处于开启状态）。

② 5s 内，在多功能方向盘上的电话键上连续按两下。收音机屏幕上显示“电话”图标并提示“嘟”声。

③ 在移动电话菜单中选择相应的选项，以搜索相匹配的蓝牙装置（免提电话）。

④ 如果移动电话的显示器显示 VWUHV，请输入 PIN 号 0000，接着等待直到听到“嘟”声（高音），匹配完成，并自动连接。若听到“嘟”声（低音），表示匹配失败。请重复以上匹配过程或向经销商咨询详细信息。

⑤ 在连接过程中，其他的移动电话不可以再通过蓝牙连接到免提系统。

2.2.14 帕萨特 NMS ESP 的基本设定和编码

如果更换了横向加速度传感器（G200）、纵向加速度传感器（G251）、旋转率传感器（G202）、刹车压力传感器（G201）（控制单元总成内），需要做上述零件的基本设定。

方法：进入引导性功能做基本设定。

条件：发动机不能运行，因为发动机的振动可能影响基本设定结果或者导致基本设定不能进行；车辆必须水平，否则可能影响基本设定结果或者导致基本设定不能进行。

NMS 车的 ESP 编码是长编码，它除了和发动机、变速箱、制动器等有关外，还和车辆的 VIN 代码有关，也就是说，每一部车的编码都各不相同，即使它们是相同的配置。

2.2.15 帕萨特 NMS EPS 基本设定和转向角传感器初始化方法

第三代电动机械助力转向 EPS 基本设定：

① 删除转向系统的故障代码。

② 车辆轮胎和方向盘都停直，方向盘左、右各转动 45°左右，然后回正。

③ 进入安全登入（15.02）中输入 40168。

④ 基础设定，通道 60，按激活。

第三代 EPS 的转向角度传感器 G85 初始化：

① 进入 44，读取数据块 7。

② 车辆直线往前开动几米，途中方向盘左右打 45°或者不用开车，方向盘左右打 40°。

注意：第三代 EPS 不需要进行终端位置学习，电动机械转向的基本设定和转向角度传感器（G85）初始化设定应在引导性功能中做，这样的操作比较正规。

2.2.16 帕萨特 NMS 记忆座椅初始化

带记忆功能的座椅进行初始化。初始化过程中所有存储器和设定都被清除。记忆按钮可重新编程并对遥控钥匙进行匹配。

① 打开驾驶员侧前车门。

② 将靠背尽量向前移动。

③ 当靠背处于最前方时，松开开关并再次按下，直至几秒钟后听到一声报警音。

2.3 朗逸-朗行-朗境 Lavida（2012~2018 年款）

2.3.1 新朗逸-朗行-朗境车型发动机配置情况

发动机标识字母	CEN	CDE	CFB
生产日期	2008 年起	2008 年起	2009 年起
排放限值	EU Ⅳ	EU Ⅳ	EU Ⅳ
气缸数量/每气缸气门数	4/2	4/4	4/4
排量/L	1.984	1.598	1.390
功率	88kW/(5000±200)r/min	77kW/(5000±200)r/min	96kW/(5000±200)r/min
扭矩	180N·m/(3750±200)r/min	155N·m/(3800±200)r/min	200N·m/[(1750~3500)±200]r/min
缸径/mm	82.5	76.5	76.5
行程/mm	92.8	86.9	75.6
压缩比	10.3∶1	10.5∶1	10.0∶1
喷射装置/点火装置	Motronic ME 7.5.20	Motronic ME 7.5.20	Motronic MED 17.5.20
ROZ 至少	95 号无铅	95 号无铅	95/93 号无铅
自诊断	是	是	是
三元催化转化器	是	是	是
Lambda 控制	是	是	是
二次空气系统	否	否	否
可变气门正时	否	否	是
可变进气管	否	否	是

发动机识别字母	CFN	CLS
生产日期	2010	2010
排量/L	1.598	1.598
功率	77kW/(5250±200)r/min	77kW/(5250±200)r/min
扭矩	155N·m/(3750±200)r/min	155N·m/(3750±200)r/min
缸径/mm	76.5	76.5

续表

发动机识别字母	CFN	CLS
行程/mm	86.9	86.9
压缩比	10.5∶1	10.5∶1
RON 至少	97/93 号	97/93 号
喷射装置,点火装置	Bosch ME 7.5.20	Bosch ME 7.5.20
点火顺序	1—3—4—2	1—3—4—2
爆震控制	是	是
自诊断	是	是
Lambda 控制	是	是
三元催化转化器	是	是
废气再循环	否	否

汽油发动机（仅适用于新朗逸轿车）

标识字母	CFB	CPJ
排量/L	1.390	1.598
功率	96kW/(5000±200)r/min	77kW/(5250±200)r/min
扭矩	220N·m/1750～3500r/min	155N·m/(3750±200)r/min
最低燃油消耗率/kW·h	≤270	≤270
怠速转速/(r/min)	600～950	750～850
转速限制/(r/min)	6400	从约 6000 起
燃油箱容积/L	55	55
缸径/mm	76.5	76.5
行程/mm	75.6	86.9
压缩比	10.0∶1	10.5∶1
RON	93	93
喷射装置/点火装置	Motronic MED 17.5.20	BOSCH ME7.5.20
点火顺序	1—3—4—2	1—3—4—2
爆震控制	是	是
自诊断	是	是
增压	是	否
废气再循环	否	否
可变进气管	是	否
三元催化转化器	是	是
凸轮轴调节	是	是
二次空气	否	否

汽油发动机（仅适用于朗行轿车）

标识字母	CST	CSR
排量/L	1.395	1.598
功率	96kW/(5000±200)r/min	81kW/(5800±200)r/min

续表

标识字母	CST	CSR
扭矩	225N·m/[(1400～3500)±200]r/min	155N·m/(3800±200)r/min
最低燃油消耗率/kW·h	≤243	≤243
怠速转速/(r/min)	550～950	650～750
转速限制/(r/min)	6400	从约6500起
燃油箱容积/L	55	55
缸径/mm	74.5	76.5
行程/mm	80	86.9
压缩比	10.0∶1	10.5∶1
RON	93	93/92
喷射装置/点火装置	Motronic MED 17.5.25	BOSCH ME 17.5.22
点火顺序	1—3—4—2	1—3—4—2
爆震控制	是	是
自诊断	是	是
增压	是	否
废气再循环	否	否
可变进气管	是	否
三元催化转化器	是	是
凸轮轴调节	是	是
二次空气	否	否

2018款起全新朗逸发动机配置信息

标识字母	CSS	DJN	DLW
排量/L	1.395	1.197	1.498
功率/kW	110	85	85
扭矩/N·m	250	200	150
缸径/mm	74.5	71.0	74.5
行程/mm	80	75.6	85.9
压缩比	10.0∶1	10.5∶1	11.0∶1
ROZ	92	92	92
喷射装置/点火装置	缸内直喷	缸内直喷	进气歧管喷射
点火顺序	1—3—4—2	1—3—4—2	1—3—4—2
爆震控制	是	是	是
增压	是	是	否
废气再循环	否	否	否
可变进气管	是	是	否
凸轮轴调节	是	是	是
二次空气	否	否	否

2.3.2 全新朗逸1.5L DLW发动机正时维修

适用发动机技术参数

发动机标识字母	DLW	DLX
配载车型	All New Lavida 2018▶	New Polo 2018▶
排量/L	1.498	1.498
功率	85kW/6000r/min	81kW/6000r/min
扭矩	150N·m/4000r/min	150N·m/3800r/min
缸径/mm	74.5	74.5
行程/mm	85.9	85.9
压缩比	11.0∶1	11.0∶1
RON 至少	92	92
喷射装置/点火装置	进气歧管喷射	进气歧管喷射
废气再循环	否	否
增压	否	否
爆震控制	是	是
中冷器	否	否
凸轮轴调节	是	是
二次空气	否	否
每个气缸内的气门数量	4	4
点火顺序	1—3—4—2	1—3—4—2

该发动机正时带单元部件结构及拆装调整方法与 CKA 发动机相同，相关内容请参考 2.1.3 小节。如图 2-45 所示为发动机正时带单元部件结构分解。

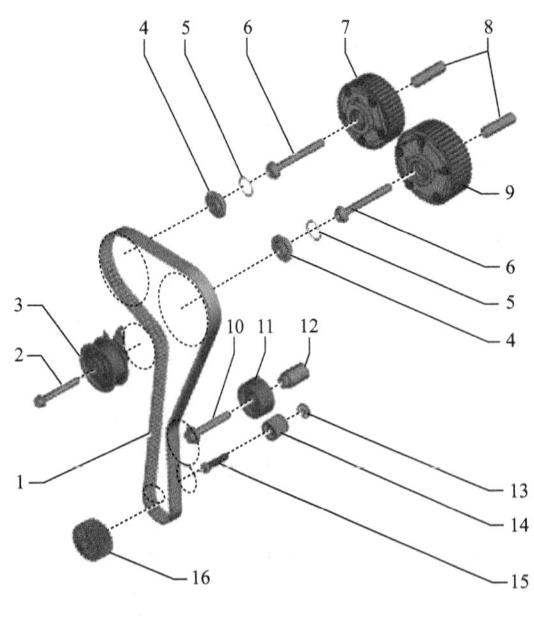

图 2-45 DLW 型发动机正时带单元部件结构分解
1—正时齿形皮带，拆卸皮带时，用粉笔或记号笔标出其运行方向，检查是否磨损；2—螺栓，拧紧力矩：25N·m；使用扭力扳手（5～60N·m）HAZET 6290-1CT 或 V.A.G 1331 和 13mm 特殊环形扳手 CT10500 或 T10500 拧紧时，拧紧力矩：15N·m；3—张紧轮；4—螺塞，拧紧力矩：20N·m；5—O 形圈，更换；6—螺栓，更换；拧紧力矩：50N·m+继续旋转 135°；7—排气凸轮轴齿形皮带轮，带凸轮轴调节装置；8—导向套；9—进气凸轮轴齿形皮带轮，带凸轮轴调节装置；10—螺栓，拧紧力矩：40N·m；11—大导向轮；12—间距套；13—垫片；14—小导向轮；15—螺栓，拧紧力矩：20N·m；16—正时齿形皮带轮，正时齿形皮带轮和曲轴皮带轮之间表面上不允许有油脂，只有一个安装位置

2.3.3 朗逸 1.6L CSR 发动机正时维修

该发动机正时链单元结构、拆装与调整和 CKA 发动机相同，相关内容请参考 2.1.3 小节。

2.3.4 朗逸/朗行/朗境 1.4T CST 发动机正时维修

该款发动机也装备在一汽大众全新速腾车型上，相关内容请参考 1.3.3 小节。

2.3.5 朗行 1.2T CYA 发动机正时维修

该款发动机正时带单元结构及拆装调整方法与 CSS 相同，请参考 1.3.3 小节。

2.3.6 2011~2014 年款大众 1.6L CPJ 发动机正时维修

(1) 正时链单元结构分解

发动机标识字母为 CDE 的正时链单元部件如图 2-46 所示。

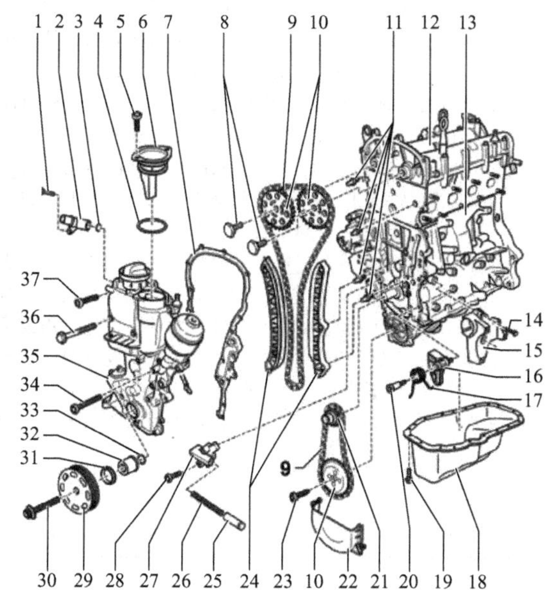

图 2-46 大众 CDE 发动机正时链单元部件

1—螺栓，拧紧力矩：10N·m；2—管路连接，连接加热阀和气门正时壳体；3—O 形圈，更换；4—O 形圈，更换；5—螺栓，拧紧力矩：10N·m；6—油水分离器；7—密封件；8—螺栓，拧紧力矩：50N·m＋继续旋转 90°（1/4 圈），用定位扳手 T10172 固定链轮；9—正时链条，拆卸前，标出转动方向；10—链轮，用定位扳手 T10172 固定链轮；11—导向销，拧紧力矩：20N·m；12—带有凸轮轴壳体的气缸盖，不允许修整密封面，带集成式凸轮轴轴承，去除密封剂残余物，安装凸轮轴壳体前先涂上 D188003A1，安装时，从上部垂直安装，使得定位销进入气缸盖上的孔中；13—气缸体；14—螺栓；15—辅助支架；16—带有张紧板的链轮张紧器，用于驱动机油泵；17—张紧弹簧；18—油底壳，在安装之前清洁密封面，涂上硅酮密封剂 D176404A2 或密封胶 DCN176600Z1 后安装；19—螺栓，拧紧力矩：15N·m；20—螺栓，拧紧力矩：15N·m；21—曲轴链轮，用于驱动机油泵和正时链条，接触面必须保持无油脂；22—罩盖；23—螺栓，拧紧力矩：20N·m＋继续旋转 90°（1/4 圈）；24—张紧导轨，用于正时链条；25—活塞，用于正时链条；26—弹簧；27—链条张紧器；28—螺栓，拧紧力矩：9N·m；29—曲轴皮带轮，接触面必须保持无油脂，用扳手 3415 固定皮带轮，使它不能转动；30—固定螺栓，拧紧力矩：150N·m＋继续旋转 180°（1/2 圈），固定螺栓的接触面必须保持无油脂，装入前用机油涂抹螺纹，用扳手 3415 和心轴 3415/1 固定皮带轮，使它不能转动，用普通的量角器测量继续转动的角度；31—密封圈，更换；32—轴承套，轴承套接触面必须保持无油脂和机油；33—O 形圈，更换；34—螺栓，拧紧力矩：10N·m；35—气门正时壳体；安装时，先在气缸体和凸轮轴壳体中安装两个 M6×80 无头螺栓作为导向件，要导入气门正时壳体，先用两个螺栓固定油底壳；36—螺栓，拧紧力矩：50N·m；37—螺栓，拧紧力矩：10N·m

发动机标识字母为 CFN、CLP、CLS、CPJ 的正时链单元部件如图 2-47 所示。

(2) 发动机正时检查

① 拆卸空气滤清器。

② 拆下凸轮轴侧面密封盖罩。

③ 拆下气缸 1 的火花塞。为此，使用拔出器 Hazet 1849-7 或拔出器 T10094 和火花塞扳手 Hazet 4766-1。

④ 将千分表适配器 T10170 旋入火花塞的孔中至极限位置。如图 2-48 所示，百分表 1 的凸台（箭头 A）和千分表适配器 T10170 的第一个螺纹（箭头 B）对齐，这样才能保证千分表/百分表的量程足够大。

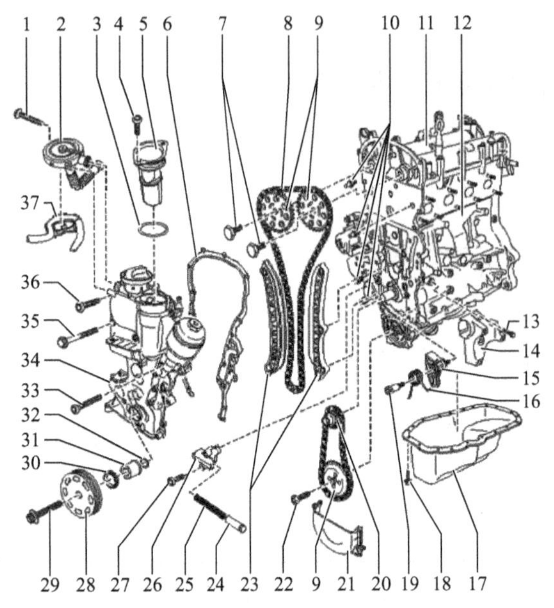

图 2-47 大众 CFN、CLP、CLS、CPJ 发动机正时链单元部件

1—螺栓，拧紧力矩：8N·m；2—PCV 阀；3—O 形圈，更换；4—螺栓，拧紧力矩：10N·m；5—油水分离器；6—密封件；7—螺栓，拧紧力矩：50N·m＋继续旋转 90°（1/4 圈），用定位扳手 T10172 固定链轮；8—正时链条，拆卸前，标出转动方向；9—链轮，用定位扳手 T10172 固定链轮；10—导向销，拧紧力矩：20N·m；11—带有凸轮轴壳体的气缸盖，不允许修整密封面，带集成式凸轮轴轴承，去除密封剂残余物，安装凸轮轴壳体前先涂上 D188003A1，安装时，从上部垂直安装，使得定位销进入气缸盖上的孔中；12—气缸体；13—螺栓；14—辅助支架；15—带有张紧板的链轮张紧器，用于驱动机油泵；16—张紧弹簧；17—油底壳，在安装之前清洁密封面，涂上硅酮密封剂 D176404A2 或密封胶 DCN176600Z1 后安装；18—螺栓，拧紧力矩：15N·m；19—螺栓，拧紧力矩：15N·m；20—曲轴链轮，用于驱动机油泵和正时链条，接触面必须保持无油脂；21—罩盖；22—螺栓，拧紧力矩：20N·m＋继续旋转 90°（1/4 圈）；23—张紧导轨，用于正时链条；24—活塞，用于正时链条；25—弹簧；26—链条张紧器；27—螺栓，拧紧力矩：9N·m；28—曲轴皮带轮，接触面必须保持无油脂，用扳手 3415 固定皮带轮，使它不能转动；29—固定螺栓，拧紧力矩：150N·m＋继续旋转 180°（1/2 圈），更换，固定螺栓的接触面必须保持无油脂，装入前用机油涂抹螺纹，用扳手 3415 和心轴 3415/1 固定皮带轮，使它不能转动，用普通的量角器测量继续转动的角度；30—密封圈，更换；31—轴承套，轴承套接触面必须保持无油脂和机油；32—O 形圈，更换；33—螺栓，拧紧力矩：10N·m；34—气门正时壳体，安装时，先在气缸体和凸轮轴壳体中安装两个 M6×80 无头螺栓作为导向件，要导入气门正时壳体，先用两个螺栓固定油底壳；35—螺栓，拧紧力矩：50N·m；36—螺栓，拧紧力矩：10N·m；37—冷却液软管

⑤ 旋入百分表 V/35.1 和加长件 T10170/1 至极限位置，并用锁止螺母（箭头）锁定在该位置上，见图 2-49。

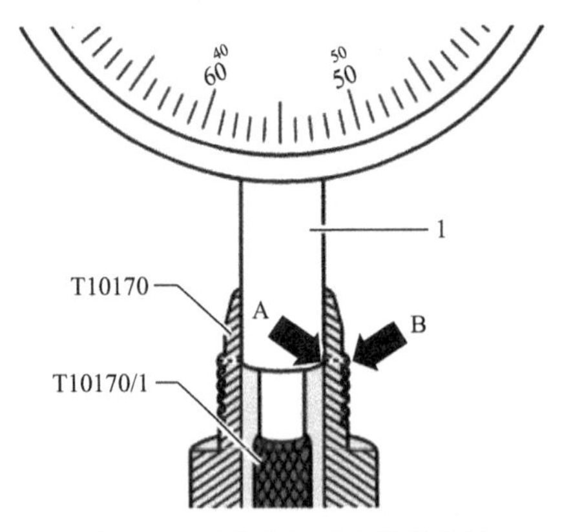

图 2-48 百分表与适配器的安装

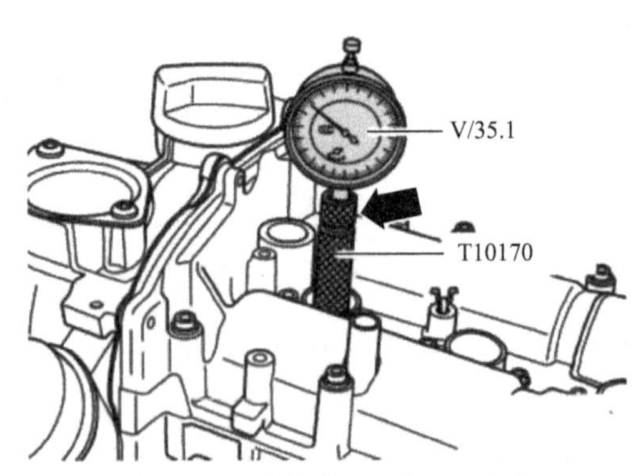

图 2-49 安装百分表到气缸 1 上

⑥ 沿发动机转动方向将曲轴转到气缸 1 的上止点。记住百分表上小指针的位置。

凸轮轴中的孔（箭头）必须如图 2-50 所示对准。否则将曲轴再旋转一圈（360°）。

如果曲轴转动的位置超过了上止点 0.01mm，应当沿发动机转动的相反方向把曲轴转回 45°。接着沿发动机转动方向将曲轴转到气缸 1 的上止点。与气缸 1 上止点的允许偏差：±0.01mm。

⑦ 把凸轮轴夹具 T10171A 装入凸轮轴开口中至极限位置。如图 2-51 所示，防松销（箭头 1）必须嵌入孔（箭头 2）中，必须能够从上面看到标记“TOP”（箭头 3）。

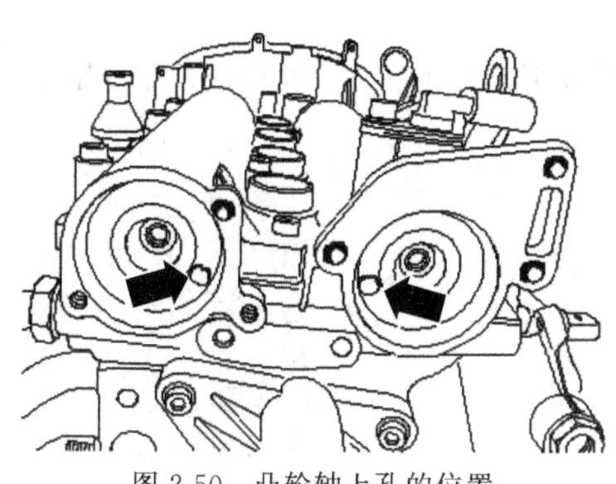
图 2-50 凸轮轴上孔的位置

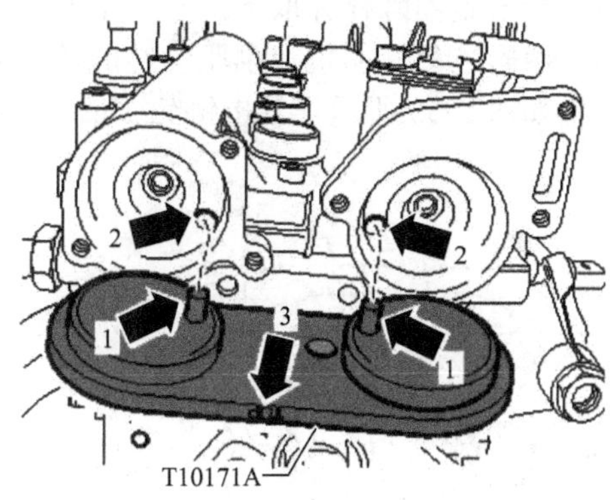

图 2-51 安装凸轮轴夹具

如果不能把凸轮轴夹具 T10171A 装入凸轮轴开口中至极限位置，则气门正时不正确，必须重新进行调整。

如果能够把凸轮轴夹具 T10171A 装入凸轮轴开口中至极限位置，表示气门正时正常。

其余的安装以拆卸的相反顺序进行。安装过程中要注意下列事项：更换凸轮轴侧面盖罩密封圈时，应当在安装前用机油浸润。

(3) 正时链单元拆卸方法

① 旋出发动机盖罩的固定螺栓，取下盖罩。

② 按压卡口，从进气导管上脱开进气软管。

③ 拆卸弹簧夹箍并拔下进气软管。

④ 旋出凸轮轴后部密封盖罩的固定螺栓，取下密封盖罩。

⑤ 拆卸气缸 1 的带功率输出级的点火线圈。

⑥ 拆卸第 1 缸的火花塞。

⑦ 将千分表适配接头 T10170 旋到火花塞螺纹孔至极限位置。

⑧ 将带加长件 T10170/1 的千分表 VAS 6079 安装到千分表适配接头中至极限位置，并拧紧夹紧螺母。千分表的凸台和千分表适配接头 T10170 的第一个螺纹对齐，这样才能保证千分表的量程足够大。

⑨ 沿发动机转动方向将曲轴转到气缸 1 的上止点。记住千分表指针的位置。

提示：凸轮轴上的孔必须在如图 2-50 所示位置，否则将曲轴再旋转一圈（360°）。如果曲轴转动的位置超过了上止点 0.01mm，应当沿发动机转动的相反方向把曲轴转回 45°。接着沿发动机转动方向将曲轴转到气缸 1 的上止点。与气缸 1 上止点允许偏差：0.01mm。

⑩ 把凸轮轴固定装置 T10171A 装入凸轮轴开口中至极限位置。防松销必须嵌入孔中。必须能够从上方看到标记“TOP”。

⑪ 用手装入 1 个 M6 螺栓（不要拧紧）来固定凸轮轴固定装置 T10171A。

⑫ 拆卸正时齿轮箱罩。

⑬ 拆下机油泵链轮罩盖。

⑭ 用手按压张紧轨，并用定位销 T40011 固定条张紧器的活塞。

⑮ 用彩色记号笔标出正时链条 3 的转动方向。

⑯ 用固定支架 T10172 固定凸轮轴正时链轮 5。

⑰ 松开螺栓 2 和 4。取下凸轮轴链轮 1 和正时链条 3，如图 2-52 所示。

⑱ 用固定支架 T10172 固定住机油泵的链轮，同时松开紧固螺栓。

⑲ 用螺丝刀在螺栓处拨开张紧弹簧。

⑳ 旋出紧固螺栓并取下链条张紧器。

㉑ 用彩色笔标明机油泵驱动链的转动方向。

㉒ 如图 2-53 所示，旋出链轮 1 的紧固螺栓并取下链轮 1 和 3 以及机油泵驱动链 2。

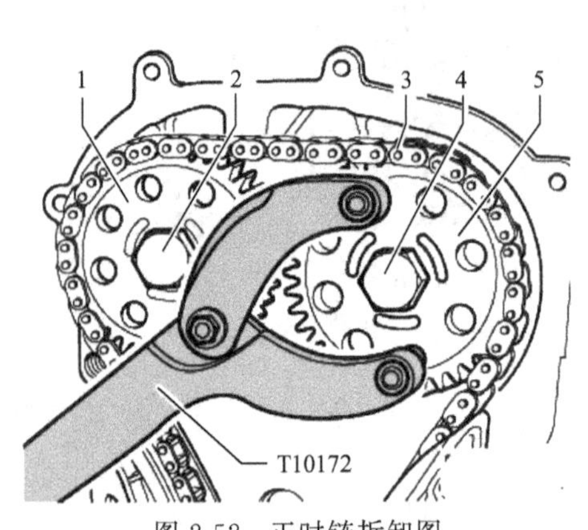

图 2-52 正时链拆卸图

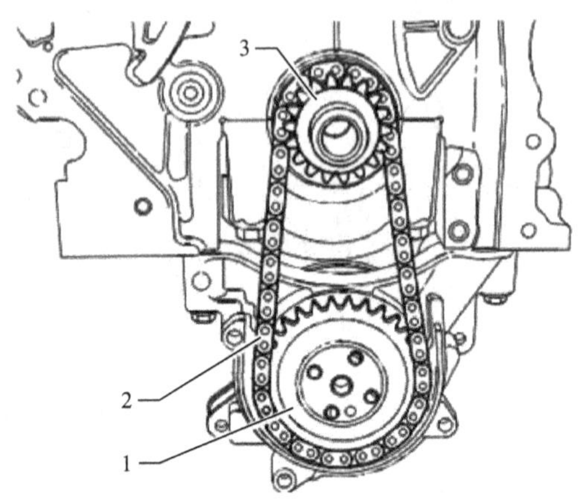

图 2-53 拆卸机油泵驱动链

(4) 正时链单元安装步骤

注意： 拆卸前曲轴必须位于 1 缸上止点位置。

① 将链轮推到曲轴轴颈上。

② 用彩笔标明链轮、曲轴和气缸体的相对位置。链轮上的凸起必须插入曲轴轴颈的键槽中，如图 2-54 所示。

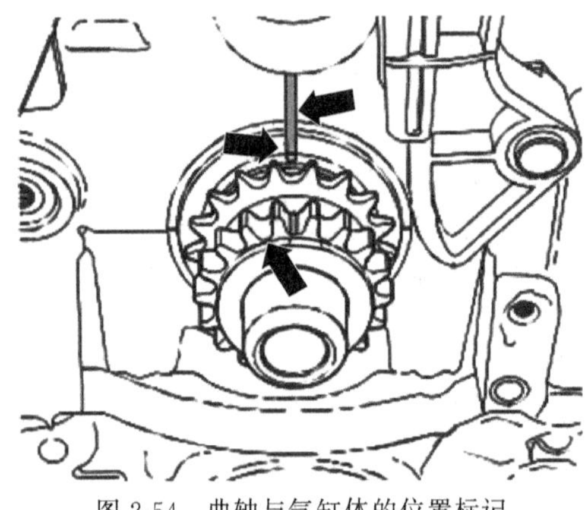

图 2-54 曲轴与气缸体的位置标记

③ 将机油泵的驱动链装到链轮上，同时将机油泵链轮装到机油泵的驱动轴上。注意机油泵驱动链的转动方向标记。机油泵链轮在机油泵驱动轴上的安装位置只有一个。

④ 用固定支架 T10172 固定住机油泵链轮。

⑤ 安装新的固定螺栓。拧紧力矩：20N·m+1/4 圈（90°）。

⑥ 将链条张紧器安装到机油泵驱动链上，并安装固定螺栓。拧紧力矩：15N·m。

⑦ 用螺丝刀将张紧弹簧卡入螺栓上。注意不要旋转曲轴。

⑧ 用手将新的固定螺栓拧紧，固定链轮。

⑨ 将正时链条放到曲轴链轮、凸轮轴链轮上，并用新的固定螺栓固定，用手拧紧。注意正时链条的转动标记。

⑩ 安装链条张紧器并将固定螺栓用 9N·m 的力矩拧紧。

⑪ 从链条张紧器中拔出防松销 T40011，从而张紧正时链条。注意曲轴链轮和气缸体上的标记，它们必须对齐。

⑫ 如图 2-52 所示用固定支架 T10172 将凸轮轴链轮 1 和 5 固定在此位置上，接着用 50N·m 的力矩拧紧螺栓 2 和螺栓 4。

⑬ 旋出螺栓，并取下凸轮轴固定装置 T10171A。

⑭ 检查配气相位。

⑮ 用固定支架 T10172 把持住凸轮轴链轮，将两个固定螺栓继续旋转 1/4 圈（90°）。

⑯ 安装机油泵轮的盖罩。

⑰ 安装正时齿轮箱罩。

其他的安装以与拆卸相反的顺序进行。

2.3.7 朗逸 1.6L CDE 型发动机正时维修

CDE 发动机正时链结构分解与拆装步骤与 CPJ 发动机相同，相关内容请参考 2.3.6 小节。

2.3.8 朗逸 1.6L CFN 型发动机正时维修

CFN 发动机正时单元结构，拆卸安装步骤与 CDE 相同，相关内容请参考 2.3.6 小节。

2.3.9 朗逸 1.6L CDE/CFN 型发动机机械维修数据

基本参数		
发动机代码	CDE、CFN	
排量/L	1.598	
功率	77kW/(5000±200)r/min	
扭矩	155N·m/(3800±200)r/min	
缸径/mm	76.5	
冲程/mm	86.9	
压缩比	10.5∶1	
ROZ	95 无铅	
喷射点火装置	BOSCH ME 7.5.20	
点火顺序	1—3—4—2	
防爆震控制	有	
自诊断功能	有	
λ 控制功能	有	
三元催化转化器	有	
增压系统	无	
废气再循环功能	无	
电子节气门功能	有	
曲轴轴承轴颈直径	基本尺寸	$50.00^{-0.022}_{-0.037}$
连杆轴承轴颈直径/mm	基本尺寸	$42.80^{-0.022}_{-0.037}$
连杆轴瓦间隙/mm	径向	新件:0.020～0.060,极限:0.090
曲轴间隙/mm	轴向	新件:0.07～0.17,极限:0.25
	径向	新件:0.03～0.08,极限:0.15
活塞环开口间隙/mm	第一道压缩环	新件 0.20～0.50 极限 1.0
	第二道压缩环	新件 0.20～0.60 极限 1.0
	挡油环	新件 0.20～1.10 极限(没有)

续表

基本参数		
活塞环环槽间隙/mm	第一道压缩环	新件 0.01～0.08 极限 0.15
	第二道压缩环	新件 0.02～0.06 极限 0.15
	挡油环	不可测量
活塞直径/mm	基本尺寸	76.475
	第一次研磨尺寸	76.725
	第二次研磨尺寸	76.975
气缸孔径/mm	基本尺寸	76.51
	第一次研磨尺寸	76.76
	第二次研磨尺寸	77.01
气缸压力值/bar	新零件	10～15
	磨损极限	7
	气缸间允许相差值	3
进、排气门，气门导杆检测参数		
尺寸图例		
进气门	a(气门顶直径)/mm	29.5
	b(气门杆直径)/mm	5.92
	c(气门全长)/mm	100.57
	α(气门斜角)	44°
进气门导管	磨损极限/mm	0.8
排气门	a(气门顶直径)/mm	26.0
	b(气门杆直径)/mm	5.92
	c(气门全长)/mm	100.57
	α(气门斜角)	44°
排气门导管	磨损极限/mm	0.8
进、排气门座检测参数		
尺寸图例	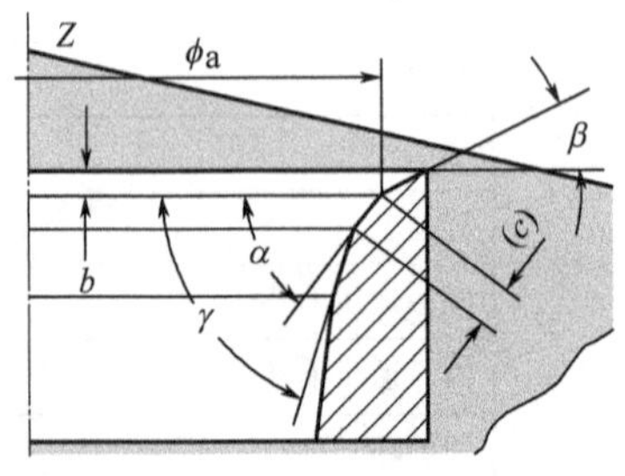	

续表

进、排气门座检测参数		
参数代号	进气门座	排气门座
a/mm	28.7	25.0
b/mm	最大允许修整尺寸	最大允许修整尺寸
c/mm	1.5～1.8	约1.8
Z	气缸盖下缘	气缸盖下缘
$\alpha 45°$	气门座角度	气门座角度
$\beta 30°$	上修正角	上修正角
$\gamma 60°$	下修正角	下修正角

2.3.10 朗逸1.4T CFB发动机机械维修数据

基本参数		
发动机代码	CFBA	
排量/L	1.390	
功率	96kW/(5000±200)r/min	
扭矩	220N·m/[(1750～3500)±200]r/min	
缸径/mm	76.5	
冲程/mm	75.6	
压缩比	10.0∶1	
ROZ	95/93号	
喷射点火装置	Motronic MED 17.5.20	
点火顺序	1—3—4—2	
防爆震控制	有	
自诊断功能	有	
λ控制功能	有	
三元催化转化器	有	
增压系统	有	
二次空气系统	无	
可变进气系统	有	
废气再循环功能	无	
电子节气门功能	有	
曲轴轴承轴颈直径/mm	基本尺寸	$54.00_{-0.037}^{-0.022}$
	研磨尺寸第一次	$53.75_{-0.037}^{-0.022}$
	研磨尺寸第二次	—
连杆轴承轴颈直径/mm	基本尺寸	$47.80_{-0.037}^{-0.022}$
	研磨尺寸第一次	$47.55_{-0.037}^{-0.022}$
	研磨尺寸第二次	$47.30_{-0.037}^{-0.022}$

续表

基本参数		
开口间隙/mm	第一道压缩环	新件 0.20～0.40,极限 1.0
	第二道压缩环	新件 0.20～0.60,极限 1.0
	挡油环	新件 0.20～0.80,极限(没有)
环槽间隙/mm	第一道压缩环	新件 0.04～0.08,极限 0.15
	第二道压缩环	新件 0.02～0.06,极限 0.15
	挡油环	不可测量
活塞直径/mm	基本尺寸	76.460
	第一次研磨尺寸	76.710
	第二次研磨尺寸	76.960
气缸孔径/mm	基本尺寸	76.51
	第一次研磨尺寸	76.76
	第二次研磨尺寸	77.01
气缸压力值/bar	新零件	10～15
	磨损极限	7
	气缸间允许相差值	3
进、排气门,气门导杆检测参数		
尺寸图例		
进气门	a(气门顶直径)/mm	29.44
	b(气门杆直径)/mm	6.0
	c(气门全长)/mm	100.68
	α(气门斜角)	45°
进气门导管	磨损极限/mm	0.8
排气门	a(气门顶直径)/mm	26.08
	b(气门杆直径)/mm	5.98
	c(气门全长)/mm	100.64
	α(气门斜角)	45°
排气门导管	磨损极限/mm	0.8
进、排气门座检测参数		
尺寸图例	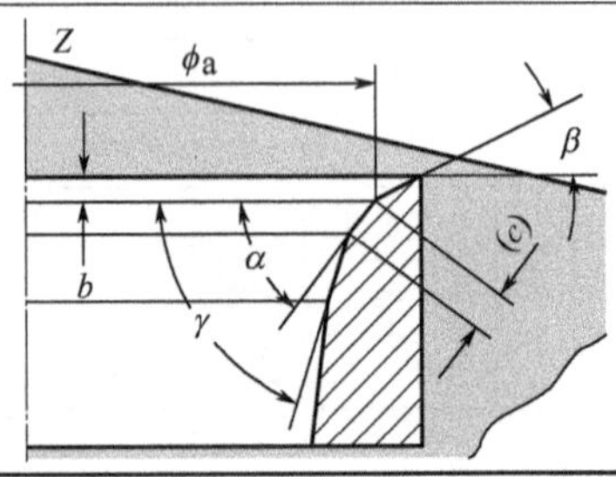	

续表

进、排气门座检测参数		
参数代号	进气门座	排气门座
a/mm	28.7	25.0
b/mm	最大允许修整尺寸	最大允许修整尺寸
c/mm	1.5～1.8	约 1.8
Z	气缸盖下缘	气缸盖下缘
$\alpha 45°$	气门座角度	气门座角度
$\beta 30°$	上修正角	上修正角
$\gamma 60°$	下修正角	下修正角

2.3.11 新朗逸四轮定位数据

前　　桥	数据	后　　桥	数据
总前束(无负载)	0°±10′	总前束(在预定的外倾角下)	16′±10′
外倾角(直线向前位置)	−21′±30′	外倾角	−1°27′±10′
左右两侧最大允许偏差	最大 30′	左右两侧最大允许偏差	最大 30′
方向盘左右转动 20°的前束差	−1°20′±20′		
主销后倾(不可调整)	+7°25′±30′		
左右两侧最大允许偏差	最大 30′	偏离行驶方向的最大允许偏差	最大 20′

2.3.12 2018 款起全新朗逸四轮定位数据

前　　桥	标准底盘	后　　桥	标准底盘
前束(双轮)	10′±10′	前束(双轮)	−16′±12′
车轮外倾角(不可调)	−16′±30′	车轮外倾角	1°±20′
左右车轮外倾角最大允差	30′	左右轮外倾角最大允差	30′
主销后倾角(不可调)	7°09′±30′		
离地高度	(392±10)mm	离地高度	(390±10)mm

2.3.13 全新朗逸 Plus，全新朗逸休旅版控制器安装位置

汽车前部的控制单元安装位置如图 2-55 所示。

汽车中部的控制单元安装位置如图 2-56 所示。

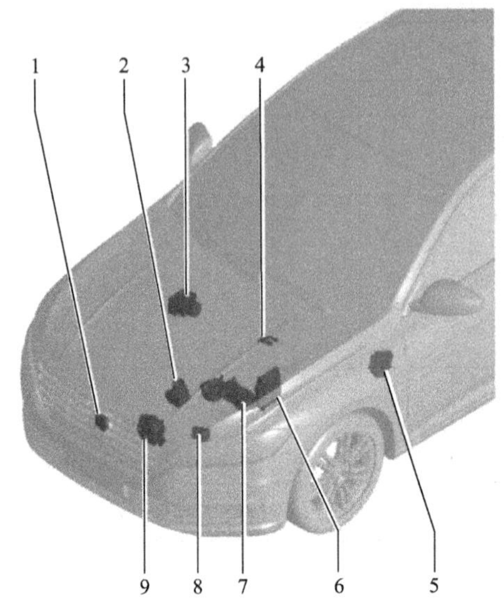

图 2-55 全新朗逸前部控制器安装位置

1—车距调节控制单元（J428）［仅用于带自动车距控制（ADR）的汽车］；2—节气门控制单元（J338）；3—ABS控制单元（J104）；4—蓄电池调节控制单元（J840）；5—自动变速箱控制单元（J217）（用于带自动变速箱的汽车）；6—发动机控制单元（J623）；7—转向辅助控制单元（J500）；8—双离合器变速箱机电装置（J743）［用于带双离合器变速箱（DSG）的汽车］；9—散热器风扇控制单元（J293）

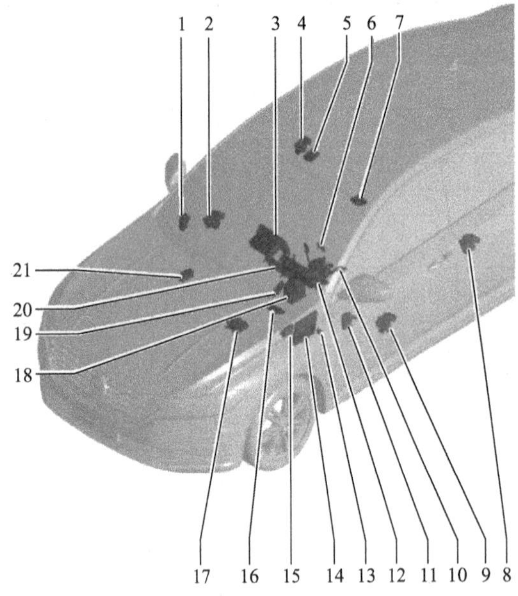

图 2-56 全新朗逸汽车中部控制器安装位置

1—副驾驶员侧车门控制单元（J387）（用于带单独数据总线诊断接口的车辆）；2—副驾驶员侧车门控制单元（J387）（用于不带单独数据总线诊断接口的车辆）；3—电子通信信息设备1控制单元（J794）（用于带导航系统的汽车）；4—右后车门控制单元（J389）；5—滑动天窗控制单元（J245）（用于带折叠式滑动天窗的汽车，用于带全景滑动天窗的汽车）；6—多功能方向盘控制单元（J453）（仅适用于带多功能方向盘的车辆）；7—燃油泵控制单元（J538）（用于带1.2L发动机的汽车，用于带1.4L发动机的汽车）；8—左后车门控制单元（J388）；9—驾驶员侧车门控制单元（J386）（用于不带单独数据总线诊断接口的车辆）；10—转向柱电子装置控制单元（J527）；11—驾驶员侧车门控制单元（J386）（用于带单独数据总线诊断接口的车辆）；12—仪表板中的控制单元（J285）；13—诊断接口（U31）；14—车载电网控制单元（J519）；15—数据总线诊断接口（J533）（用于带单独数据总线诊断接口的车辆）；16—驻车辅助控制单元（J446）；17—安全气囊控制单元（J234）；18—换挡杆传感器控制单元（J587）［用于带自动变速箱的汽车，用于带双离合器变速箱（DSG）的汽车］；19—进入及启动系统接口（J965）（仅适用于带进入及启动许可的汽车）；20—空调器控制单元（J301）（用于带电动调节风门的空调）；20—全自动空调控制单元（J255）（仅用于带全自动空调的汽车）；21—新鲜空气鼓风机控制单元（J126）

2.3.14 2008～2011年款朗逸汽车电脑安装位置

朗逸汽车电脑位置如图2-57所示。

2.3.15 全新朗逸1.2T DJN发动机电脑端子数据

DJN发动机电脑端子针脚排列如图2-58所示。

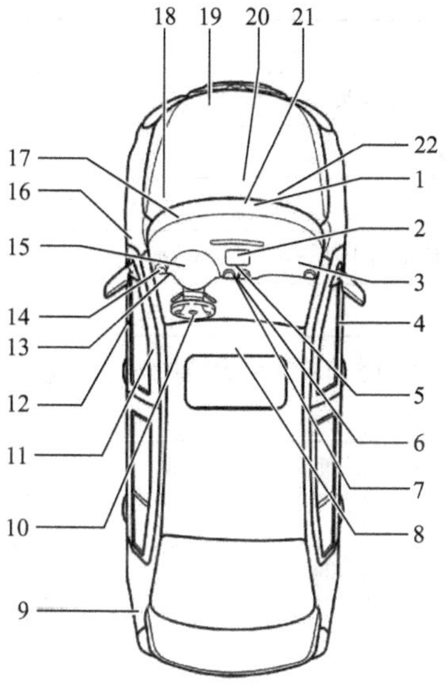

图 2-57 汽车电脑分布

1—自动变速箱控制单元（J217）；2—移动电话电子操作装置控制单元（J412），收音机和导航系统的带显示单元的控制单元（J503）；3—新鲜空气鼓风机控制单元（J126）；4—副驾驶员侧车门控制单元（J387）；5—安全气囊控制单元（J234）；6—Climatronic 控制单元（J255）；7—空调器控制单元（J301）；8—滑动天窗调节控制单元（J245）；9—驾驶员侧车门控制单元（J386）；10—前座椅控制单元（J774）；11—多功能方向盘控制单元（J453）；12—驻车辅助控制单元（J446）；13—自诊断接口（T16b）；14—BCM 车身控制器（J519）；15—组合仪表中带显示单元的控制单元（J285）；16—左 A 柱插座；17—刮水器电动机控制单元（J400）；18—ABS 控制单元（J104）；19—冷却液风扇控制单元（J293）；20—节气门控制单元（J338），用于配有发动机标识字母 CEN 的轿车；21—Motronic 发动机控制单元（J220）；22—节气门控制单元（J338），用于配有发动机标识字母 CDE 的轿车

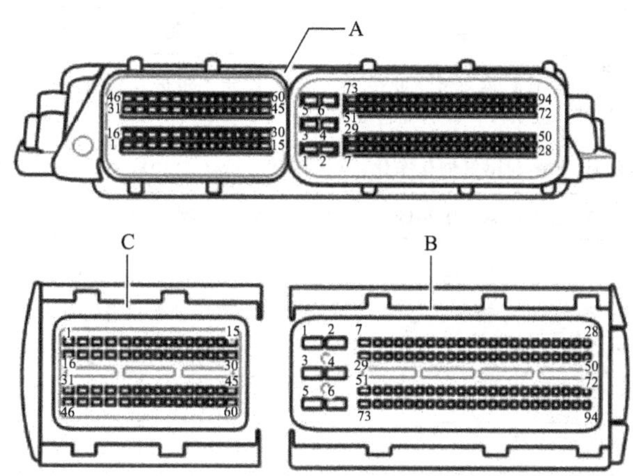

图 2-58 DJN 发动机电脑端子针脚排列

A—发动机控制单元（J623）；B—94 芯插头连接（T94a），黑色，发动机控制单元插头

针脚序号	针脚功能
1	接线柱 31
2	接线柱 31
3、4	未占用
5	接线柱 87a
6	接线柱 87a
7	前氧传感器加热装置控制端，连接到氧传感器加热（Z19），插头 T4a/2，针脚 2
8、9	未占用
10	燃油泵控制单元信号，连接到燃油泵控制单元（J538），插头 T5b/5，针脚 5
11～19	未占用
20	机油压力开关信号，连接到机油压力开关（F22），插头 T3f/2，针脚 2
21、22	未占用

续表

针脚序号	针脚功能
23	后氧传感器信号，连接到尾气催化净化器后的氧传感器(G130)，插头 T4L/4，针脚 4
24	前氧传感器信号，连接到氧传感器(G39)，插头 T4a/4，针脚 4
25～27	未占用
28	后氧传感器加热装置控制端，连接到尾气催化净化器后的氧传感器 1 加热装置(Z29)，插头 T4L/2，针脚 2
29、30	未占用
31	散热器出口处的冷却液温度传感器信号，连接到散热器出口处的冷却液温度传感器(G83)，插头 T2bh/2，针脚 2
32	油门踏板位置传感器 2 接地，连接到油门踏板位置传感器 2(G185)，插头 T6t/5，针脚 5
33	未占用
34	油门踏板位置传感器接地，连接到油门踏板位置传感器(G79)，插头 T6t/3，针脚 3
35	油门踏板位置传感器信号，连接到油门踏板位置传感器(G79)，插头 T6t/4，针脚 4
36～43	未占用
44	接线柱 50(用于不带单独数据总线诊断接口的车辆)，连接到点火启动开关 D，插头 T6a/6，针脚 6 接线柱 50(用于带单独数据总线诊断接口的车辆，用于不带进入及启动许可的汽车)，连接到转向柱电子装置控制单元(J527)，插头 T16a/6，针脚 6
45	后氧传感器信号，连接到尾气催化净化器后的氧传感器(G130)，插头 T4L/3，针脚 3
46	前氧传感器信号，连接到氧传感器(G39)，插头 T4a/3，针脚 3
47～55	未占用
56	GRA 开关信号(仅适用于带定速巡航装置车辆，用于带单独数据总线诊断接口的车辆)，连接到转向柱电子装置控制单元(J527)，插头 T16a/5，针脚 5
57～61	未占用
62	制动信号灯开关信号
63	接线柱 50
64	油门踏板位置传感器电源 5V，连接到油门踏板位置传感器(G79)，插头 T6t/2，针脚 2
65	未占用
66	油门踏板位置传感器 2 电源 5V，连接到油门踏板位置传感器 2(G185)，插头 T6t/1，针脚 1
67	CAN 总线，低位(驱动系统)
68	CAN 总线，高位(驱动系统)
69	主继电器控制端
70	散热器风扇控制信号，连接到散热器风扇控制单元(J293)，插头 T4h/3，针脚 3
71～73	未占用
74	散热器出口处的冷却液温度传感器信号，连接到散热器出口处的冷却液温度传感器(G83)，插头 T2bh/1，针脚 1
75	未占用
76	油门踏板位置传感器 2 信号，连接到油门踏板位置传感器 2(G185)，插头 T6t/6，针脚 6
77	未占用
78	制动踏板开关信号，连接到制动踏板开关(F47)，插头 T4b/1，针脚 1

续表

针脚序号	针脚功能
79	未占用
80	双离合器变速箱机电装置信号，连接到双离合器变速箱机电装置(J743)，插头 T25a/14，针脚 14
81、82	未占用
83	起动机继电器 1 控制端
84	起动机继电器 2 控制端
85	P/N 挡信号，连接到双离合器变速箱机电装置(J743)，插头 T25a/16，针脚 16
86	机油压力开关信号，连接到机油压力开关(F22)，插头 T3f/1，针脚 1
87	接线柱 15
88～90	未占用
91	机油压力开关电源 5V，连接到机油压力开关(F22)，插头 T3f/3，针脚 3
92	接线柱 30a
93、94	未占用

C—60 芯插头连接（T60a），黑色，发动机控制单元插头

针脚序号	针脚功能
1	节气门驱动装置(电控节气门)＋，连接到电控油门操纵机构的节气门驱动装置(G186)，插头 T6v/3，针脚 3
2	燃油定量阀控制端，连接到燃油定量阀(N290)，插头 T2bw/1，针脚 1
3	传感器电源 5V
4	传感器电源 5V
5	发动机转速传感器信号，连接到发动机转速传感器(G28)，插头 T3g/2，针脚 2
6	传感器接地
7	霍尔传感器 2 信号，连接到霍尔传感器 2(G163)，插头 T3w/2，针脚 2
8	进气压力传感器信号，连接到进气歧管压力传感器(G71)，插头 T4ai/4，针脚 4
9	进气温度传感器信号，连接到进气温度传感器(G42)，插头 T4ai/2，针脚 2
10	燃油压力传感器信号，连接到燃油压力传感器(G247)，插头 T3h/2，针脚 2
11	节气门驱动装置(电控节气门)角度传感器接地，连接到节气门控制单元(J338)，插头 T6v/6，针脚 6
12	机油压力调节阀控制端，连接到机油压力调节阀(N428)，插头 T2m/1，针脚 1
13	传感器接地
14	循环泵控制端，连接到循环泵(V55)，插头 T3i/3，针脚 3
15	速滞压力风门伺服电动机控制端，连接到速滞压力风门伺服电动机(V71)，插头 T6aa/2，针脚 2
16	节气门驱动装置(电控节气门)－，连接到电控油门操纵机构的节气门驱动装置(G186)，插头 T6v/5，针脚 5
17	2 缸喷油控制－，连接到气缸 2 喷油嘴(N31)，插头 T2w/1，针脚 1
18	3 缸喷油控制－，连接到气缸 3 喷油嘴(N32)，插头 T2x/1，针脚 1
19	节气门驱动装置(电控节气门)角度传感器电源 5V，连接到节气门控制单元(J338)，插头 T6v/2，针脚 2
20	发动机转速传感器接地，连接到发动机转速传感器(G28)，插头 T3g/3，针脚 3
21	霍尔传感器信号，连接到霍尔传感器(G40)，插头 T3c/2，针脚 2
22	未占用

续表

针脚序号	针脚功能
23	节气门驱动装置(电控节气门)角度传感器 2 信号,连接到电控油门操纵机构的节气门驱动装置角度传感器 2(G188),插头 T6v/4,针脚 4
24	进气温度传感器 2 信号,连接到进气温度传感器 2(G299),插头 T4ak/2,针脚 2
25	速滞压力风门伺服电动机信号,连接到速滞压力风门伺服电动机(V71),插头 T6aa/5,针脚 5
26	未占用
27	冷却液温度传感器信号,连接到冷却液温度传感器(G62),插头 T2o/2,针脚 2
28	传感器接地
29	未占用
30	速滞压力风门伺服电动机控制端,连接到速滞压力风门伺服电动机(V71),插头 T6aa/6,针脚 6
31	1 缸喷油控制－,连接到气缸 1 喷油嘴(N30),插头 T2v/1,针脚 1
32	3 缸喷油控制＋,连接到气缸 3 喷油嘴(N32),插头 T2x/2,针脚 2
33	4 缸喷油控制＋,连接到气缸 4 喷油嘴(N33),插头 T2y/2,针脚 2
34	燃油定量阀控制端,连接到燃油定量阀(N290),插头 T2bw/2,针脚 2
35	排气门凸轮轴调节阀 1 控制端,连接到排气凸轮轴调节阀 1(N318),插头 T2k/2,针脚 2
36	未占用
37	带功率输出级的点火线圈 4 控制端,连接到带功率输出级的点火线圈 4(N292),插头 T4ah/2,针脚 2
38	带功率输出级的点火线圈 3 控制端,连接到带功率输出级的点火线圈 3(N291),插头 T4ag/2,针脚 2
39	节气门驱动装置(电控节气门)角度传感器 1 信号,连接到电控油门操纵机构的节气门驱动装置角度传感器 1(G187),插头 T6v/1,针脚 1
40	未占用
41	爆震传感器屏蔽
42	未占用
43	增压压力传感器信号,连接到增压压力传感器(G31),插头 T4ak/4,针脚 4
44、45	未占用
46	4 缸喷油控制－,连接到气缸 4 喷油嘴(N33),插头 T2y/1,针脚 1
47	1 缸喷油控制＋,连接到气缸 1 喷油嘴(N30),插头 T2v/2,针脚 2
48	2 缸喷油控制＋,连接到气缸 2 喷油嘴(N31),插头 T2w/2,针脚 2
49	进气门凸轮轴调节阀 1 控制端,连接到凸轮轴调节阀 1(N205),插头 T2j/2,针脚 2
50	活性炭罐电磁阀控制端,连接到活性炭罐电磁阀 1(N80),插头 T2n/2,针脚 2
51	未占用
52	带功率输出级的点火线圈 2 控制端,连接到带功率输出级的点火线圈 2(N127),插头 T4af/2,针脚 2
53	带功率输出级的点火线圈 1 控制端,连接到带功率输出级的点火线圈 1(N70),插头 T4ae/2,针脚 2
54	未占用
55	爆震传感器信号,连接到爆震传感器 1(G61),插头 T2L/2,针脚 2
56	爆震传感器信号,连接到爆震传感器 1(G61),插头 T2L/1,针脚 1
57～60	未占用

2.3.16 全新朗逸 1.5L DLW 发动机电脑端子数据

DLW 发动机电脑端子针脚排列（仅用于带 1.5L 发动机的汽车）如图 2-59 所示。

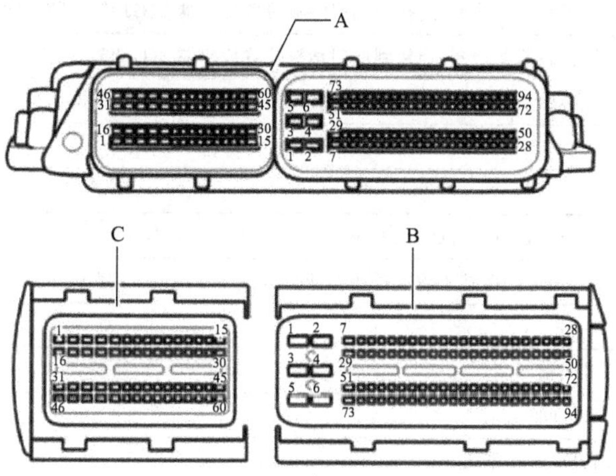

图 2-59 DLW 发动机电脑端子针脚排列

A—发动机控制单元（J623）；B—94 芯插头连接（T94a），黑色，发动机控制单元插头

针脚序号	针脚功能
1	接线柱 31
2	接线柱 31
3、4	未占用
5	接线柱 87a
6	接线柱 87a
7	前氧传感器加热装置控制端，连接到氧传感器加热(Z19)，插头 T4a/2，针脚 2
8～13	未占用
14	前氧传感器信号，连接到氧传感器(G39)，插头 T4a/3，针脚 3
15	前氧传感器信号，连接到氧传感器(G39)，插头 T4a/4，针脚 4
16	后氧传感器信号，连接到尾气催化净化器后的氧传感器(G130)，插头 T4L/4，针脚 4
17	后氧传感器信号，连接到尾气催化净化器后的氧传感器(G130)，插头 T4L/3，针脚 3
18	未占用
19	变速箱空挡位置传感器信号(用于带手动变速箱的汽车)，连接到变速箱空挡位置传感器(G701)，插头 T3t/2，针脚 2
20～24	未占用
25	离合器位置传感器信号(用于带手动变速箱的汽车)，连接到离合器位置传感器(G476)，插头 T5d/2，针脚 2
26	机油压力开关信号，连接到机油压力开关(F22)，插头 T3f/3，针脚 3
27～52	未占用
53	起动机继电器 1 控制端
54	离合器位置传感器信号(用于带手动变速箱的汽车)，连接到离合器位置传感器(G476)，插头 T5d/4，针脚 4
	多功能开关信号(用于带自动变速箱的汽车)，连接到多功能开关(F125)，插头 T10m/2，针脚 2

续表

针脚序号	针脚功能
55	未占用
56	油门踏板位置传感器2接地,连接到油门踏板位置传感器2(G185),插头T6t/5,针脚5
57	油门踏板位置传感器2信号,连接到油门踏板位置传感器2(G185),插头T6t/6,针脚6
58	油门踏板位置传感器2电源5V,连接到油门踏板位置传感器2(G185),插头T6t/1,针脚1
59	传感器电源5V
60~62	未占用
63	机油压力开关信号,连接到机油压力开关(F22),插头T3f/2,针脚2
64	制动踏板开关信号,连接到制动踏板开关(F47),插头T4b/1,针脚1
65	接线柱50
66	制动信号灯开关信号
67	CAN总线,低位(驱动系统)
68	CAN总线,高位(驱动系统)
69	主继电器控制端
70	变速箱空挡位置传感器接地(用于带手动变速箱的汽车),连接到变速箱空挡位置传感器(G701),插头T3t/3,针脚3
71	未占用
72	燃油泵继电器控制端
73	后氧传感器加热装置控制端,连接到尾气催化净化器后的氧传感器1加热装置(Z29),插头T4L/2,针脚2
74	散热器风扇控制信号,连接到散热器风扇控制单元(J293),插头T4h/3,针脚3
75	未占用
76	起动机继电器2控制端
77	接线柱50,连接到点火启动开关(D),插头T6a/6,针脚6
78	油门踏板位置传感器接地,连接到油门踏板位置传感器(G79),插头T6t/3,针脚3
79	油门踏板位置传感器信号,连接到油门踏板位置传感器(G79),插头T6t/4,针脚4
80	油门踏板位置传感器电源5V,连接到油门踏板位置传感器(G79),插头T6t/2,针脚2
81~86	未占用
87	接线柱15
88~91	未占用
92	接线柱30a
93、94	未占用

C—60芯插头连接（T60a），黑色，发动机控制单元插头

针脚序号	针脚功能
1	节气门驱动装置(电控节气门)－,连接到电控油门操纵机构的节气门驱动装置(G186),插头T6v/5,针脚5
2	节气门驱动装置(电控节气门)＋,连接到电控油门操纵机构的节气门驱动装置(G186),插头T6v/3,针脚3
3	4缸喷油控制＋,连接到气缸4喷油嘴(N33),插头T2y/2,针脚2

续表

针脚序号	针脚功能
4	1 缸喷油控制＋，连接到气缸 1 喷油嘴(N30)，插头 T2v/2，针脚 2
5	发动机转速传感器信号
6	发动机转速传感器信号，连接到发动机转速传感器(G28)，插头 T3g/3，针脚 3
7	霍尔传感器信号，连接到霍尔传感器(G40)，插头 T3c/2，针脚 2
8	传感器接地
9	带功率输出级的点火线圈 1 控制端，连接到带功率输出级的点火线圈 1(N70)，插头 T4ae/2，针脚 2
10	带功率输出级的点火线圈 3 控制端，连接到带功率输出级的点火线圈 3(N291)，插头 T4ag/2，针脚 2
11	带功率输出级的点火线圈 4 控制端，连接到带功率输出级的点火线圈 4(N292)，插头 T4ah/2，针脚 2
12	带功率输出级的点火线圈 2 控制端，连接到带功率输出级的点火线圈 2(N127)，插头 T4af/2，针脚 2
13	传感器电源 5V
14	发动机转速传感器信号，连接到发动机转速传感器(G28)，插头 T3g/1，针脚 1
15～31	未占用
32	排气门凸轮轴调节阀 1 控制端，连接到排气凸轮轴调节阀 1(N318)，插头 T2k/2，针脚 2
33	进气门凸轮轴调节阀 1 控制端，连接到凸轮轴调节阀 1(N205)，插头 T2j/2，针脚 2
34	2 缸喷油控制＋，连接到气缸 2 喷油嘴(N31)，插头 T2w/2，针脚 2
35	未占用
36	霍尔传感器 3 信号，连接到霍尔传感器 3(G300)，插头 T3e/2，针脚 2
37	未占用
38	节气门驱动装置(电控节气门)角度传感器 1 信号，连接到电控油门操纵机构的节气门驱动装置角度传感器 1(G187)，插头 T6v/1，针脚 1
39	节气门驱动装置(电控节气门)角度传感器 2 信号，连接到电控油门操纵机构的节气门驱动装置角度传感器 2(G188)，插头 T6v/4，针脚 4
40	未占用
41	冷却液温度传感器信号，连接到冷却液温度传感器(G62)，插头 T2p/2，针脚 2
42	爆震传感器屏蔽
43	进气温度传感器接地，连接到进气温度传感器(G42)，插头 T4ai/1，针脚 1
44	节气门驱动装置(电控节气门)角度传感器电源 5V，连接到节气门控制单元(J338)，插头 T6v/2，针脚 2
45	未占用
46	机油压力调节阀控制端，连接到机油压力调节阀(N428)，插头 T2m/1，针脚 1
47	未占用
48	活性炭罐电磁阀控制端，连接到活性炭罐电磁阀 1(N80)，插头 T2n/2，针脚 2
49	3 缸喷油控制＋，连接到气缸 3 喷油嘴(N32)，插头 T2x/2，针脚 2
50	未占用
51	节气门驱动装置(电控节气门)角度传感器接地，连接到节气门控制单元(J338)，插头 T6v/6，针脚 6
52	未占用
53	爆震传感器信号，连接到爆震传感器 1(G61)，插头 T2L/1，针脚 1

续表

针脚序号	针脚功能
54	爆震传感器信号，连接到爆震传感器 1(G61)，插头 T2L/2，针脚 2
55	未占用
56	进气温度传感器信号，连接到进气温度传感器(G42)，插头 T4ai/2，针脚 2
57	进气压力传感器信号，连接到进气歧管压力传感器(G71)，插头 T4ai/4，针脚 4
58	冷却液温度传感器接地，连接到冷却液温度传感器(G62)，插头 T2p/1，针脚 1
59、60	未占用

2.3.17 朗逸轮胎气压系统设置方法

当气压发生改变时，要对轮胎气压检测系统设置：

① 改变轮胎充气压力或更换轮胎后，打开点火开关。

② 按下气压监控开关保持直至响起一声提示。

③ 轮胎监测灯亮，表明有一个车轮气压得不到储存值，轮胎气压监测灯闪亮，说明系统存在故障。

说明：若遇到急速转弯，制动 ABS 被激活，胎压监控显示器暂时关闭，按钮在中央面板下面，换挡杆的左前方（Tyre Pressure Monitoring）。

2.3.18 朗逸钥匙遥控和 SRS 匹配

朗逸钥匙匹配：

25—11 登录密码—等待 10min—10—01 输入匹配钥匙数量—保存。

朗逸安全气囊编码：

15—09（编码）—主站—二进制纯文本—编码—键盘—输入 12338—下一步—是—完成。

朗逸遥控器匹配：

09—10—00 保存，清除所有遥控。

09—10—01—0 保存，按遥控任意键，转向灯闪 2 下，匹配成功。一次只能匹配一个，如果要匹配多个，重复操作 09—10—01—0 保存。

2.3.19 朗逸保养灯归零

① 关闭点火开关，按住里程表的按钮不要松开；按钮位置如图 2-60 所示。

图 2-60 上海大众朗逸仪表盘

② 打开点火开关再关闭，直到仪表灯熄灭。

③ 再打开点火开关直到 INSP 显示六次后就好。

注意：在等待仪表灯熄灭过程中里程表的按钮是一直按住的。

2.3.20 朗行保养归零手工复位方法

保养周期显示器复位，可以以两种不同的方式复位保养周期显示器：一种是通过仪表板上的行驶里程调节按钮；一种是通过车辆诊断、测量和信息系统（VAS 5051B）。

这里介绍通过行驶里程调节按钮复位保养周期显示器的操作步骤。

请按以下方法复位：

① 关闭点火开关。

② 按住车速表旁的按钮 2。

③ 打开点火开关。

④ 在仪表板的显示单元中出现一个闪动的扳手信号。

⑤ 松开按钮 2。

⑥ 向右转动车速表旁的按钮 2。

保养周期显示器被复位，行驶里程表中的显示变成标准状态。

⑦ 关闭点火开关。相关操作按钮位置见图 2-61。

图 2-61　朗逸组合仪表（装备了 1.6L CDE 和 2.0L CEN 发动机的车型）

对装备了 1.4L CFB 发动机的车型，请按以下方法复位：

① 关闭点火开关。

② 按住车速表旁的按钮 2。

③ 打开点火开关。

④ 在仪表板的显示单元中出现一个闪动的扳手信号。

⑤ 松开按钮 2。

⑥ 按下按钮 1。相关操作按钮位置见图 2-62。

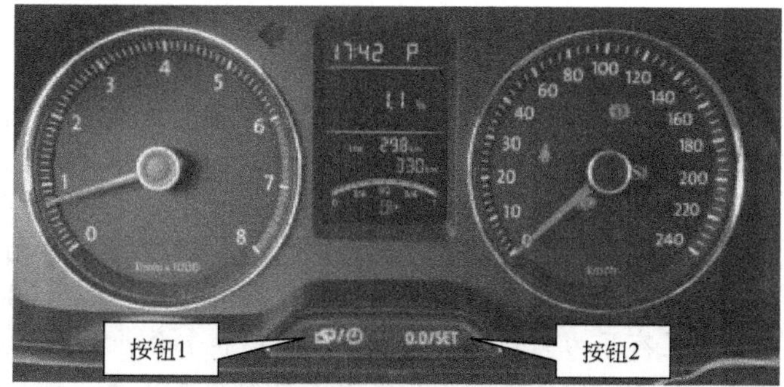

图 2-62　新朗逸-朗行组合仪表

2.4 凌渡 Lamando（2015~2018 年款）

2.4.1 凌渡车型发动机配置数据

发动机标识字母	CST	CSS	CUF
排量/L	1.395	1.395	1.798
功率/kW	96	110	132
扭矩/N·m	225	250	300
缸径/mm	74.5	74.5	82.5
行程/mm	80	80	84.1
压缩比	10.0∶1	10.0∶1	9.6∶1
ROZ	92	92	92
喷射装置/点火装置	缸内直喷	缸内直喷	缸内直喷
点火顺序	1—3—4—2	1—3—4—2	1—3—4—2
爆震控制	是	是	是
增压	是	是	是
废气再循环	否	否	否
可变进气管	是	是	是
凸轮轴调节	是	是	是
二次空气	否	否	否

2.4.2 凌渡 GT 2.0T CUG 发动机正时维修

该发动机正时单元结构与拆装调整步骤和 CUH 发动机相同，相关内容请参考 2.9.1 小节。

2.4.3 凌渡 1.4T CSS/CST 发动机降低高压区域的燃油压力

注意： 打开燃油系统时，由于较高的燃油压力会引起损伤的危险。

燃油喷射系统分为高压部分（最大约 200bar）和低压部分（约 6bar）。

在打开高压部分之前，例如，拆卸高压泵、燃油分配管道、喷嘴、油管或燃油压力传感器（G247）之前，高压区域的燃油压力必须降低到系统的残余压力，约 6bar。步骤如下：

① 打开点火开关。

② 连接笔记本故障诊断仪（VAS 6150A、VAS 6150B、VAS 6150C）。

③ 选择“启动诊断”“发动机”“接受”“无任务”“控制单元列表”“右击—发动机控制系统”“降低燃油高压”“执行”。（适用于 New Lavida 新朗逸、Gran Lavida 朗行、Cross Lavida 朗境、New Santana 全新桑塔纳的车型）

④ 选择“启动诊断”“制造商”“车型”“接受”“无任务”“控制单元列表”“右击—发动机电控系统”“引导型功能”“卸除燃油高压”“执行”。（适用于 Lamando 凌渡的车型）

注意： 燃油供油管内是有压力的！必须戴好防护眼镜和手套并穿好防护服，以避免皮肤接触或造成人身伤害。在松开软管连接前，在软管连接处放置抹布，然后小心地拔出软管，以释放压力。

2.4.4 2014~2018年款大众1.4T CSS/CST发动机正时维修

适用发动机机型技术参数

发动机标识字母	CST	CSS
配载车型	New Lavida(新朗逸)、Gran Lavida(朗行)、Cross Lavida(朗境)、New Santana(全新桑塔纳)、Lamando(凌渡)	Lamando(凌渡)
排量/L	1.395	1.395
功率	96kW/(5000±200)r/min	110kW/(5000±200)r/min
扭矩	225N·m/[(1400~3500)±200]r/min	250N·m/[(1750~3000)±200]r/min
缸径/mm	74.5	74.5
行程/mm	80	80
压缩比	10.0∶1	10.0∶1
RON至少	93/92	92
喷射装置/点火装置	缸内直喷	
废气再循环	否	否
增压	是	是
爆震控制	是	是
中冷器	是	是
凸轮轴调节	是	是
二次空气	否	否
每个气缸内的阀数	4	4
点火顺序	1—3—4—2	1—3—4—2

该款发动机也装备在一汽大众全新速腾车型上，相关内容请参考1.3.3小节。

2.4.5 2014~2018年款大众1.4T CST/CSS发动机电脑端子信息

CST/CSS发动机电脑端子针脚分布如图2-63所示。

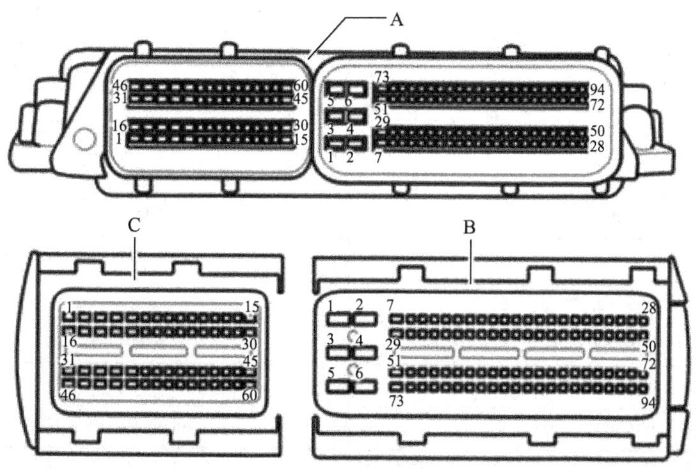

图2-63 CST/CSS发动机电脑端子针脚分布

A—发动机控制单元（J623）；B—94芯插头连接（T94a），黑色，发动机控制单元插头

针脚序号	针脚信号	针脚序号	针脚信号
1	接线柱 31	62	制动信号灯开关信号
2	接线柱 31	63	接线柱 50
5	接线柱 87a	64	油门踏板位置传感器电源 5V
6	接线柱 87a	66	油门踏板位置传感器 2 电源 5V
7	前氧传感器加热装置控制端	67	CAN 总线，低位(驱动系统)
10	燃油泵控制单元信号	68	CAN 总线，高位(驱动系统)
23	后氧传感器信号	69	主继电器控制端
24	前氧传感器信号	70	散热器风扇控制信号
28	后氧传感器加热装置控制端	74	散热器出口处的冷却液温度传感器信号
31	散热器出口处的冷却液温度传感器信号	76	油门踏板位置传感器 2 信号
32	油门踏板位置传感器 2 接地	78	制动踏板开关信号
34	油门踏板位置传感器接地	80	P/N 挡信号(仅适用于带双离合器变速箱的汽车)
35	油门踏板位置传感器信号	83	起动机继电器 1 控制端
42	离合器位置传感器信号(仅适用于带手动变速箱的车辆)	84	起动机继电器 2 控制端
44	接线柱 50	85	离合器位置传感器信号(仅适用于带手动变速箱的车辆) 双离合器变速箱机电装置(仅适用于带双离合器变速箱的汽车)
45	后氧传感器信号		
46	前氧传感器信号	87	接线柱 15
56	GRA 开关信号(仅适用于带定速巡航装置车辆)	92	接线柱 30a

未占用的针脚号：3、4、8、9、11、12、13、14、15、16、17、18、19、20、21、22、25、26、27、29、30、33、36、37、38、39、40、41、43、47、48、49、50、51、52、53、54、55、57、58、59、60、61、65、71、72、73、75、77、79、81、82、86、88、89、90、91、93、94

C—60 芯插头连接（T60a），黑色，发动机控制单元插头

引脚序号	引脚功能	引脚序号	引脚功能
1	节气门驱动装置(电控节气门)＋	14	冷却液继续补给泵控制端
2	燃油压力调节阀控制端	15	增压调节器控制端
3	传感器电源 5V	16	节气门驱动装置(电控节气门)－
4	传感器电源 5V	17	2 缸喷油控制－
5	发动机转速传感器信号	18	3 缸喷油控制－
6	传感器接地	19	节气门驱动装置(电控节气门)角度传感器电源 5V
7	霍尔传感器 3 信号		
8	进气压力传感器信号	20	发动机转速传感器接地
9	进气温度传感器信号	21	霍尔传感器信号
10	燃油压力传感器信号	22	机油压力降低开关信号
11	节气门驱动装置(电控节气门)角度传感器接地	23	节气门驱动装置(电控节气门)角度传感器 1 信号
13	传感器接地	24	进气温度传感器 2 信号

续表

引脚序号	引脚功能	引脚序号	引脚功能
25	增压压力调节位置传感器信号	41	爆震传感器屏蔽
27	冷却液温度传感器信号	43	增压压力传感器信号
28	传感器接地	46	4 缸喷油控制－
30	增压调节器控制端	47	1 缸喷油控制＋
31	1 缸喷油控制－	48	2 缸喷油控制＋
32	3 缸喷油控制＋	49	进气门凸轮轴调节阀 1 控制端
33	4 缸喷油控制＋	50	活性炭罐电磁阀控制端
34	燃油压力调节阀控制端	51	机油压力调节阀控制端
35	排气门凸轮轴调节阀 1 控制端	52	带功率输出级的点火线圈 2 控制端
37	带功率输出级的点火线圈 4 控制端	53	带功率输出级的点火线圈 1 控制端
38	带功率输出级的点火线圈 3 控制端	55	爆震传感器信号
39	节气门驱动装置(电控节气门)角度传感器 2 信号	56	爆震传感器信号
		59	油压开关信号
未占用的引脚号:12、26、29、36、40、42、44、45、54、57、58、60			

2.4.6 凌渡搭载 1.8T CUF 型发动机电脑端子信息

CUF 发动机电脑端子针脚分布如图 2-64 所示。

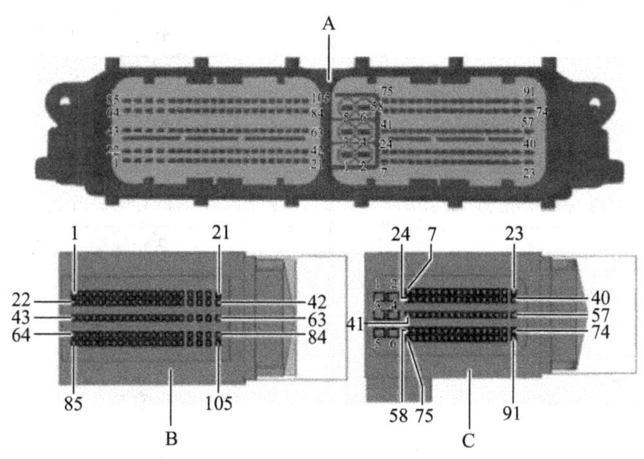

图 2-64 CUF 发动机电脑端子针脚分布

A—发动机控制单元（J623）；B—105 芯插头连接（T105a)，黑色，发动机控制单元插头

针脚序号	针脚功能	针脚序号	针脚功能
1	2 缸喷油控制	6	凸轮轴调节元件 1 控制端
2	3 缸喷油控制	7	活塞冷却喷嘴控制阀控制端
3	活性炭罐电磁阀控制端	8	双离合器变速箱机电装置
4	凸轮轴调节元件 5 控制端	11	燃油压力传感器接地

续表

针脚序号	针脚功能	针脚序号	针脚功能
17	机油压力调节阀控制端	58	凸轮轴调节元件 4 控制端
21	增压压力限制电磁阀控制端	59	凸轮轴调节元件 3 控制端
22	3 缸喷油控制	62	带功率输出级的点火线圈 4 控制端
23	2 缸喷油控制	64	1 缸喷油控制
27	进气管风门电位计	65	4 缸喷油控制
28	霍尔传感器 3 信号	66	涡轮增压器循环空气阀控制端
29	霍尔传感器 3 接地	68	燃油压力传感器电源
30	霍尔传感器信号	69	霍尔传感器电源 5V
33	传感器接地	70	发动机转速传感器信号
34	节气门驱动装置(电控节气门)角度传感器 1 信号	72	机油压力降低开关信号
		73	油压开关,3 挡信号
35	发动机转速传感器电源 5V	74	油压开关信号
36	进气管风门电位计	76	带功率输出级的点火线圈 1 控制端
38	霍尔传感器 3 电源 5V	77	发动机转速传感器接地
40	冷却液温度传感器信号	79	带功率输出级的点火线圈 2 控制端
42	进气管压力传感器电源 5V	83	机油油位和机油温度传感器信号
43	4 缸喷油控制	84	冷却液继续补给泵控制端
44	霍尔传感器接地	85	1 缸喷油控制
47	冷却液温度传感器信号	90	节气门驱动装置(电控节气门)－
48	进气管风门电位计	91	节气门驱动装置(电控节气门)＋
49	燃油压力传感器信号	92	燃油压力调节阀控制端
51	进气温度传感器信号	93	燃油压力调节阀控制端
52	进气管压力传感器信号	94	凸轮轴调节元件 6 控制端
53	进气管风门阀门控制端	95	凸轮轴调节元件 8 控制端
54	节气门驱动装置(电控节气门)角度传感器电源 5V	96	凸轮轴调节元件 7 控制端
		97	爆震传感器信号
55	节气门驱动装置(电控节气门)角度传感器 2 信号	98	爆震传感器信号
		101	凸轮轴调节元件 2 控制端
56	节气门驱动装置(电控节气门)角度传感器接地	104	排气门凸轮轴调节阀 1 控制端
		105	凸轮轴调节阀控制端
57	带功率输出级的点火线圈 3 控制端		
未占用的针脚:5、9、10、12、13、14、15、16、18、19、20、24、25、26、31、32、37、39、41、45、46、50、60、61、63、67、71、75、78、80、81、82、86、87、88、89、99、100、102、103			

C—91 芯插头连接（T91a），黑色，发动机控制单元插头

针脚序号	针脚功能	针脚序号	针脚功能
1	接线柱 31	2	接线柱 31

续表

针脚序号	针脚功能	针脚序号	针脚功能
5	接线柱 87a	44	前氧传感器信号
6	接线柱 87a	49	散热器出口处的冷却液温度传感器信号
7	主继电器控制端	50	接线柱 15
8	发动机部件供电继电器控制端	51	油门踏板位置传感器 2 接地
9	燃油泵控制单元信号	52	油门踏板位置传感器信号
11	后氧传感器加热装置控制端	54	进气温度传感器 2 信号
12	散热器风扇控制信号	55	增压压力传感器信号
16	油门踏板位置传感器 2 电源 5V	60	制动踏板开关信号
22	冷却液断流阀控制端	62	P/N 挡信号
25	后氧传感器信号	67	接线柱 50
26	后氧传感器信号	68	接线柱 50
29	散热器出口处的冷却液温度传感器信号	69	油门踏板位置传感器 2 接地
32	增压压力传感器电源 5V	70	GRA 开关信号
33	油门踏板位置传感器电源 5V	74	前氧传感器加热装置控制端
34	油门踏板位置传感器接地	79	CAN 总线，高位(驱动系统)
35	传感器接地	80	CAN 总线，低位(驱动系统)
37	制动信号灯开关信号	86	接线柱 30
39	变速箱冷却液阀控制端	87	起动机继电器 1 控制端
41	前氧传感器信号	88	起动机继电器 2 控制端
43	前氧传感器信号		
未占用的针脚：3、4、10、13、14、15、17、18、19、20、21、23、24、27、28、30、31、36、38、40、42、45、46、47、48、53、56、57、58、59、61、63、64、65、66、71、72、73、75、76、77、78、81、82、83、84、85、89、90、91			

2.4.7 凌渡四轮定位数据

前桥	标准底盘	后桥	标准底盘
总前束(无负载)	10′±10′	车轮外倾角	−1°20′±30′
车轮外倾角(正前打直位置)	−32′±30′	左右轮外倾角最大允差	最大 30′
车轮外倾角允差	30′	总前束(车辆外倾角已规定)	10′±10′
主销后倾角(不可调)	7°23′±30′	离地高度	(384±10)mm
离地高度	(389±10)mm		

注：不同制造商的车轮定位仪上有些前束偏差可能会显示为负值。这些数据适用于所有发动机。

2.4.8 凌渡搭载 CST 发动机电控系统部件位置

凌渡发动机舱电控系统部件分布如图 2-65 所示。

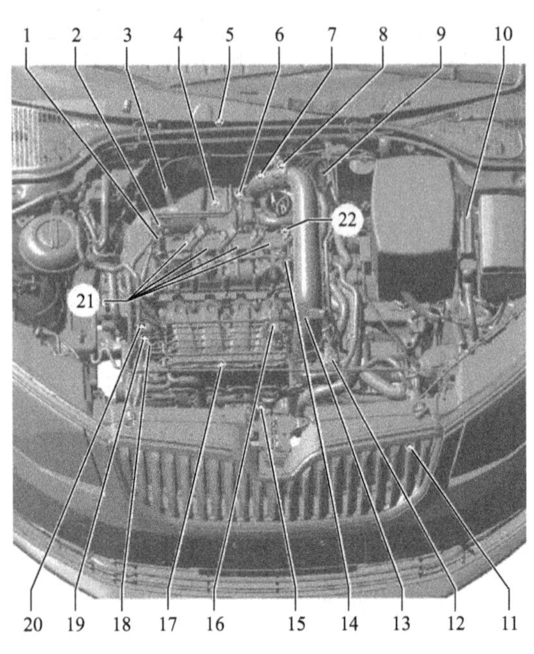

图 2-65 CST 发动机机舱电控部件

1—凸轮轴调节阀 1（N205）；2—排气门凸轮轴调节阀 1（N318）；3—氧传感器（G39）/氧传感器加热（Z19）；4—机油压力调节阀（N428）；5—尾气催化净化器下游的氧传感器（G130）/尾气催化净化器后的氧传感器 1 加热装置（Z29）；6—油压开关（F1）；7—增压调节器（V465）/增压压力调节位置传感器（G581）；8—冷却液温度传感器（G62）；9—制动信号灯开关（F）/制动踏板开关（F47）；适用于装备 7 挡双离合器变速箱 QRV/QJL 的车型；10—发动机控制单元（J623）；11—散热器出口上的冷却液温度传感器（G83）；12—节气门控制单元（J338），在更换了节气门控制单元（J338）后，必须将其重新与发动机控制单元（J623）相匹配；13—增压压力传感器（G31）/进气温度传感器 2（G299）；14—霍尔传感器（G40）；15—冷却液继续循环泵（V51）；16—进气温度传感器（G42）/进气歧管压力传感器（G71）；17—爆震传感器 1（G61）；18—活性炭罐电磁阀 1（N80）；19—机油压力降低开关（F378）；20—燃油压力传感器（G247）；21—带功率输出级的点火线圈：带功率输出级的点火线圈 1（N70），带功率输出级的点火线圈 2（N127），带功率输出级的点火线圈 3（N291），带功率输出级的点火线圈 4（N292）；22—霍尔传感器 3（G300）

2.4.9 中央门锁部件安装位置

中央门锁系统部件安装位置见图 2-66。

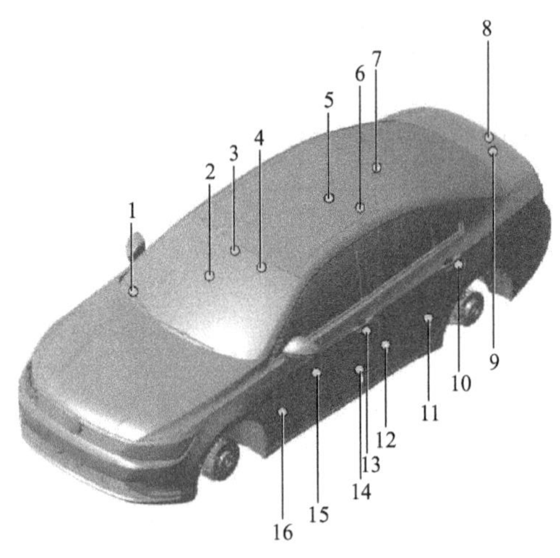

图 2-66 中央门锁部件安装位置

1—连接插头，安装位置：右侧 A 柱，松开右侧 A 柱上的防尘套；2—右侧前车门控制单元；3—右侧前车门锁，车门锁固定在车门内板上，电动中央集控门锁集成在车门锁中；4—连接插头，安装位置：右侧 B 柱，松开右侧 B 柱上的防尘套；5—右侧后车门锁，车门锁固定在车门内板上，电动中央集控门锁集成在车门锁中；6—燃油泵控制单元，安装在右侧后排座椅座垫下方；7—右侧后车门控制单元；8—后备厢闭锁单元，安装位置：后备厢盖下部中间；9—开锁按钮，后备厢盖把手，集成在尾部 LOGO 中；10—左侧后车门锁，车门锁固定在车门模块上，电动中央集控门锁集成在车门锁中；11—左侧后车门控制单元；12—连接插头，安装位置：左侧 B 柱，松开左侧 B 柱上的防尘套；13—左侧前车门锁，车门锁固定在车门内板上，电动中央集控门锁集成在车门锁中；14—驾驶员车门控制单元；15—车窗升降器集控开关，安装位置：安装在车门饰板中；16—连接插头，安装位置：左侧 A 柱，松开左侧 A 柱上的防尘套

2.4.10 遥控钥匙匹配步骤

用车辆诊断、测量和信息系统 VAS6150A 或 VAS6150B 或 VAS6150C 对带无线遥控器的钥匙进行匹配。

① 在车辆诊断、测量和信息系统 VAS6150A 或 VAS6150B 或 VAS6150C 中选择“启动诊断”。

② 选择“车型”。

③ 点击“接受”。
④ 点击“无任务”。
⑤ 点击“检测计划”。
⑥ 点击“自己的检测”。
⑦ 选择“车身”。
⑧ 选择“电气设备”。
⑨ 选择“01—防盗锁止系统 5A”。
⑩ 选择“25—防盗锁止系统功能”。
⑪ 选择“25—匹配防启动锁”。
⑫ 点击“加入检测计划”。
⑬ 选择“1”。

2.4.11 大灯清洗系统排气步骤

执行安装工作后或初次调整工作时，需要对大灯清洗系统进行排气。其操作步骤如下：
① 安装车窗和大灯清洗系统储液罐。
② 启动发动机。
③ 接通大灯开关“ON”。
④ 操作大灯清洗系统数次（3～5 次，每次 3s）。
⑤ 重复排气步骤，必要时一直操作到喷射缸和喷嘴正常工作。

作为上述手动排气的另一个选择，大灯清洗系统也可以通过使用笔记本故障诊断仪（VAS6150A、VAS6150B、VAS6150C）的执行元件诊断来进行。

2.4.12 轮胎压力标定

轮胎压力标定只能在轮胎压力调整为相应要求后才可以进行。

若轮胎压力监控指示灯亮起后未发现轮胎充压力偏低和轮胎损坏，可通过轮胎压力标定排除此错误警告。

轮胎压力监控显示指示灯（K220）通过 ABS 传感器比较转速和单个轮胎的滚动周长。滚动周长发生变化时将通过轮胎压力监控显示。如果轮胎压力过低，轮胎结构受损，车辆单侧负载，同一车桥车轮强负载运转（例如，拖车，陡坡行驶时），带防滑链行驶时，安装了应急车轮时，一个车桥上只更换一个轮胎，轮胎的滚动周长会发生变化。

压力的改变、车轮更换（包括前后交换）以及对底盘进行维修都会对轮胎压力监控产生影响，因此每次改变或操作后都应进行轮胎压力标定。

轮胎压力监控指示灯位于组合仪表内。

“指示灯闪烁”表示尚未进行“轮胎压力标定”。

“指示灯常亮”伴随一声警告音表示“警告”，识别到轮胎压力偏低，检查轮胎压力并进行轮胎压力标定。

进行“轮胎压力标定”：
① 打开点火开关。
② 按住轮胎压力监控按钮 2s 以上。按钮位置见图 2-67。

提示：当按下轮胎压力监控按钮时，组合仪表中的轮胎压力监控显示指示灯（K220）会亮起。确认轮胎压力标定时会伴随有警告音。

③ 关闭点火开关。
④ 再次开启点火开关后，轮胎压力监控显示指示灯（K220）不再亮起。

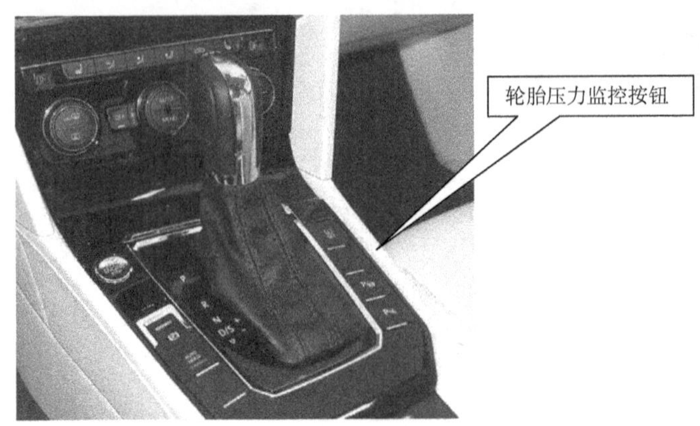

图 2-67 轮胎压力监控按钮位置

若轮胎压力监控显示指示灯（K220）闪烁：

① 进行轮胎压力检测。

② 调整轮胎压力至标准值。

打开点火开关，按下轮胎压力监控按钮。如果轮胎压力监控显示指示灯（K220）继续闪烁，进行轮胎压力标定。

轮胎压力标定：

选择“启动诊断”“发动机”“接受”“无任务”“控制单元列表”“检测计划”“自己的检测”“底盘”“03 制动装置”“01 支撑车载诊断（OBD）系统”“03 防抱死制动系统 ABS/EDS/ASR/ESC-J104”“03 防抱死制动系统功能”“03 轮胎监控显示/轮胎压力警告”“加入检测计划”“关闭”“进行检测”→车辆诊断、测量和信息系统 VAS 6150A 或 VAS 6150B 或 VAS 6150C。

2.4.13 电动车窗初始化设置（激活）方法

断开并重新连接蓄电池后，电动车窗升降器的自动开启和关闭功能失灵。因此，新车交付前必须重新激活电动车窗升降器。一旦电动车窗升降器被重新激活，不得再断开蓄电池。断开并重新连接蓄电池后，电动车窗升降器的防夹功能失灵。可能会造成严重挤伤！

为重新激活电动车窗升降器的自动功能，执行下列操作。

以下工作描述以驾驶员侧前车门车窗升降器为例。激活其他车窗玻璃升降器的自动功能可通过操作驾驶员侧前车门上的相应开关来实现。

执行下列工作步骤，对电动车窗进行初始化设置：

① 打开点火开关。

② 完全关闭所有车窗玻璃和车门。

③ 在车内使驾驶员侧前车门车窗玻璃完全落下，并保持 2s 松开玻璃控制开关，随后再次按压一次。

④ 重新使驾驶员侧前车门车窗玻璃完全关闭，保持 2s 松开玻璃控制开关，随后再次抬起一次。

2.4.14 熔丝与继电器信息

(1) 熔丝信息

熔丝（SA）、（SB）、（SC）盒安装位置见图 2-68。

发动机舱内左侧电控箱前面的熔丝（SA）安装位置见图 2-69。

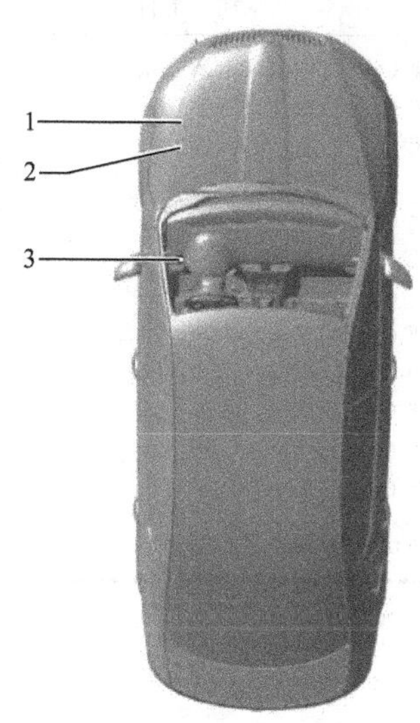

图 2-68 熔丝盒安装位置

1—发动机舱内左侧电控箱前面上的熔丝（SA）；
2—发动机舱内左侧电控箱正面上的熔丝（SB）；
3—仪表板左侧熔丝支架上的熔丝（SC）

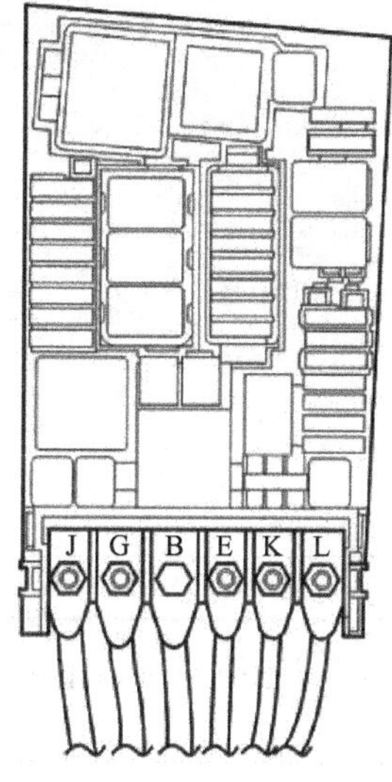

图 2-69 发动机舱熔丝（SA）分布

熔丝（SA）布置

编号	电路图中的名称	额定值	功能/部件	端子
J	熔丝架 A 上的熔丝 1(SA1)	125A	可加热后窗玻璃继电器(J9) 点烟器继电器(J193) 端子 15 供电继电器(J329) 熔丝架 C 上的熔丝 4(SC4) 熔丝架 C 上的熔丝 5(SC5) 熔丝架 C 上的熔丝 6(SC6) 熔丝架 C 上的熔丝 7(SC7) 熔丝架 C 上的熔丝 8(SC8) 熔丝架 C 上的熔丝 9(SC9) 熔丝架 C 上的熔丝 10(SC10) 熔丝架 C 上的熔丝 11(SC11) 熔丝架 C 上的熔丝 12(SC12) 熔丝架 C 上的熔丝 13(SC13) 熔丝架 C 上的熔丝 14(SC14) 熔丝架 C 上的熔丝 31(SC31) 熔丝架 C 上的熔丝 38(SC38) 熔丝架 C 上的熔丝 39(SC39) 熔丝架 C 上的熔丝 41(SC41) 熔丝架 C 上的熔丝 42(SC42) 熔丝架 C 上的熔丝 53(SC53)	30
G	熔丝架 A 上的熔丝 2(SA2)	400A	交流发电机(C)	30
E	熔丝架 A 上的熔丝 3(SA3)	80A	转向辅助控制单元(J500)	30
K	熔丝架 A 上的熔丝 4(SA4)	80A	熔丝架 C 上的熔丝 3(SC3) 熔丝架 C 上的熔丝 15(SC15) 熔丝架 C 上的熔丝 16(SC16) 熔丝架 C 上的熔丝 17(SC17)	

续表

编号	电路图中的名称	额定值	功能/部件	端子
K	熔丝架 A 上的熔丝 4(SA4)	80A	熔丝架 C 上的熔丝 18(SC18) 熔丝架 C 上的熔丝 19(SC19) 熔丝架 C 上的熔丝 20(SC20) 熔丝架 C 上的熔丝 23(SC23) 熔丝架 C 上的熔丝 24(SC24) 熔丝架 C 上的熔丝 25(SC25) 熔丝架 C 上的熔丝 26(SC26) 熔丝架 C 上的熔丝 27(SC27) 熔丝架 C 上的熔丝 28(SC28) 熔丝架 C 上的熔丝 43(SC43) 熔丝架 C 上的熔丝 44(SC44) 熔丝架 C 上的熔丝 45(SC45)	30
L	熔丝架 A 上的熔丝 5(SA5)	50A	散热器风扇控制单元(J293)	30

发动机舱内左侧电控箱正面上的熔丝（SB）安装位置见图 2-70。

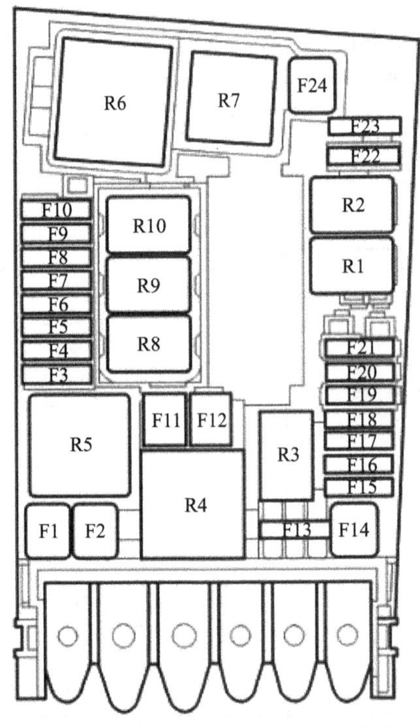

图 2-70　发动机舱熔丝（SB）分布

熔丝颜色说明：50A—红色；40A—橙色；30A—绿色；20A—黄色；15A—蓝色；10A—红色；5A—米色。

熔丝（SB）布置

编号	电路图中的名称	额定值	功能/部件	端子
F1	熔丝架 B 上的熔丝 1(SB1)	40A	ABS 控制单元(J104)	30
F2	熔丝架 B 上的熔丝 2(SB2)	40A	ABS 控制单元(J104)	30
F3	熔丝架 B 上的熔丝 3(SB3)	15A	发动机控制单元(J623)	87

续表

编号	电路图中的名称	额定值	功能/部件	端子
F4	熔丝架B上的熔丝4(SB4)	5A	散热器风扇控制单元(J293)(仅用于带1.4L发动机的汽车) 活性炭罐电磁阀1(N80)(仅用于带1.4L发动机的汽车) 凸轮轴调节阀1(N205)(仅用于带1.4L发动机的汽车) 排气门凸轮轴调节阀1(N318)(仅用于带1.4L发动机的汽车) 机油压力调节阀(N428)(仅用于带1.4L发动机的汽车)	87
		10A	机油油位和机油温度传感器(G266)(仅适用于带1.8L发动机的汽车) 散热器风扇控制单元(J293)(仅适用于带1.8L发动机的汽车) 涡轮增压器循环空气阀(N249)(仅适用于带1.8L发动机的汽车) 进气管风门阀门(N316)(仅适用于带1.8L发动机的汽车) 机油压力调节阀(N428)(仅适用于带1.8L发动机的汽车) 活塞冷却喷嘴控制阀(N522)(仅适用于带1.8L发动机的汽车)	
F5	熔丝架B上的熔丝5(SB5)	10A	凸轮轴调节元件1(F366)(仅适用于带1.8L发动机的汽车) 凸轮轴调节元件2(F367)(仅适用于带1.8L发动机的汽车) 凸轮轴调节元件3(F368)(仅适用于带1.8L发动机的汽车) 凸轮轴调节元件4(F369)(仅适用于带1.8L发动机的汽车) 凸轮轴调节元件5(F370)(仅适用于带1.8L发动机的汽车) 凸轮轴调节元件6(F371)(仅适用于带1.8L发动机的汽车) 凸轮轴调节元件7(F372)(仅适用于带1.8L发动机的汽车) 凸轮轴调节元件8(F373)(仅适用于带1.8L发动机的汽车) 发动机部件供电继电器(J757)(仅适用于带1.8L发动机的汽车)	87
F6	熔丝架B上的熔丝6(SB6)	5A	制动信号灯开关(F) 制动踏板开关(F47)	87
F7	熔丝架B上的熔丝7(SB7)	10A	冷却液继续补给泵(V51)(仅用于带1.4L发动机的汽车)	87
		7.5A	冷却液断流阀(N82)(仅适用于带1.8L发动机的汽车) 变速箱冷却液阀(N488)(仅适用于带1.8L发动机的汽车)	
F8	熔丝架B上的熔丝8(SB8)	15A	氧传感器加热(Z19)(仅用于带1.8L发动机的汽车) 尾气催化净化器后的氧传感器1加热装置(Z29)(仅用于带1.8L发动机的汽车)	87
		10A	氧传感器加热(Z19)(仅用于带1.4L发动机的汽车) 尾气催化净化器后的氧传感器1加热装置(Z29)(仅用于带1.4L发动机的汽车)	
F9	熔丝架B上的熔丝9(SB9)	20A	带功率输出级的点火线圈1(N70)(仅用于带1.4L发动机的汽车) 带功率输出级的点火线圈2(N127)(仅用于带1.4L发动机的汽车) 带功率输出级的点火线圈3(N291)(仅用于带1.4L发动机的汽车) 带功率输出级的点火线圈4(N292)(仅用于带1.4L发动机的汽车)	87
		10A	增压压力限制电磁阀(N75)(仅用于带1.8L发动机的汽车) 活性炭罐电磁阀1(N80)(仅用于带1.8L发动机的汽车) 凸轮轴调节阀1(N205)(仅用于带1.8L发动机的汽车) 排气门凸轮轴调节阀1(N318)(仅用于带1.8L发动机的汽车) 冷却液继续补给泵(V51)(仅用于带1.8L发动机的汽车)	
F10	熔丝架B上的熔丝10(SB10)	15A	燃油泵控制单元(J538)	87
F11	未占用			
F12	未占用			
F13	熔丝架B上的熔丝13(SB13)	15A	双离合器变速箱机电装置(J743)(仅用于带1.8L发动机和双离合器变速箱的汽车)	30

续表

编号	电路图中的名称	额定值	功能/部件	端子
		30A	双离合器变速箱机电装置(J743)(仅适用于带双离合器变速箱和1.4L发动机的汽车)	
F14	未占用			
F15	熔丝架B上的熔丝15(SB15)	15A	高音喇叭(H2) 低音喇叭(H7) 双音喇叭继电器(J4)	30
F16	熔丝架B上的熔丝16(SB16)	15A	带功率输出级的点火线圈1(N70)(仅用于带1.8L发动机的汽车) 带功率输出级的点火线圈2(N127)(仅用于带1.8L发动机的汽车) 带功率输出级的点火线圈3(N291)(仅用于带1.8L发动机的汽车) 带功率输出级的点火线圈4(N292)(仅用于带1.8L发动机的汽车)	30
F17	熔丝架B上的熔丝17(SB17)	7.5A	ABS控制单元(J104) 主继电器(J271) 发动机控制单元(J623)	30
F18	熔丝架B上的熔丝18(SB18)	5A	数据总线诊断接口(J533) 蓄电池监控控制单元(J367)(仅适用于带自动启停系统的汽车)	30
F19	熔丝架B上的熔丝19(SB19)	30A	刮水器电动机控制单元(J400)	30
F20	未占用			
F21	未占用			
F22	熔丝架B上的熔丝22(SB22)	5A	发动机控制单元(J623)	50
F23	熔丝架B上的熔丝23(SB23)	30A	启动电动机(B)	50

仪表板左侧熔丝支架中的熔丝（SC）安装位置见图2-71。

熔丝颜色说明：40A—橙色；30A—绿色；25A—白色；20A—黄色；15A—蓝色；

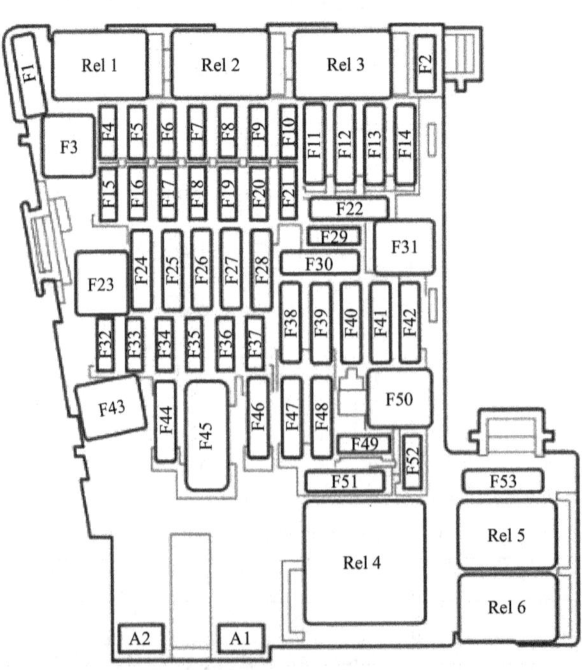

图2-71 仪表板下熔丝（SC）分布

10A—红色；7.5A—棕色；5A—米色。

熔丝（SC）布置

编号	电路图中的名称	额定值	功能/部件	端子
1	未占用			
2	未占用			
3	未占用			
4	未占用			
5	熔丝架 C 上的熔丝 5(SC5)	5A	数据总线诊断接口(J533)	30
6	未占用			
7	熔丝架 C 上的熔丝 7(SC7)	10A	Tiptronic 开关(F189)(仅适用于带双离合器变速箱的汽车) 可加热后窗玻璃继电器(J9) 全自动空调控制单元(J255)(仅适用于带全自动空调的汽车) 空调器控制单元(J301)(仅用于带有手动调节空调器的汽车)	30
8	熔丝架 C 上的熔丝 8(SC8)	10A	车灯开关(E1) 雨水与光线识别传感器(G397)(仅适用于带自动防眩的车内后视镜的汽车) 诊断接口(U31) 电控机械式驻车制动器指示灯(K213)	30
9	熔丝架 C 上的熔丝 9(SC9)	2A	转向柱电子装置控制单元(J527)	30
10	熔丝架 C 上的熔丝 10(SC10)	10A	多媒体系统操作单元(E380)(依汽车装备而定)	30
11	未占用			
12	熔丝架 C 上的熔丝 12(SC12)	20A	电子通信信息设备 1 控制单元(J794)(依汽车装备而定) 收音机(R)(依汽车装备而定)	30
13	未占用			
14	熔丝架 C 上的熔丝 14(SC14)	30A	新鲜空气鼓风机控制单元(J126)	30
15	熔丝架 C 上的熔丝 15(SC15)	10A	电子转向柱锁止装置控制单元(J764)(仅适用于带进入及启动许可的汽车)	30
16	熔丝架 C 上的熔丝 16(SC16)	5A	USB 分线器(R293)(依汽车装备而定)	30
17	熔丝架 C 上的熔丝 17(SC17)	5A	仪表板中的控制单元(J285)	30
18	熔丝架 C 上的熔丝 18(SC18)	7.5A	倒车摄像头(R189)(仅适用于带倒车摄像机系统的汽车) 徽标电动机(V432)(仅适用于带倒车摄像机系统的汽车)	30
19	熔丝架 C 上的熔丝 19(SC19)	7.5A	进入及启动许可控制单元(J518)(仅适用于带进入及启动许可的汽车)	30
20	未占用			
21	未占用			
22	未占用			
23	熔丝架 C 上的熔丝 23(SC23)	40A	车载电网控制单元(J519)	30
24	熔丝架 C 上的熔丝 24(SC24)	30A	滑动天窗控制单元(J245)(仅适用于带滑动/外翻式天窗的汽车)	30
25	熔丝架 C 上的熔丝 25(SC25)	30A	驾驶员侧车门控制单元(J386) 左后车门控制单元(J388)	30
26	熔丝架 C 上的熔丝 26(SC26)	30A	车载电网控制单元(J519)	30
27	熔丝架 C 上的熔丝 27(SC27)	30A	功率放大器(R12)(仅适用于带了音响系统的汽车)	30

续表

编号	电路图中的名称	额定值	功能/部件	端子
28	未占用			
29	未占用			
30	未占用			
31	熔丝架C上的熔丝31(SC31)	40A	车载电网控制单元(J519)	30
32	熔丝架C上的熔丝32(SC32)	7.5A	车距调节控制单元(J428)[仅适用于带自动车距控制(ADR)的汽车] 驻车辅助控制单元(J446)[仅适用于带驻车距离报警(后)的汽车/仅适用于带驻车距离报警(前/后)的汽车] 驻车辅助系统控制单元(J791)(仅适用于带驻车转向辅助系统的汽车) 盲区识别控制单元(J1086)(仅适用于带车道保持辅助系统的汽车) 盲区识别控制单元2(J1087)(仅适用于带车道保持辅助系统的汽车) 驾驶员辅助系统的前部摄像机(R242)(仅适用于带驾驶辅助特殊装备的汽车)	15
33	熔丝架C上的熔丝31(SC33)	5A	安全气囊控制单元(J234)	15
34	熔丝架C上的熔丝34(SC34)	7.5A	车灯开关(E1) 轮胎压力监控按钮(E226) AUTO HOLD按钮(E540) 倒车灯开关(F4)(仅适用于带手动变速箱的汽车) 冷却液循环管路压力传感器(G805) 点烟器继电器(J193) AUTO HOLD指示灯(K237) 自动防眩的车内后视镜(Y7)(仅适用于带自动防眩的车内后视镜的汽车)	15
35	熔丝架C上的熔丝35(SC35)	10A	大灯照明距离调节器(E102)(仅适用于带大灯照明距离调节的汽车) 弯道灯和大灯照明距离调节控制单元(J745)(仅适用于带自动大灯照明距离调节的汽车) 诊断接口(U31) 左侧大灯照明距离调节伺服电动机(V48)(仅适用于带大灯照明距离调节的汽车) 右侧大灯照明距离调节伺服电动机(V49)(仅适用于带大灯照明距离调节的汽车)	15
36	熔丝架C上的熔丝36(SC36)	10A	右侧大灯电源模块(J668)(仅适用于带自动大灯照明距离调节的汽车)	15
37	熔丝架C上的熔丝37(SC37)	10A	左侧大灯电源模块(J667)(仅适用于带自动大灯照明距离调节的汽车)	15
38	未占用			
39	熔丝架C上的熔丝39(SC39)	30A	副驾驶员侧车门控制单元(J387) 右后车门控制单元(J389)	30
40	熔丝架C上的熔丝40(SC40)	20A	点烟器(U1)	
41	未占用			
42	熔丝架C上的熔丝42(SC42)	40A	车载电网控制单元(J519)	30
43	熔丝架C上的熔丝43(SC43)	30A	车载电网控制单元(J519)	30
44	未占用			

续表

编号	电路图中的名称	额定值	功能/部件	端子
45	熔丝架 C 上的熔丝 45(SC45)	15A	副驾驶员座椅纵向调节开关(E64)(电动可调式驾驶员和副驾驶员座椅) 副驾驶员座椅的前部高度调节开关(E65)(电动可调式驾驶员和副驾驶员座椅) 副驾驶员座椅的后部高度调节开关(E66)(电动可调式驾驶员和副驾驶员座椅) 驾驶员座椅靠背调节开关(E96)(电动可调式驾驶员和副驾驶员座椅) 副驾驶员座椅靠背调节开关(E98)(电动可调式驾驶员和副驾驶员座椅) 驾驶员腰部支撑调节开关(E176)(电动可调式驾驶员和副驾驶员座椅) 副驾驶员腰部支撑调节开关(E177)(电动可调式驾驶员和副驾驶员座椅) 驾驶员座椅的前部高度上调按钮(E208)(电动可调式驾驶员和副驾驶员座椅) 驾驶员座椅的前部高度下调按钮(E209)(电动可调式驾驶员和副驾驶员座椅) 驾驶员座椅的后部高度上调按钮(E210)(电动可调式驾驶员和副驾驶员座椅) 驾驶员座椅的后部高度下调按钮(E211)(电动可调式驾驶员和副驾驶员座椅) 驾驶员座椅前后位置的前调按钮(E212)(电动可调式驾驶员和副驾驶员座椅) 驾驶员座椅前后位置的后调按钮(E213)(电动可调式驾驶员和副驾驶员座椅)	30
46	未占用			
47	未占用			
48	未占用			
49	熔丝架 C 上的熔丝 49(SC49)	5A	离合器位置传感器(G476)(仅适用于带手动变速箱的汽车) 起动机继电器 1(J906) 起动机继电器 2(J907)	15
50	未占用			
51	未占用			
52	未占用			
53	熔丝架 C 上的熔丝 53(SC53)	30A	可加热式后窗玻璃(Z1)	30

(2) 继电器信息

继电器盒安装位置见图 2-72。

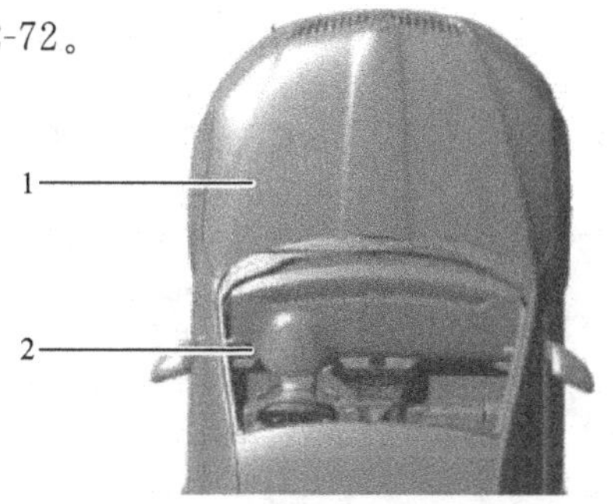

图 2-72 继电器盒安装位置

1—发动机舱熔丝盒内的继电器支架；2—仪表板左侧熔丝盒内的继电器支架

发动机舱熔丝盒内的继电器分布见图 2-73。

仪表板左侧熔丝盒内的继电器分布见图 2-74。

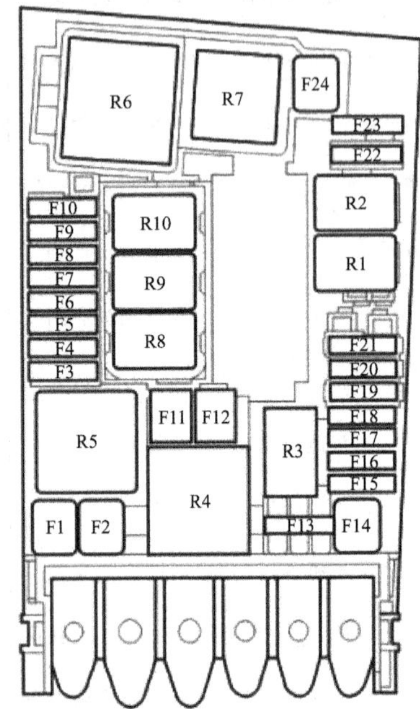

图 2-73 发动机舱熔丝盒内的继电器分布

R1—起动机继电器 1（J906），插头座 R1，继电器序列号（646）；R2—起动机继电器 2（J907），插头座 R2，继电器序列号（646）；R3—双音喇叭继电器（J4），插头座 R3，继电器序列号（646）；R4—未占用；R5—主继电器（J271），插头座 R5，继电器序列号（645）；R6—未占用；R7—未占用；R8—发动机部件供电继电器（J757），仅用于带 1.8L 发动机的汽车，插头座 R8，继电器序列号（646）；R9—未占用；R10—未占用

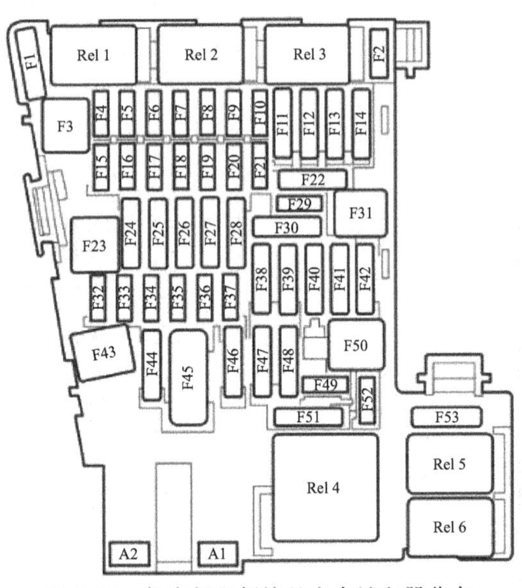

图 2-74 仪表板左侧熔丝盒内继电器分布

Rel 1—未占用；Rel 2—未占用；Rel 3—未占用；Rel 4—端子 15 供电继电器（J329），插头座 Rel 4，继电器序列号（645）；Rel 5—可加热后窗玻璃继电器（J9），插头座 Rel 5，继电器序列号（646）；Rel 6—点烟器继电器（J193），插头座 Rel 6，继电器序列号（646）

2.4.15 接地点分布与电路功能

凌渡汽车全车接地点分布见图 2-75。

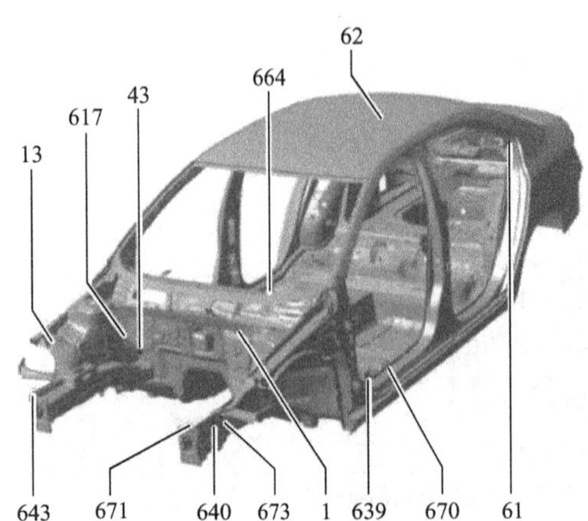

图 2-75 凌渡汽车全车接地点分布

1—蓄电池-车身接地点；13—发动机舱内右侧接地点；14—变速箱上的接地点（位于变速箱总成上）；15—气缸盖上的接地点（位于发动机总成上）；43—接地点，右侧 A 柱下部；61—左侧 C 柱上的接地点；62—右侧 C 柱上的接地点；617—右侧 A 柱下部接地点 2；639—接地点，在左侧 A 柱上；640—接地点 2，在发动机舱内左侧；643—接地点 3，在发动机舱内右侧；664—左侧仪表板后面的接地点；670—接地点 2，在左侧 A 柱上；671—接地点 1，左前纵梁上；673—接地点 3，左前纵梁上

接地点布置

<table>
<tr><th>电路图中的名称</th><th colspan="2">线束内部连接点</th><th>功能/部件</th></tr>
<tr><td>1 接地带，蓄电池-车身</td><td colspan="2">—</td><td>蓄电池(A)(仅适用于不带发动机自动启停系统的汽车)
蓄电池监控控制单元(J367)(仅适用于带自动启停系统的汽车)
转向辅助控制单元(J500)</td></tr>
<tr><td>13 发动机舱内右侧接地点</td><td colspan="2">417</td><td>ABS 控制单元(J104)</td></tr>
<tr><td>14 变速箱上的接地点</td><td colspan="2">671</td><td></td></tr>
<tr><td rowspan="2">15 气缸盖上的接地点</td><td colspan="2">—</td><td>带功率输出级的点火线圈 1(N70)(仅适用于带 1.8L 发动机的汽车)
带功率输出级的点火线圈 2(N127)(仅适用于带 1.8L 发动机的汽车)
带功率输出级的点火线圈 3(N291)(仅适用于带 1.8L 发动机的汽车)
带功率输出级的点火线圈 4(N292)(仅适用于带 1.8L 发动机的汽车)</td></tr>
<tr><td colspan="2">306</td><td>带功率输出级的点火线圈 1(N70)(仅适用于带 1.4L 发动机的汽车)
带功率输出级的点火线圈 2(N127)(仅适用于带 1.4L 发动机的汽车)
带功率输出级的点火线圈 3(N291)(仅适用于带 1.4L 发动机的汽车)
带功率输出级的点火线圈 4(N292)(仅适用于带 1.4L 发动机的汽车)</td></tr>
<tr><td rowspan="7">43 接地点，右侧 A 柱下部</td><td colspan="2">—</td><td>新鲜空气鼓风机控制单元(J126)
滑动天窗控制单元(J245)(仅适用于带滑动/外翻式天窗的汽车)
滑动天窗电动机(V1)(仅适用于带滑动/外翻式天窗的汽车)</td></tr>
<tr><td colspan="2">M53</td><td>副驾驶员座椅纵向调节开关(E64)(电动可调式驾驶员和副驾驶员座椅)
副驾驶员座椅的前部高度调节开关(E65)(电动可调式驾驶员和副驾驶员座椅)
副驾驶员座椅的后部高度调节开关(E66)(电动可调式驾驶员和副驾驶员座椅)
副驾驶员座椅靠背调节开关(E98)(电动可调式驾驶员和副驾驶员座椅)
副驾驶员腰部支撑调节开关(E177)(电动可调式驾驶员和副驾驶员座椅)</td></tr>
<tr><td colspan="2">M51</td><td>可加热式副驾驶员座椅(Z8)(仅适用于带座椅加热的汽车)
可加热式副驾驶员座椅靠背(Z9)(仅适用于带座椅加热的汽车)</td></tr>
<tr><td rowspan="4">376</td><td>206</td><td>副驾驶员侧车门接触开关(F3)
副驾驶员侧车门控制单元(J387)
副驾驶员车门闭锁单元(VX22)</td></tr>
<tr><td>208</td><td>右后车门接触开关(F11)
右后车门控制单元(J389)
右后车门闭锁单元(VX24)</td></tr>
<tr><td>351</td><td>副驾驶员侧后部车窗升降器按钮(E713)(仅适用于带进入及启动许可的汽车)
右后车门控制单元(J389)(仅适用于带进入及启动许可的汽车)
右后侧车门内把手照明灯泡(L134)(仅适用于带进入及启动许可的汽车)
开关照明灯泡(L156)(仅适用于带进入及启动许可的汽车)
后右车门储物箱照明灯泡(L171)(仅适用于带进入及启动许可的汽车)
右后车门背景照明灯 1(L202)(仅适用于带进入及启动许可的汽车)
右后车门背景照明灯 2(L206)(仅适用于带进入及启动许可的汽车)</td></tr>
<tr><td>—</td><td>副驾驶员侧车门外把手接触传感器(G416)(仅适用于带进入及启动许可的汽车)
手套箱照明灯(W6)
右侧伸腿空间照明灯(W10)(仅适用于带有脚部空间照明的汽车)
右后脚部空间照明灯(W46)(仅适用于带有脚部空间照明的汽车/依汽车装备而定)</td></tr>
</table>

续表

电路图中的名称	线束内部连接点			功能/部件
61 左侧 C 柱上的接地点	375	—		左侧尾灯灯泡(M4) 左后转向信号灯灯泡(M6) 左侧倒车灯灯泡(M16) 左侧制动信号灯灯泡(M9)
		98		尾门把手中的解锁按钮(E234)(仅适用于不带倒车摄像机系统的汽车) 后备厢盖闭锁单元(F256) 左侧尾灯灯泡 2(M49) 右侧尾灯灯泡 2(M50) 左侧后雾灯灯泡(L46) 后舱盖中中央门锁电动机(V53) 徽标电动机(V432)(仅适用于带倒车摄像机系统的汽车)
	382			高位制动信号灯灯泡(M25) 负导线中的调频频率分滤器(R178) 可加热式后窗玻璃(Z1)
62 右侧 C 柱上的接地点	380	—		右侧尾灯灯泡(M2) 右后转向信号灯灯泡(M8) 右侧倒车灯灯泡(M17) 右侧制动信号灯灯泡(M10)
		381		盲区识别控制单元 2(J1087)(仅适用于带车道保持辅助系统的汽车) 左侧车外后视镜中的盲区识别警告灯(K303)(仅适用于带车道保持辅助系统的汽车) 右侧车外后视镜中的盲区识别警告灯(K304)(仅适用于带车道保持辅助系统的汽车)
		345		盲区识别控制单元(J1086)(仅适用于带车道保持辅助系统的汽车) 左侧牌照灯(X4) 右侧牌照灯(X5)
	—			燃油泵控制单元(J538)
617 右侧 A 柱下部接地点 2	377			多媒体系统操作单元(E380)(依汽车装备而定) 电子通信信息设备 1 控制单元(J794)(依汽车装备而定) 收音机(R)(依汽车装备而定) 倒车摄像头(R189)(仅适用于带倒车摄像机系统的汽车) USB 分线器(R293)(依汽车装备而定)
639 接地点,在左侧 A 柱上	369	—		车载电网控制单元(J519) 驾驶员侧车门外把手接触传感器(G415)(仅适用于带进入及启动许可的汽车)
		205		驾驶员侧车门接触开关(F2) 驾驶员侧中央门锁开关(F59) 驾驶员侧车门控制单元(J386) 驾驶员车门闭锁单元(VX21)
		207	—	左后车门接触开关(F10) 左后车门控制单元(J388) 左后车门闭锁单元(VX23)
			350	驾驶员侧后部车窗升降器按钮(E711)(仅适用于带进入及启动许可的汽车) 左后车门控制单元(J388)(仅适用于带进入及启动许可的汽车) 左后侧车门内把手照明灯泡(L133)(仅适用于带进入及启动许可的汽车) 开关照明灯泡(L156)(仅适用于带进入及启动许可的汽车) 左后车门储物箱照明灯泡(L170)(仅适用于带进入及启动许可的汽车) 左后车门背景照明灯 1(L201)(仅适用于带进入及启动许可的汽车) 左后车门背景照明灯 2(L205)(仅适用于带进入及启动许可的汽车)

续表

<table>
<tr><th>电路图中的名称</th><th colspan="4">线束内部连接点</th><th>功能/部件</th></tr>
<tr><td rowspan="2"></td><td rowspan="2">M43</td><td colspan="3">—</td><td>驾驶员座椅靠背调节开关(E96)(电动可调式驾驶员和副驾驶员座椅)
驾驶员腰部支撑调节开关(E176)(电动可调式驾驶员和副驾驶员座椅)
驾驶员座椅的前部高度上调按钮(E208)(电动可调式驾驶员和副驾驶员座椅)
驾驶员座椅的前部高度下调按钮(E209)(电动可调式驾驶员和副驾驶员座椅)
驾驶员座椅的后部高度上调按钮(E210)(电动可调式驾驶员和副驾驶员座椅)
驾驶员座椅的后部高度下调按钮(E211)(电动可调式驾驶员和副驾驶员座椅)
驾驶员座椅前后位置的前调按钮(E212)(电动可调式驾驶员和副驾驶员座椅)
驾驶员座椅前后位置的后调按钮(E213)(电动可调式驾驶员和副驾驶员座椅)</td></tr>
<tr><td colspan="3">M41</td><td>可加热式驾驶员座椅(Z6)(仅适用于带座椅加热的汽车)
可加热式驾驶员座椅靠背(Z7)(仅适用于带座椅加热的汽车)</td></tr>
<tr><td rowspan="5">639 接地点，在左侧 A 柱上</td><td rowspan="5">379</td><td colspan="3">—</td><td>车载电网控制单元(J519)</td></tr>
<tr><td rowspan="4">367</td><td colspan="2">—</td><td>大灯照明距离调节器(E102)(仅适用于带大灯照明距离调节的汽车)
中控台开关模块 2(EX30)
雨水与光线识别传感器(G397)(仅适用于带自动防眩的车内后视镜的汽车)
驻车辅助控制单元(J446)[仅适用于带驻车距离报警(后)的汽车]
车载电网控制单元(J519)
数据总线诊断接口(J533)
电子转向柱锁止装置控制单元(J764)(仅适用于带进入及启动许可的汽车)
诊断接口(U31)
左侧脚部空间照明灯(W9)(仅适用于带有脚部空间照明的汽车)
左后脚部空间照明灯(W45)(仅适用于带有脚部空间照明的汽车/依汽车装备而定)
用于前部传感系统的玻璃加热装置(Z113)(仅适用于带驾驶辅助特殊装备的汽车)</td></tr>
<tr><td rowspan="2">366</td><td>—</td><td>点烟器继电器(J193)
仪表板中的控制单元(J285)
端子 15 供电继电器(J329)
驻车辅助控制单元(J446)[仅适用于带驻车距离报警(前/后)的汽车]
转向柱电子装置控制单元(J527)
驻车辅助系统控制单元(J791)(仅适用于带驻车转向辅助系统的汽车)
大灯开关照明灯泡(L9)
大灯照明距离调节设置器照明灯泡(L54)(仅适用于带大灯照明距离调节的汽车)
驾驶员辅助系统的前部摄像机(R242)(仅适用于带驾驶辅助特殊装备的汽车)
前部车内照明灯(WX1)
自动防眩的车内后视镜(Y7)(仅适用于带自动防眩的车内后视镜的汽车)</td></tr>
<tr><td>347</td><td>驾驶员侧化妆镜接触开关(F147)(仅适用于带照明式化妆镜的汽车)
副驾驶员侧化妆镜接触开关(F148)(仅适用于带照明式化妆镜的汽车)</td></tr>
<tr><td colspan="2">838</td><td>左侧大灯照明距离调节伺服电动机(V48)(仅适用于带大灯照明距离调节的汽车)
右侧大灯照明距离调节伺服电动机(V49)(仅适用于带大灯照明距离调节的汽车)</td></tr>
</table>

续表

<table>
<tr><th>电路图中的名称</th><th colspan="2">线束内部连接点</th><th>功能/部件</th></tr>
<tr><td rowspan="2">640 接地点 2，在发动机舱内左侧</td><td colspan="2">—</td><td>散热器风扇控制单元(J293)</td></tr>
<tr><td colspan="2">209</td><td>发动机控制单元(J623)</td></tr>
<tr><td rowspan="2">643 接地点 3，在发动机舱内右侧</td><td rowspan="2">317</td><td>—</td><td>低音喇叭(H7)
右侧气体放电灯泡控制单元(J344)(仅适用于带自动大灯照明距离调节的汽车)
右侧前雾灯灯泡(L23)
右侧静态弯道灯(M52)(仅适用于带大灯照明距离调节的汽车)
大灯清洗装置泵(V11)(仅适用于带大灯清洗装置的汽车)</td></tr>
<tr><td>167</td><td>发动机舱盖接触开关(F266)(仅适用于带自动启停系统的汽车)
冷却液循环管路压力传感器(G805)
右侧大灯电源模块(J668)(仅适用于带自动大灯照明距离调节的汽车)
右侧白天行车灯和停车灯控制单元(J861)(仅适用于带自动大灯照明距离调节的汽车)
右侧停车灯灯泡(M3)
右前转向信号灯灯泡(M7)
右侧近光灯灯泡(M31)(仅适用于带大灯照明距离调节的汽车)
右侧远光灯灯泡(M32)(仅适用于带大灯照明距离调节的汽车)</td></tr>
<tr><td rowspan="2">664 左侧仪表板后面的接地点</td><td colspan="2">—</td><td>插座照明灯泡(L42)
插座(U)
点烟器(U1)</td></tr>
<tr><td colspan="2">368</td><td>警报灯开关(E229)
启动装置按钮(E378)(仅适用于带进入及启动许可的汽车)
Tiptronic 开关(F189)(仅适用于带双离合器变速箱的汽车)
选挡杆挡位 P 锁止开关(F319)(仅适用于带双离合器变速箱的汽车)
全自动空调控制单元(J255)(仅适用于带全自动空调的汽车)
空调器控制单元(J301)(仅用于带有手动调节空调器的汽车)
进入及启动许可控制单元(J518)(仅适用于带进入及启动许可的汽车)
闪烁警报装置指示灯(K6)
开关照明灯泡(L156)
点火启动按钮照明装置灯泡(L190)(仅适用于带进入及启动许可的汽车)</td></tr>
<tr><td>670 接地点 2，在左侧 A 柱上</td><td colspan="2">—</td><td>功率放大器(R12)(仅适用于带了音响系统的汽车)</td></tr>
<tr><td>671 接地点 1，左前纵梁上</td><td colspan="2">14</td><td></td></tr>
<tr><td rowspan="2">673 接地点 3，左前纵梁上</td><td rowspan="2">85</td><td>—</td><td>左侧气体放电灯泡控制单元(J343)(仅适用于带自动大灯照明距离调节的汽车)
刮水器电动机控制单元(J400)
左侧大灯电源模块(J667)(仅适用于带自动大灯照明距离调节的汽车)
左侧白天行车灯和停车灯控制单元(J860)(仅适用于带自动大灯照明距离调节的汽车)
左侧前雾灯灯泡(L22)
左侧停车灯灯泡(M1)
左前转向信号灯灯泡(M5)
左侧近光灯灯泡(M29)(仅适用于带大灯照明距离调节的汽车)
左侧远光灯灯泡(M30)(仅适用于带大灯照明距离调节的汽车)
左侧静态弯道灯(M51)(仅适用于带大灯照明距离调节的汽车)
驾驶员侧车窗玻璃刮水器电动机(V216)</td></tr>
<tr><td>131</td><td>机油油位和机油温度传感器(G266)(仅适用于带 1.8L 发动机的汽车)
离合器位置传感器(G476)(仅适用于带手动变速箱的汽车)
制动信号灯开关(F)
制动液液位警告信号触点(F34)
制动踏板开关(F47)</td></tr>
</table>

续表

<table>
<tr><th>电路图中的名称</th><th colspan="2">线束内部连接点</th><th>功能/部件</th></tr>
<tr><td rowspan="6">673 接地点 3，左前纵梁上</td><td rowspan="3">85</td><td>131</td><td>空调压缩机调节阀(N280)
冷却液继续补给泵(V51)(仅适用于带 1.8L 发动机的汽车)</td></tr>
<tr><td>201</td><td>车距调节控制单元(J428)[仅适用于带自动车距控制(ADR)的汽车]
弯道灯和大灯照明距离调节控制单元(J745)(仅适用于带自动大灯照明距离调节的汽车)
左侧喷嘴加热电阻(Z20)(仅适用于带可加热式喷嘴的汽车)
右侧喷嘴加热电阻(Z21)(仅适用于带可加热式喷嘴的汽车)</td></tr>
<tr><td>418</td><td>双离合器变速箱机电装置(J743)(仅适用于带双离合器变速箱的汽车)</td></tr>
<tr><td rowspan="2">819</td><td>—</td><td>高音喇叭(H2)</td></tr>
<tr><td>281</td><td>带功率输出级的点火线圈 1(N70)
带功率输出级的点火线圈 2(N127)
带功率输出级的点火线圈 3(N291)
带功率输出级的点火线圈 4(N292)
冷却液继续补给泵(V51)(仅用于带 1.4L 发动机的汽车)</td></tr>
</table>

2.4.16 保养周期显示器复位方法

① 关闭点火开关。

② 按住组合仪表上的复位按钮。

③ 打开点火开关。

④ 如组合仪表显示屏显示下列某条信息，松开复位按钮（见图 2-76）。

图 2-76 显示仪表复位按钮

- 确定要复位保养服务的数据？
- 确定要复位车况检查服务的数据？

注意：请不要在保养周期之间复位保养提示，否则会导致显示错误。如果较长时间把汽车蓄电池断开，则可能无法正确计算下次保养到期日的时间。当发动机处于运转状态时，按压风窗刮水器操纵杆上的 ok/reset 按钮或按压多功能方向盘上的 OK 按钮，数秒钟后显示的保养信息消失，返回常规显示模式。

2.4.17 电动车窗复位方法

如果汽车蓄电池在未完全关闭车窗时被断开或电量耗尽，则自动车窗升降功能不起作用，必须通过以下操作复位：

① 拉起车窗升降按钮，关闭所有车窗。

② 松开按钮。

③ 再次拉起车窗升降开关的按钮并在此位置上至少保持 2s，自动升降功能恢复。

2.4.18 凌渡全车控制器安装位置

(1) 发动机舱内的控制器

发动机舱内的控制器分布如图 2-77 所示。

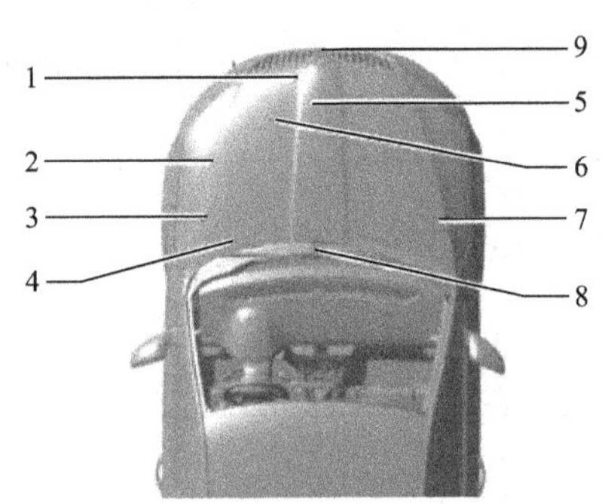

图 2-77 发动机舱内的控制器分布

1—散热器风扇控制单元（J293）；2—发动机控制单元（J623）；3—蓄电池监控控制单元（J367）（仅适用于带自动启停系统的汽车）；4—刮水器电动机控制单元（J400）；5—节气门控制单元（J338）；6—双离合器变速箱机电装置（J743）（仅适用于带双离合器变速箱的汽车）；7—ABS 控制单元（J104）；8—转向辅助控制单元（J500）；9—车距调节控制单元（J428）［仅适用于带自动车距控制（ADR）的汽车］

(2) 车厢内的控制器

车厢空间内的控制器及组合插座分布如图 2-78 所示。

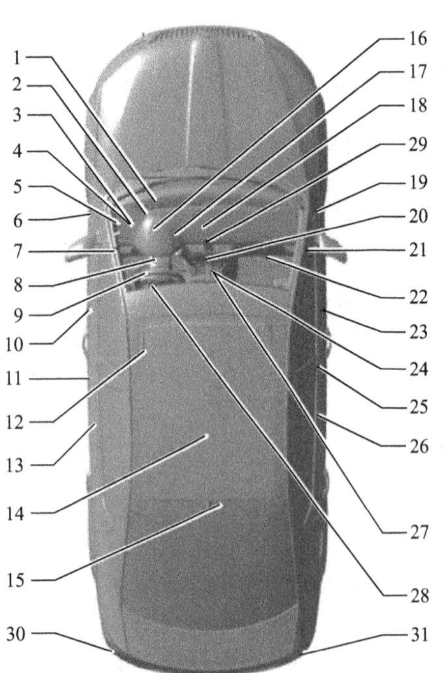

图 2-78 车内控制器及组合插座分布

1—弯道灯和大灯照明距离调节控制单元（J745）（仅适用于带自动大灯照明距离调节的汽车）；2—数据总线诊断接口（J533）；3—驻车辅助控制单元（J446）［仅适用于带驻车距离报警（后）的汽车］；4—驻车辅助系统控制单元（J791）/驻车辅助控制单元（J446）［仅适用于带驻车距离报警（前/后）的汽车/仅适用于带驻车转向辅助系统的汽车］；5—车载电网控制单元（J519）；6—左 A 柱插座；7—诊断接口（U31）；8—电子转向柱锁止装置控制单元（J764）（仅适用于带进入及启动许可的汽车）；9—转向柱电子装置控制单元（J527）；10—驾驶员侧车门控制单元（J386）；11—左 B 柱插座；12—功率放大器（R12）（仅适用于带了音响系统的汽车）；13—左后车门控制单元（J388）；14—滑动天窗控制单元（J245）（仅适用于带滑动/外翻式天窗的汽车）；15—燃油泵控制单元（J538）；16—仪表板中的控制单元（J285）；17—进入及启动许可控制单元（J518）（仅适用于带进入及启动许可的汽车）；18—安全气囊控制单元（J234）；19—右 A 柱插座；20—前部信息显示和操作单元控制单元的显示单元（J685）/多媒体系统操作单元（E380）（依汽车装备而定）；21—新鲜空气鼓风机控制单元（J126）；22—电子通信信息设备 1 控制单元（J794）（依汽车装备而定）；23—副驾驶员侧车门控制单元（J387）；24—全自动空调控制单元（J255）（仅适用于带全自动空调的汽车）；25—右 B 柱插座；26—右后车门控制单元（J389）；27—空调器控制单元（J301）（仅用于带有手动调节空调器的汽车）；28—多功能方向盘控制单元（J453）（仅适用于带多功能方向盘的汽车）；29—驾驶员辅助系统的前部摄像机（R242）（仅适用于带驾驶辅助特殊装备的汽车）；30—盲区识别控制单元 2（J1087）（仅适用于带车道保持辅助系统的汽车）；31—盲区识别控制单元（J1086）（仅适用于带车道保持辅助系统的汽车）

2.5 途观 Tiguan-途观 L（2013~2018 年款）

2.5.1 途观 L 车型发动机配置信息

标识字母	CUF	CUG	DBF
排量/L	1.798	1.984	1.984
功率/kW	132	162	137
扭矩/N·m	300	350	320
缸径/mm	82.5	82.5	82.5
行程/mm	84.1	92.8	92.8
压缩比	9.6∶1	9.6∶1	11.65∶1
ROZ	92	92	95
喷射装置/点火装置	缸内直喷	缸内直喷＋进气歧管喷射	缸内直喷＋进气歧管喷射
点火顺序	1—3—4—2	1—3—4—2	1—3—4—2
爆震控制	是	是	是
增压	是	是	是
废气再循环	否	否	否
可变进气管	是	是	是
凸轮轴调节	是	是	是
二次空气	否	否	否

2.5.2 途观 L 2.0T DBF 发动机正时维修

正时链单元结构与拆装调速步骤和大众 CUH 发动机相同，相关内容请参考 2.9.2 小节。

2.5.3 途观 L 2.0T CUG 发动机正时维修

正时链单元结构与拆装调速步骤和大众 CUH 发动机相同，相关内容请参考 2.9.2 小节。

2.5.4 途观 1.4T CSS 发动机正时维修

该款发动机也装备在一汽大众全新速腾车型上，相关内容请参考 1.3.3 小节。

2.5.5 途观 2.0T CGM 发动机正时维修

CGM 2.0L 发动机与 CEA 发动机正时链结构与拆装相同，相关内容请参考 1.4.6 小节。其正时链与平衡轴正时链结构分解如图 2-79、图 2-80 所示。

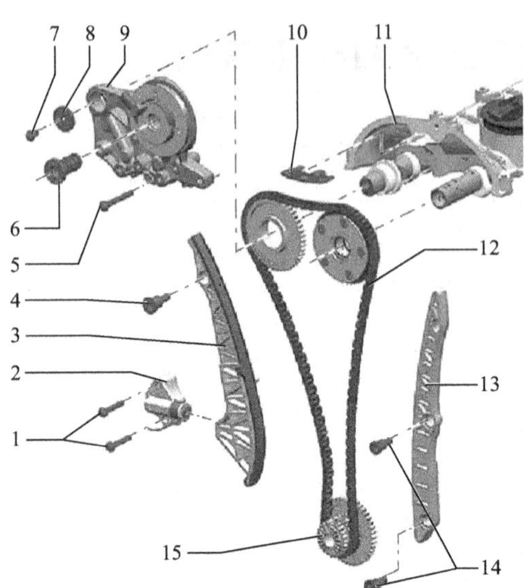

图 2-79 CGM 正时链结构分解

1—螺栓 9N·m；2—链条张紧器；3—正时链张紧轨；4—导向螺栓 20N·m；5—六个螺栓 9N·m；6—调节阀左旋螺纹 35N·m；7—螺栓，8N·m+90°（1/4 圈）；8—垫圈；9—轴承桥；10—凸轮轴正时链的滑轨；11—气缸盖罩；12—凸轮轴正时链；13—凸轮轴正时链的滑轨；14—导向螺栓 20N·m；15—曲轴链轮

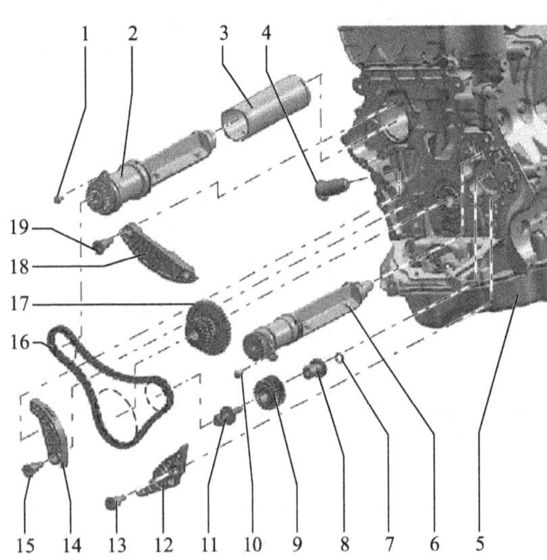

图 2-80 平衡轴正时链结构分解

1—螺栓 9N·m；2—平衡轴；3—平衡轴管；4—链条张紧器，65N·m；5—气缸体；6—平衡轴；7—O 形环；8—轴承销；9—中间链轮；10—螺栓，9N·m；11—螺栓；12—滑轨；13—两个导向螺栓，20N·m；14—张紧轨；15—导向螺栓，20N·m；16—正时链；17—链轮；18—滑轨；19—两个导向螺栓，20N·m

2.5.6 途观 1.8T CEA/2.0T CGM 发动机机械维修数据

基本参数		
发动机代码	CEA	CGM
排量/L	1.798	1.984
功率/kW	118	147
扭矩/N·m	250	280
缸径/mm	82.5	82.5
冲程/mm	84.1	92.8
压缩比	9.6∶1	9.6∶1
ROZ	97	97
喷射装置	FSI	FS

续表

基本参数		
点火顺序	1—3—4—2	1—3—4—2
防爆震控制	有	
自诊断功能	有	
λ 控制功能	有	
三元催化转化器	有	
增压系统	有	
二次空气系统	无	
可变进气系统	有	
废气再循环功能	无	
电子节气门功能	有	
曲轴轴承轴颈直径/mm	基本尺寸	$54.00_{-0.037}^{-0.017}$
	研磨尺寸第一次	$53.75_{-0.037}^{-0.017}$
	研磨尺寸第二次	$53.50_{-0.037}^{-0.017}$
	研磨尺寸第三次	$53.25_{-0.037}^{-0.017}$
连杆轴承轴颈直径/mm	基本尺寸	$47.80_{-0.042}^{-0.022}$
	研磨尺寸第一次	$47.55_{-0.042}^{-0.022}$
	研磨尺寸第二次	$47.30_{-0.042}^{-0.022}$
	研磨尺寸第三次	$47.05_{-0.042}^{-0.022}$
曲轴间隙/mm	轴向	新件:0.07～0.23 磨损极限:0.30
	径向	新件:0.017～0.037 磨损极限:0.15
连杆轴瓦间隙/mm	轴向	新件:0.10～0.35,磨损极限:0.40
	用塑料间隙规测量径向	新件:0.02～0.06,磨损极限:0.09
开口间隙/mm	气环	新件 0.20～0.40,极限 0.8
	刮油环	新件 0.25～0.50,极限 0.8
环槽间隙/mm	第一道压缩环	新件 0.04～0.08,极限 0.15
	第二道压缩环	新件 0.02～0.06,极限 0.15
	挡油环	不可测量
活塞直径/mm	基本尺寸	82.465,说明:尺寸不包括石墨层(厚度 0.02mm)的尺寸。石墨层会自动磨损
气缸孔径/mm	基本尺寸	82.51
气缸压力值/bar	新零件	11～14
	磨损极限	7
	气缸间允许相差值	3

续表

进、排气门,气门导杆检测参数		
尺寸图例		
进气门	a(气门顶直径)/mm	33.85±0.10
	b(气门杆直径)/mm	5.98±0.01
	c(气门全长)/mm	104.0±0.2
	α(气门斜角)	45°
进气门导管	磨损极限/mm	0.8
排气门	a(气门顶直径)/mm	28.0±0.1
	b(气门杆直径)/mm	5.96±0.01
	c(气门全长)/mm	101.9±0.2
	α(气门斜角)	45°
排气门导管	磨损极限/mm	0.8

2.5.7 2009~2016 年款大众 1.4T CFB 发动机电脑端子信息

1.4T CFB 型发动机电脑端子针脚分布如图 2-81 所示。

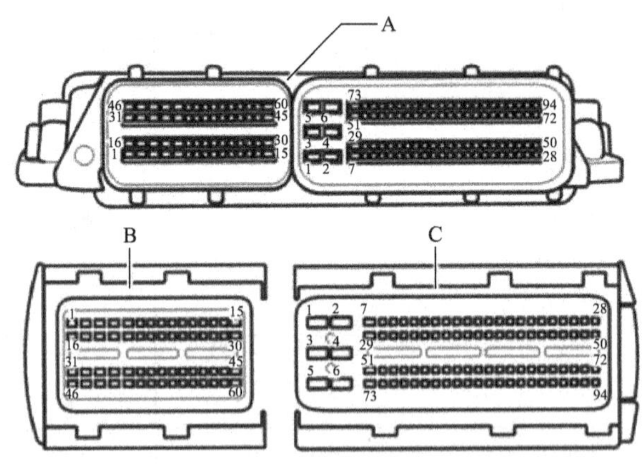

图 2-81 CFB 发动机电脑端子针脚分布

插头连接（仅用于带 1.4L 发动机的车辆/仅适用于带自动启停系统的车辆）：A—发动机控制单元（J623）；B—60 芯插头连接（T60a），黑色，发动机控制单元插头

针脚序号	针脚功能	针脚序号	针脚功能
1	涡轮增压器循环空气阀控制端	7	1 缸点火控制信号
3	增压压力限制电磁阀控制端	8	爆震传感器屏蔽
6	4 缸点火控制信号	10	爆震传感器信号

续表

针脚序号	针脚功能	针脚序号	针脚功能
12	节气门驱动装置角度传感器电源5V	34	3缸喷油控制
13	传感器接地(进气温度传感器2、进气温度传感器、燃油压力传感器)	35	活性炭容器装置电磁阀(周期性控制)控制端
14	冷却液温度传感器信号	36	发动机转速传感器信号
16	节气门驱动装置+	39	增压压力传感器信号
17	节气门驱动装置−	40	燃油压力传感器信号
19	燃油压力调节阀控制端	41	节气门驱动装置角度传感器2信号
21	2缸点火控制信号	42	进气温度传感器信号
22	3缸点火控制信号	44	节气门驱动装置角度传感器接地
23	进气温度传感器2信号	46	4缸喷油控制
24	节气门驱动装置角度传感器1信号	47	3缸喷油控制
25	爆震传感器信号	48	4缸喷油控制
27	传感器电源5V(增压压力传感器、发动机转速传感器)	49	2缸喷油控制
		50	凸轮轴调节阀控制端
29	传感器电源5V(霍尔传感器、进气压力传感器、燃油压力传感器)	51	发动机转速传感器信号
		53	霍尔传感器信号
31	1缸喷油控制	54	霍尔传感器接地
32	2缸喷油控制	55	进气压力传感器信号
33	1缸喷油控制	57	冷却液温度传感器信号
未占用的引脚:2、4、5、9、11、15、18、20、26、28、30、37、38、43、45、52、56、58、59、60			

C—94芯插头连接(T94a),黑色,发动机控制单元插头

针脚序号	针脚功能	针脚序号	针脚功能
1	接线柱31	29	后氧传感器加热装置控制端
2	接线柱31	30	燃油泵控制信号
3	接线柱87a	31	起动机继电器2控制端
5	接线柱87a	34	后氧传感器信号
7	前氧传感器加热装置控制端	35	油门踏板位置传感器接地
9	起动机继电器1控制端	36	水箱出口冷却液温度传感器信号
11	油门踏板位置传感器2接地	42	接线柱50
12	水箱出口冷却液温度传感器信号	43	离合器位置传感器信号(仅适用于带手动变速箱的车辆)
17	变速箱空挡位置传感器接地		
18	变速箱空挡位置传感器信号	45	定速巡航装置控制信号
19	制动信号灯开关信号	50	散热器风扇控制信号
20	P/N挡信号	56	前氧传感器信号
22	启动/停止模式按钮信号	57	前氧传感器信号
27	冷却液辅助泵继电器控制端	59	变速箱空挡位置传感器电源5V

续表

针脚序号	针脚功能	针脚序号	针脚功能
61	油门踏板位置传感器信号	79	前氧传感器信号
62	后氧传感器信号	81	油门踏板位置传感器 2 电源 5V
64	启动/停止运行模式指示灯信号	82	油门踏板位置传感器电源 5V
67	CAN 总线,低位(驱动系统)	83	油门踏板位置传感器信号
68	CAN 总线,高位(驱动系统)	86	P/N 挡信号
69	主继电器控制端	87	接线柱 15a
74	接线柱 50	92	接线柱 30a
78	前氧传感器信号		
未占用的针脚:4、6、8、10、13、14、15、16、21、23、24、25、26、28、32、33、37、38、39、40、41、44、46、47、48、49、51、52、53、54、55、58、60、63、65、66、70、71、72、73、75、76、77、80、84、85、88、89、90、91、93、94			

2.5.8 2012~2016 年款大众 1.8T CEA/2.0T CGM 发动机电脑端子信息

CEA/CGM 发动机电脑针脚排列如图 2-82 所示。

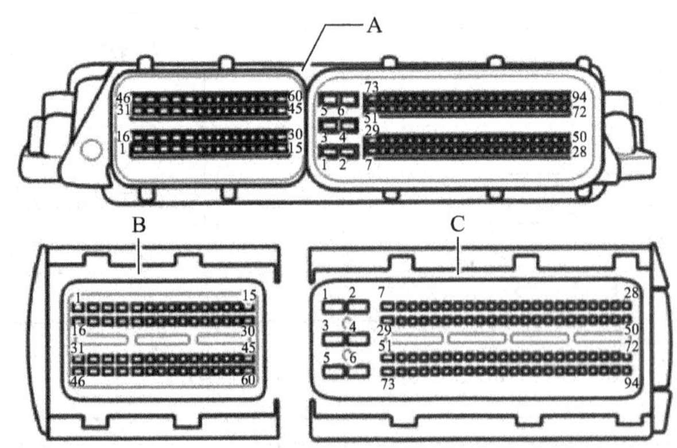

图 2-82 CEA/CGM 型发动机电脑针脚排列

插头连接（仅适用于带 1.8L 发动机的车辆/仅适用于带 2.0L 发动机的车辆）：

A—发动机控制单元（J623）；B—60 芯插头连接（T60a），黑色，发动机控制单元插头

针脚序号	针脚功能	针脚序号	针脚功能
1	机油压力调节阀控制端	14	传感器接地(进气温度传感器、冷却液温度传感器)
3	增压压力限制电磁阀控制端		
5	凸轮轴调节阀控制端	16	节气门驱动装置＋
6	4 缸点火控制信号	17	节气门驱动装置－
7	1 缸点火控制信号	18	机油压力防降开关信号
8	传感器接地(霍尔传感器、爆震传感器)	19	燃油压力调节阀控制端
10	爆震传感器信号	20	进气管风门气流控制阀控制端
12	节气门驱动装置角度传感器电源 5V	21	2 缸点火控制信号
13	传感器接地(进气管风门电位计、增压压力传感器、燃油压力传感器)	22	3 缸点火控制信号
		24	节气门驱动装置角度传感器 1 信号

续表

针脚序号	针脚功能	针脚序号	针脚功能
25	爆震传感器信号	41	节气门驱动装置角度传感器2信号
27	传感器电源5V(进气管风门电位计、增压压力传感器)	42	进气温度传感器信号
		44	节气门驱动装置角度传感器接地
29	传感器电源5V(霍尔传感器、燃油压力传感器)	46	4缸喷油控制
		47	2缸喷油控制
31	1缸喷油控制	48	4缸喷油控制
32	3缸喷油控制	49	2缸喷油控制
33	1缸喷油控制	50	涡轮增压器循环空气阀控制端
34	3缸喷油控制	51	发动机转速传感器信号
35	活性炭容器装置电磁阀控制端	53	霍尔传感器信号
36	发动机转速传感器信号	57	冷却液温度传感器信号
39	增压压力传感器信号	59	进气管风门电位计信号
40	燃油压力传感器信号		
未占用的针脚号:2、4、9、11、15、23、26、28、30、37、38、43、45、52、54、55、56、58、60			

C—94芯插头连接(T94a),黑色,发动机控制单元插头

针脚序号	针脚功能	针脚序号	针脚功能
1	接线柱31	46	发电机发电控制端
2	接线柱31	50	散热器风扇控制信号
3	接线柱87a	56	前氧传感器信号
4	接线柱31	57	前氧传感器信号
5	接线柱87a	61	油门踏板位置传感器2信号
6	接线柱87a	62	后氧传感器信号
11	油门踏板位置传感器2接地	65	空气质量计接地
12	水箱出水口冷却液温度传感器接地	67	CAN总线,低位(驱动系统)
19	刹车灯开关信号	68	CAN总线,高位(驱动系统)
23	空气质量计信号	69	主继电器控制端
27	冷却液继续循环泵继电器控制端	73	前氧传感器加热装置控制端
28	发动机部件供电继电器控制端	78	前氧传感器信号
29	后氧传感器加热装置控制端	79	前氧传感器信号
30	燃油泵控制信号	81	油门踏板位置传感器2电源(5V)
34	后氧传感器信号	82	油门踏板位置传感器电源(5V)
35	油门踏板位置传感器接地	83	油门踏板位置传感器信号
36	水箱出口冷却液温度传感器信号	87	接线柱15a
43	离合器位置传感器信号(仅适用于带手动变速箱的车辆)	92	接线柱30a
45	GRA开关信号(仅适用于带定速巡航装置的车辆)		
未占用的针脚号:7、8、9、10、13、14、15、16、17、18、20、21、22、24、25、26、31、32、33、37、38、39、40、41、42、44、47、48、49、51、52、53、54、55、58、59、60、63、64、66、70、71、72、74、75、76、77、80、84、85、86、88、89、90、91、93、94			

2.5.9 全新途观四轮定位数据

这些数据适用于所有发动机。

前　　桥	标准底盘	后　　桥	标准底盘
总前束(无负载)	10′±10′	总前束(车辆外倾角已规定)	+10′±10′
车轮外倾角(正前打直位置)	−27′±30′	车轮外倾角	−1°20′±30′
两侧之间的最大允许偏值	最大 30′	两侧之间的最大允许偏值	最大 30′
向左和向右转向角为 20°时的前束偏差角①	1°36′±20′		
主销后倾	7°34′±30′		
两侧之间的最大允许偏值	最大 30′	允许的与行驶方向的最大偏差	最大 20′
离地高度	(430±10)mm	离地高度	(440±10)mm

①不同制造商的车轮定位仪上有些前束偏差可能会显示为负值。

2.5.10 途观 L 车轮定位数据

前　　桥	标准底盘	后　　桥	标准底盘
前束(双轮)	10′±10′	前束(双轮)	10′±10′
车轮外倾角(不可调)	−16′±30′	车轮外倾角	−1°20′±30′
左右车轮外倾角最大允差	30′	左右轮外倾角最大允差	30′
主销后倾角(不可调)	7°07′±30′		
站立高度	(443±10)mm	站立高度	(455±10)mm

2.5.11 途观、 R36、迈腾调取保养功能菜单方法

① 可以通过方向盘右侧按钮的操作，调出仪表信息中心菜单，如图 2-83 所示。

② 选择设置菜单，如图 2-84 所示。

图 2-83　方向盘右侧功能按钮

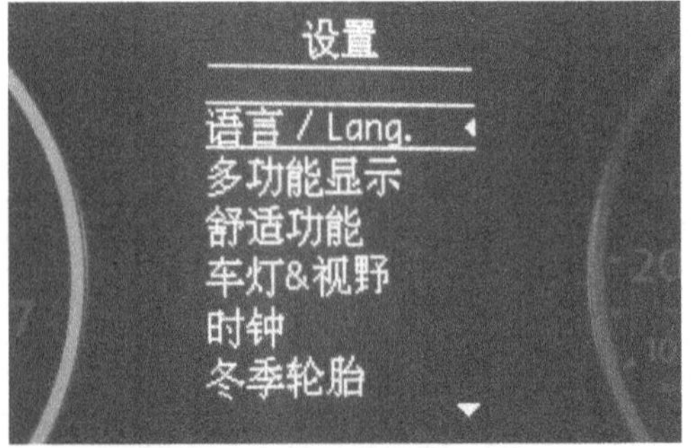

图 2-84　车型设置菜单画面

③ 选择保养，如图 2-85 所示。

④ 选择信息，如图 2-86 所示。

⑤ 屏幕将会显示距离下次保养的剩余里程数与天数，如图 2-87 所示。

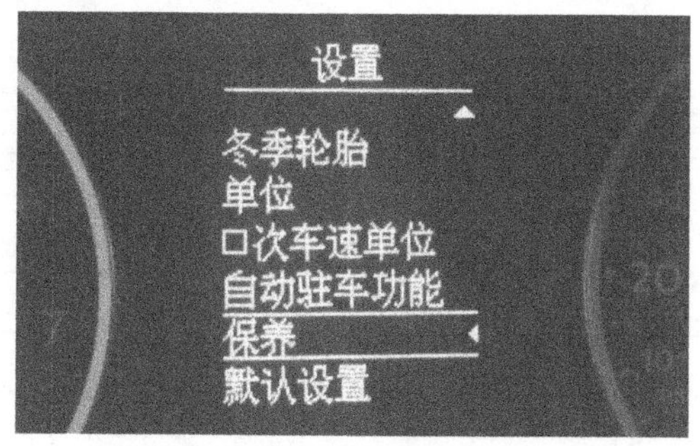

图 2-85 设置菜单下翻选择“保养”

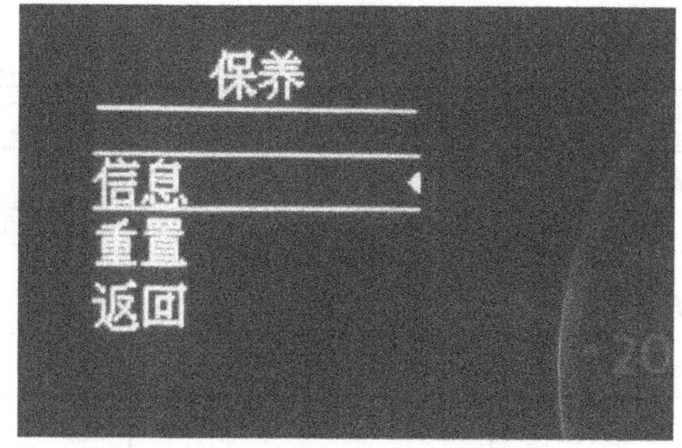

图 2-86 Ⅰ车型保养菜单显示

图 2-87 显示屏幕显示里程与天数

2.6 波罗 Polo（2010~2018 年款）

2.6.1 波罗车型发动机配置信息

汽油发动机（适用于 New Polo 2010）

发动机标识字母	CLP	CLS/CPJ
排量/L	1.390	1.598
气缸数/每缸气门数	4/4	4/4
功率/kW	63	77
扭矩/N·m	132	155
缸径/mm	76.5	76.5
行程/mm	75.6	86.9
压缩比	10.5∶1	10.5∶1
喷射装置/点火装置	MM 7GV	MM 7GV
RON(无铅,至少)	93	93
爆震控制系统	是	是
自诊断	是	是
三元催化转化器	是	是
废气再循环	否	否

汽油发动机（适用于 New Polo 2014）

发动机标识字母	DAH	CSR
排量/L	1.395	1.598
气缸数/每缸气门数	4/4	4/4
功率/kW	66	81
扭矩/N·m	132	155
缸径/mm	74.5	76.5
行程/mm	80	86.9
压缩比	10.5∶1	10.5∶1
喷射装置/点火装置	BOSCH ME 17.5.22	BOSCH ME 17.5.22
RON(无铅，至少)	93/92	93/92
爆震控制系统	是	是
自诊断	是	是
三元催化转化器	是	是
废气再循环	否	否

汽油发动机（适用于 Polo GTI）

标识字母	CFB	CSS
排量/L	1.390	1.395
功率/kW	96	110
扭矩/N·m	220	250
缸径/mm	76.5	74.5
行程/mm	75.6	80
压缩比	10.0∶1	10.0∶1
RON	93	93
喷射装置/点火装置	Motronic MED 17.5.20	缸内直喷
点火顺序	1—3—4—2	1—3—4—2
爆震控制	是	是
增压	是	是
废气再循环	否	否
可变进气管	是	是
三元催化转化器	是	是
凸轮轴调节	是	是
二次空气	否	否

汽油发动机（适用于 2018 款起全新波罗）

发动机标识字母	DLX
排量/L	1.498
气缸数	4

续表

发动机标识字母	DLX
功率/kW	81
扭矩/N·m	150
缸径/mm	74.5
行程/mm	85.9
压缩比	11.0∶1
喷射装置/点火装置	进气歧管喷射
RON(至少)	92
爆震控制系统	是
自诊断	是
三元催化转化器	是
废气再循环	否

2.6.2 2018年款起大众1.5L DLX发动机正时维修

该发动机与全新朗逸配载的DLW发动机为同系列发动机，相关内容请参考2.3.2小节。

2.6.3 2013~2018年款大众1.6L CSR发动机正时维修

该发动机正时链单元结构、拆装与调整和CKA发动机相同，相关内容请参考2.1.3小节。

2.6.4 2015~2018年款大众1.4L DAH发动机正时维修

该发动机正时链单元结构、拆装与调整和CKA发动机相同，相关内容请参考2.1.3小节。

2.6.5 2010~2011年款新波罗1.4L CLP/1.6L CLS发动机机械维修数据

基本参数		
发动机代码	CLP	CLS
排量/L	1.390	1.598
功率	63kW/(5000±200)r/min	77kW/(5000±200)r/min
扭矩	132N·m/(3750±200)r/min	155N·m/(3750±200)r/min
缸径/mm	76.5	76.5
冲程/mm	75.6	86.9
压缩比	10.5∶1	10.5∶1
ROZ	93	93
喷射与点火装置	MM 7GV	MM 7GV
点火顺序	1—3—4—2	1—3—4—2
防爆震控制	有	
自诊断功能	有	

续表

基本参数		
λ 控制功能	有	
三元催化转化器	有	
增压系统	无	
可变进气系统	有	
废气再循环功能	无	
曲轴轴承轴颈直径/mm	基本尺寸	$50.00_{-0.037}^{-0.017}$
连杆轴承轴颈直径/mm	基本尺寸	$42.00_{-0.037}^{-0.022}$
活塞环开口间隙/mm	第一压缩环	新件 0.20～0.50，极限 1.0
	第二压缩环	新件 0.40～0.60，极限 1.0
	刮油环	新件 0.2～1.10
活塞环环槽间隙/mm	第一道压缩环	新件 0.04～0.08，极限 0.15
	第二道压缩环	新件 0.02～0.06，极限 0.15
	挡油环	不可测量
活塞直径（从活塞底部约12mm 处测量）/mm	基本尺寸	76.475
	第一次维修	76.725
	第二次维修	76.975
气缸孔径/mm	基本尺寸	76.51
	第一次维修	76.76
	第二次维修	77.01
气缸压力值/bar	新零件	11～14
	磨损极限	7
	气缸间允许相差值	3
进、排气门，气门导杆检测参数		
尺寸图例	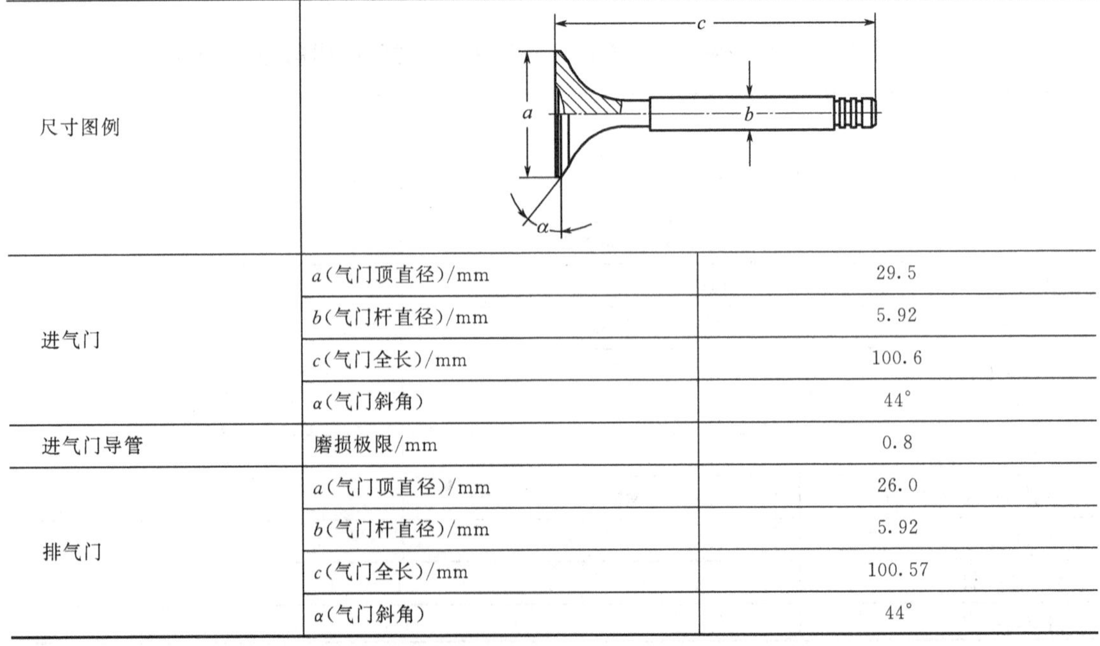	
进气门	a（气门顶直径）/mm	29.5
	b（气门杆直径）/mm	5.92
	c（气门全长）/mm	100.6
	α（气门斜角）	44°
进气门导管	磨损极限/mm	0.8
排气门	a（气门顶直径）/mm	26.0
	b（气门杆直径）/mm	5.92
	c（气门全长）/mm	100.57
	α（气门斜角）	44°

续表

进、排气门，气门导杆检测参数		
排气门导管	磨损极限/mm	0.8
进气门座与排气门座修整参数		
参数图例	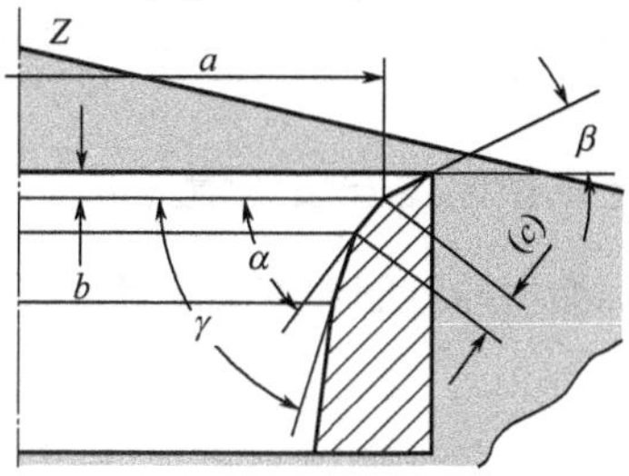	
尺寸	进气门座	排气门座
a/mm	28.7	25
b/mm	最大允许修整尺寸	最大允许修整尺寸
c/mm	1.5～1.8	约1.8
Z	气缸盖下缘	气缸盖下缘
α45°	气门座角度	气门座角度
β30°	上修正角	上修正角
γ60°	下修正角	下修正角

2.6.6 2010~2012年款新波罗四轮定位数据

以下数据适用于所有车身侧倾“零位”的发动机。

前　桥	标准底盘	后　桥	标准底盘
总前束(无负载)	+10+10′	总前束(车轮外倾角已规定)	+21′±10′
车轮外倾角(正前打直位位置)	−28′±30′	车轮外倾角	−1°30′±20′
两侧之间的最大允许偏值	最大30′	两侧之间的最大允许偏值	最大30′
向左和向右转向角为20°时的前束偏差角①	1°19′±20′		
主销后倾(不可调)	+4°54′±30′		
两侧之间的最大允许偏值	最大30′	允许的与行驶方向的最大偏差	最大20′
离地高度	(366±10)mm	离地高度	(382±10)mm

①不同制造商的车轮定位仪上有些前束偏差可能会显示为负值。

2.6.7 2018年款起全新波罗车型四轮定位数据

前　桥	标准底盘	后　桥	标准底盘
总前束(无负载)	10′±10′ 15′±5′(Cross)	总前束(车轮外倾角已规定)	21′±10′ 16′±10′(Cross)
车轮外倾角(正前打直位位置)	−28′±30′ −15′±30′	车轮外倾角	−1°30′±20′
左右轮外倾角最大允差	最大30′	左右轮外倾角最大允差	最大20′

续表

前　　桥	标准底盘	后　　桥	标准底盘
主销后倾(不可调)	4°54′±30′ 4°40′±30′		
两侧之间的最大允许偏值	最大 30′	两侧之间的最大允许偏值	最大 30′
离地高度	(366±10)mm	离地高度	(382±10)mm

2.6.8 全新波罗全车控制器安装位置

全新波罗发动机舱内的控制器安装位置见图 2-88。

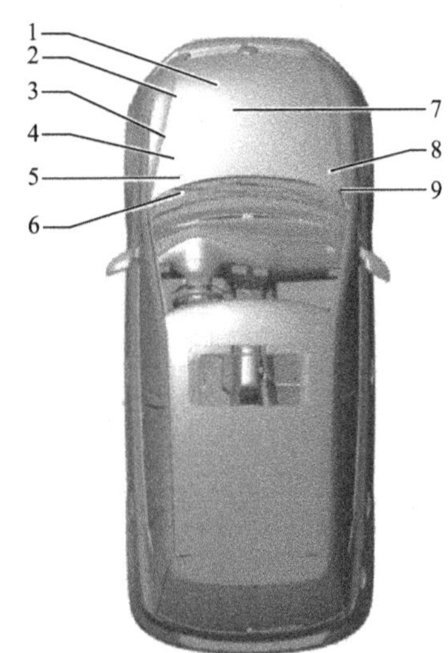

图 2-88　全新波罗发动机舱内控制器安装位置

1—双离合器变速箱机电装置（J743）（仅适用于带双离合器变速箱的汽车）；2—散热器风扇控制单元（J293）；3—蓄电池监控控制单元（J367）（用于带发动机自动启停系统的汽车）；4—自动变速箱控制单元（J217）；5—发动机控制单元（J623）；6—刮水器电动机控制单元（J400）；7—节气门控制单元（J338）；8—ABS 控制单元（J104）；9—机械振动控制单元（J869）（仅用于 Polo GTI）

车内空间内的控制器及组合插座如图 2-89 所示。

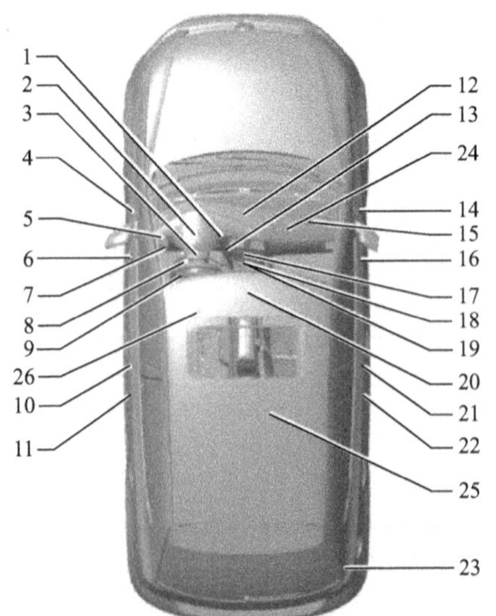

图 2-89　全新波罗车身中后部控制器安装位置

1—转向辅助控制单元（J500）；2—仪表板中的控制单元（J285）；3—组合开关（T41）（截至 2017 年 11 月），转向柱电子装置控制单元（J527）（自 2017 年 11 月起）；4—左 A 柱插座；5—车载电网控制单元（J519）；6—驾驶员侧车门控制单元（J386）；7—诊断接口（U31）；8—点火启动开关（D）；9—多功能方向盘控制单元（J453）；10—左 B 柱插座；11—左后车门控制单元（J388）；12—安全气囊控制单元（J234）；13—可加热前座椅控制单元（J774）；14—右 A 柱插座；15—新鲜空气鼓风机控制单元（J126）；16—副驾驶员侧车门控制单元（J387）；17—收音机及导航系统带显示单元的控制单元（J503）；18—全自动空调控制单元（J255）；19—空调器控制单元（J301）；20—滑动天窗控制单元（J245）；21—右 B 柱插座；22—右后车门控制单元（J389）；23—驻车辅助控制单元（J446）；24—弯道灯和大灯照明距离调节控制单元（J745）；25—燃油泵控制单元（J538）；26—稳压器（J532）（用于带发动机自动启停系统的汽车）

2.6.9 2012 年款新波罗遥控钥匙匹配

遥控钥匙型号 202AD（大众小标的）。

芯片：VVDI 用 8.1 外挂软件。
① 自动诊断类型。
② 读取 EEPROM 数据。
③ 保存。
④ 读取防盗数据。
⑤ 保存。
⑥ 生成经销商钥匙。
⑦ 添加钥匙。
遥控：X431—09—10—00—01 确定，按遥控 4 角灯闪，成功。

2.6.10　波罗倒车雷达系统编码方法

① 76 停车辅助系统。
② 07 控制单元编码 01104。
③ 调节音量：10 通道调整匹配。
④ 输入匹配值 001～007。
⑤ 调节频率：10 通道调整匹配。
⑥ 输入匹配值 000～004。

2.6.11　波罗断电后玻璃升降设定方法

装有零件号为 6Q1937049C 的舒适系统控制器的舒适性 POLO 车，在更换蓄电池或断电后，会出现收音机或电动摇窗功能失效，解决方法：
① 进入“46 中央门锁系统”。
② 将原编码改为 00067 或 00259。
③ 测试电动摇窗功能，然后再将编码改回 01024。
④ 确认无故障代码后，退出系统。

2.6.12　波罗空调系统内循环点击基本设定方法

① 选择“08 空调/加热器”。
② 选择“07 控制单元编码”。
③ 输入编码 05000。
④ 进入“04 系统基本调整”。
⑤ 输入学习值 01 或 00。
⑥ 显示伺服电动机自学习过程。
⑦ 查数据流 002 组 4 区环境温度和 003 组 1 区水温。

2.7　途安 Touran-途安 L（2006~2018 年款）

2.7.1　途安 L 车型发动机配置信息

标识字母	CSS	CSR	CUF
排量/L	1.395	1.598	1.798
功率/kW	110	81	132

续表

标识字母	CSS	CSR	CUF
扭矩/N·m	250	155	300
缸径/mm	74.5	76.5	82.5
行程/mm	80	86.9	84.1
压缩比	10.0∶1	10.5∶1	9.6∶1
ROZ	92	92	92
喷射装置/点火装置	缸内直喷	BOSCH ME 17.5.22	缸内直喷
点火顺序	1—3—4—2	1—3—4—2	1—3—4—2
爆震控制	是	是	是
增压	是	否	是
废气再循环	否	否	否
可变进气管	是	否	是
凸轮轴调节	是	是	是
二次空气	否	否	否

2.7.2 途安 L 1.8T CUF 发动机正时维修

该发动机正时单元结构与拆装调整步骤和 CUH 发动机相同，相关内容请参考 2.9.1 小节。

2.7.3 途安/途安 L 1.4T CSS 发动机正时维修

该款发动机也装备在一汽大众全新速腾车型上，相关内容请参考 1.3.3 小节。

2.7.4 途安 1.8T BPL 发动机机械维修数据

基本参数	
发动机代码	BPL
排量/L	1.781
功率	110kW/5800r/min
扭矩	220N·m/2000～4600r/min
缸径/mm	81.0
冲程/mm	86.4
压缩比	9.3∶1
ROZ	95 无铅
喷射点火装置	MOTRONIC ME7.5
点火顺序	1—3—4—2
防爆震控制	有
自诊断功能	有
λ 控制功能	有
三元催化转化器	有
增压系统	有
二次空气系统	无

续表

基本参数		
可变进气系统	无	
废气再循环功能	无	
凸轮轴调整功能	有	
曲轴间隙/mm	轴向	新件 0.07～0.23,极限 0.30
	径向	新件 0.01～0.04,极限 0.15
连杆轴瓦间隙/mm	轴向	新件 0.10～0.31,极限 0.40
	径向	新件 0.10～0.05,极限 0.12
曲轴轴承轴颈直径/mm	基本尺寸	$54.00_{-0.042}^{-0.022}$
	研磨尺寸第一次	$53.75_{-0.042}^{-0.022}$
	研磨尺寸第二次	$53.50_{-0.042}^{-0.022}$
	研磨尺寸第三次	$53.25_{-0.042}^{-0.022}$
连杆轴承轴颈直径/mm	基本尺寸	$47.80_{-0.042}^{-0.022}$
	研磨尺寸第一次	$47.55_{-0.042}^{-0.022}$
	研磨尺寸第二次	$47.30_{-0.042}^{-0.022}$
	研磨尺寸第三次	$47.05_{-0.042}^{-0.022}$
开口间隙/mm	压缩环	新件 0.15～0.40,极限 0.8
	挡油环	新件 0.25～0.50,极限 1.00
环槽间隙/mm	压缩环	新件 0.02～0.07,极限 0.12
	挡油环	新件 0.02～0.06,极限 0.12
活塞直径/mm	基本尺寸	80.965,无石墨层(0.02mm 厚)的尺寸,石墨层已磨损后
	等级一	81.465
气缸孔径/mm	基本尺寸	81.01
	等级一	81.51
气缸压力值/bar	新零件	10～13
	磨损极限	7.5
	气缸间允许相差值	3
凸轮轴间隙/mm	轴向	磨损最大极限:0.2
排气凸轮轴间隙/mm	径向	磨损极限:0.01 偏心:最大 0.01
进气凸轮轴间隙/mm	径向	磨损极限:0.01 偏心:最大 0.01
进、排气门,气门导杆检测参数		
尺寸图例	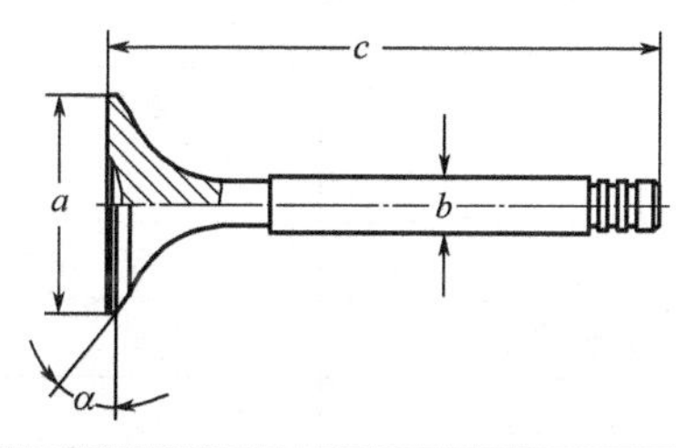	

续表

进、排气门，气门导杆检测参数		
进气门	a(气门顶直径)/mm	26.8～27
	b(气门杆直径)/mm	5.95～5.97
	c(气门全长)/mm	104.84～105.34
	α(气门斜角)	45°
进气门导管	磨损极限/mm	0.8
排气门	a(气门顶直径)/mm	29.8～30
	b(气门杆直径)/mm	5.94～5.95
	c(气门全长)/mm	103.64～104.14
	α(气门斜角)	45°
排气门导管	磨损极限/mm	0.8
进、排气门座检测参数		
尺寸图例	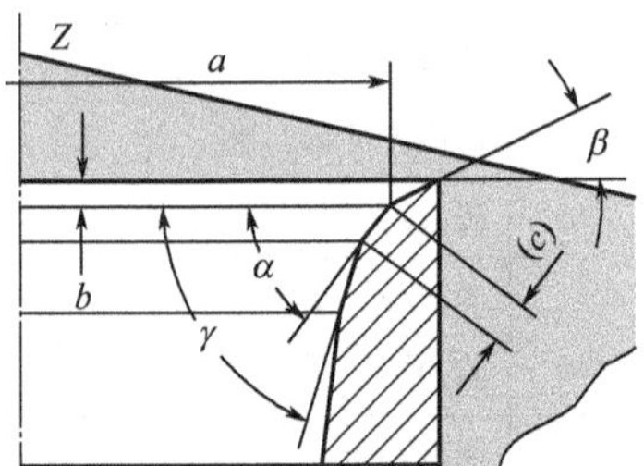	
参数代号	进气门座	排气门座
a/mm	26.2	29.0
b/mm	最大允许修整尺寸	最大允许修整尺寸
c/mm	1.5～1.8	约 1.8
Z	气缸盖下缘	气缸盖下缘
α45°	气门座角度	气门座角度
β30°	上修正角	上修正角
γ60°	下修正角	下修正角

2.7.5 途安 1.8T BPL/帕萨特领驭 1.8T BGC 发动机数据流分析

组号	显示内容	标准数据
000	冷却液温度	180～205
	发动机负荷	17～40
	发动机转速	74～86
	发动机控制单元电源	142～207
	节气门角度	1～7
	怠速扭矩	106～189
	怠速扭矩损失自适应值	113～143
	混合气形成控制值	103～153

续表

组号	显示内容	标准数据
000	怠速混合气形成控制值	78～178
	部分负荷混合气自适应值	103～153
002	发动机转速	740～860r/min
	发动机负荷	15%～35%
	工作范围	0%～100%
	平均喷油时间	1～4ms 平均喷油时间最小值为1ms，最大值为20ms，怠速时的规定值为1～4ms。小于1ms的状态仅应在超速时。若大于4ms，则表示发动机有额外负荷，怠速不稳或节气门控制单元损坏
	空气量	2～4.5g/s 最小值为2g/s，最大值为150g/s，怠速时规定值为2～4.5g/s。若小于2g/s，则可能是进气歧管与空气流量计之间大量漏气；若大于4.5g/s，则可能是发动机有额外负荷，或空气流量计、发动机控制单元损坏
004	发动机转速	740～860r/min
	蓄电池电压	12～15V 最小值为0V，最大值为16.5V，规定值为12～15V。若在12～15V之间波动，则可能是接触不良；若为0～12V，则可能是蓄电池损坏或发电机调节器损坏；若为15～16.5V，则可能是发电机调节器或发电机损坏
	冷却液温度	－48～143℃ 冷却液温度应为－48～143℃，规定值为80～105℃。在启动后，温度应均匀上升。若未达到规定值，则检查冷却液温度传感器或连接线
	进气温度	环境温度～110℃ 规定值为外界温度上下10℃之间。若与外界温度相差过大，则检查连接线情况和进气温度传感器
020	1缸因爆震控制点火提前角减小值	0°kW～12°kW
	2缸因爆震控制点火提前角减小值	0°kW～12°kW
	3缸因爆震控制点火提前角减小值	0°kW～12°kW
	4缸因爆震控制点火提前角减小值	0°kW～12°kW
030	λ传感器1状态	0＝关，1＝开，标准值111 第1位：λ传感器加热状态 第2位：λ传感器准备状态 第3位：λ调节
	λ传感器2状态	0＝关，1＝开，标准值110 第1位：λ传感器加热状态 第2位：λ传感器准备状态 第3位：λ调节
032	怠速时λ传感器1自适应值(add)	－6%～6%
	部分负荷时λ传感器2自适应值(mult)	－10%～10% 自适应值为－25%～25%，规定值为－10%～10%，允许稍微波动，若以上自适应值为－25%～－10%，则可能是机油被稀释，机油消耗高，空气流量计损坏，活性炭罐电磁阀卡在关闭位置，燃油压力过高，喷油器泄漏，λ传感器加热器损坏或λ传感器被污染；若以上自适应值为10%～25%，则可能是进气管漏气，燃油压力过低，λ传感器加热器损坏，喷油器不能正常打开，活性炭罐电磁阀卡在打开位置，点火线圈或火花塞损坏

续表

组号	显示内容	标准数据
033	λ 传感器 1	−10%～10% 怠速时左侧 λ 控制数值为−25%～25%，规定值为−10%～10%，并至少波动 2%
	λ 传感器 1 电压	0.130～3.600V
036	λ 传感器 2 电压	0.100～0.950V ① 恒定值 0.45V，λ 传感器与控制单元间 3 和 4 号线路断路 ② 大于 0.95V，λ 传感器与控制单元间 3 和 4 号线正极短路 ③ λ 传感器 2 电压应尽可能保持恒定，电压摆动过大会损坏催化器
056	发动机实际转速	740～860r/min
	发动机目标转速	800r/min 前驱
	怠速调节扭矩变化	用百分数%表示怠速调节扭矩的变化
	工况	0＝不起作用；1＝起作用，规定值 0000 第 1 位：0 无意义 第 2 位：0 无意义 第 3 位：0 无意义 第 4 位：挡位，0＝换挡杆在 N 或 P 位置，1＝换挡杆在 1、2、3、D、R 位置 第 5 位：空调压缩机 0＝关，1＝开
060	节气门角度（节气门传感器 1）	3%～93%
	节气门角度（节气门传感器 2）	3%～97%
	自适应步进计数器	0～8 在自适应过程中，计数器应从 0 升至 8，也可能超过
	自适应状态	ADP. Lauft ADP. i. o ERROR Betatigen
062	节气门角度（节气门传感器 1）	0%～93% 工作范围为 0%～100%
	节气门角度（节气门传感器 2）	3%～97% 工作范围为 0%～100%
	油门踏板位置传感器 1	12%～97% 工作范围为 0%～100%
	油门踏板位置传感器 2	4%～49% 工作范围为 0%～100% 发动机控制单元将角度传感器电压转换为百分比，以 5V 信号电压为 100%。在显示区 3 和 4 中，当慢慢踏下油门时，数值应均匀升高，但不应超出工作范围。显示区 3 的数值总是显示区 4 数值的 2 倍
063	油门踏板位置传感器 1	79%～94%
	油门踏板位置传感器 2	79%～94%
	强制降挡开关	KICK DOWN 强制降挡 操作方法：在踏板踏过油门强制降挡点后保持 2s，应显示 KICK DOWN 强制降挡
	自适应状态	ADP. Lauft ADP. i. O ERROR Betatigen

续表

组号	显示内容	标准数据
066	实际车速	
	开关位置	××××××00 未踏下离合器踏板 ××××××11 踏下离合器踏板
	规定车速	
	车速控制装置开关位置	

2.7.6 1.6L CSR 发动机电脑端子信息

1.6L CSR 发动机电脑端子针脚排列如图 2-90 所示。

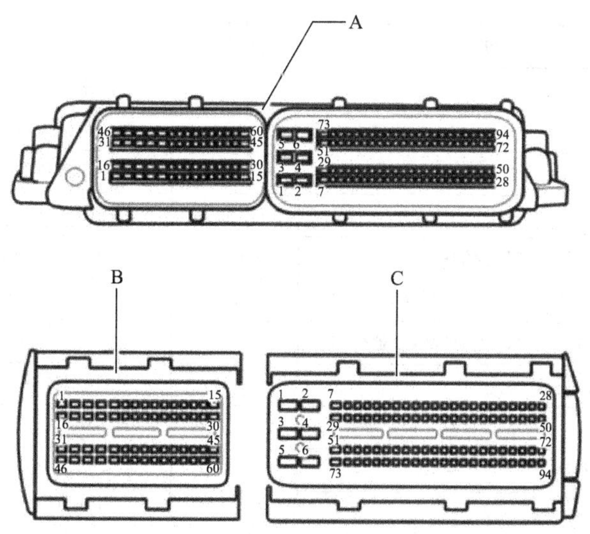

图 2-90 CSR 发动机电脑端子针脚排列

A—发动机控制单元（J623）；B—60 芯插头连接（T60），黑色，发动机控制单元插头

针脚序号	针脚功能	针脚序号	针脚功能
1	节气门驱动装置(电控节气门)－	13	传感器电源 5V(霍尔传感器、进气管压力传感器)
2	节气门驱动装置(电控节气门)＋		
3	4 缸喷油控制	14	发动机转速传感器信号
4	1 缸喷油控制	33	凸轮轴调节阀控制端
5	发动机转速传感器信号	34	2 缸喷油控制
6	发动机转速传感器信号	38	节气门驱动装置(电控节气门)角度传感器 1 信号
7	霍尔传感器信号		
8	霍尔传感器接地	39	节气门驱动装置(电控节气门)角度传感器 2 信号
9	带功率输出级的点火线圈 1 控制端		
10	带功率输出级的点火线圈 3 控制端	41	冷却液温度传感器信号
11	带功率输出级的点火线圈 4 控制端	42	爆震传感器屏蔽
12	带功率输出级的点火线圈 2 控制端	43	进气温度传感器信号

续表

针脚序号	针脚功能	针脚序号	针脚功能
44	节气门驱动装置(电控节气门)角度传感器电源5V	53	爆震传感器信号
		54	爆震传感器信号
48	活性炭罐电磁阀控制端	56	进气温度传感器信号
49	3缸喷油控制	57	进气管压力传感器信号
51	节气门驱动装置(电控节气门)角度传感器接地	58	冷却液温度传感器信号
未占用针脚:15～32、35～37、40、45～47、50、52、55、59、60			

C—94芯插头连接（T94），黑色，发动机控制单元插头

针脚序号	针脚功能	针脚序号	针脚功能
1	接线柱31	56	油门踏板位置传感器2接地
2	接线柱31	57	油门踏板位置传感器2信号
5	接线柱87	58	油门踏板位置传感器2电源5V
6	接线柱87	64	制动踏板开关信号
7	前氧传感器加热装置控制端	66	制动信号灯开关信号
11	散热器出口处的冷却液温度传感器信号	67	CAN总线,低位(驱动系统)
12	散热器出口处的冷却液温度传感器信号	68	CAN总线,高位(驱动系统)
14	前氧传感器信号	69	主继电器控制端
15	前氧传感器信号	72	燃油泵继电器控制端
16	后氧传感器信号	73	后氧传感器加热装置控制端
17	后氧传感器信号	74	散热器风扇控制信号
20	发电机发电控制端	78	油门踏板位置传感器接地
23	GRA开关信号[仅适用于带定速巡航装置(GRA)的车辆]	79	油门踏板位置传感器信号
		80	油门踏板位置传感器电源5V
25	离合器位置传感器信号(仅适用于带手动变速箱的车辆)	87	接线柱15a
		92	接线柱30a
未占用针脚:3、4、8～10、13、18、19、21、22、26～55、59～63、65、70、71、75～77、81～86、88～91、93、94			

2.7.7 途安L车型1.8T CUF发动机电脑端子数据

该发动机也搭载于凌渡车型上，相关内容请参考2.4.6小节。

2.7.8 途安L 1.8T CUF发动机舱电控部件分布

搭载CUF发动机的途安L发动机舱电控部件分布如图2-91所示。

2.7.9 2011年款起途安全车控制器安装位置

途安全车控制单元安装位置如图2-92所示。

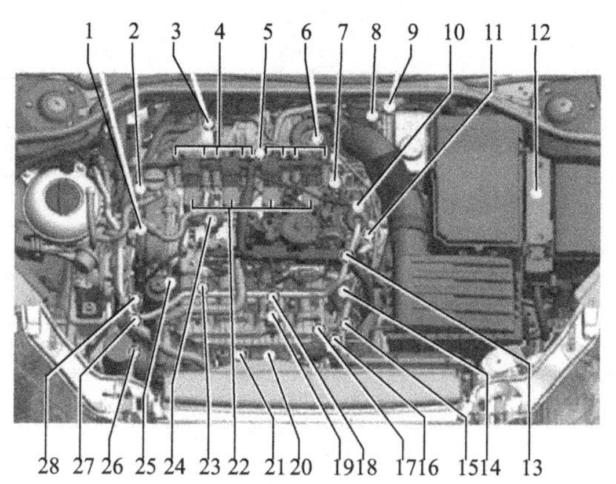

图 2-91 CUF 发动机舱内电控部件分布

1—凸轮轴调节阀 1（N205）；2—排气门凸轮轴调节阀 1（N318）；3—尾气催化净化器下游的氧传感器（G130）/尾气催化净化器后的氧传感器 1 加热装置（Z29）；4—凸轮轴调节元件：凸轮轴调节元件 1（F366），凸轮轴调节元件 2（F367），凸轮轴调节元件 3（F368），凸轮轴调节元件 4（F369），凸轮轴调节元件 5（F370），凸轮轴调节元件 6（F371），凸轮轴调节元件 7（F372），凸轮轴调节元件 8（F373）；5—氧传感器（G39）/氧传感器加热（Z19）；6—涡轮增压器循环空气阀（N249），安装在废气涡轮增压器上；7—霍尔传感器 3（G300）；8—制动信号灯开关（F）/制动踏板开关（F47）；9—连接插头：用于氧传感器（G39）/氧传感器加热（Z19）；用于尾气催化净化器下游的氧传感器（G130）/尾气催化净化器后的氧传感器 1 加热装置（Z29）；10—带燃油压力调节阀（N276）的高压油泵；11—冷却液温度传感器（G62）；12—发动机控制单元（J623）；13—霍尔传感器（G40）；14—气流控制风门的真空罐；15—进气管风门阀门（N316）；16—发动机转速传感器（G28）；17—连接插头：爆震传感器 1（G61）；油压开关，3 挡（F447）；进气管风门阀门（N316）；燃油压力传感器（G247）；进气管风门电位计（G336）；霍尔传感器（G40）；气缸喷油阀（N30～N33）；18—爆震传感器 1（G61）；19—进气温度传感器（G42）/进气管压力传感器（G71）；20—节气门控制单元（J338），包括：电控油门操纵机构的节气门驱动装置（G186），电控油门操纵机构的节气门驱动装置角度传感器 1（G187），电控油门操纵机构的节气门驱动装置角度传感器 2（G188）；在更换了节气门控制单元（J338）后，必须将其重新与发动机控制单元（J623）相匹配；21—增压压力传感器（G31）/进气温度传感器 2（G299）；22—带功率输出级的点火线圈：带功率输出级的点火线圈 1（N70），带功率输出级的点火线圈 2（N127），带功率输出级的点火线圈 3（N291），带功率输出级的点火线圈 4（N292）；23—燃油压力传感器（G247）；24—活性炭罐电磁阀 1（N80）；25—进气管风门电位计（G336）；26—散热器出口上的冷却液温度传感器（G83）；27—机油压力调节阀（N428）；28—油压开关（F1）/机油压力降低开关（F378）/活塞冷却喷嘴控制阀（N522）

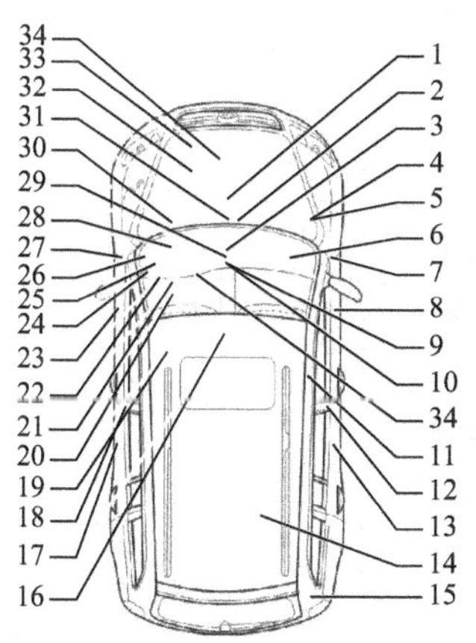

图 2-92 途安全车控制单元分布

1—节气门控制单元（J338），安装位置在发动机进气歧管左侧（仅用于带发动机编号字母 CFBA 的汽车）；2—节气门控制单元（J338），安装位置在发动机前部左侧（仅用于带发动机编号字母 CSRA 的汽车）；3—转向辅助控制单元（J500），安装位置在转向助力器中间下部；4—安全气囊控制单元（J234），安装位置在换挡杆前面中央通道上；5—ABS 控制单元（J104），安装位置在发动机舱内右侧纵梁后部［仅适用于带有防抱死制动系统（ABS）的车辆］；安装位置在发动机舱内右纵梁后部［仅适用于带制动防抱死系统（ABS）和电控行车稳定系统（ESP）的车辆］；6—新鲜空气鼓风机控制单元（J126），安装位置在新鲜空气鼓风机下部（仅适用于带 Climatronic 自动空调的车辆）；7—右 A 柱插座，安装位置在右 A 柱上；8—副驾驶员侧车门控制单元（J387），安装位置在副驾驶员侧车门上；9—Climatronic 控制单元（J255），安装位置在仪表板中部，收音机上方（仅适用于带 Climatronic 自动空调的车辆）；10—空调器控制单元（J301），安装位置在仪表板中部，收音机上方（仅适用于带电动调节风门的空调器）；11—移动电话操作电子装置控制单元（J412），安装位置在副驾驶员地毯下面（仅适用于带移动电话的车辆）；12—右 B 柱插座，安装位置在右 B 柱上；13—右后车门控制单元（J389），安装位置在右后车门上；14—燃油泵控制单元（J538），安装位置在后座垫右侧下方（仅用于带发动机编号字母 CFBA 的汽车）；15—驻车辅助控制单元（J446），安装位置在右侧 D 柱下部［仅适用于带驻车距离报警（后）的车辆］；16—滑动天窗控制单元（J245），安装位置在滑动天窗前方车顶内（仅适用于带折叠式滑动天窗的车辆）；17—左后车门控制单元（J388），安装位置在左后车门上；18—左 B 柱插座，安装位置在左 B 柱上；19—可加热前座椅控制单元（J774），安装位置在驾驶员座椅下面（仅适用于带座椅加热的车辆）；20—多功能方向盘控制单元（J453），安装位置在方向盘内（仅适用于带多功能方向盘的车辆）；21—转向柱电子装置控制单元（J527），安装位置在转向柱上部；22—诊断接口（U31），安装位置在仪表板下面左侧；23—驾驶员侧车门控制单元（J386），安装位置在驾驶员侧车门上；24—车载电网控制单元（J519），安装位置在仪表板左侧下方；25—数据总线诊断接口（J533），安装位置在仪表板左侧车载电网控制单元车身控制单元支架上；26—驻车辅助系统控制单元（J791），安装位置在仪表板左侧车载电网控制单元车身控制单元支架上（仅适用于带驻车转向辅助系统的车辆）；27—左 A 柱插座，安装位置在左 A 柱上；28—仪表板中的控制单元（J285），安装位置在仪表板左侧；29—收音机及导航系统带显示单元的控制单元（J503），安装位置在仪表板中间（仅用于带收音机导航系统 RNS 315 的汽车）；30—刮水器电动机控制单元（J400），安装位置在排水槽左侧；31—发动机控制单元（J623），安装位置在发动机舱排水槽中部；32—双离合器变速箱机电装置（J743）（仅适用于带双离合器变速箱 0AM 的车辆），安装位置在变速箱前部；33—散热器风扇控制单元（J293），安装位置在散热风扇左侧；34—弯道灯和大灯照明距离调节控制单元（J745），安装位置在仪表板左侧油门踏板上方（仅适用于带气体放电灯大灯的车辆）

2.7.10 途安 L 四轮定位数据

前　　桥	标准底盘	后　　桥	标准底盘
总前束(无负载)	10′±10′	总前束(无负载)	10′±10′
车轮外倾角(正前打直位置,不可调)	−29′±30′	车轮外倾角(不可调)	−1°20′±30′
左右车轮外倾角最大允差	30′	左右轮外倾角最大允差	30′
左右后倾角(不可调)	7°23′±30′		
站立高度	(397±10)mm	站立高度	(399±10)mm

2.7.11 2011 年款起途安四轮定位数据

前　　桥	车轮定位数据	后　　桥	车轮定位数据
总前束	10′±10		
车轮外倾角(处于直线向前位置)	−30′±30	车轮外倾角	−1°20′±30′
两侧之间的最大允许偏差	30′	两侧之间的最大允许偏差	30′
向左和向右转向角为 20°时,转向角的偏差	1°26′±20′	总前束	10′±12.5′
主销后倾	7°34′±30′	与行驶方向的最大允许偏差	20′
停车高度	(404±10)mm	停车高度	(414±10)mm

2.7.12 途安 L 全车控制器安装位置

途安 L 汽车前部的控制单元安装位置见图 2-93。

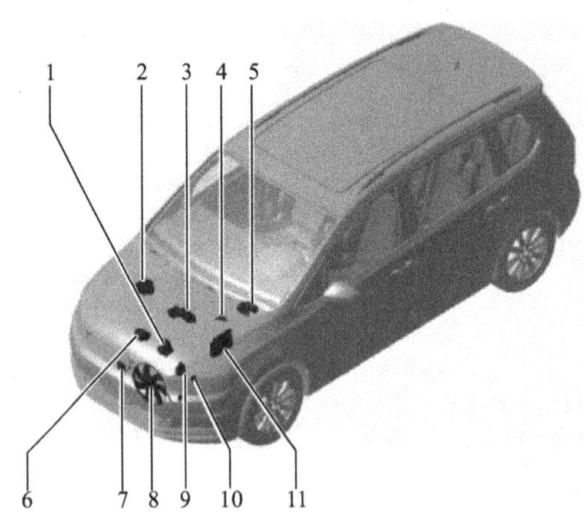

图 2-93　途安 L 前部控制器安装位置

1—节气门控制单元（J338）；2—ABS 控制单元（J104）；3—转向辅助控制单元（J500）；4—蓄电池监控控制单元（J367）（仅适用于带自动启停系统的汽车）；5—刮水器电动机控制单元（J400）；6—节气门控制单元（J338）；7—车距调节控制单元（J428）[仅适用于带自动车距控制（ADR）的汽车]；8—散热器风扇控制单元（J293）；9—双离合器变速箱机电装置（J743）；10—双离合器变速箱机电装置（J743）；11—发动机控制单元（J623）

途安 L 汽车中部的控制单元安装位置如图 2-94 所示。

途安 L 汽车后部的控制单元安装位置见图 2-95。

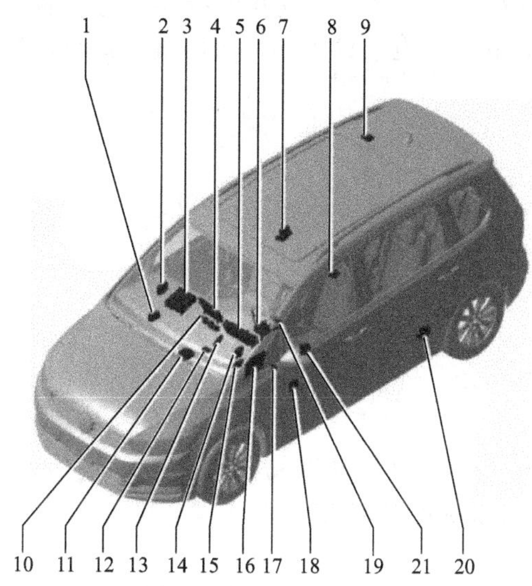

图 2-94 途安 L 车身内部控制单元安装位置

1—新鲜空气鼓风机控制单元（J126）；2—副驾驶员侧车门控制单元（J387）；3—电子通信信息设备 1 控制单元（J794）（仅用于带导航系统的汽车）；4—前部信息显示和操作单元控制单元的显示单元（J685）/多媒体系统操作单元（E380）（仅用于带导航系统的汽车）；5—仪表板中的控制单元（J285）；6—转向柱电子装置控制单元（J527）；7—右后车门控制单元（J389）；8—燃油泵控制单元（J538）（仅用于带 1.4L 发动机的汽车/仅用于带 1.8L 发动机的汽车）；9—滑动天窗控制单元（J245）（仅用于带全景滑动天窗的汽车）；10—空调器控制单元（J301）（仅用于带电动调节风门的空调器）/全自动空调控制单元（J255）（仅适用于带全自动空调的汽车）；11—安全气囊控制单元（J234）；12—弯道灯和大灯照明距离调节控制单元（J745）（仅用于带自动大灯照明距离调节的汽车）；13—进入及启动许可控制单元（J518）（仅适用于带进入及启动许可的汽车）；14 数据总线诊断接口（J533）；15—驻车辅助控制单元（J446）[仅适用于带驻车距离报警（后）的汽车/仅用于带驻车距离报警（前/后）的汽车]/驻车辅助系统控制单元（J791）（仅用于带驻车转向辅助系统的汽车）；16—车载电网控制单元（J519）；17—诊断接口（U31）；18—驾驶员侧车门控制单元（J386）；19—多功能方向盘控制单元（J453）（仅适用于带多功能方向盘的汽车）；20—左后车门控制单元（J388）；21—数字式声音处理系统控制单元（J525）（仅适用于带了音响系统的汽车）

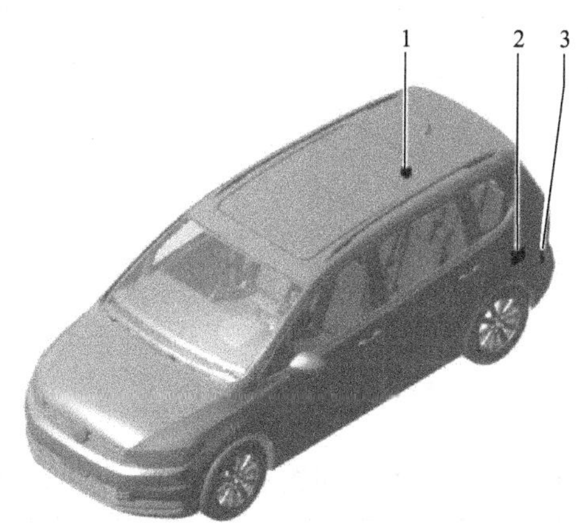

图 2-95 途安 L 车身后部控制器安装位置

1—行驶换道助理系统控制单元（J769）（仅用于带换道辅助系统的汽车）；2—后备厢盖控制单元（J605）（仅用于带有后备厢盖关闭辅助功能的汽车）；3—行驶换道助理系统控制单元 2（J770）（仅用于带换道辅助系统的汽车）

2.7.13 途安保养灯归零

① 关闭点火开关。

② 按住仪表右边的按钮，打开点火开关，显示“SERVICE”。

③ 按住仪表左边的按钮直到显示下一次保养里程，按钮位置如图 2-96 所示。

图 2-96 上海大众途安仪表

2.7.14 大众途安电子助力转向系统设定方法

大众途安在系统断电或者进行零件拆装以后，需要对电子助力转向系统进行设定，具体有两种设定方法。

方法一：

先将方向盘向左转至极限位置并保持3s，再向右转向至极限位置并保持3s，之后将方向盘装至中心位置，然后进行路试，待车速超过20km/h，电子助力转向故障警告灯自动熄灭后即可。

方法二：

(1) 转向零位的设定方法

① 前轮保持直线行驶状态，用解码器输入地址码44后，方向盘左转4°～5°（一般在10°之内），回正方向盘。

② 再向右转4°～5°，将方向盘回正，双手离开方向盘。

③ 输入31875，按返回键。

④ 输入功能04—06，按激活键。

⑤ 退出软件，断开点火开关6s后即可。

注意：在做转向零位设定时，发动机不能运行。方向盘左、右转动后再回正，双手必须离开方向盘，使方向盘静止不动，以便让控制单元对零位进行确认。

(2) 转向阻力大小的设定方法

用解码器进入44—10—01，选择某个合适的阻力数值（1～16挡），按保存键，然后再按接收键。此时屏幕就会显示新设定阻力大小的名称，然后再按返回键，退出即可。

注意：有中间位置向左或向右最大的旋转角度为90°。

(3) 转向极限位置的设定方法

如果在更换了转向角传感器G85、转向机总成（含转向控制单元J500）、转向柱开关总成（含控制单元J527）或做过一次四轮定位，做过转向零位（中间）设定后出现故障代码02546，则需要做转向极限位置的设定，具体方法如下：

① 将前轮保持在直线行驶状态，启动发动机，将方向盘向左转动10°左右，停顿1～2s，回正。

② 将方向盘向右转动10°，停顿1～2s，回正。

③ 双手离开方向盘，停顿1～2s。

④ 将方向盘向左转到底，停顿1～2s。

⑤ 将方向盘向右转到底，停顿1～2s。

⑥ 将方向盘回正，断开点火开关6s，设定完成。

注意：在做转向零位（中间）设定和转向极限位设定后，必须用解码器进入44—02查询转向系统有无故障代码，设定工作才能结束。

如果出现转向角传感器G385的相关故障代码，一定要先做转向零位（中间）设定和转向极限位置设定，然后才能清除故障代码。

2.8 途昂 Teramont（2017~2018年款）

2.8.1 途昂车型发动机配置信息

标识字母	DBF	CUG	DDK
排量/L	1.984	1.984	2.492
功率/kW	137	162	220
扭矩/N·m	320	350	500
缸径/mm	82.5	82.5	84

续表

标识字母	DBF	CUG	DDK
行程/mm	92.8	92.8	75
压缩比	11.65∶1	9.6∶1	9.5∶1
ROZ	95	95	95
喷射装置/点火装置	缸内直喷＋进气歧管喷射	缸内直喷＋进气歧管喷射	缸内直喷
点火顺序	1—3—4—2	1—3—4—2	1—5—3—6—2—4
爆震控制	是	是	是
增压	是	是	是
废气再循环	否	否	否
可变进气管	是	是	否
凸轮轴调节	是	是	是
二次空气	否	否	否

2.8.2 2014~2018 年款大众 2.0T CUG 发动机正时维修

该发动机正时单元结构与拆装调整步骤和 CUH 发动机相同，相关内容请参考 2.9.1 小节。

2.8.3 2017~2018 年款大众 2.0T DBF 发动机正时维修

该发动机正时单元结构与拆装调整步骤和 CUH 发动机相同，相关内容请参考 2.9.1 小节。

2.8.4 2017~2018 年款大众 2.5T DDK 发动机正时维修

(1) 正时链单元结构图解

正时链盖板部件图解如图 2-97 所示。

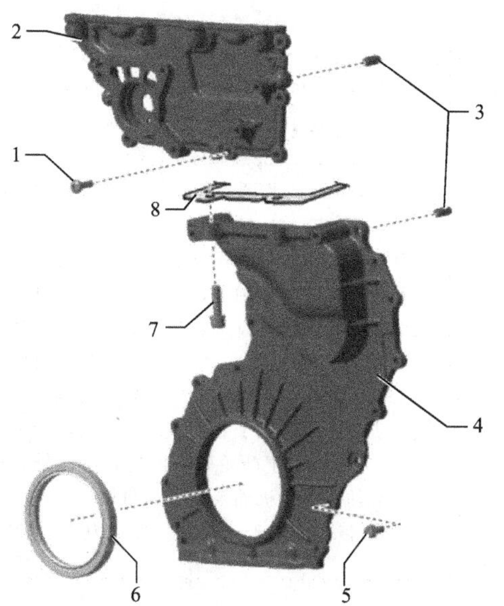

图 2-97 正时链盖板部件分解

1—螺栓，拧紧顺序及拧紧要求见图 2-98；2—正时链上部盖板；3—定位销；4—正时链下部盖板；5—螺栓，拧紧顺序及拧紧要求见图 2-99；6—O 形圈，更换；7—螺栓，拧紧顺序及拧紧要求见图 2-99，更换；8—气缸盖密封垫，更换

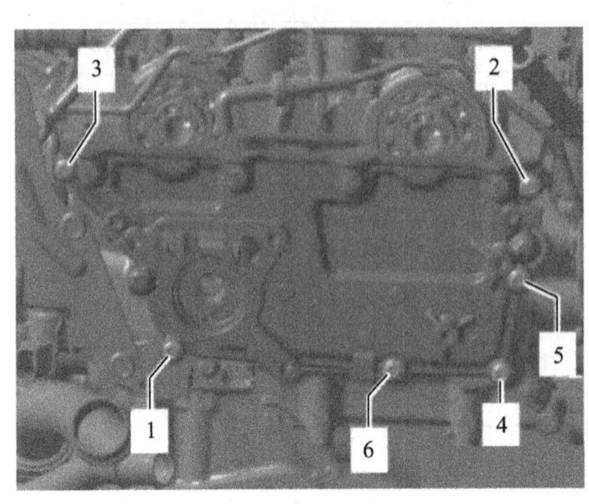

图 2-98 正时链上盖板螺栓拧紧顺序

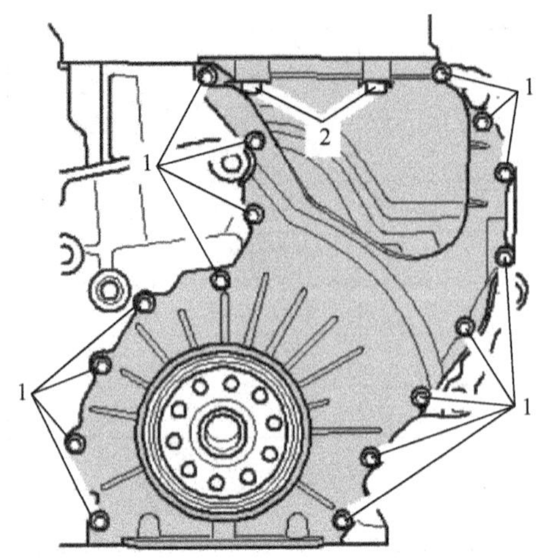

图 2-99 正时链下盖板螺栓拧紧顺序

正时链上部盖板螺栓拧紧顺序及拧紧要求：将螺栓 1～6 以 8N·m 的力矩拧紧。

正时链下部盖板螺栓拧紧顺序及拧紧要求：①将螺栓 1 以 5N·m 的力矩拧紧。②将螺栓 2 以 23N·m 的力矩拧紧。③将螺栓 1 以 10N·m 的力矩拧紧。更换螺栓 2。

凸轮轴正时链单元部件图解如图 2-100 所示。

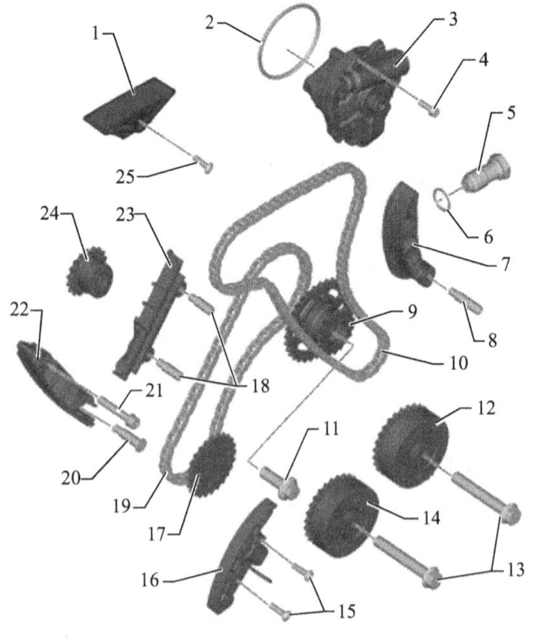

图 2-100 凸轮轴正时链单元部件

1—导轨，用于凸轮轴正时链；2—密封圈，更换；3—机油泵；4—螺栓，拧紧力矩：8N·m，更换，涂防松剂 D000600A2 后装入；5—链条张紧器，拧紧力矩：50N·m，用于凸轮轴正时链，只允许链条张紧器已安装的情况下转动发动机；6—密封垫，损坏或密封不严、泄露时，更换；7—链条张紧器支架，用于凸轮轴正时链；8—螺栓，拧紧力矩：10N·m；9—驱动链轮，用于正时链；10—凸轮轴正时链，如图 2-101 所示拆卸前用彩色笔标记转动方向；11—螺栓，拧紧力矩：60N·m+继续旋转 90°，更换；12—排气凸轮轴调节器，标记：32A；13—螺栓，拧紧力矩：60N·m+继续旋转 90°，更换，在安装时，螺栓头周围的凸轮轴调节器接触区域必须干燥，在拆卸和安装时，使用扭力扳手（40～200N·m）HAZET 6292-1CT 或 V. A. G 1332 和开口扳 HAZET 6450d-32 或 V. A. G 1332/6 的开口扳手反向固定住凸轮轴；14—进气凸轮轴调节器，标记：24E；15—螺栓，拧紧力矩：8N·m，更换；16—链条张紧器，用于曲轴轴正时链，只允许链条张紧器已安装并在链条张紧的情况下转动发动机；17—驱动齿，集成在曲轴上，发动机位于 1 缸上止点时，曲轴上的驱动链轮的磨平齿必须与轴承盖和气缸体的接合缝对齐。18—螺栓，拧紧力矩：10N·m；19—曲轴正时链，如图 2-101 所示拆卸前用彩色笔标记转动方向；20—螺栓，拧紧力矩：10N·m，用于导轨；21—螺栓，拧紧力矩：23N·m；22—导轨，用于凸轮轴正时链，与曲轴正时链一起安装；23—导轨，用于机油泵链条，与机油泵链条一起安装；24—高压泵传动轮；25—螺栓，拧紧力矩：8N·m，更换

如图 2-101 所示，拆卸前用彩色笔标记转动方向。

(2) 发动机正时检查

所需要的专用工具和维修设备：凸轮轴锁止工具 CT80029，定位扳手 CT10172 或 T10172，见图 2-102。

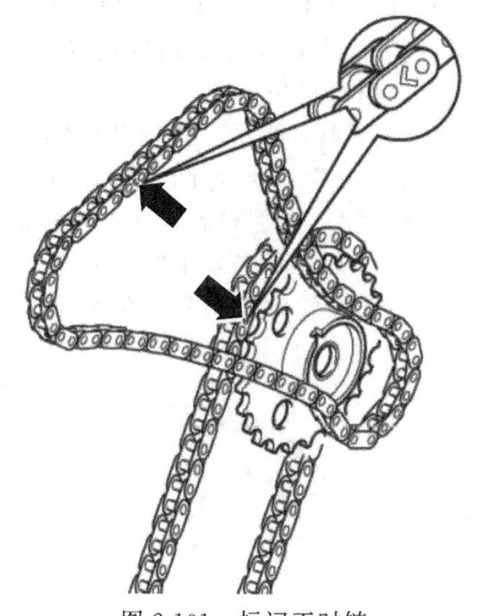

图 2-101　标记正时链

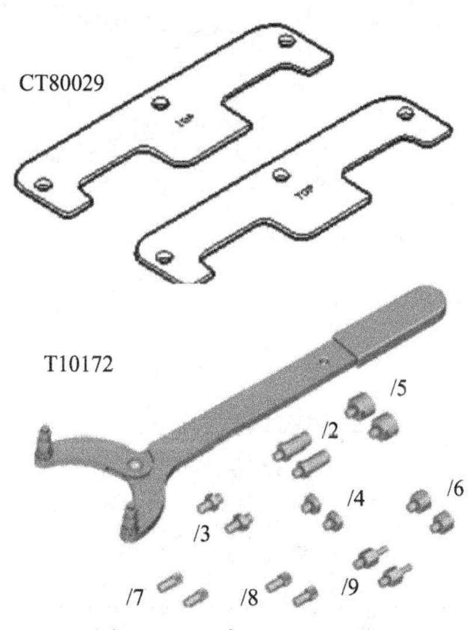

图 2-102　专用正时工具

操作步骤如下：

① 拆卸发动机舱底部隔音板。

② 拆卸气缸盖罩。

③ 用定位扳手 CT10172 或 T10172 和连接工具 CT10172/1 或 T10172/1 沿箭头 B 方向旋转皮带盘，使皮带盘上的切口标记与密封法兰上的 1 缸上止点标记（箭头 A）对齐，见图 2-103。

如图 2-104 所示，凸轮轴 1 缸上的凸轮 A 必须朝上相对。

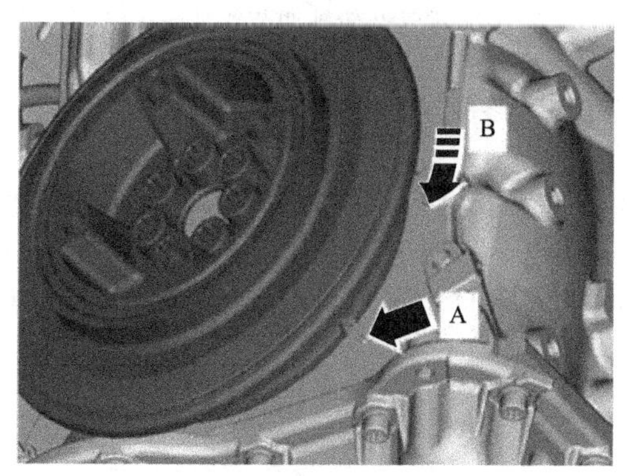

图 2-103　对齐 1 缸上止点标记

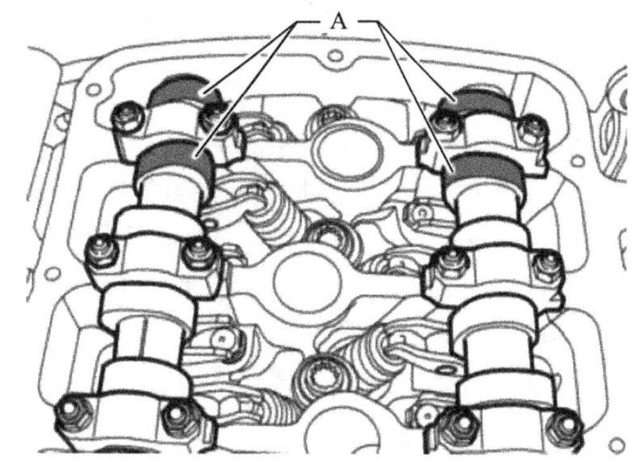

图 2-104　1 缸凸轮朝上

④ 凸轮轴锁止工具 CT80029 上的“TOP”标记向上放置。

⑤ 如图 2-105 所示，将凸轮轴锁止工具 CT80029 插入两个凸轮轴的凹槽中，并用螺栓（箭头）固定。

由于凸轮轴调节器的功能，两个凸轮轴的凹槽可能不是完全水平。因此，在插入凸轮轴调整工具 CT80029 时，如有必要，使用扭力扳手（40～200N・m）HAZET 6292-1CT 或

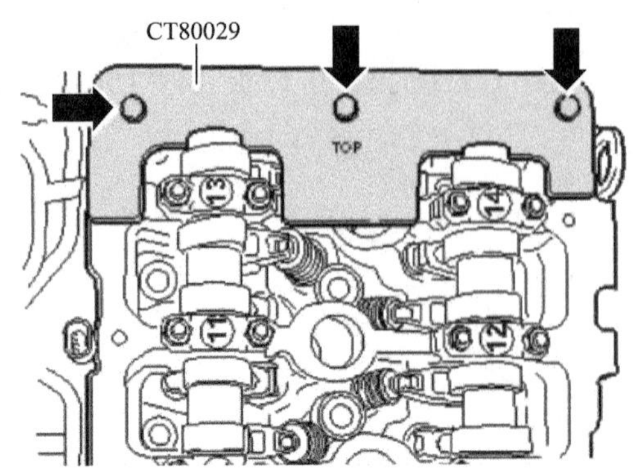

图 2-105　正确安装凸轮轴锁止工具

V. A. G 1332 和开口扳 HAZET 6450d-32 或 V. A. G 1332/6 稍微转动凸轮轴。

⑥ 如图 2-106 所示，此时进气凸轮轴调节器上的标记“24E→”(1) 与凸轮轴盖（大）上印有材料信息的长方形结构边缘 (2) 几乎对齐，允许略有错位。

⑦ 如图 2-107 所示，排气凸轮轴调节器上的标记“32A→”(1) 与凸轮轴盖（大）螺栓孔壁面边缘 (2) 几乎对齐，允许略有错位。

⑧ 进气凸轮轴调节器上的标记“24E→”正对的齿与排气凸轮轴调节器上的标记“32A→”正对的齿之间刚好有 16 个链节。

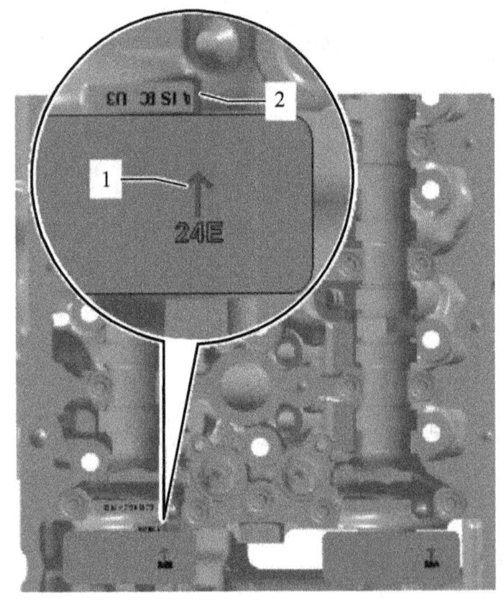

图 2-106　进气凸轮轴调节器对齐标记

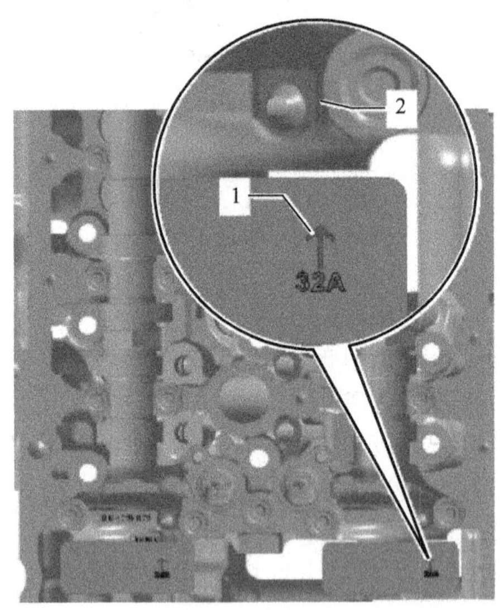

图 2-107　排气凸轮轴调节器对齐标记

如果不满足以上要求：调整气门正时，调整方法请参见机油泵链条拆装步骤。

(3) 凸轮轴正时链拆装步骤

所需要的专用工具和维修设备（见图 2-108）：扭力扳手（5～60N·m）HAZET 6290-1CT 或 V. A. G 1331；棘轮头 HAZET 6403-1；棘轮头 HAZET 6402-1；锁止工具 CT10363 或 T10363；定位扳手 CT10172 或 T10172；TORX 工具 HAZET 1557/32 或 V. A. G 1766；凸轮轴锁止工具 CT80029。

凸轮轴正时链拆卸步骤：

① 拆卸变速箱。

② 拆卸双质量飞轮。

③ 拆卸正时链上部盖板。

④ 拆卸油底壳。

⑤ 拆卸正时链下部盖板。

⑥ 使用定位扳手 CT10172 或 T10172 和连接工具 CT10172/1 或 T10172/1 沿发动机的运转方向（箭头 B）旋转皮带盘。使曲轴上的驱动链轮的磨平齿（箭头 A）与轴承盖和气缸体的接合缝对齐。见图 2-103。

如图 2-109 所示，使机油泵驱动链轮上的标记（箭头 B）与机油泵上的标记对齐。每旋转曲轴 4 圈才能到达此位置。

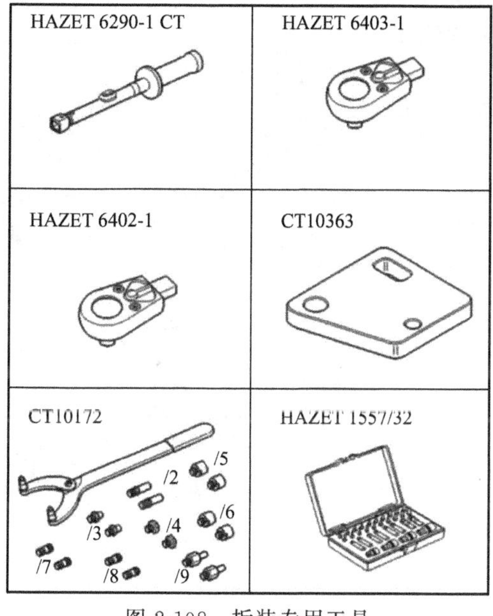

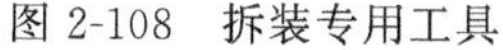
图 2-108 拆装专用工具

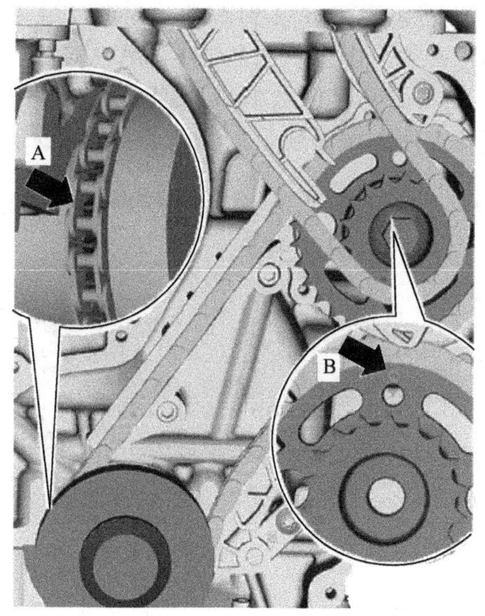

图 2-109 对齐机油泵链轮标记

如图 2-104 所示，凸轮轴 1 缸上的凸轮（A）必须朝上相对。

⑦ 拆卸凸轮轴调节器。

⑧ 如图 2-110 所示，旋出螺栓 1 和 2，取下正时链导轨 A。

⑨ 取下凸轮轴正时链。

凸轮轴正时链安装步骤：

安装说明：更换密封圈。更换以角度控制方式（例如，30N·m＋继续旋转 90°）拧紧的螺栓。更换涂有防松剂的螺栓。

安装以拆卸的相反顺序进行，同时注意下列事项：

前提条件：曲轴位于“1 缸上止点”的位置（箭头 A），见图 2-103。高压泵传动链轮用锁止工具 CT10363 或 T10363 固定，见图 2-111。

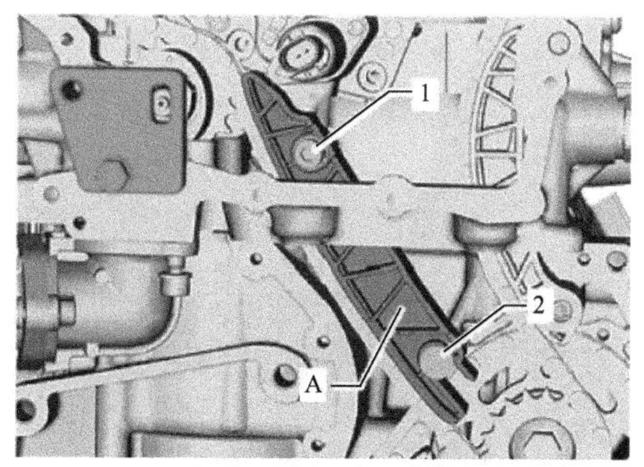

图 2-110 拆下正时链导轨

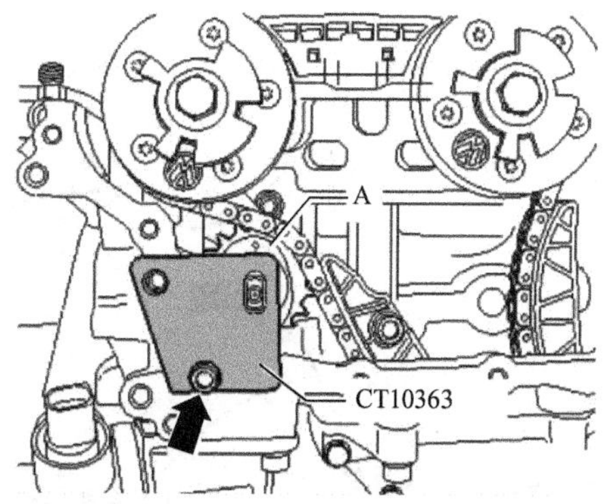

图 2-111 安装高压泵传动链轮锁止工具

凸轮轴已用凸轮轴锁止工具 CT80029 固定。

① 从上方装入正时链。

② 安装导轨A，并且只拧紧螺栓2，见图2-110。铜色的正时链链节是用来协助安装的。必须将3个相邻的铜色链节按以下要求安装在机油泵链轮上。

③ 将正时链安装到机油泵链轮上。机油泵链轮上的标记必须与中间的铜色链节（A）对齐，见图2-112。

④ 将正时链安装到高压泵传动链轮上。高压泵传动链轮上的标记必须与铜色链节对齐，见图2-113。

图2-112 对齐机油泵链轮标记

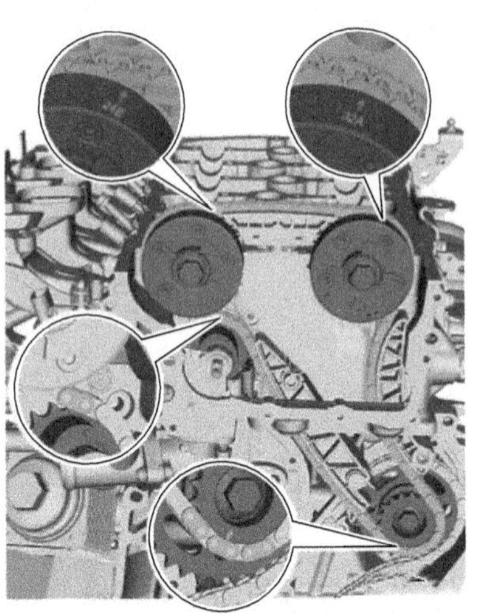

图2-113 高压泵链轮对齐标记

⑤ 拧紧导轨A的螺栓1，见图2-110。

⑥ 如图2-113所示，将进气凸轮轴调节器“24E”装入正时链中，使铜色链节与凸轮轴调节器上的标记对齐。用螺栓将进气凸轮轴调节器固定到进气凸轮轴上，并用手拧紧螺栓。

⑦ 将排气凸轮轴调节器“32A”装入正时链中，使铜色链节与凸轮轴调节器上的标记对齐。用螺栓将排气凸轮轴调节器固定到排气凸轮轴上，并用手拧紧螺栓。

⑧ 检查所有铜色链节相对调节标记的位置是否正确，见图2-113。一旦旋转过曲轴后，铜色链节就不再与各标记对齐。

⑨ 安装凸轮轴正时链张紧器（箭头）。拧紧力矩：50N·m，见图2-114。

⑩ 拆下凸轮轴锁止工具CT80029，并将新的凸轮轴调节器的固定螺栓拧紧至额定要求。拧紧力矩：60N·m+继续旋转90°。

只可用扭力扳手（40～200N·m）HAZET 6292-1CT或V.A.G 1332和开口扳HAZET 6450d-32或V.A.G 1332/6在凸轮轴处反向把持住，见图2-115。在松开或拧紧凸轮轴调节器的固定螺栓时，不要安装凸轮轴锁止工具CT80029。

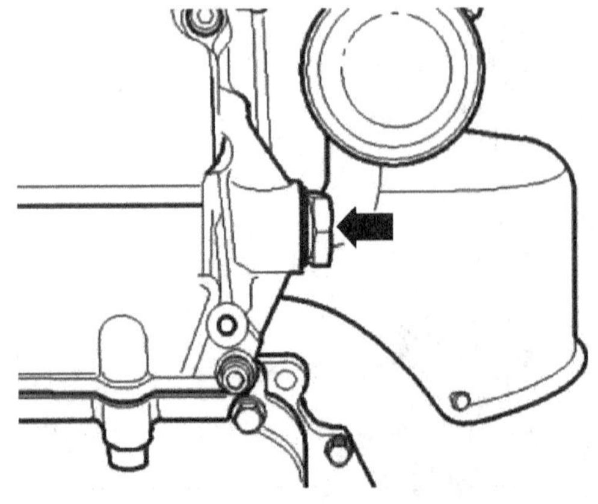

图2-114 安装正时链张紧器

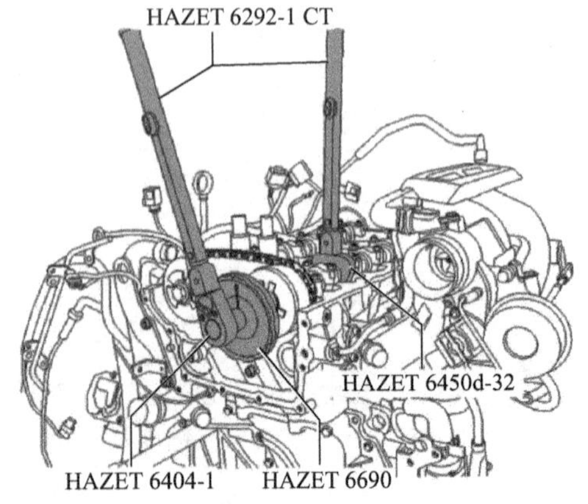

图2-115 安装凸轮轴调节器工具的使用

进一步的安装以拆卸的相反顺序进行。

(4) 机油泵链条拆装步骤

说明：以下步骤只可在已拆下变速箱的情况下进行。

所需要的专用工具和维修设备（见图 2-116）：扭力扳手（5～60N·m）HAZET 6290-1CT 或 V.A.G 1331；角度盘 HAZET 6690 或 V.A.G1756；棘轮头 HAZET 6403-1；TORX 工具 HAZET 1557/32 或 V.A.G 1766；扭力扳手（40～200N·m）HAZET 6292-1CT 或 V.A.G 1332；棘轮头 HAZET 6404-1；棘轮头 HAZET 6402-1；定位扳手 CT10172 或 T10172。

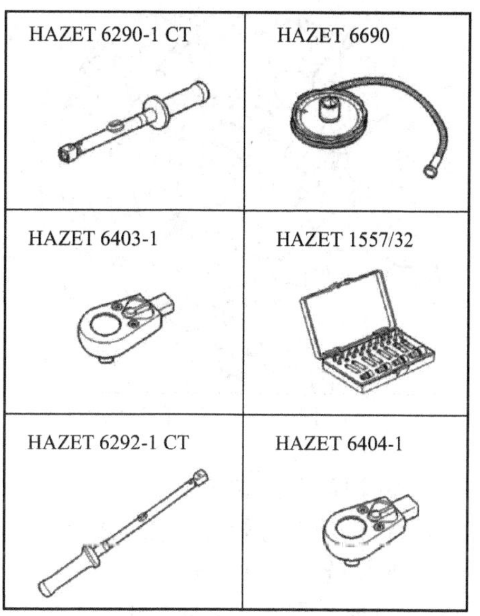

图 2-116 拆装专用工具

机油泵链条拆卸步骤：

对于所有的安装工作，特别是在空间狭窄的发动机舱中进行维修工作时，请注意下列说明：铺设各种管路（例如，燃油、液压系统、活性炭罐、冷却液和制冷剂、制动液、真空管路）和导线时，不要改变导线和管路的原始走向。为了避免损坏导线，应确保它们与所有的运动部件和发热部件之间有足够的间隙。

① 拆卸正时链下部盖板。

② 旋出凸轮轴正时链张紧器。

③ 旋出螺栓（箭头），拆下链条张紧器支架 1，见图 2-117。

④ 将凸轮轴正时链从驱动链轮上拆下，并将其放置一旁。

⑤ 在曲轴上的驱动链轮的磨平齿（箭头 A）与机油泵链条相对位置做出标记。

⑥ 在机油泵驱动链轮上的标记（箭头 B）与机油泵链条的相对位置做出标记，以便安装，见图 2-118。

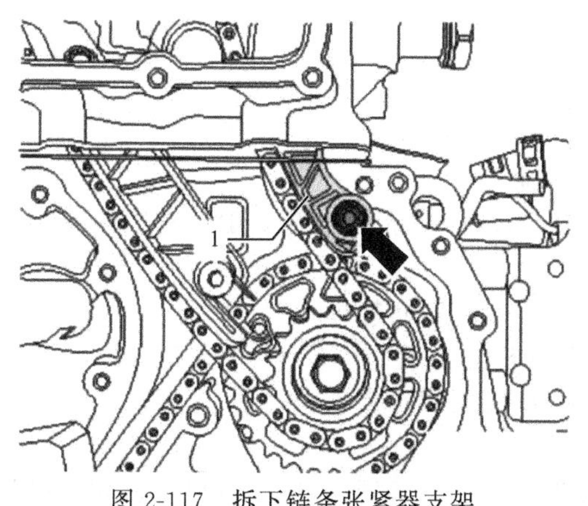

图 2-117 拆下链条张紧器支架

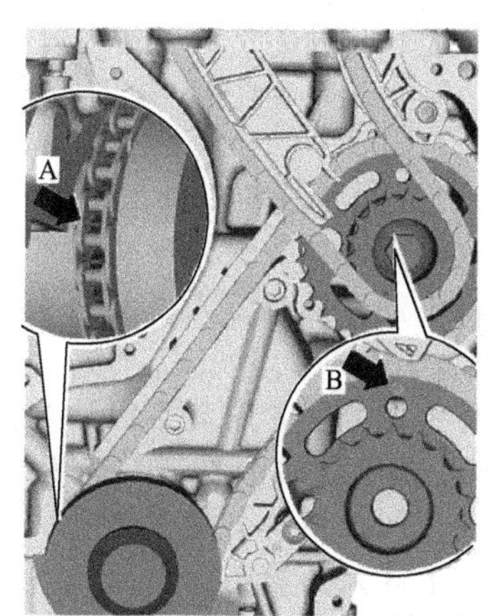

图 2-118 做安装标记

⑦ 使用定位扳手 CT10172 或 T10172 反向把持住减震盘/皮带轮。将链轮的螺栓（箭头）松开约 1 整圈，见图 2-119。

⑧ 用 3mm 内六角扳手（A）锁定链条张紧导轨。

⑨ 旋出链条张紧导轨的螺栓（箭头），见图 2-120。

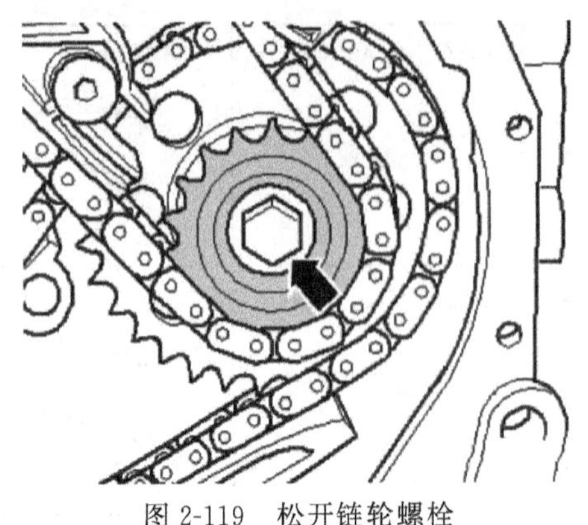

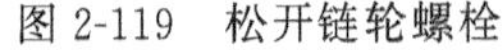
图 2-119　松开链轮螺栓

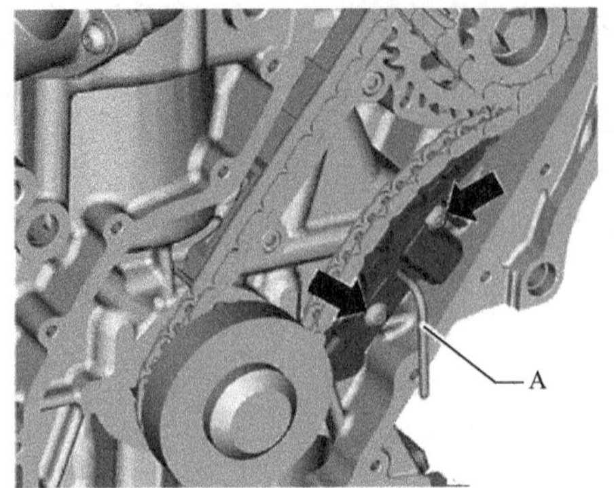

图 2-120　取下链条张紧器

⑩ 标记链条运转方向。

⑪ 将机油泵链轮和机油泵链条一起取下。

机油泵链条安装步骤：

① 将曲轴置于“1 缸上止点”的位置。曲轴上的驱动链轮的磨平齿（箭头）必须与轴承盖和气缸体的接合缝对齐，见图 2-121。

② 现在旋转机油泵轴 1，使平面侧（箭头）与机油泵上的标记 2 对齐，见图 2-122。

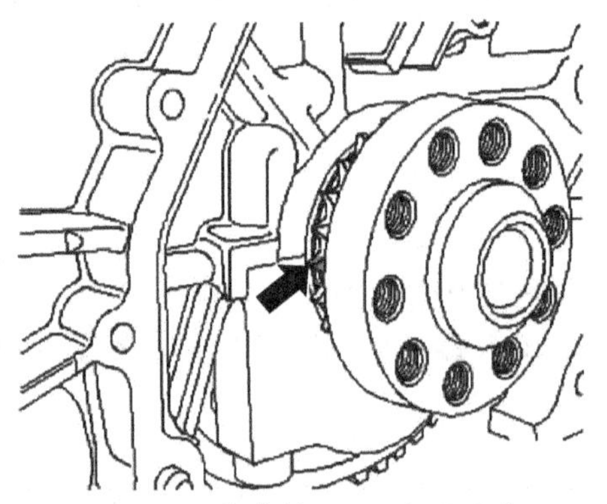
图 2-121　将曲轴置于 1 缸上止点

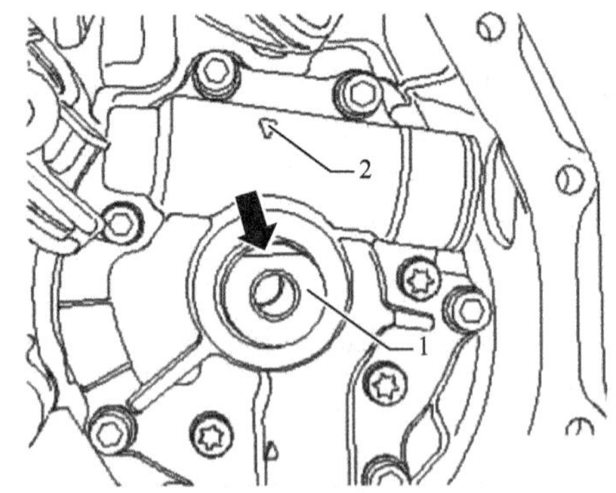

图 2-122　对齐机油泵轴标记

对于已经运转过的曲轴正时链，请注意运转方向的标记。

③ 将机油泵链条放入导轨中，并装在曲轴上。

④ 将机油泵链条装入机油泵大链轮上，使带标记的孔（箭头 B）与机油泵上的标记对齐，见图 2-118。

⑤ 将机油泵链轮安装到机油泵轴上，并用手拧紧新螺栓。

如果不能安装机油泵正时链轮，稍微转动机油泵轴。

⑥ 安装机油泵链条的张紧导轨，并拧紧螺栓至额定要求。

⑦ 拆下内六角扳手。

⑧ 检查定位标记。曲轴上的驱动链轮的磨平齿（箭头 A）应与轴承盖和气缸体的接合缝对齐。机油泵驱动链轮上的标记（箭头 B）应与机油泵上的标记对齐，见图 2-118。

⑨ 使用定位扳手 CT10172 或 T10172 反向固定住皮带盘，并拧紧链轮的新螺栓至额定要求。

⑩ 安装凸轮轴正时链。

⑪ 安装正时链下部盖板。

2.8.5 途昂四轮定位数据

前 桥	标准底盘	后 桥	标准底盘
前束(双轮)	10′±10′	前束(双轮)	10′±10′
车轮外倾角(不可调)	−30′±30′	车轮外倾角	−1°20′±30′
左右车轮外倾角最大允差	30′	左右轮外倾角最大允差	30′
主销后倾角(不可调)	7°22′±30′		
离地高度	(467±10)mm(普通型减震器)	离地高度	(494.5±10)mm
离地高度	(467±10)mm[配备动态底盘控制调节系统(DCC)减震器]	离地高度	(487±10)mm[配备动态底盘控制调节系统(DCC)减震器]

2.8.6 途昂汽车全车控制器安装位置

途昂前部的控制单元安装位置见图 2-123。

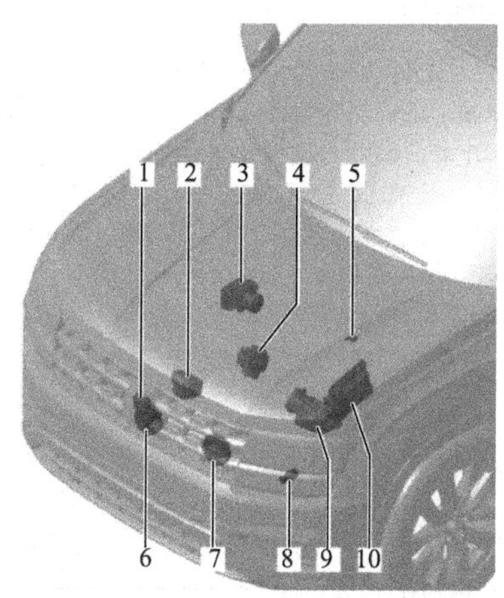

图 2-123 途昂前部控制器安装位置

1—车距调节控制单元 (J428) [仅适用于带自动车距控制 (ADR) 的汽车]；2—节气门控制单元 (GX3) (仅用于带 2.0L 发动机的汽车)；3—ABS 控制单元 (J104)；4—节气门控制单元 (GX3) (仅用于带 2.5L 汽油发动机的汽车)；5—蓄电池调节控制单元 (J840)；6—散热器风扇控制单元 2 (J671)；7—散热器风扇控制单元 (J293)；8—双离合器变速箱机电装置 (J743)；9—转向辅助控制单元 (J500)；10—发动机控制单元 (J623)

途昂中部的控制单元安装位置见图 2-124。

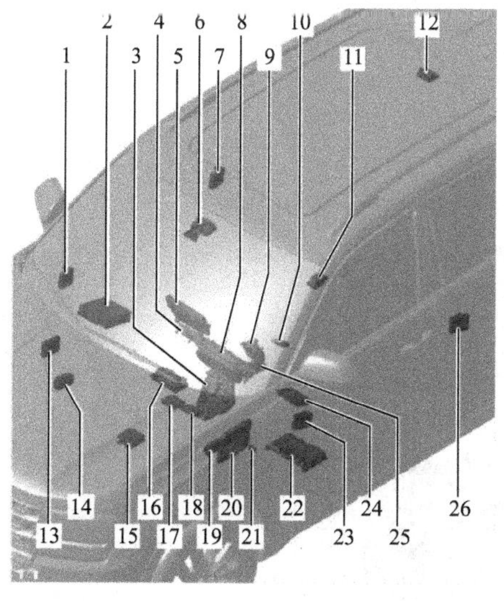

图 2-124 途昂中部控制器安装位置

1—副驾驶员侧车门控制单元 (J387)；2—电子通信信息设备 1 控制单元 (J794)；3—换挡杆传感器控制单元 (J587)；4—暖风/空调操作 (EX21)；5—前部信息显示和操作单元控制单元的显示单元 (J685)；6—驾驶员辅助系统的前部摄像机 (R242) (仅适用于带驾驶辅助特殊装备的汽车)；7—右后车门控制单元 (J389)；8—组合仪表 (KX2)；9—转向柱电子装置控制单元 (J527)；10—多功能方向盘控制单元 (J453)；11—燃油泵控制单元 (J538)；12—滑动天窗控制单元 (J245) (仅用于带全景滑动天窗的汽车)；13—进入及启动系统接口 (J965)；14—新鲜空气鼓风机控制单元 (J126)；15—安全气囊控制单元 (J234)；16—周围环境摄像机控制单元 (J928) (仅用于带周围环境摄像机的汽车)；17—弯灯和大灯照明距离调节控制单元 (J745)；18—数据总线诊断接口 (J533)；19—驻车辅助控制单元 (J446)；20—车载电网控制单元 (J519)；21—诊断接口 (U31)；22—数字式声音处理系统控制单元 (J525)；23—驾驶员侧车门控制单元 (J386)；24—左前座椅调节控制单元 (J1112) (仅用于带电动座椅调节和记忆功能的汽车)；25—后部新鲜空气鼓风机控制单元 (J391) (仅用于后部带有全自动空调操作与显示单元的汽车)；26—左后车门控制单元 (J388)

途昂后部的控制单元安装位置见图 2-125。

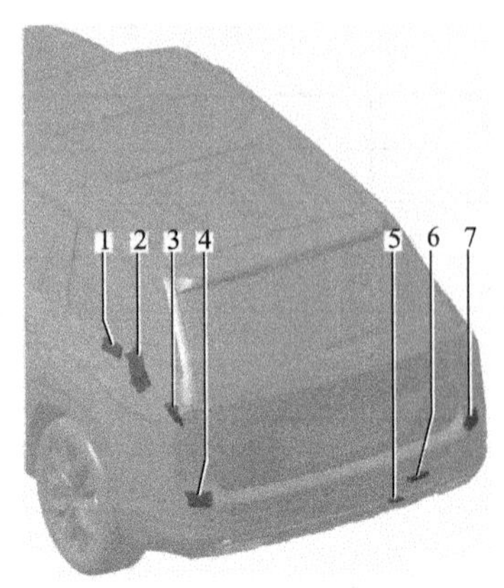

图 2-125 途昂后部控制器安装位置

1—后备厢盖控制单元（J605）；2—减震电子调节控制单元（J250）（仅用于带有电控调节减震系统的汽车）；3—全轮驱动控制单元（J492）（仅用于带全轮驱动的汽车）；4—盲区识别控制单元 2（J1087）（用于带换道辅助系统的汽车）；5—后备厢盖开启装置控制单元（J938）（仅用于带后备厢盖开启传感器的汽车）；6—轮胎压力监控控制单元（J502）（仅用于带轮胎充气压力监控的汽车）；7—盲区识别控制单元（J1086）（用于带换道辅助系统的汽车）

2.8.7 途昂 2.5T DDK 发动机舱电控部件位置

配载 DDK 发动机的途昂车型发动机舱电控部件安装位置如图 2-126 所示。

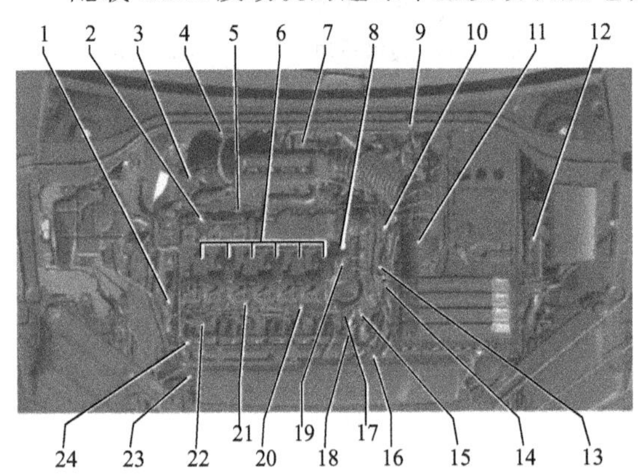

图 2-126 DDK 发动机电控部件安装位置

1—冷却液循环阀（N214）；2—活性炭罐电磁阀 1（N80）；3—尾气催化净化器前的氧传感器 1（GX10）；4—尾气催化净化器后的氧传感器 1（GX7）；5—爆震传感器 1（G61）；6—带功率输出级的点火线圈：带功率输出级的点火线圈 1（N70），带功率输出级的点火线圈 2（N127），带功率输出级的点火线圈 3（N291），带功率输出级的点火线圈 4（N292），带功率输出级的点火线圈 5（N323），带功率输出级的点火线圈 6（N324），用点火线圈拉具 CT10530 或 T10530 进行拆卸；7—涡轮增压器循环空气阀（N249）；8—排气凸轮轴调节阀 1（N318）；9—制动踏板开关（F47）；10—霍尔传感器 2（G163）；11—空气质量计（G70）/进气温度传感器 2（G299）；12—发动机控制单元（J623）；13—发动机温度传感器（G407）；14—霍尔传感器（G40）；15—燃油压力调节阀（N276）；16—增压压力传感器（G31）；17—发动机转速传感器（G28）；18—燃油压力传感器（G247）；19—凸轮轴调节阀 1（N205）；20—爆震传感器 2（G66）；21—机油油位和机油温度传感器（G266）；22—低压的燃油压力传感器（G410）；23—散热器出口处的冷却液温度传感器（G83）；24—散热器出口处的冷却液温度传感器（G83）

2.8.8 大众 2.5T DDK 发动机电脑端子数据

DDK 发动机控制器插头连接如图 2-127 所示。

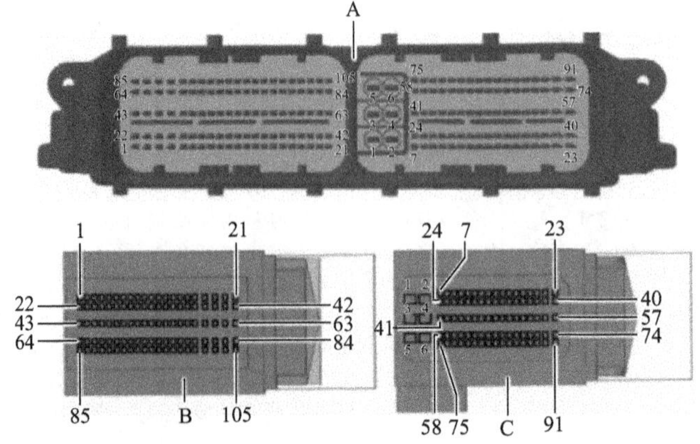

图 2-127 DDK 发动机控制单元连接端子

A—发动机控制单元（J623）；B—105 芯插头连接（T105a），黑色，发动机控制单元插头

针脚序号	针脚功能
1	气缸 5 喷油嘴控制端，连接到气缸 5 喷油嘴（N83），插头 T2eq/2，针脚 2
2	气缸 6 喷油嘴控制端，连接到气缸 6 喷油嘴（N84），插头 T2er/2，针脚 2
3	气缸 4 喷油嘴控制端，连接到气缸 4 喷油嘴（N33），插头 T2co/2，针脚 2
4	节气门驱动装置（电控节气门）＋，连接到节气门控制单元（GX3），插头 T6ad/3，针脚 3
5	未占用
6	节气门驱动装置（电控节气门）角度传感器接地，连接到节气门控制单元（GX3），插头 T6ad/6，针脚 6
7	节气门驱动装置（电控节气门）角度传感器电源 5V，连接到节气门控制单元（GX3），插头 T6ad/2，针脚 2
8	未占用
9	用于低温回路的冷却液泵控制端，连接到用于低温回路的冷却液泵（V468），插头 T3c/3，针脚 3
10	油压传感器信号，连接到油压传感器（G10），插头 T3j/1，针脚 1
11	传感器接地（燃油压力传感器、低压的燃油压力传感器）
12～18	未占用
19	带功率输出级的点火线圈 6 控制端，连接到带功率输出级的点火线圈 6（N324），插头 T4bm/2，针脚 2
20	带功率输出级的点火线圈 2 控制端，连接到带功率输出级的点火线圈 2（N127），插头 T4u/2，针脚 2
21	带功率输出级的点火线圈 4 控制端，连接到带功率输出级的点火线圈 4（N292），插头 T4w/2，针脚 2
22	气缸 2 喷油嘴控制端，连接到气缸 2 喷油嘴（N31），插头 T2cm/2，针脚 2
23	气缸 3 喷油嘴控制端，连接到气缸 3 喷油嘴（N32），插头 T2cn/2，针脚 2
24	气缸 1 喷油嘴控制端，连接到气缸 1 喷油嘴（N30），插头 T2cL/2，针脚 2
25	节气门驱动装置（电控节气门），连接到节气门控制单元（GX3），插头 T6ad/5，针脚 5
26	未占用
27	节气门驱动装置（电控节气门）角度传感器 1 信号，连接到节气门控制单元（GX3），插头 T6ad/1，针脚 1
28	节气门驱动装置（电控节气门）角度传感器 2 信号，连接到节气门控制单元（GX3），插头 T6ad/4，针脚 4
29	未占用
30	用于高温回路的冷却液泵信号，连接到用于高温回路的冷却液泵（V467），插头 T3L/3，针脚 3
31	增压压力传感器信号，连接到增压压力传感器（G31），插头 T3be/1，针脚 1
32	传感器电源 5V（进气歧管传感器、低压的燃油压力传感器、霍尔传感器 2、增压压力传感器）
33	低压的燃油压力传感器信号，连接到低压的燃油压力传感器（G410），插头 T3an/3，针脚 3
34～39	未占用
40	带功率输出级的点火线圈 1 控制端，连接到带功率输出级的点火线圈 1（N70），插头 T4t/2，针脚 2
41	带功率输出级的点火线圈 5 控制端，连接到带功率输出级的点火线圈 5（N323），插头 T4bL/2，针脚 2
42	带功率输出级的点火线圈 3 控制端，连接到带功率输出级的点火线圈 3（N291），插头 T4v/2，针脚 2
43	燃油定量阀控制端，连接到燃油定量阀（N290），插头 T2cg/1，针脚 1
44	燃油定量阀控制端，连接到燃油定量阀（N290），插头 T2cg/2，针脚 2
45～47	未占用
48	霍尔传感器 2 接地，连接到霍尔传感器 2（G163），插头 T3ap/3，针脚 3
49	未占用

续表

针脚序号	针脚功能
50	曲轴箱排气加热电阻控制端,连接到曲轴箱排气加热电阻(N79),插头 T2eo/1,针脚 1
51	活性炭罐电磁阀控制端,连接到活性炭罐电磁阀 1(N80),插头 T2bv/2,针脚 2
52、53	未占用
54	传感器电源 5V(燃油压力传感器、霍尔传感器、油压传感器、废气涡轮增压器转速传感器)
55	发动机温度传感器信号,连接到发动机温度传感器(G407),插头 T2do/2,针脚 2
56	燃油压力传感器信号,连接到燃油压力传感器(G247),插头 T3z/2,针脚 2
57	未占用
58	发动机温度传感器信号,连接到发动机温度传感器(G407),插头 T2do/1,针脚 1
59	传感器接地(油压传感器、废气涡轮增压器转速传感器 1、霍尔传感器、进气歧管传感器、增压压力传感器)
60	发动机转速传感器接地,连接到发动机转速传感器(G28),插头 T3aq/3,针脚 3
61	发动机转速传感器信号,连接到发动机转速传感器(G28),插头 T3aq/2,针脚 2
62	未占用
63	增压压力限制电磁阀控制端,连接到增压压力限制电磁阀(N75),插头 T2ck/2,针脚 2
64	气缸 5 喷油嘴控制端,连接到气缸 5 喷油嘴(N83),插头 T2eq/1,针脚 1
65	气缸 4 喷油嘴控制端,连接到气缸 4 喷油嘴(N33),插头 T2co/1,针脚 1
66	气缸 6 喷油嘴控制端,连接到气缸 6 喷油嘴(N84),插头 T2er/1,针脚 1
67	未占用
68	霍尔传感器 2 信号,连接到霍尔传感器 2(G163),插头 T3ap/2,针脚 2
69	发动机转速传感器电源 5V,连接到发动机转速传感器(G28),插头 T3aq/1,针脚 1
70	涡轮增压器循环空气阀控制端,连接到涡轮增压器循环空气阀(N249),插头 T2ci/2,针脚 2
71、72	未占用
73	爆震传感器 2 信号,连接到爆震传感器 2(G66),插头 T2es/1,针脚 1
74	爆震传感器 2 信号,连接到爆震传感器 2(G66),插头 T2es/2,针脚 2
75	进气歧管传感器信号,连接到进气歧管传感器(GX9),插头 T3k/1,针脚 1
76～84	未占用
85	气缸 2 喷油嘴控制端,连接到气缸 2 喷油嘴(N31),插头 T2cm/1,针脚 1
86	气缸 3 喷油嘴控制端,连接到气缸 3 喷油嘴(N32),插头 T2cn/1,针脚 1
87	气缸 1 喷油嘴控制端,连接到气缸 1 喷油嘴(N30),插头 T2cL/1,针脚 1
88	未占用
89	霍尔传感器信号,连接到霍尔传感器(G40),插头 T3m/2,针脚 2
90	未占用
91	排气门凸轮轴调节阀 1 控制端,连接到排气门凸轮轴调节阀 1(N318),插头 T2ep/2,针脚 2
92	凸轮轴调节阀控制端,连接到凸轮轴调节阀 1(N205),插头 T2cj/2,针脚 2
93	未占用
94	爆震传感器信号,连接到爆震传感器 1(G61),插头 T2bp/1,针脚 1
95	爆震传感器信号,连接到爆震传感器 1(G61),插头 T2bp/2,针脚 2
96～99	未占用

续表

针脚序号	针脚功能
100	气缸体冷却液阀控制端，连接到气缸体冷却液阀(N545)，插头 T2be/2，针脚 2
101	未占用
102	冷却液循环阀控制端，连接到冷却液循环阀(N214)，插头 T2ao/2，针脚 2
103～105	未占用

C—91 芯插头连接（T91a），黑色，发动机控制单元插头

针脚序号	针脚功能
1	接线柱 31
2	接线柱 31
3、4	未占用
5	接线柱 87a
6	接线柱 87a
7～9	未占用
10	空气质量计信号，连接到空气质量计(G70)，插头 T4dd/1，针脚 1
11、12	未占用
13	CAN 总线，低位(驱动系统)
14	CAN 总线，高位(驱动系统)
15	前氧传感器信号，连接到氧传感器(G39)，插头 T6a/4，针脚 4
16	前氧传感器信号，连接到氧传感器(G39)，插头 T6a/6，针脚 6
17～19	未占用
20	制动踏板开关信号，连接到制动踏板开关(F47)，插头 T4ao/1，针脚 1
21	未占用
22	后氧传感器加热装置控制端，连接到尾气催化净化器后的氧传感器 1 加热装置(Z29)，插头 T4ar/2，针脚 2
23～27	未占用
28	GRA 开关信号，连接到转向柱电子装置控制单元(J527)，插头 T14g/7，针脚 7(仅用于带可加热式方向盘的汽车)
	GRA 开关信号，连接到转向柱电子装置控制单元(J527)，插头 T16r/5，针脚 5(仅用于不带可加热式方向盘的汽车)
29	进气温度传感器 2 信号，连接到进气温度传感器 2(G299)，插头 T4dd/4，针脚 4
30、31	未占用
32	前氧传感器信号，连接到氧传感器(G39)，插头 T6a/1，针脚 1
33	前氧传感器信号，连接到氧传感器(G39)，插头 T6a/2，针脚 2
34～40	未占用
41	双离合器变速箱机电装置信号，连接到双离合器变速箱机电装置(J743)，插头 T16m/4，针脚 4
42	燃油泵控制单元信号，连接到燃油泵控制单元(J538)，插头 T5j/5，针脚 5
43	未占用
44	传感器接地，连接到空气质量计(G70)，插头 T4dd/3，针脚 3
45	散热器出口处的冷却液温度传感器信号，连接到散热器出口处的冷却液温度传感器(G83)，插头 T2bm/2，针脚 2

续表

针脚序号	针脚功能
46、47	未占用
48	后氧传感器信号，连接到尾气催化净化器后的氧传感器(G130)，插头 T4ar/4，针脚 4
49	后氧传感器信号，连接到尾气催化净化器后的氧传感器(G130)，插头 T4ar/3，针脚 3
50	接线柱 15
51、52	未占用
53	空气质量计电源 5V，连接到空气质量计(G70)，插头 T4dd/2，针脚 2
54、55	未占用
56	空调器关闭热敏开关，连接到空调器关闭热敏开关(F163)，插头 T2ap/1，针脚 1
57	受特性线控制的发动机冷却装置的节温器控制端，连接到受特性线控制的发动机冷却装置的节温器(F265)，插头 T2at/2，针脚 2
58	未占用
59	机油油位和机油温度传感器信号，连接到机油油位和机油温度传感器(G266)，插头 T3ab/3，针脚 3
60	P/N 挡信号，连接到双离合器变速箱机电装置(J743)，插头 T16m/2，针脚 2
61～64	未占用
65	油门踏板位置传感器 2 电源 5V，连接到油门踏板位置传感器 2(G185)，插头 T6L/1，针脚 1
66	油门踏板位置传感器 2 信号，连接到油门踏板位置传感器 2(G185)，插头 T6L/6，针脚 6
67	油门踏板位置传感器 2 接地，连接到油门踏板位置传感器 2(G185)，插头 T6L/5，针脚 5
68	制动信号灯开关信号
69	未占用
70	散热器出口处的冷却液温度传感器信号，连接到散热器出口处的冷却液温度传感器(G83)，插头 T2bm/1，针脚 1
71	接线柱 50，连接到进入及启动系统接口(J965)，插头 T40a/15，针脚 15
72	废气涡轮增压器转速传感器 1 信号，连接到废气涡轮增压器转速传感器 1(G688)，插头 T3i/2，针脚 2
73	散热器风扇控制信号
74	未占用
75	起动机继电器 1 控制端
76	起动机继电器 2 控制端
77～81	未占用
82	油门踏板位置传感器电源 5V，连接到油门踏板位置传感器(G79)，插头 T6L/2，针脚 2
83	油门踏板位置传感器信号，连接到油门踏板位置传感器(G79)，插头 T6L/4，针脚 4
84	油门踏板位置传感器接地，连接到油门踏板位置传感器(G79)，插头 T6L/3，针脚 3
85	未占用
86	接线柱 30a
87	主继电器控制端
88	接线柱 50
89	未占用
90	前氧传感器加热装置控制端，连接到氧传感器加热(Z19)，插头 T6a/3，针脚 3
91	未占用

2.8.9 大众 2.0T DBF 发动机电脑端子数据

DBF 发动机电脑插头连接如图 2-128 所示。

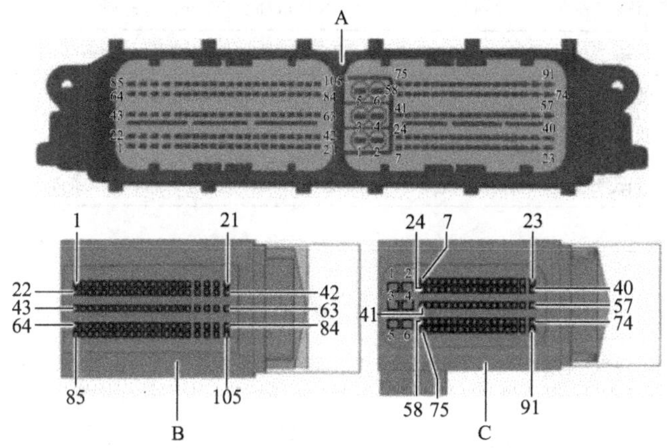

图 2-128 DBF 发动机电脑连接端子

A—发动机控制单元（J623）；B—105 芯插头连接（T105a），黑色，发动机控制单元插头

针脚序号	针脚功能
1	气缸 3 喷油嘴控制端，连接到气缸 3 喷油嘴(N32)，插头 T2cn/2，针脚 2
2	气缸 2 喷油嘴控制端，连接到气缸 2 喷油嘴(N31)，插头 T2cm/2，针脚 2
3	增压调节器控制端＋，连接到增压调节器(V465)，插头 T6p/6，针脚 6
4	增压调节器控制端－，连接到增压调节器(V465)，插头 T6p/2，针脚 2
5	气缸 2 喷油阀 2 控制端，连接到气缸 2 喷油嘴 2(N533)，插头 T2fn/2，针脚 2
6	活塞冷却喷嘴控制阀控制端，连接到活塞冷却喷嘴控制阀(N522)，插头 T2ew/1，针脚 1
7	未占用
8	机油压力开关信号，连接到机油压力开关(F22)，插头 T2f/1，针脚 1
9	节气门驱动装置(电控节气门)角度传感器接地，连接到节气门控制单元(GX3)，插头 T6ad/6，针脚 6
10	节气门驱动装置(电控节气门)角度传感器 2 信号，连接到电控油门操纵机构的节气门驱动装置角度传感器 2(G188)，插头 T6ad/4，针脚 4
11	传感器接地(进气歧管风门电位计，增压压力调节位置传感器)
12	传感器电源 5V(进气歧管风门电位计，增压压力调节位置传感器)
13	进气歧管风门电位计信号，连接到进气歧管风门电位计(G336)，插头 T3ad/2，针脚 2
14	传感器电源 5V(燃油压力传感器、低压的燃油压力传感器)
15	发动机温度调节伺服元件电源 5V，连接到发动机温度调节伺服元件(N493)，插头 T5e/3，针脚 3
16、17	未占用
18	凸轮轴调节元件 2 控制端，连接到凸轮轴调节元件 2(F367)，插头 T2fb/1，针脚 1
19	凸轮轴调节元件 1 控制端，连接到凸轮轴调节元件 1(F366)，插头 T2fa/1，针脚 1
20	未占用
21	带功率输出级的点火线圈 2 控制端，连接到带功率输出级的点火线圈 2(N127)，插头 T4u/2，针脚 2

续表

针脚序号	针脚功能
22	气缸 3 喷油嘴控制端，连接到气缸 3 喷油嘴（N32），插头 T2cn/1，针脚 1
23	气缸 2 喷油嘴控制端，连接到气缸 2 喷油嘴（N31），插头 T2cm/1，针脚 1
24	发动机温度调节伺服元件控制端＋，连接到发动机温度调节伺服元件（N493），插头 T5e/5，针脚 5
25	发动机温度调节伺服元件控制端－，连接到发动机温度调节伺服元件（N493），插头 T5e/4，针脚 4
26	气缸 4 喷油阀 2 控制端，连接到气缸 4 喷油嘴 2（N535），插头 T2fp/2，针脚 2
27	涡轮增压器循环空气阀控制端，连接到涡轮增压器循环空气阀（N249），插头 T2ci/2，针脚 2
28	未占用
29	机油压力降低开关信号，连接到机油压力降低开关（F378），插头 T1a
30	节气门驱动装置（电控节气门）角度传感器电源 5V，连接到节气门控制单元（GX3），插头 T6ad/2，针脚 2
31	节气门驱动装置（电控节气门）角度传感器 1 信号，连接到电控油门操纵机构的节气门驱动装置角度传感器 1（G187），插头 T6ad/1，针脚 1
32	增压压力调节位置传感器信号，连接到增压压力调节位置传感器（G581），插头 T6p/5，针脚 5
33	燃油压力传感器信号，连接到燃油压力传感器（G247），插头 T3z/1，针脚 1
34	低压的燃油压力传感器信号，连接到低压的燃油压力传感器（G410），插头 T3an/3，针脚 3
35	传感器接地（燃油压力传感器，低压的燃油压力传感器）
36	发动机温度调节伺服元件信号，连接到发动机温度调节伺服元件（N493），插头 T5e/2，针脚 2
37	未占用
38	机油油位和机油温度传感器信号，连接到机油油位和机油温度传感器（G266），插头 T3ab/3，针脚 3
39	凸轮轴调节元件 7 控制端，连接到凸轮轴调节元件 7（F372），插头 T2fg/1，针脚 1
40	凸轮轴调节元件 8 控制端，连接到凸轮轴调节元件 8（F373），插头 T2fh/1，针脚 1
41	变速箱冷却液阀，连接到变速箱冷却液阀（N488），插头 T2ey/2，针脚 2
42	带功率输出级的点火线圈 4 控制端，连接到带功率输出级的点火线圈 4（N292），插头 T4w/2，针脚 2
43	燃油定量阀控制端，连接到燃油定量阀（N290），插头 T2Cg/1，针脚 1
44	燃油定量阀控制端，连接到燃油定量阀（N290），插头 T2cg/2，针脚 2
45	节气门驱动装置（电控节气门）＋，连接到电控油门操纵机构的节气门驱动装置（G186），插头 T6ad/3，针脚 3
46	节气门驱动装置（电控节气门）－，连接到电控油门操纵机构的节气门驱动装置（G186），插头 T6ad/5，针脚 5
47	未占用
48	空调器关闭热敏开关，连接到空调器关闭热敏开关（F163），插头 T2ap/2，针脚 2
49	未占用
50	机油压力开关信号，连接到机油压力开关（F1），插头 T1c
51	爆震传感器信号，连接到爆震传感器 1（G61），插头 T2bp/1，针脚 1
52～55	未占用
56	发动机温度调节伺服元件接地，连接到发动机温度调节伺服元件（N493），插头 T5e/1，针脚 1
57	发动机转速传感器接地，连接到发动机转速传感器（G28），插头 T3aq/3，针脚 3
58	发动机转速传感器信号，连接到发动机转速传感器（G28），插头 T3aq/2，针脚 2
59	发动机转速传感器电源 5V，连接到发动机转速传感器（G28），插头 T3aq/1，针脚 1
60	凸轮轴调节元件 6 控制端，连接到凸轮轴调节元件 6（F371），插头 T2ff/1，针脚 1

续表

针脚序号	针脚功能
61	凸轮轴调节元件5控制端,连接到凸轮轴调节元件5(F370),插头T2fe/1,针脚1
62	未占用
63	活性炭罐电磁阀控制端,连接到活性炭罐电磁阀1(N80),插头T2bv/2,针脚2
64	气缸1喷油嘴控制端,连接到气缸1喷油嘴(N30),插头T2cL/1,针脚1
65	气缸4喷油嘴控制端,连接到气缸4喷油嘴(N33),插头T2co/1,针脚1
66	排气门凸轮轴调节阀1控制端,连接到排气门凸轮轴调节阀1(N318),插头T2ep/2,针脚2
67	未占用
68	气缸3喷油阀2控制端,连接到气缸3喷油嘴2(N534),插头T2fo/2,针脚2
69	冷却液继续补给泵控制端,连接到冷却液继续补给泵(V51),插头T3at/3,针脚3
70、71	未占用
72	爆震传感器信号,连接到爆震传感器1(G61),插头T2bp/2,针脚2
73～75	未占用
76	进气管压力传感器信号,连接到进气歧管传感器(GX9),插头T4bg/4,针脚4
77	进气温度传感器信号,连接到进气歧管传感器(GX9),插头T4bg/2,针脚2
78	霍尔传感器2接地,连接到霍尔传感器2(G163),插头T3ap/3,针脚3
79	霍尔传感器2信号,连接到霍尔传感器2(G163),插头T3ap/2,针脚2
80	霍尔传感器2电源5V,连接到霍尔传感器2(G163),插头T3ap/1,针脚1
81	未占用
82	凸轮轴调节元件4控制端,连接到凸轮轴调节元件4(F369),插头T2fd/1,针脚1
83	进气管风门阀门控制端,连接到进气歧管风门阀门(N316),插头T2ch/2,针脚2
84	带功率输出级的点火线圈3控制端,连接到带功率输出级的点火线圈3(N291),插头T4v/2,针脚2
85	气缸1喷油嘴控制端,连接到气缸1喷油嘴(N30),插头T2cL/2,针脚2
86	气缸4喷油嘴控制端,连接到气缸4喷油嘴(N33),插头T2co/2,针脚2
87	凸轮轴调节阀控制端,连接到凸轮轴调节阀1(N205),插头T2cj/2,针脚2
88	机油压力调节阀控制端,连接到机油压力调节阀(N428),插头T2dm/1,针脚1
89	气缸1喷油阀2控制端,连接到气缸1喷油嘴2(N532),插头T2fm/2,针脚2
90	双离合器变速箱机电装置信号,连接到双离合器变速箱机电装置(J743),插头T16m/4,针脚4
91～93	未占用
94	冷却液温度传感器信号,连接到冷却液温度传感器(G62),插头T2cf/1,针脚1
95	未占用
96	冷却液温度传感器信号,连接到冷却液温度传感器(G62),插头T2cf/2,针脚2
97	传感器接地,连接到进气歧管传感器(GX9),插头T4bg/1,针脚1
98	进气管压力传感器电源5V,连接到进气歧管传感器(GX9),插头T4bg/3,针脚3
99	霍尔传感器接地,连接到霍尔传感器(G40),插头T3m/3,针脚3
100	霍尔传感器信号,连接到霍尔传感器(G40),插头T3m/2,针脚2
101	霍尔传感器电源5V,连接到霍尔传感器(G40),插头T3m/1,针脚1
102	未占用

续表

针脚序号	针脚功能
103	凸轮轴调节元件 3 控制端,连接到凸轮轴调节元件 3(F368),插头 T2fc/1,针脚 1
104	未占用
105	带功率输出级的点火线圈 1 控制端,连接到带功率输出级的点火线圈 1(N70),插头 T4t/2,针脚 2

C—91 芯插头连接（T91a），黑色，发动机控制单元插头

针脚序号	针脚功能
1	接线柱 31
2	接线柱 31
3	接线柱 87a
4	接线柱 31
5	接线柱 87a
6	接线柱 87a
7	制动踏板开关信号,连接到制动踏板开关(F47),插头 T4ao/1,针脚 1
8	接线柱 50
9	未占用
10	前氧传感器信号,连接到氧传感器(G39),插头 T5c/5,针脚 5
11	未占用
12	前氧传感器信号,连接到氧传感器(G39),插头 T5c/2,针脚 2
13～16	未占用
17	空气质量计信号,连接到空气质量计(G70),插头 T4dd/1,针脚 1
18	未占用
19	燃油泵控制单元信号,连接到燃油泵控制单元(J538),插头 T5i/5,针脚 5
20～23	未占用
24	制动信号灯开关信号
25	未占用
26	散热器出口处的冷却液温度传感器信号,连接到散热器出口处的冷却液温度传感器(G83),插头 T2bm/2,针脚 2
27	前氧传感器信号,连接到氧传感器(G39),插头 T5c/1,针脚 1
28	后氧传感器信号,连接到尾气催化净化器后的氧传感器(G130),插头 T4ar/4,针脚 4
29	后氧传感器信号,连接到尾气催化净化器后的氧传感器(G130),插头 T4ar/3,针脚 3
30～33	未占用
34	空气质量计信号,连接到空气质量计(G70),插头 T4dd/2,针脚 2
35～40	未占用
41	GRA 开关信号,连接到转向柱电子装置控制单元(J527),插头 T14g/7,针脚 7(仅用于带可加热式方向盘的汽车)
	GRA 开关信号,连接到转向柱电子装置控制单元(J527),插头 T16r/5,针脚 5(仅用于不带可加热式方向盘的汽车)

续表

针脚序号	针脚功能
42～44	未占用
45	增压压力传感器电源5V,连接到增压压力传感器(G31),插头T4o/3,针脚3
46	传感器接地,连接到进气温度传感器2(G299),插头T4o/1,针脚1
47～49	未占用
50	接线柱15
51	空气质量计信号,连接到空气质量计(G70),插头T4dd/3,针脚3
52～57	未占用
58	P/N挡信号,连接到双离合器变速箱机电装置(J743),插头T16cm/2,针脚2
59	未占用
60	接线柱50,连接到进入及启动系统接口(J965),插头T40a/15,针脚15
61～63	未占用
64	进气温度传感器2信号,连接到进气温度传感器2(G299),插头T4o/2,针脚2
65	未占用
66	油门踏板位置传感器电源5V,连接到油门踏板位置传感器(G79),插头T6L/2,针脚2
67	油门踏板位置传感器信号,连接到油门踏板位置传感器(G79),插头T6L/4,针脚4
68	油门踏板位置传感器接地,连接到油门踏板位置传感器(G79),插头T6L/3,针脚3
69	发动机部件供电继电器控制端
70	未占用
71	散热器风扇控制信号
72、73	未占用
74	后氧传感器加热装置控制端,连接到尾气催化净化器后的氧传感器1加热装置(Z29),插头T4ar/2,针脚2
75～77	未占用
78	散热器出口处的冷却液温度传感器信号,连接到散热器出口处的冷却液温度传感器(G83),插头T2bm/1,针脚1
79	CAN总线,高位(驱动系统)
80	CAN总线,低位(驱动系统)
81	增压压力传感器信号,连接到增压压力传感器(G31),插头T4o/4,针脚4
82	未占用
83	油门踏板位置传感器2电源5V,连接到油门踏板位置传感器2(G185),插头T6L/1,针脚1
84	油门踏板位置传感器2信号,连接到油门踏板位置传感器2(G185),插头T6L/6,针脚6
85	油门踏板位置传感器2接地,连接到油门踏板位置传感器2(G185),插头T6L/5,针脚5
86	接线柱30a
87	起动机继电器1控制端
88	起动机继电器2控制端

续表

针脚序号	针脚功能
89	主继电器控制端
90	未占用
91	前氧传感器加热装置控制端,连接到氧传感器加热(Z19),插头 T5c/3,针脚 3

2.8.10 大众 2.0T CUG 发动机电脑端子数据

CUG 发动机电脑插头连接如图 2-129 所示。

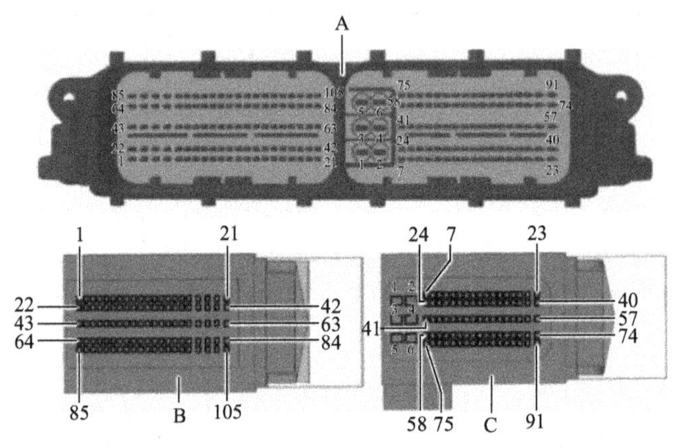

图 2-129 CUG 发动机电脑连接端子

A—发动机控制单元 (J623); B—105 芯插头连接 (T105a), 黑色, 发动机控制单元插头

针脚序号	针脚功能
1	气缸 2 喷油嘴控制端,连接到气缸 2 喷油嘴(N31),插头 T2cm/2,针脚 2
2	气缸 3 喷油嘴控制端,连接到气缸 3 喷油嘴(N32),插头 T2cn/2,针脚 2
3	活性炭罐电磁阀控制端,连接到活性炭罐电磁阀 1(N80),插头 T2bv/2,针脚 2
4	凸轮轴调节元件 5 控制端,连接到凸轮轴调节元件 5(F370),插头 T2fe/1,针脚 1
5	未占用
6	凸轮轴调节元件 1 控制端,连接到凸轮轴调节元件 1(F366),插头 T2fa/1,针脚 1
7	活塞冷却喷嘴控制阀控制端,连接到活塞冷却喷嘴控制阀(N522),插头 T2ew/1,针脚 1
8	双离合器变速箱机电装置信号,连接到双离合器变速箱机电装置(J743),插头 T16m/4,针脚 4
9、10	未占用
11	燃油压力传感器接地,连接到燃油压力传感器(G247),插头 T3z/1,针脚 1
12～16	未占用
17	机油压力调节阀控制端,连接到机油压力调节阀(N428),插头 T2dm/1,针脚 1
18、19	未占用
20	增压压力调节位置传感器接地,连接到增压压力调节位置传感器(G581),插头 T6p/3,针脚 3
21	未占用
22	气缸 3 喷油嘴控制端,连接到气缸 3 喷油嘴(N32),插头 T2cn/1,针脚 1

续表

针脚序号	针脚功能
23	气缸 2 喷油嘴控制端,连接到气缸 2 喷油嘴(N31),插头 T2cm/1,针脚 1
24	气缸 3 喷油阀 2 控制端,连接到气缸 3 喷油嘴 2(N534),插头 T2fo/2,针脚 2
25	气缸 1 喷油阀 2 控制端,连接到气缸 1 喷油嘴 2(N532),插头 T2fm/2,针脚 2
26	发动机温度调节伺服元件电源 5V,连接到发动机温度调节伺服元件(N493),插头 T5e/3,针脚 3
27	进气歧管风门电位计接地,连接到进气歧管风门电位计(G336),插头 T3ad/3,针脚 3
28	霍尔传感器 2 信号,连接到霍尔传感器 2(G163),插头 T3ap/2,针脚 2
29	霍尔传感器 2 接地,连接到霍尔传感器 2(G163),插头 T3ap/3,针脚 3
30	霍尔传感器信号,连接到霍尔传感器(G40),插头 T3m/2,针脚 2
31	低压的燃油压力传感器信号,连接到低压的燃油压力传感器(G410),插头 T3an/2,针脚 2
32	未占用
33	进气歧管传感器接地,连接到进气歧管传感器(GX9),插头 T4g/1,针脚 1
34	节气门驱动装置(电控节气门)角度传感器 1 信号,连接到电控油门操纵机构的节气门驱动装置角度传感器 1(G187),插头 T6ad/4,针脚 4
35	发动机转速传感器电源 5V,连接到发动机转速传感器(G28),插头 T3aq/1,针脚 1
36	进气歧管风门电位计信号,连接到进气歧管风门电位计(G336),插头 T3ad/2,针脚 2
37	低压的燃油压力传感器电源 5V,连接到低压的燃油压力传感器(G410),插头 T3an/1,针脚 1
38	霍尔传感器 2 电源 5V,连接到霍尔传感器 2(G163),插头 T3ap/1,针脚 1
39	未占用
40	冷却液温度传感器信号,连接到冷却液温度传感器(G62),插头 T2cf/2,针脚 2
41	增压压力调节位置传感器信号,连接到增压压力调节位置传感器(G581),插头 T6p/5,针脚 5
42	进气歧管传感器电源 5V,连接到进气歧管传感器(GX9),插头 T4bg/3,针脚 3
43	气缸 4 喷油嘴控制端,连接到气缸 4 喷油嘴(N33),插头 T2co/2,针脚 2
44	霍尔传感器接地,连接到霍尔传感器(G40),插头 T3m/3,针脚 3
45	气缸 4 喷油阀 2 控制端,连接到气缸 4 喷油嘴 2(N535),插头 T2fn/2,针脚 2
46	气缸 2 喷油阀 2 控制端,连接到气缸 2 喷油嘴 2(N533),插头 T2fp/2,针脚 2
47	冷却液温度传感器信号,连接到冷却液温度传感器(G62),插头 T2cf/1,针脚 1
48	进气歧管风门电位计电源 5V,连接到进气歧管风门电位计(G336),插头 T3ad/1,针脚 1
49	燃油压力传感器信号,连接到燃油压力传感器(G247),插头 T3z/2,针脚 2
50	低压的燃油压力传感器信号,连接到低压的燃油压力传感器(G410),插头 T3an/3,针脚 3
51	进气温度传感器信号,连接到进气温度传感器(G42),插头 T4bg/2,针脚 2
52	进气管压力传感器信号,连接到进气歧管压力传感器(G71),插头 T4bg/4,针脚 4
53	进气管风门阀门控制端,连接到进气歧管风门阀门(N316),插头 T2ak/2,针脚 2
54	节气门驱动装置(电控节气门)角度传感器电源 5V,连接到节气门控制单元(GX3),插头 T6ad/2,针脚 2
55	节气门驱动装置(电控节气门)角度传感器 2 信号,连接到电控油门操纵机构的节气门驱动装置角度传感器 2(G188),插头 T6ad/1,针脚 1
56	节气门驱动装置(电控节气门)角度传感器接地,连接到节气门控制单元(GX3),插头 T6ad/6,针脚 6
57	带功率输出级的点火线圈 3 控制端,连接到带功率输出级的点火线圈 3(N291),插头 T4v/2,针脚 2

续表

针脚序号	针脚功能
58	凸轮轴调节元件 4 控制端，连接到凸轮轴调节元件 4(F369)，插头 T2fd/1，针脚 1
59	凸轮轴调节元件 3 控制端，连接到凸轮轴调节元件 3(F368)，插头 T2fc/1，针脚 1
60	未占用
61	增压压力调节位置传感器电源 5V，连接到增压压力调节位置传感器(G581)，插头 T6p/1，针脚 1
62	带功率输出级的点火线圈 4 控制端，连接到带功率输出级的点火线圈 4(N292)，插头 T4w/2，针脚 2
63	未占用
64	气缸 1 喷油嘴控制端，连接到气缸 1 喷油嘴(N30)，插头 T2cL/1，针脚 1
65	气缸 4 喷油嘴控制端，连接到气缸 4 喷油嘴(N33)，插头 T2co/1，针脚 1
66	涡轮增压器循环空气阀控制端，连接到涡轮增压器循环空气阀(N249)，插头 T2ci/2，针脚 2
67	未占用
68	燃油压力传感器电源 5V，连接到燃油压力传感器(G247)，插头 T3z/3，针脚 3
69	霍尔传感器电源 5V，连接到霍尔传感器(G40)，插头 T3m/1，针脚 1
70	发动机转速传感器信号，连接到发动机转速传感器(G28)，插头 T3aq/2，针脚 2
71	未占用
72	机油压力降低开关信号，连接到机油压力降低开关(F378)，插头 T1a
73	机油压力开关，3 挡信号，连接到机油压力开关，3 挡(F447)，插头 T2ez/1，针脚 1
74	机油压力开关信号，连接到机油压力开关(F1)，插头 T1c
75	未占用
76	带功率输出级的点火线圈 1 控制端，连接到带功率输出级的点火线圈 1(N70)，插头 T4t/2，针脚 2
77	发动机转速传感器接地，连接到发动机转速传感器(G28)，插头 T3aq/3，针脚 3
78	发动机温度调节伺服元件接地，连接到发动机温度调节伺服元件(N493)，插头 T5e/1，针脚 1
79	带功率输出级的点火线圈 2 控制端，连接到带功率输出级的点火线圈 2(N127)，插头 T4u/2，针脚 2
80	发动机温度调节伺服元件信号，连接到发动机温度调节伺服元件(N493)，插头 T5e/2，针脚 2
81、82	未占用
83	机油油位和机油温度传感器信号，连接到机油油位和机油温度传感器(G266)，插头 T3ab/3，针脚 3
84	冷却液循环泵控制端，连接到冷却液循环泵(V50)，插头 T3f/3，针脚 3
85	气缸 1 喷油嘴控制端，连接到气缸 1 喷油嘴(N30)，插头 T2cL/2，针脚 2
86	发动机温度调节伺服元件控制端－，连接到发动机温度调节伺服元件(N493)，插头 T5e/4，针脚 4
87	发动机温度调节伺服元件控制端＋，连接到发动机温度调节伺服元件(N493)，插头 T5e/5，针脚 5
88	增压调节器控制端－，连接到增压调节器(V465)，插头 T6p/2，针脚 2
89	增压调节器控制端＋，连接到增压调节器(V465)，插头 T6p/6，针脚 6
90	节气门驱动装置(电控节气门)－，连接到电控油门操纵机构的节气门驱动装置(G186)，插头 T6ad/3，针脚 3
91	节气门驱动装置(电控节气门)＋，连接到电控油门操纵机构的节气门驱动装置(G186)，插头 T6ad/5，针脚 5
92	燃油定量阀控制端，连接到燃油定量阀(N290)，插头 T2cg/2，针脚 2
93	燃油定量阀控制端，连接到燃油定量阀(N290)，插头 T2cg/1，针脚 1
94	凸轮轴调节元件 6 控制端，连接到凸轮轴调节元件 6(F371)，插头 T2ff/1，针脚 1
95	凸轮轴调节元件 8 控制端，连接到凸轮轴调节元件 8(F373)，插头 T2fh/1，针脚 1

续表

针脚序号	针脚功能
96	凸轮轴调节元件 7 控制端,连接到凸轮轴调节元件 7(F372),插头 T2fg/1,针脚 1
97	爆震传感器信号,连接到爆震传感器 1(G61),插头 T2bp/2,针脚 2
98	爆震传感器信号,连接到爆震传感器 1(G61),插头 T2bp/1,针脚 1
99、100	未占用
101	凸轮轴调节元件 2 控制端,连接到凸轮轴调节元件 2(F367),插头 T2fb/1,针脚 1
102、103	未占用
104	排气门凸轮轴调节阀 1 控制端,连接到排气门凸轮轴调节阀 1(N318),插头 T2ep/2,针脚 2
105	凸轮轴调节阀控制端,连接到凸轮轴调节阀 1(N205),插头 T2cj/2,针脚 2

C—91 芯插头连接（T91a)，黑色，发动机控制单元插头

针脚序号	针脚功能
1	接线柱 31
2	接线柱 31
3、4	未占用
5	接线柱 87a
6	接线柱 87a
7	主继电器控制端
8	发动机部件供电继电器控制端
9	燃油泵控制单元信号,连接到燃油泵控制单元(J538),插头 T5i/5,针脚 5
10	未占用
11	后氧传感器加热装置控制端,连接到尾气催化净化器后的氧传感器 1 加热装置(Z29),插头 T4ar/2,针脚 2
12	散热器风扇控制信号
13～15	未占用
16	油门踏板位置传感器 2 电源 5V,连接到油门踏板位置传感器 2(G185),插头 T6L/1,针脚 1
17～21	未占用
22	空调器关闭热敏开关,连接到空调器关闭热敏开关(F163),插头 T2ap/2,针脚 2
23、24	未占用
25	后氧传感器信号,连接到尾气催化净化器后的氧传感器(G130),插头 T4ar/4,针脚 4
26	后氧传感器信号,连接到尾气催化净化器后的氧传感器(G130),插头 T4ar/3,针脚 3
27、28	未占用
29	散热器出口处的冷却液温度传感器信号,连接到散热器出口处的冷却液温度传感器(G83),插头 T2bm/2,针脚 2
30、31	未占用
32	增压压力传感器电源 5V,连接到增压压力传感器(G31),插头 T4o/3,针脚 3
33	油门踏板位置传感器电源 5V,连接到油门踏板位置传感器(G79),插头 T6L/2,针脚 2
34	油门踏板位置传感器接地,连接到油门踏板位置传感器(G79),插头 T6L/3,针脚 3
35	传感器接地,连接到进气温度传感器 2(G299),插头 T4o/1,针脚 1

续表

针脚序号	针脚功能
36	未占用
37	制动信号灯开关信号
38	未占用
39	变速箱冷却液阀控制端，连接到变速箱冷却液阀(N488)，插头 T2ey/2，针脚 2
40	未占用
41	前氧传感器信号，连接到氧传感器(G39)，插头 T5c/5，针脚 5
42	未占用
43	前氧传感器信号，连接到氧传感器(G39)，插头 T5c/1，针脚 1
44	前氧传感器信号，连接到氧传感器(G39)，插头 T5c/2，针脚 2
45～48	未占用
49	散热器出口处的冷却液温度传感器信号，连接到散热器出口处的冷却液温度传感器(G83)，插头 T2bm/1，针脚 1
50	接线柱 15
51	油门踏板位置传感器 2 接地，连接到油门踏板位置传感器 2(G185)，插头 T6L/5，针脚 5
52	油门踏板位置传感器信号，连接到油门踏板位置传感器(G79)，插头 T6L/4，针脚 4
53	未占用
54	进气温度传感器 2 信号，连接到进气温度传感器 2(G299)，插头 T4o/2，针脚 2
55	增压压力传感器信号，连接到增压压力传感器(G31)，插头 T4o/4，针脚 4
56～59	未占用
60	制动踏板开关信号，连接到制动踏板开关(F47)，插头 T4ao/1，针脚 1
61	未占用
62	P/N 挡信号，连接到双离合器变速箱机电装置(J743)，插头 T16m/2，针脚 2
63～66	未占用
67	接线柱 50
68	接线柱 50，连接到进入及启动系统接口(J965)，插头 T40a/15，针脚 15
69	油门踏板位置传感器 2 信号，连接到油门踏板位置传感器 2(G185)，插头 T6L/6，针脚 6
70	GRA 开关信号，连接到转向柱电子装置控制单元(J527)，插头 T14g/7，针脚 7(仅用于带可加热式方向盘的汽车)
	GRA 开关信号，连接到转向柱电子装置控制单元(J527)，插头 T16r/5，针脚 5(仅用于不带可加热式方向盘的汽车)
71～73	未占用
74	前氧传感器加热装置控制端，连接到氧传感器加热(Z19)，插头 T5c/3，针脚 3
75～78	未占用
79	CAN 总线，高位(驱动系统)
80	CAN 总线，低位(驱动系统)
81～85	未占用

续表

针脚序号	针脚功能
86	接线柱 30a
87	起动机继电器 1 控制端
88	起动机继电器 2 控制端
89～91	未占用

2.8.11 途昂电控减震器端子信息

减振电子调节控制单元（J250）（仅用于带有电控调节减震系统的汽车）安装位置在后备厢内左侧（箭头）。

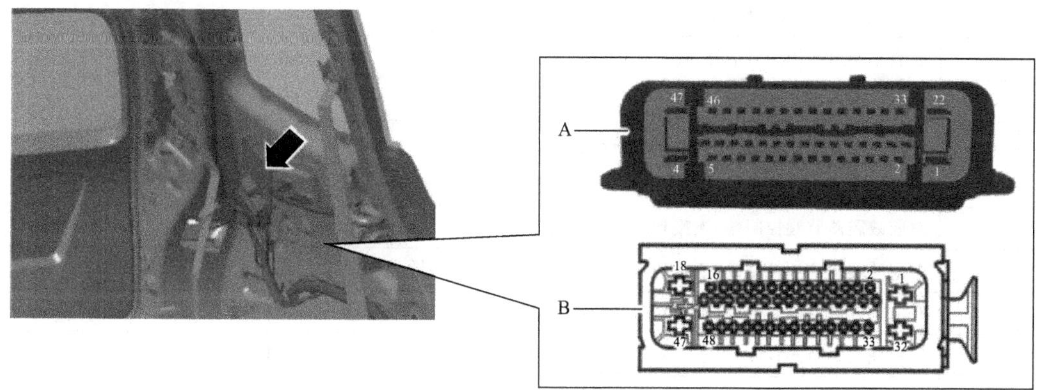

A—减震电子调节控制单元（J250）；B—47 芯插头连接（T47b），黑色，减震电子调节控制单元插头

针脚序号	针脚功能
1～4	未占用
5	后部车身加速传感器信号,连接到后部车身加速传感器(G343),插头 T2da/1,针脚 1
6、7	未占用
8	左后汽车高度传感器信号,连接到左后汽车高度传感器(G76),插头 T4af/1,针脚 1
9、10	未占用
11	左前汽车高度传感器信号,连接到左前汽车高度传感器(G78),插头 T4ck/1,针脚 1
12～13	未占用
14	右前汽车高度传感器信号,连接到右前汽车高度传感器(G289),插头 T4cL/1,针脚 1
15	未占用
16	接线柱 31
17～20	未占用
21	后部车身加速传感器接地,连接到后部车身加速传感器(G343),插头 T2da/2,针脚 2
22	未占用
23	左后汽车高度传感器电源,连接到左后汽车高度传感器(G76),插头 T4af/3,针脚 3
24	左后汽车高度传感器接地,连接到左后汽车高度传感器(G76),插头 T4af/4,针脚 4

续表

针脚序号	针脚功能
25	未占用
26	左前汽车高度传感器电源,连接到左前汽车高度传感器(G78),插头 T4ck/3,针脚 3
27	左前汽车高度传感器接地,连接到左前汽车高度传感器(G78),插头 T4ck/4,针脚 4
28	未占用
29	左前汽车高度传感器电源,连接到右前汽车高度传感器(G289),插头 T4cL/3,针脚 3
30	左前汽车高度传感器接地,连接到右前汽车高度传感器(G289),插头 T4cL/4,针脚 4
31	未占用
32	接线柱 15
33	CAN 总线,低位(底盘传感器)
34	CAN 总线,高位(底盘传感器)
35	前右车身加速传感器信号,连接到前右车身加速传感器(G342),插头 T2dk/1,针脚 1
36	前右车身加速传感器接地,连接到前右车身加速传感器(G342),插头 T2dk/2,针脚 2
37	前左车身加速传感器接地,连接到前左车身加速传感器(G341),插头 T2dg/2,针脚 2
38	前左车身加速传感器信号,连接到前左车身加速传感器(G341),插头 T2dg/1,针脚 1
39	左前减震调节阀控制端,连接到左前减震调节阀(N336),插头 T2gc/1,针脚 1
40	左前减震调节阀控制端,连接到左前减震调节阀(N336),插头 T2gc/2,针脚 2
41	右前减震调节阀控制端,连接到右前减震调节阀(N337),插头 T2gd/1,针脚 1
42	右前减震调节阀控制端,连接到右前减震调节阀(N337),插头 T2gd/2,针脚 2
43	左后减震调节阀控制端,连接到左后减震调节阀(N338),插头 T2ge/1,针脚 1
44	左后减震调节阀控制端,连接到左后减震调节阀(N338),插头 T2ge/2,针脚 2
45	右后减震调节阀控制端,连接到右后减震调节阀(N339),插头 T2gf/1,针脚 1
46	右后减震调节阀控制端,连接到右后减震调节阀(N339),插头 T2gf/2,针脚 2
47	接线柱 30

2.9 辉昂 PHIDEON（2017~2018 年款）

2.9.1 辉昂车型发动机配置信息

发动机标识字母	CUH	CRE
排量/L	1.984	2.995
功率/kW	165	220
扭力/N·m	350	440
缸径/mm	82.5	84.5
行程/mm	92.8	89.0
压缩比	9.6∶1	(10.8±0.2)∶1
ROZ	95	95
喷射装置/点火装置	TSI＋MPI	TSI＋MPI

续表

发动机标识字母	CUH	CRE
点火顺序	1—3—4—2	1—4—3—6—2—5
爆震控制	是	是
增压	是	是
废气再循环	否	否
可变进气管	是	是
凸轮轴调节	是	是
二次空气	否	是

2.9.2 2017~2018 年款大众 2.0T CUH 发动机正时维修

(1) 正时链单元部件分解

发动机正时链单元部件如图 2-130、图 2-133、图 2-136 所示。

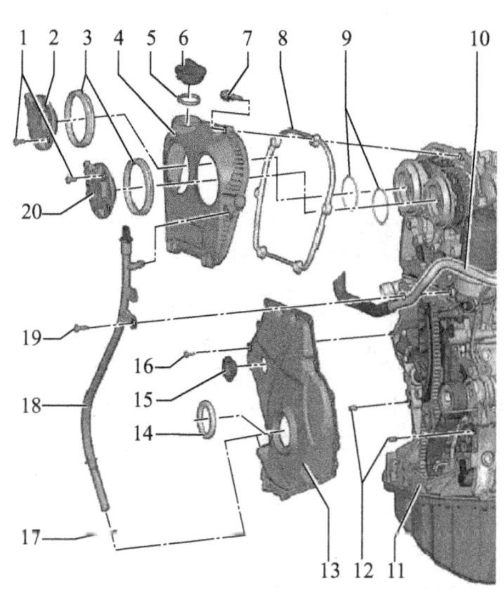

图 2-130 发动机正时链罩盖

1—螺栓，更换，铝合金螺栓：4N·m 继续转动 45°，钢螺栓：9N·m；2—排气凸轮轴调节阀 1（N318），更换 O 形环；3—O 形环，更换，在安装之前上油；4—正时链上部盖板；用 9N·m 的力矩拧紧螺栓；5—密封件，损坏时更新；6—封盖；7—螺栓；8—密封件，损坏时更新；9—O 形环，更换，用发动机油浸润；10—前部冷却液管；11—发动机；12—固定销，封盖的定位销；13—正时链下盖板，带轴密封环；14—轴密封环，用于减震器；15—封盖，更换；16—螺栓，更换，带 15 个螺栓的拧紧顺序见图 2-131，带 8 个螺栓的拧紧顺序见图 2-132；17—O 形环，更换，在安装之前上油；18—机油尺导向管；19—螺栓，9N·m；20—凸轮轴调节阀 1（N205），更换 O 形环

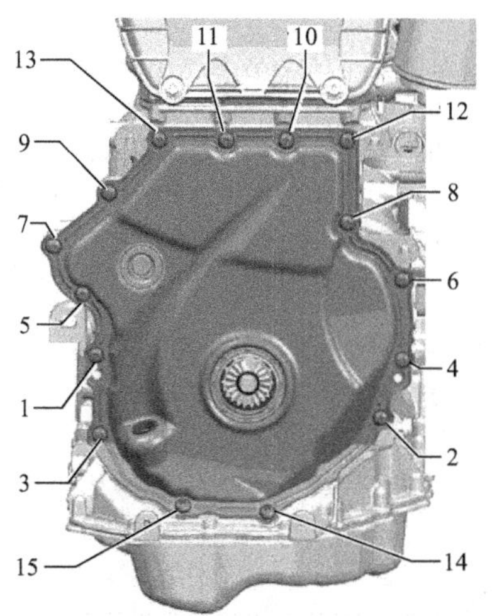

图 2-131 正时链下方盖板拧紧顺序（带 15 个螺栓）

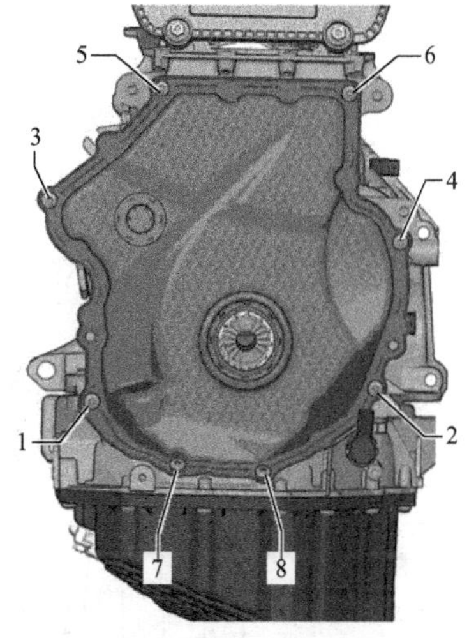

图 2-132 正时链下方盖板拧紧顺序（带 8 个螺栓）

按图 2-131 所示顺序分 2 步拧紧螺栓 1～15：①用 8N·m 的力矩拧紧螺栓。②继续转动螺栓 45°。

按图 2-132 所示顺序分 2 步拧紧螺栓 1～8：①用 8N·m 的力矩拧紧螺栓。②继续转动螺栓 45°。

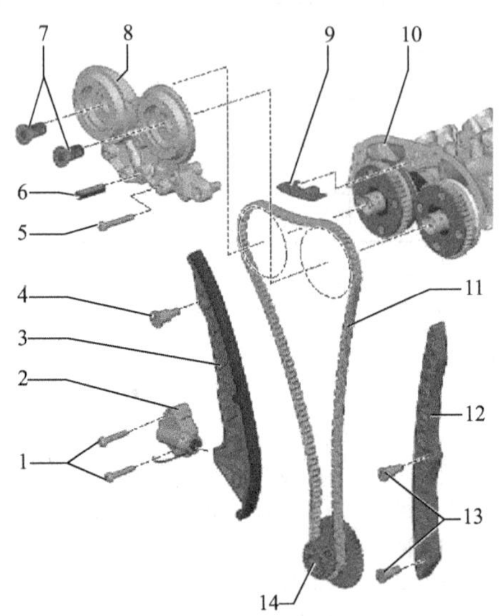

图 2-133 发动机凸轮轴正时链

1—螺栓，更换，4N·m+90°；2—链条张紧器，处于弹簧张紧状态，拆卸前用插入定位工具 T40267 固定；3—正时链张紧轨；4—导向销，20N·m；5—螺栓，更换，拧紧顺序见图 2-134；6—张紧套，根据结构情况，不是在每个轴承桥上都安装；7—控制阀，左旋螺纹，35N·m，用装配工具 T10352/2 进行拆卸；8—轴承桥；9—凸轮轴正时链的滑轨；10—凸轮轴外壳；11—凸轮轴正时链，拆卸前，用颜色标记转动方向；12—凸轮轴正时链的滑轨；13—导向销，20N·m；14—曲轴三级链轮，安装位置见图 2-135

图 2-134 轴承桥拧紧力矩和拧紧顺序

图 2-135 三级链轮安装位置

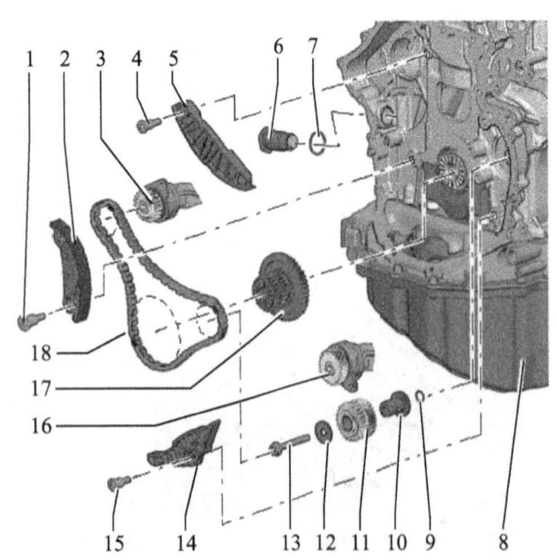

图 2-136 发动机平衡轴驱动链

1—导向销，20N·m；2—张紧轨，用于正时链；3—平衡轴，排气侧，用发动机机油涂抹支座，仅成对更新；4—导向销，20N·m；5—滑轨，用于正时链；6—链条张紧器，85N·m，涂防松剂后装入，防松剂；7—密封环；8—气缸体；9—O 形环，用发动机机油涂抹；10—轴承螺栓，用发动机机油涂抹，安装位置见图 2-137；11—中间齿轮，如果螺栓松开过，则必须更换中间齿轮；12—止推垫片；13—螺栓，更换，如果螺栓松开过，则必须更换中间齿轮，拧紧顺序见图 2-138；14—滑轨，用于平衡轴正时链；15—导向销，20N·m；16—平衡轴，进气侧，用发动机机油涂抹支座，仅成对更新；17—三级链轮，安装位置见图 2-135；18—平衡轴驱动链

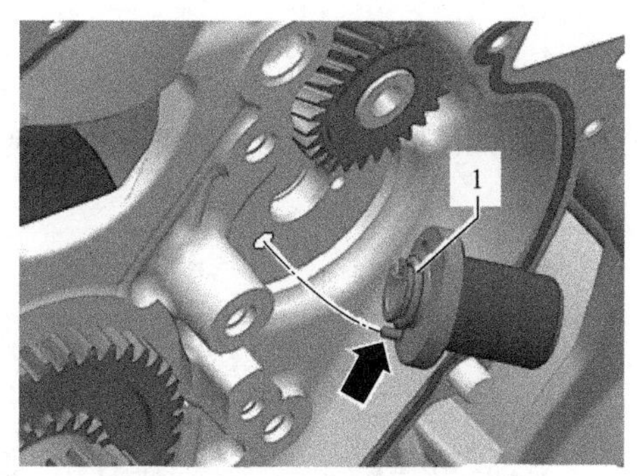

图 2-137 轴承螺栓安装位置

图 2-138 中间齿轮拧紧顺序

按所示顺序分步拧紧螺栓：

用于钢螺栓：第一次手动拧入至贴紧，第二次继续拧紧 9N·m。

用于铝螺栓：第一次手动拧入至贴紧，第二次预拧紧力矩 4N·m，第三次继续拧紧 180°。

两面（箭头）必须相对。

更换并用机油润滑 O 形环 1；轴承螺栓的配合销（箭头）卡入气缸体孔中。用机油润滑轴承螺栓。

务必更换中间齿轮，否则无法调整齿隙，致使发动机损坏。

新的中间齿轮带一层油漆减磨覆层，在短时运行后会被磨去，这样齿隙便会自动调整。

用新的螺栓按如下方式拧紧。

① 用扭矩扳手以 10N·m 的力矩预紧。

② 旋转中间齿轮。中间齿轮不允许有间隙存在，否则松开并再次拧紧。

③ 用扭矩扳手以 25N·m 的力矩拧紧。

④ 用刚性扳手将螺栓继续转动 90°。

（2）正时链单元拆卸步骤

① 拆卸正时链上部盖板。

② 用拆卸工具 T10352/2 沿箭头方向拆卸左侧和右侧控制阀，见图 2-139。

注意：控制阀采用左旋螺纹。

③ 拧下轴承桥紧固螺栓，取下轴承桥。

④ 用固定支架 T10355 将减震器转入位置“上止点”。减震器缺口必须对准正时链下盖板上的标记（如图 2-140 箭头所指）。凸轮轴链轮的标记 1 必须指向上。

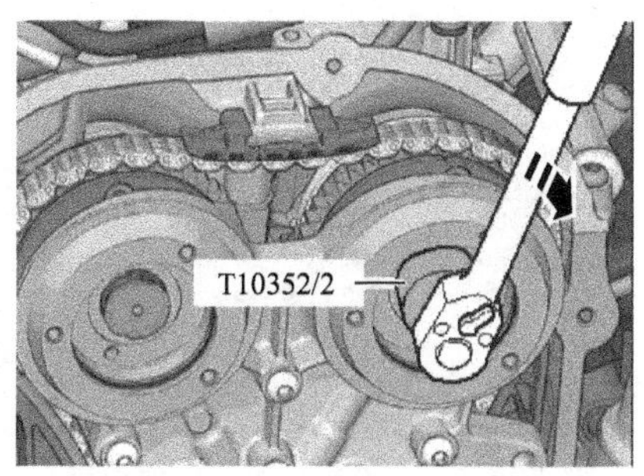

图 2-139 拆卸控制阀

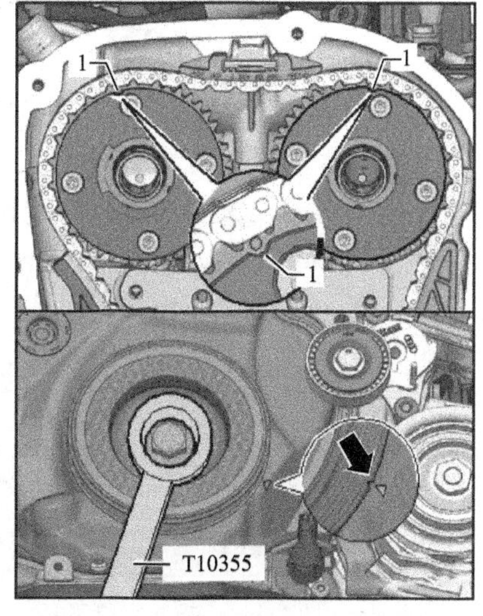

图 2-140 设置减震器至上止点位置

⑤ 拆卸正时链下部盖板。

⑥ 再次检查“上止点位置”。

⑦ 沿图 2-141 箭头方向按压机油泵的链条张紧器张紧卡箍并用定位销 T40011 卡住。

⑧ 拆卸机油泵链条张紧器 1。

⑨ 拧出如图 2-142 箭头所指处螺栓。

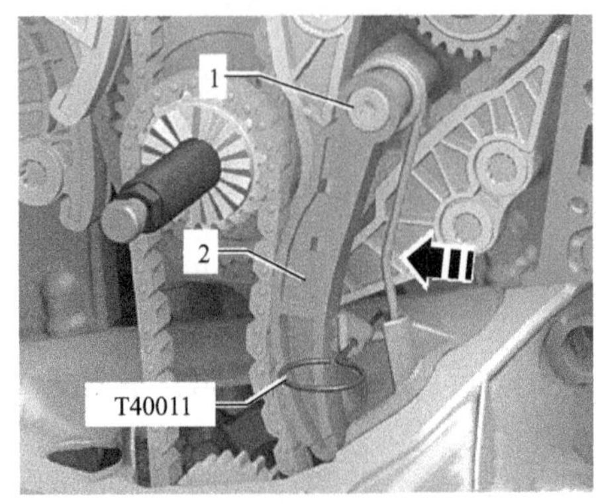

图 2-141 拆卸链条张紧器

图 2-142 拧出螺栓

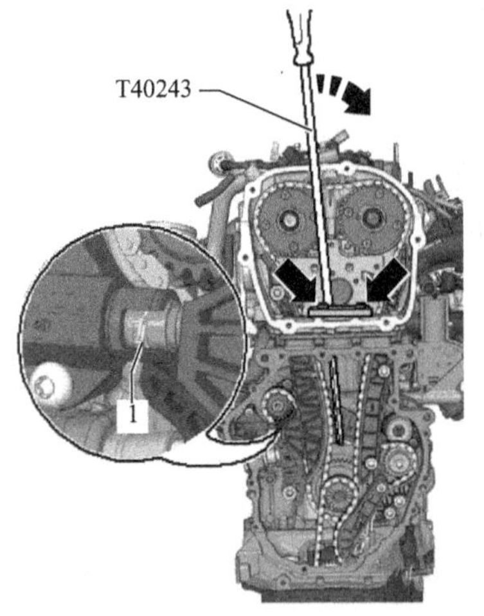

图 2-143 装入装配杆

⑩ 拧入装配杆 T40243。

⑪ 压紧并固定链条张紧器的卡环 1。

⑫ 沿图 2-143 所示箭头方向缓慢地按压并固定装配杆 T40243。

⑬ 用插入定位工具 T40267 固定链条张紧器，见图 2-144。

⑭ 拆卸装配杆 T40243。

⑮ 将凸轮轴固定装置 T40271/2 拧到气缸盖上并沿图 2-145 箭头方向 2 推入链轮的啮合齿中，必要时用装配工具 T40266 沿箭头方向 1 转动进气凸轮轴。

⑯ 将凸轮轴固定装置 T40271/1 拧到气缸盖上。接下来的工作步骤需要有另一位机械师协助。

⑰ 将排气凸轮轴用装配工具 T40266 沿箭头方向 A 固定。拧出螺栓（1），将张紧轨（2）向下推。

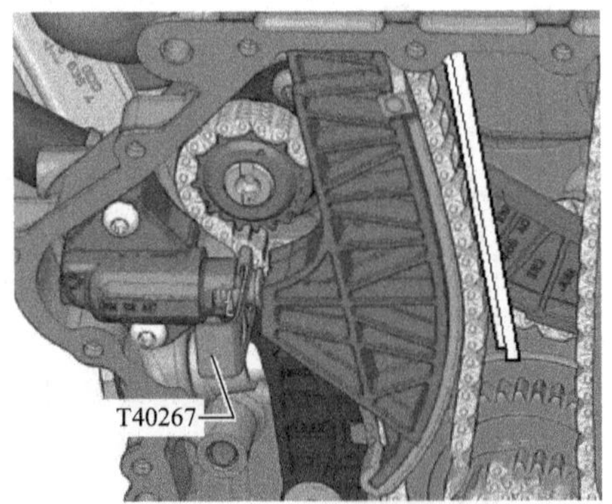

图 2-144 插入定位工具

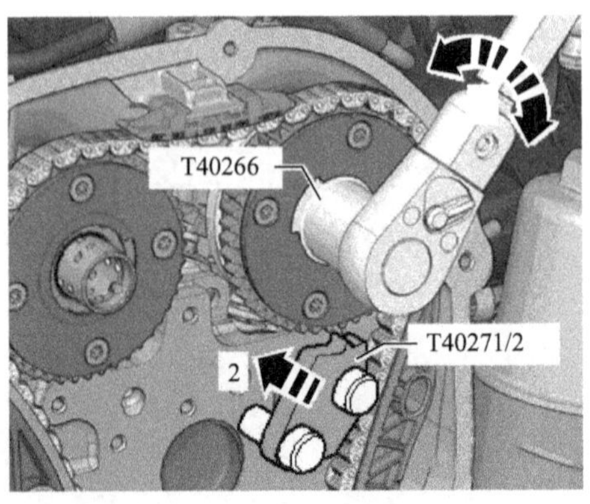

图 2-145 安装凸轮轴固定工具

⑱ 将排气凸轮轴顺时针（箭头方向 A）继续旋转，直到凸轮轴固定装置 T40271/1 能够推入链轮啮合齿 C（箭头方向 B）。如图 2-146 所示。

⑲ 拆卸滑轨（1），为此用螺丝刀打开如图 2-147 所示箭头处的卡子，然后将滑轨向前推开。

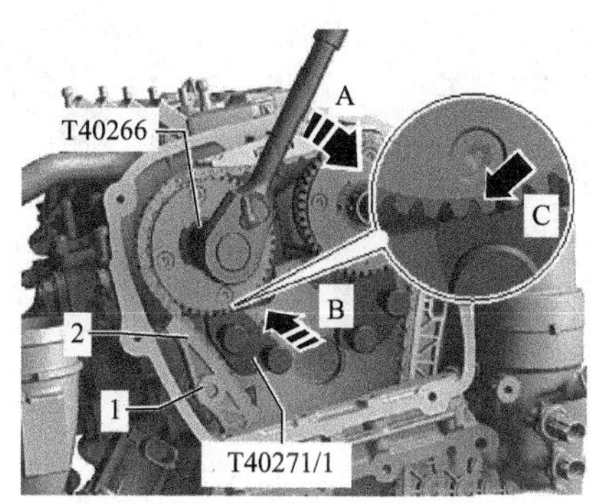

图 2-146 凸轮轴固定工具安装方法

图 2-147 拆卸滑轨

⑳ 拧下图 2-148 箭头所指处螺栓，拆下链条张紧器（1）。

㉑ 如图 2-149 所示拧出螺栓（1），拆下滑轨（2）。

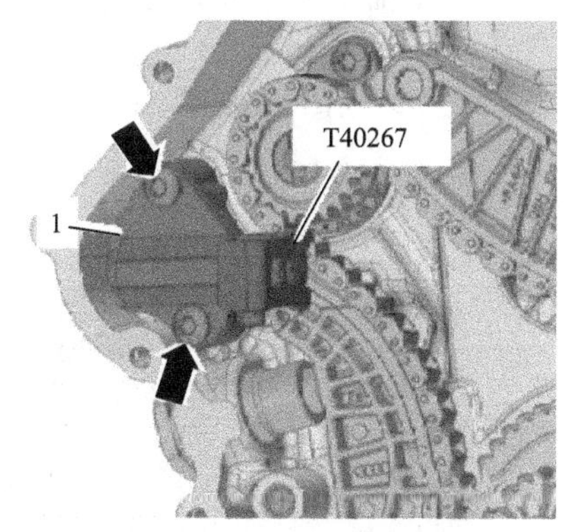

图 2-148 拆卸张紧器

图 2-149 拆下滑轨

㉒ 将凸轮轴正时链从凸轮轴齿轮上取下并挂到凸轮轴的销轴上，如图 2-150 箭头所指处。

㉓ 拆卸平衡轴正时链的链条张紧器（1），见图 2-151。

图 2-150 正确放置正时链

图 2-151 拆卸张紧器

㉔ 如图 2-152 所示拧出螺栓（1），拆卸张紧轨（2）、滑轨（3）和（4）。

㉕ 松开夹紧螺栓 A，拧出夹紧螺栓 B，见图 2-153。

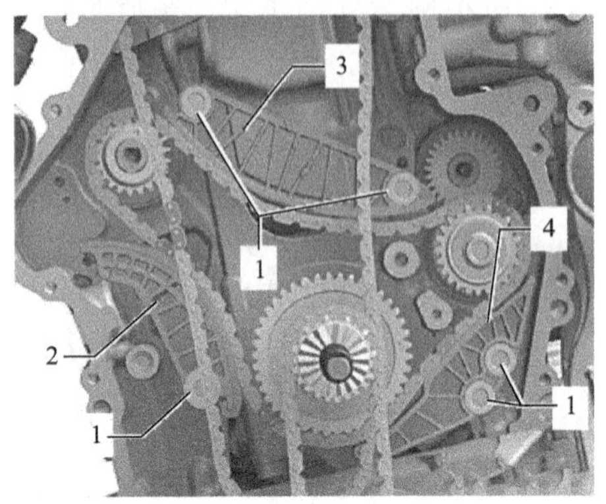

图 2-152 拆卸滑轨

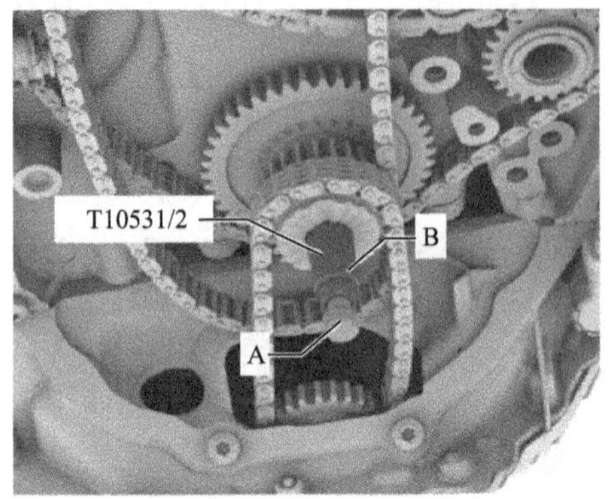

图 2-153 松开夹紧螺栓

㉖ 取出三级链轮，同时卸下机油泵驱动装置的正时链。

㉗ 取下凸轮轴正时链和平衡轴驱动链。

(3) 正时链单元安装步骤

① 检查曲轴的上止点，曲轴的平端（如图 2-154 所示箭头所指处）必须水平。

② 用防水销钉将标记标注到气缸体（1）上。

③ 用防水记号笔在三级链轮的齿（1）上做标记（2），见图 2-155。

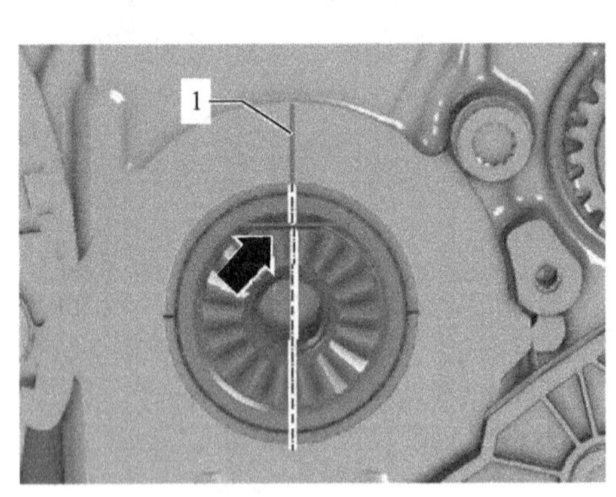

图 2-154 做装配标记

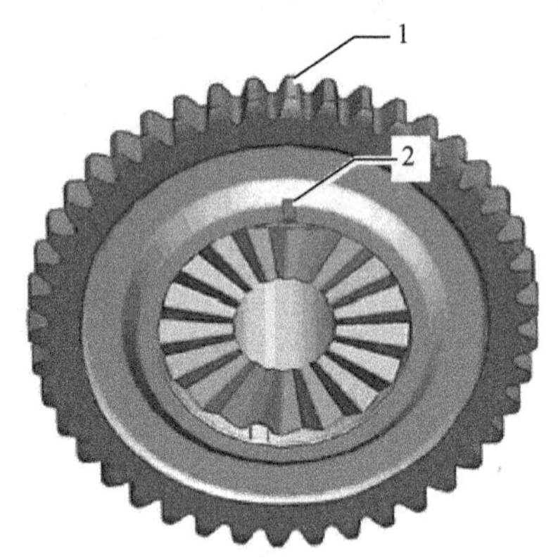

图 2-155 在三级链轮齿轮做标记

图 2-156 安装中间齿轮和平衡轴

④ 将中间齿轮和平衡轴转至标记（如图 2-156 箭头处），螺栓（1）不得松开。

⑤ 放上平衡轴驱动链，将彩色链节（图 2-157 箭头所指处）定位到链轮的标记上。链条的彩色链节必须定位在链轮的标记上。无需理会可能存在的附加彩色链节的位置。

⑥ 安装滑轨（1）并拧紧图 2-158 所示箭头指处螺栓。

图 2-157 放上平衡轴驱动链

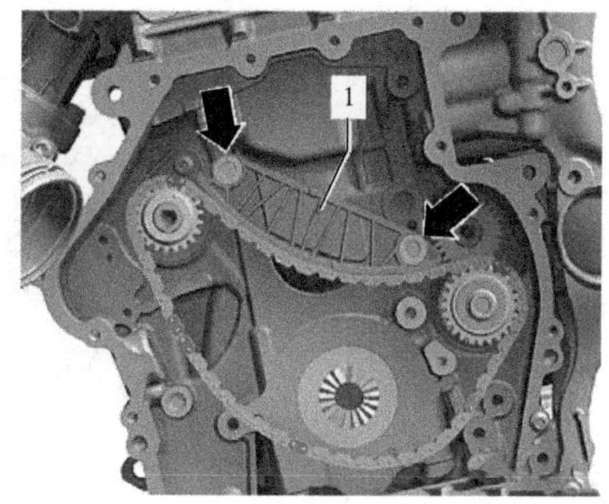

图 2-158 安装滑轨

⑦ 将带彩色链节的凸轮轴正时链挂到凸轮轴销轴上。

⑧ 将机油泵驱动装置的正时链放到三级链轮上。

⑨ 沿图 2-159 所示箭头方向将三级链轮向发动机侧翻转并在曲轴上固定。箭头所指处标记必须相对。

a. 将夹紧螺栓 T10531/2 拧入曲轴并用手拧紧。

b. 装上旋转工具 T10531/3。用手拧上带肩螺母 T10531/4。用 SW 32 的开口扳手略微来回移动旋转工具，同时再拧紧带肩螺母，直到链轮牢固地装到曲轴啮合齿上。现在才拧紧夹紧螺栓 A。如图 2-160 所示。

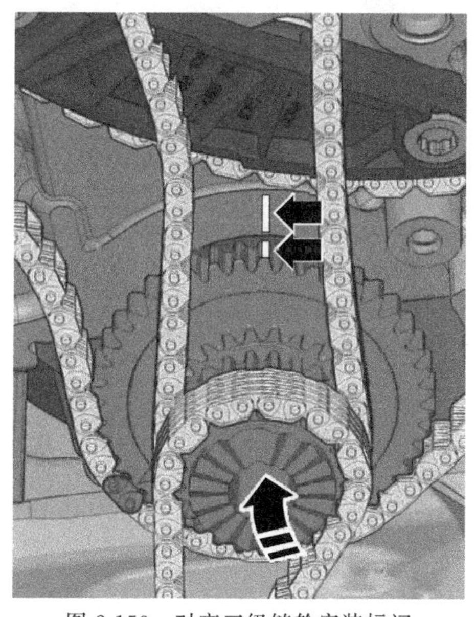
图 2-159 对齐三级链轮安装标记

图 2-160 安装夹紧螺栓

⑩ 将平衡轴驱动链的彩色链节（图 2-161 所示箭头所指处）定位在三级链轮的标记上。安装张紧轨（1）和滑轨（2），拧紧螺栓（3）。

⑪ 安装链条张紧器（1），见图 2-151。

⑫ 再次检查调整情况，彩色链节（图 2-162 所示箭头指处）必须对准链轮的标记。

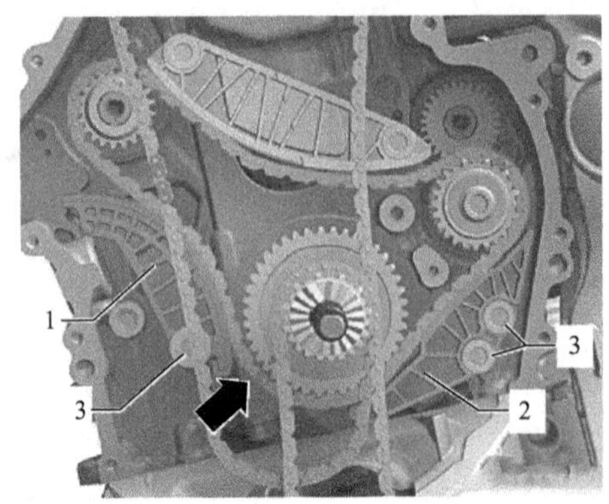

图 2-161 安装张紧器和滑轨

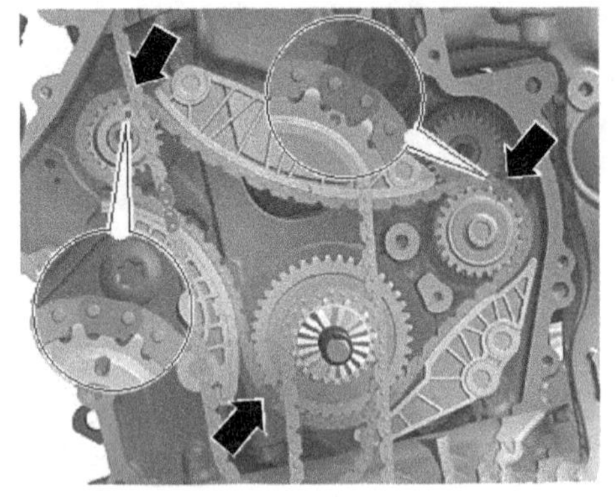
图 2-162 对准链轮标记与彩色链节

⑬ 将凸轮轴正时链放到进气凸轮轴上，排气凸轮轴放到曲轴上。将彩色链节（图 2-163 所示箭头所指处）定位到链轮的标记上。

⑭ 安装滑轨（2）并拧紧螺栓（1），见图 2-149。

⑮ 安装上部滑轨（1），见图 2-147。

接下来的工作步骤需要有另一位机械师协助。

⑯ 将排气凸轮轴用装配工具 T40266 沿图 2-164 所示箭头方向 A 略微转动，并将凸轮轴固定装置 T40271/1 从链轮的啮合齿中推出（箭头方向 B）。

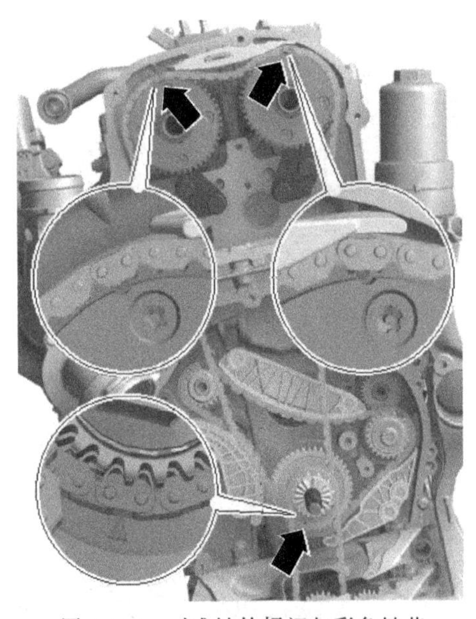
图 2-163 对准链轮标记与彩色链节

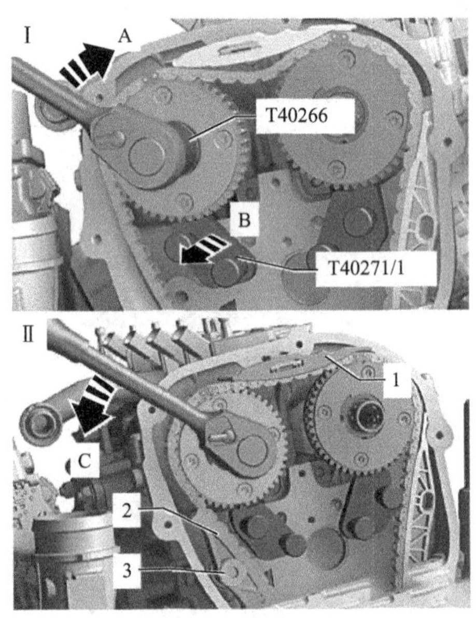

图 2-164 固定排气凸轮轴

⑰ 如图 2-164 所示，将凸轮轴沿方向 C 松开，直到正时链紧贴到滑轨（1）上。将凸轮轴固定在这个位置，拧上张紧轨（2）并拧紧螺栓（3）。

⑱ 安装链条张紧器（1）并拧紧螺栓，见图 2-148。

⑲ 用装配工具 T40266 沿箭头方向 1 转动进气凸轮轴，沿箭头方向 2 从链轮的啮合齿中推出凸轮轴固定装置 T40271/2 并松开凸轮轴，见图 2-145。

⑳ 拆卸凸轮轴固定装置 T40271/2。

㉑ 检查调整情况，正时链彩色链节必须对准链轮的标记。

㉒ 安装链条张紧器（2）并拧紧螺栓（1）。拆下定位销 T40011，钢丝夹必须在开口中（箭头指处）紧贴油底壳上部件。见图 2-141。

㉓ 拧入并拧紧螺栓，螺栓位置见图 2-142。

㉔ 用发动机机油润滑图 2-165 箭头所指处开孔。

提示：不是每个轴承桥上都装有夹紧套（1）。

㉕ 套上轴承桥并用手拧紧螺栓。

㉖ 拆除插入定位工具 T40267。

㉗ 拧紧用于轴承桥的螺栓。

㉘ 安装控制阀。

㉙ 将发动机沿发动机转动方向旋转两次。根据传动比，彩色链节在发动机转动之后不再相一致。其他安装以相反顺序进行。

㉚ 将旋转工具取下并安装正时链的下部盖板。

安装减震器后，才可以用最终扭矩角度拧紧螺栓 1 和 4（见图 2-166）。在安装减震器时，必须再次拧出螺栓。

图 2-165 润滑轴承桥开孔

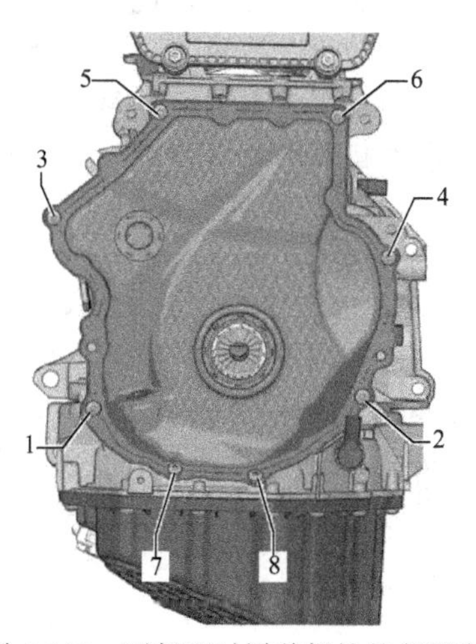

图 2-166 下部正时罩盖螺栓拧紧顺序

㉛ 安装减震器。

㉜ 安装正时链的上部盖板。

㉝ 安装多楔带的张紧装置。

㉞ 安装多楔带。

㉟ 操作链条传动后，必须调整链条长度→车辆诊断测试仪、引导功能、01-链条长度诊断匹配。

（4）正时链条长度检查方法

① 拆卸前隔音垫。

② 取下图 2-167 所示箭头所指处密封塞。

③ 沿发动机转动方向转动减震器，直至链条张紧器活塞沿图 2-168 所示箭头方向最大限度伸出。

④ 数出可见的活塞齿数。可见齿数是指位于张紧器壳体右侧的箭头所有的齿。

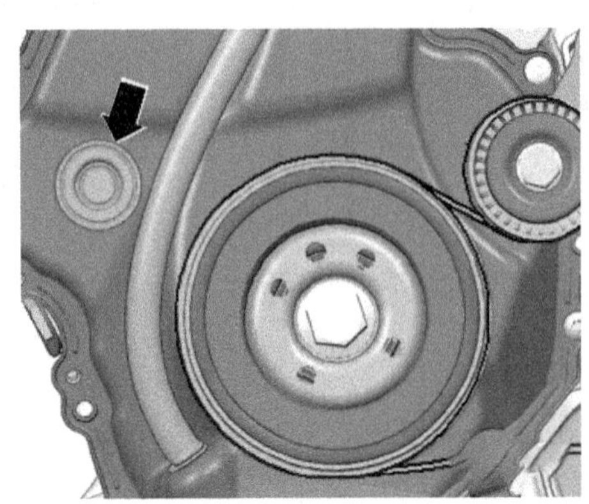

图 2-167 密封塞位置

图 2-168 张紧器活塞齿数

如可见齿数为 6 或更少：调整链条长度→车辆诊断测试仪、引导功能、01-链条长度诊断匹配，以及删除故障存储记忆。

如可见齿数为 7 或更多：更换凸轮轴正时链。

提示：如可见齿数为 6 或低于 6，则不可更换正时链。

(5) 发动机正时检查步骤

① 拆卸正时链上部盖板。

② 拆卸隔音垫。

③ 使用套筒扳手的工具头 SW 24 或固定支架 T10355 将减震器上的曲轴沿发动机转动方向转动，直至图 2-169 所示箭头处标记几乎位于上部。

④ 拆卸气缸 1 的火花塞。

⑤ 将千分表适配接头 T10170/A 拧入火花塞螺纹内至极限位置。

⑥ 将千分表组件 4 部分 VAS 6341 中的千分表用加长件 T10170A/1 插入到极限位置，锁紧图 2-170 所示箭头所指处螺母。

图 2-169 凸轮轴齿轮标记

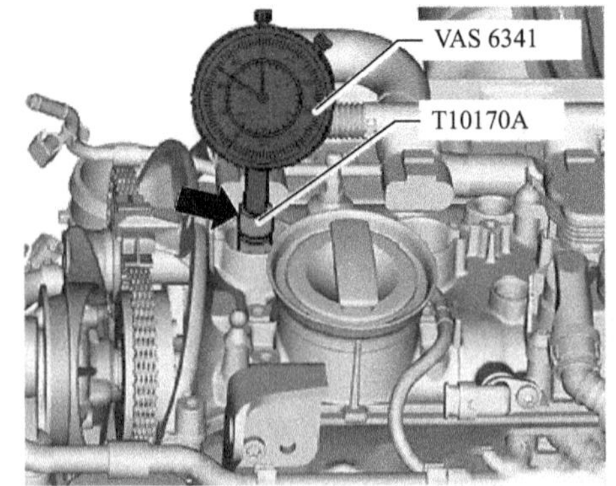

图 2-170 在气缸 1 接入千分表

⑦ 沿发动机转动方向缓慢转动曲轴，直到达到最大指针偏向角。当指针到达最大偏转位置（指针的反转点）时，活塞位于“上止点”。

为转动减震器，使用棘轮和套筒扳手的工具头 SW24 或固定支架 T10355。

如果曲轴转到“上止点”上方，则将曲轴再次沿发动机转动方向转动 2 圈。请勿逆发动机转动方向转动发动机。

气缸盖上带有标记：减震器缺口必须对准正时链下盖板上的如图 2-171 所示箭头处的标记。凸轮轴链轮的标记 1 必须对准气缸盖上的标记 2 和 3。

气缸盖上不带标记：减震器上的缺口和正时链下方盖板上的标记必须相互对着（箭头所指处）。凸轮轴链轮的标记 1 必须指向上，见图 2-172。

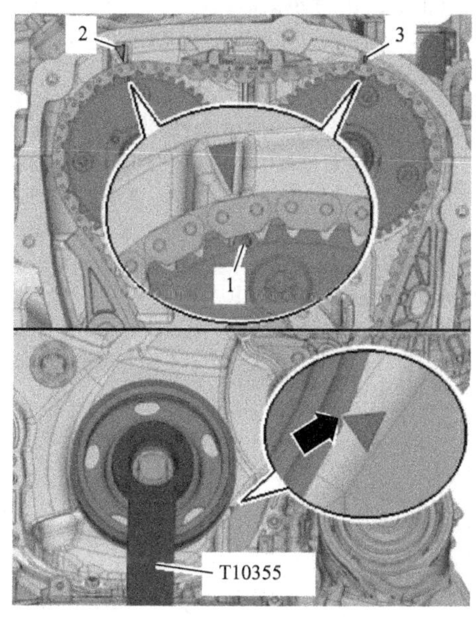

图 2-171 气缸盖有标记的对位

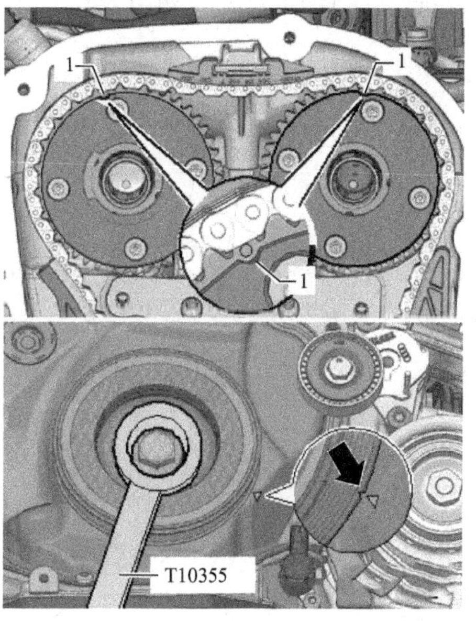

图 2-172 气缸盖上无标记的对位

⑧ 测量从棱边 1 到排气凸轮轴链轮上的标记 2 的距离，见图 2-173。标准值：74～77mm。

⑨ 如果已达到标准值，则测量排气凸轮轴链轮上的标记 3 和进气凸轮轴链轮上的标记 4 之间的距离，见图 2-174。标准值：124～127mm。

图 2-173 测量距离（一）

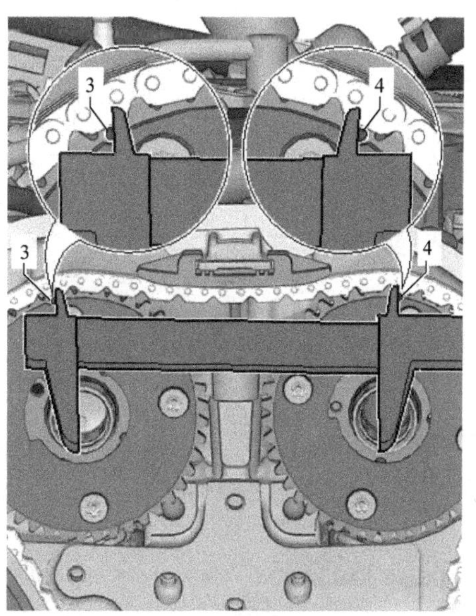

图 2-174 测量距离（二）

提示：一个齿的偏差意味着和标准值偏差约 6mm。如果确认有偏差，则重新铺放正时链。

2.9.3 大众 3.0T CRE 发动机正时维修

(1) 正时链单元部件分解

发动机正时链部件分布如图 2-175～图 2-177、图 2-179 所示。

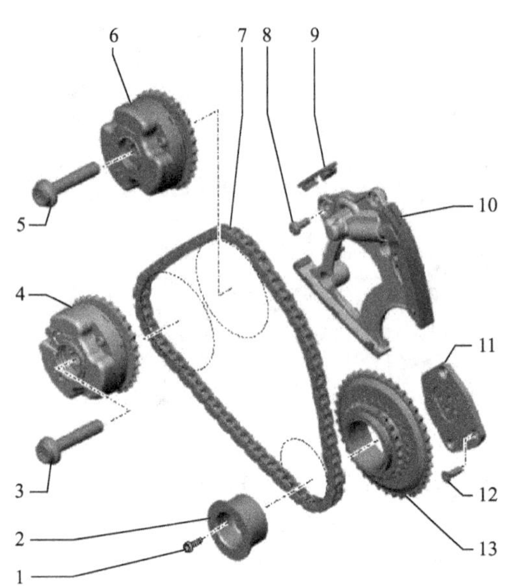

图 2-175 左侧凸轮轴正时链

1—螺栓；2—轴承螺栓，用于左侧凸轮轴正时链的驱动链轮；3—螺栓，拆卸后更换，80N·m+90°；4—凸轮轴调节器，用于排气凸轮轴，标记“EX”；5—螺栓，拆卸后更换，80N·m+90°；6—凸轮轴调节器，用于进气凸轮轴，标记“IN”；7—左侧凸轮轴正时链，为了能够重新安装，要用颜色标出转动方向；8—螺栓，9N·m；9—滑块；10—链条张紧器，用于左侧凸轮轴正时链；11—轴承板，用于驱动链轮；12—螺栓；13—驱动链轮，用于左侧凸轮轴正时链

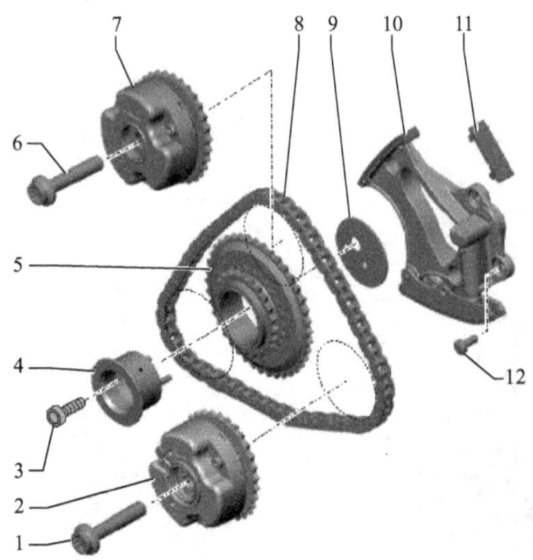

图 2-176 右侧凸轮轴正时链

1—螺栓，拆卸后更换，80N·m+90°；2—凸轮轴调节器，用于排气凸轮轴，标记“EX”；3—螺栓；4—轴承螺栓，用于右侧凸轮轴正时链的驱动链轮，结构不对称；5—驱动链轮，用于右侧凸轮轴正时链；6—螺栓，拆卸后更换，80N·m+90°；7—凸轮轴调节器，用于进气凸轮轴，标记“IN”；8—右侧凸轮轴正时链，为了能够重新安装，要用颜色标出转动方向；9—止推垫片，用于右侧凸轮轴正时链的驱动链轮，结构不对称；10—链条张紧器，用于右侧凸轮轴正时链；11—滑块；12—螺栓，9N·m

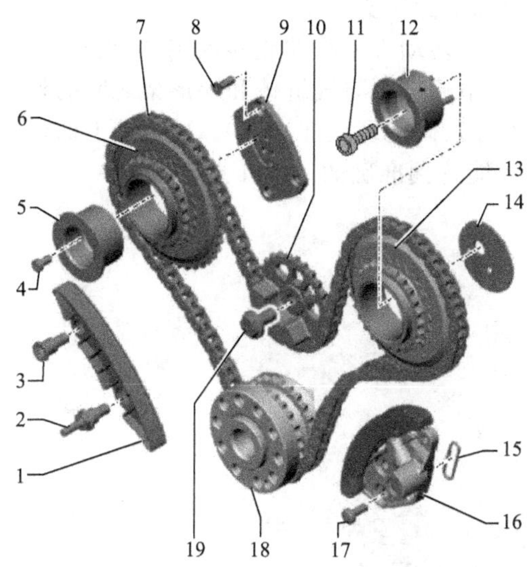

图 2-177 正时驱动系统驱动链

1—滑轨；2—螺栓，16N·m；3—螺栓，16N·m；4—螺栓，拆卸后更换，5N·m+90°；5—轴承螺栓，用于左侧凸轮轴正时链的驱动链轮；6—驱动链轮，用于左侧凸轮轴正时链；7—驱动链，用于控制机构，为了能够重新安装，要用颜色标出转动方向；8—螺栓，拆卸后更换，8N·m+45°；9—轴承板，用于左侧凸轮轴正时链的驱动链轮；10—平衡轴的链轮，带变速箱侧平衡重；11—螺栓，30N·m+90°；12—轴承螺栓，用于右侧凸轮轴正时链的驱动链轮，结构不对称；安装位置见图 2-178；13—驱动链轮，用于右侧凸轮轴正时链，安装位置见图 2-178；14—止推垫片，用于右侧凸轮轴正时链的驱动链轮，结构不对称，安装位置见图 2-178；15—密封件，拆卸后更换；16—链条张紧器；17—螺栓，9N·m；18—曲轴；19—螺栓

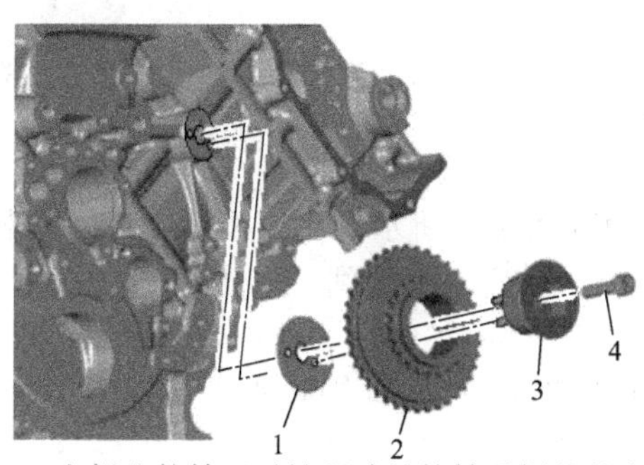

图 2-178 右侧凸轮轴正时链驱动链轮轴承螺栓的安装位置

1—止推垫片；2—右侧凸轮轴正时链的驱动链轮；3—右侧凸轮轴正时链驱动链轮轴承销；4—螺栓

安装说明：右侧凸轮轴正时链驱动链轮轴承销 3 内的固定销必须卡入止推垫片 1 的孔内和气缸体的孔内。

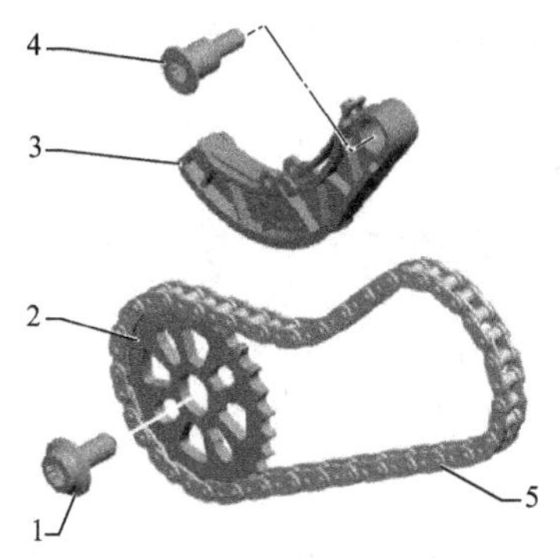

图 2-179 机油泵驱动链

1—螺栓，拆卸后更换，30N·m+90°；2—驱动链轮，用于机油泵，安装位置：有字的一侧指向变速箱，只能在一个位置上安装；3—链条张紧器，带滑轨；4—螺栓，20N·m；5—驱动链，用于机油泵，为了能够重新安装，要用颜色标出转动方向

(2) 正时链单元拆卸步骤

说明：在下面的描述中，凸轮轴正时链保留在发动机上。即使只在一个气缸盖上实施工作，也均必须在两个气缸列上进行该工作步骤。

① 拆卸正时链左侧和右侧盖板。

② 拆卸左右侧气缸盖罩。

③ 拆卸隔音垫。

④ 按下面方式插入适配接头 T40058 的导向销：大直径一端（如图 2-180 所示箭头 1）

指向发动机，小的直径（如图 2-180 所示箭头 2）指向适配接头。

⑤ 用适配接头 T40058 和弯曲的环形扳手沿发动机转动方向将曲轴转动到“上止点”。

转动发动机，使左侧（沿行驶方向）减震器上的小缺口 1 与气缸体和梯形架之间的外壳接合线 2 相对，见图 2-181。这样稍后就可以方便地拧入固定螺栓 T40069。减震器上的标记仅仅是辅助工具。只有拧入固定螺栓 T40069 后，才能达到准确的“上止点”位置。

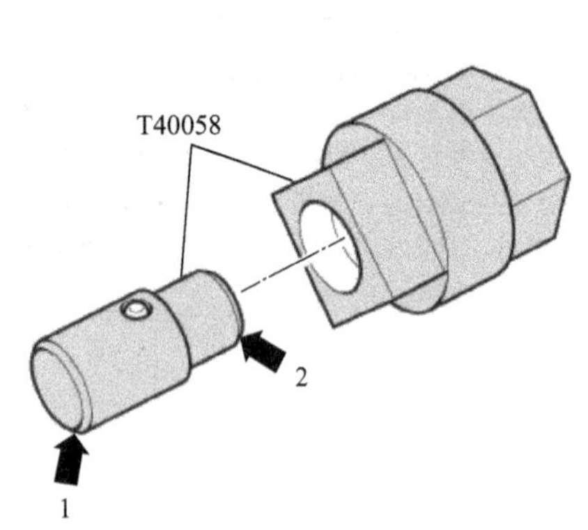

图 2-180 连接适配接头

图 2-181 减震器对齐线

所有凸轮轴上的螺纹孔（图 2-182 所示箭头所指处）都必须朝上。当凸轮轴不在所述的位置时，将曲轴继续旋转一圈，然后再次转到“上止点”。

气缸列 1（右）：

⑥ 将凸轮轴固定装置 T40133/1 安装到气缸盖上，如图 2-183 所示箭头处为固定螺栓，然后用 25N·m 拧紧。

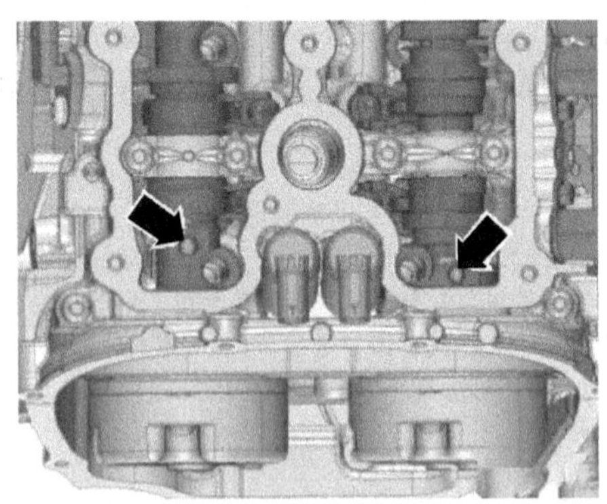

图 2-182 凸轮轴螺纹孔朝上

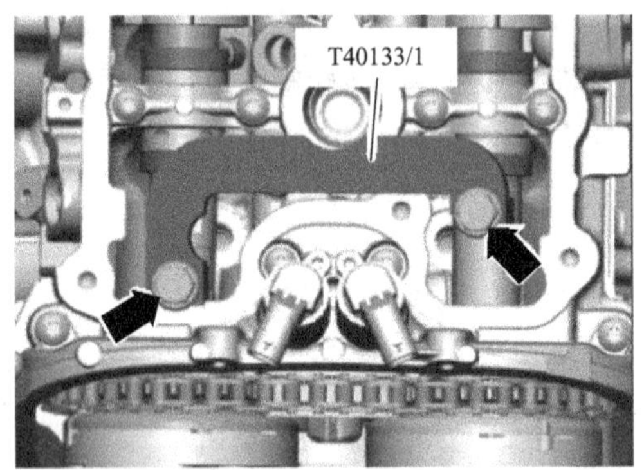

图 2-183 安装凸轮轴固定工具 T40133/1

气缸列 2（左）：

⑦ 将凸轮轴固定装置 T40133/2 安装到气缸盖上，如图 2-184 所示箭头处为固定螺栓，然后用 25N·m 拧紧。

两个气缸列的后续操作：

⑧ 将用于曲轴“上止点”标记（图 2-185 所示箭头处）的螺旋塞从气缸体中拧出。

⑨ 如图 2-186 所示，将固定螺栓 T40069 用 20N·m 的力矩拧入孔中；必要时，稍微来回转动曲轴（1），以便完全对准螺栓。

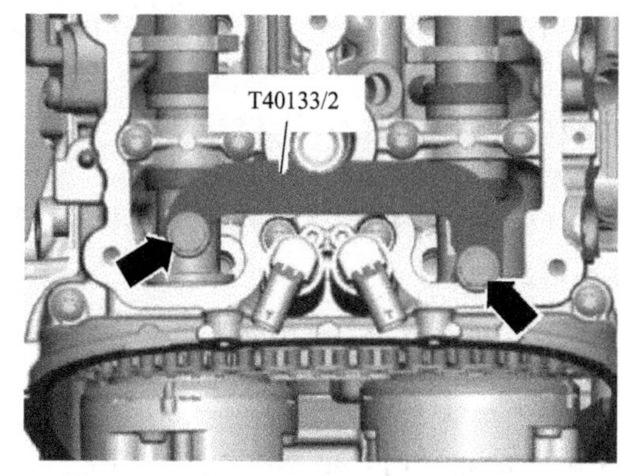

图 2-184 安装凸轮轴固定工具 T40133/2

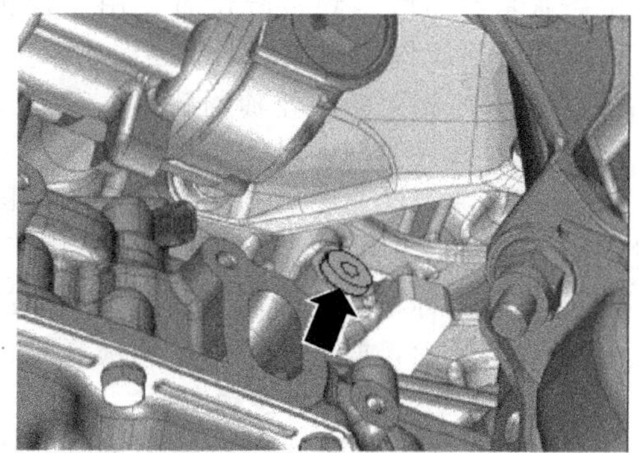

图 2-185 拧出螺旋塞

气缸列 1（右）：

⑩ 用一把螺丝刀（1）向内按压右侧凸轮轴正时链链条张紧器的滑轨到极限位置，用定位销 T40071 卡住链条张紧器，见图 2-187。链条张紧器以油减震，因此必须缓慢地均匀用力压紧。

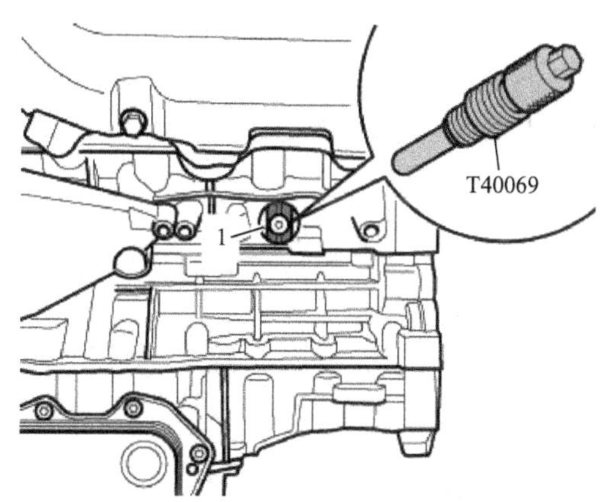

图 2-186 安装曲轴固定工具

图 2-187 固定张紧器

注意：松开凸轮轴调节器或凸轮轴链轮螺栓时，绝不允许将凸轮轴固定装置 T40133 用作固定支架。

⑪ 为卡住相关的凸轮轴调节器，安装扳手 T40297 与环形扳手（2）。

⑫ 松开进气侧凸轮轴调节器的螺栓（1）。

⑬ 松开排气侧凸轮轴调节器螺栓（3），为此同样要用扳手 T40297 顶住。以上操作部件见图 2-188，为了避免小零件通过正时链箱开口意外落入发动机内，请用干净的抹布遮住开口。

⑭ 用颜色标记凸轮轴调节器的安装位置，以便重新安装。

⑮ 拧出螺栓，取下两个凸轮轴调节器。

气缸列 2（左）：

⑯ 用一把螺丝刀向内按压左侧凸轮轴正时

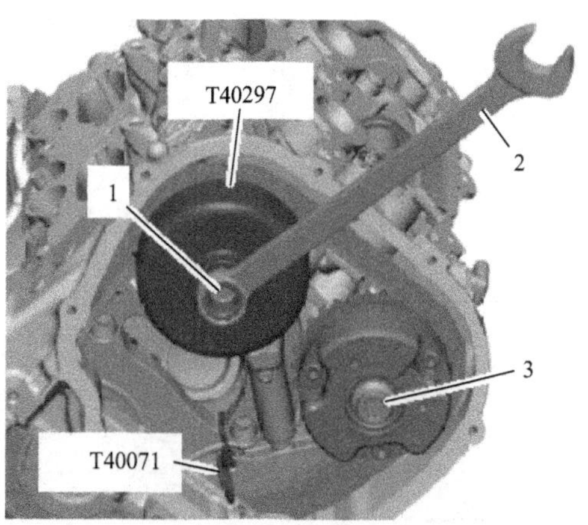

图 2-188 松开凸轮轴调节器螺栓

链链条张紧器的滑轨到极限位置，用定位销 T40071 卡住链条张紧器。链条张紧器以油减震，因此必须缓慢地均匀用力压紧。

⑰ 为卡住相关的凸轮轴调节器，安装扳手 T40297 与环形扳手。

⑱ 松开排气侧凸轮轴调节器的螺栓。

⑲ 松开进气侧凸轮轴调节器螺栓，为此同样要用扳手 T40297 顶住。为了避免小零件通过正时链箱开口意外落入发动机内，请用干净的抹布遮住开口。

⑳ 用颜色标记凸轮轴调节器的安装位置，以便重新安装。

㉑ 拧出螺栓，取下两个凸轮轴调节器。

(3) 正时链单元安装步骤

更新拧紧时需要继续旋转一个角度的螺栓。在旋转凸轮轴时，活塞不允许停在“上止点”。气门和活塞头有损坏的危险。

准备工作：

① 控制机构驱动链已安装。

② 将曲轴用固定螺栓 T40069 固定在“上止点”位置。

③ 将凸轮轴固定装置 T40133/1 在气缸列 1（右侧）上用 25N·m 拧紧。

④ 将凸轮轴固定装置 T40133/2 在气缸列 2（左侧）上用 25N·m 拧紧。

气缸列 1（右）：

在执行以下工作步骤时，才允许如下所述安装凸轮轴调节器。

按照拆卸时所做标记重新安装凸轮轴调节器。凸轮轴调节器内的凹槽（1 或 4）必须正对着所涉及的调节窗口（2 或 3）。如图 2-189 所示。

① 按照拆卸时所做标记重新安装凸轮轴调节器。

② 将凸轮轴正时链放到驱动链轮和凸轮轴调节器上，并松松地拧入调节器固定螺栓。两个凸轮轴调节器必须在凸轮轴上还能旋转并且不得翻转。

③ 拆除定位销 T40071。

气缸列 2（左）：

在执行以下工作步骤时，才允许如下所述安装凸轮轴调节器。

按照拆卸时所做标记重新安装凸轮轴调节器。

凸轮轴调节器内的凹槽（1 或 4）必须正对着所涉及的调节窗口（2 或 3）。如图 2-190 所示。

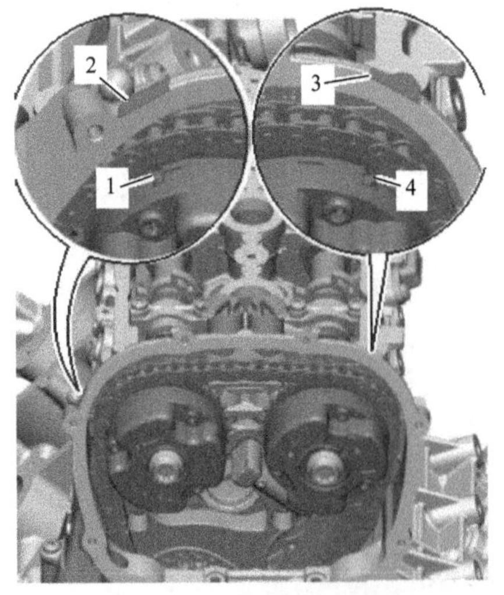

图 2-189 凸轮轴调节器安装位置

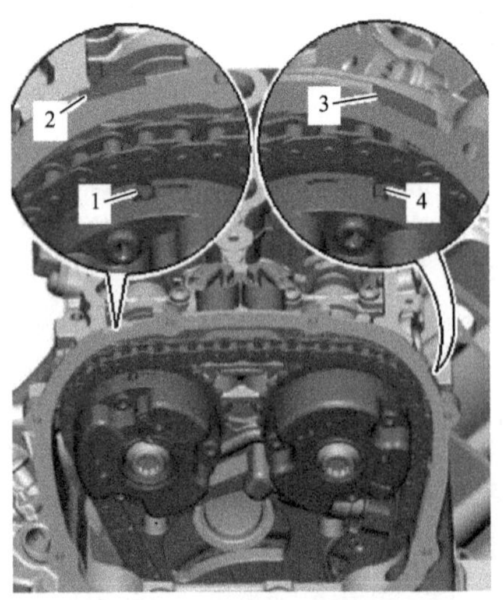

图 2-190 凸轮轴调节器安装位置

④ 按照拆卸时所做标记重新安装凸轮轴调节器。

⑤ 将凸轮轴正时链放到驱动链轮和凸轮轴调节器上，并松松地拧入螺栓。两个凸轮轴调节器必须在凸轮轴上还能旋转并且不得翻转。

⑥ 拆除定位销 T40071。

气缸列 1（右）：

⑦ 将扳手 T40297 装到排气凸轮轴调节器上。

⑧ 将扭矩扳手 V. A. G 1332 用插入工具 V. A. G 1332/9 安装到扳手 T40297 上。

⑨ 让另一位机械师用 40N·m 的力矩沿图 2-191 所示箭头方向预紧凸轮轴调节器。

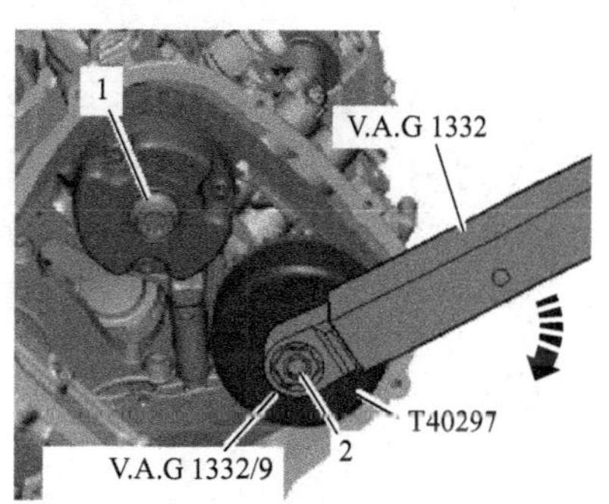

图 2-191 固定调节器螺栓

⑩ 在凸轮轴调节器仍旧保持预紧期间，按如下方式拧紧螺栓：螺栓 1 在凸轮轴的拧紧力矩为 60N·m 上；螺栓 2 在凸轮轴的拧紧力矩为 60N·m 上。

⑪ 取下扳手 T40297。

⑫ 拆除凸轮轴固定装置 T40133/1。

气缸列 2（左）：

⑬ 将扳手 T40297 装到进气凸轮轴调节器上。

⑭ 将扭矩扳手 V. A. G 1332 用插入工具 V. A. G 1332/9 安装到扳手 T40297 上。

⑮ 让另一位机械师用 40N·m 的力矩预紧凸轮轴调节器。

⑯ 在凸轮轴调节器仍旧保持预紧期间，按如下方式拧紧螺栓：螺栓 1 在凸轮轴的拧紧力矩为 60N·m 上；螺栓 2 在凸轮轴的拧紧力矩为 60N·m 上。

⑰ 取下扳手 T40297。

⑱ 拆除凸轮轴固定装置 T40133/2。

气缸列 1（右）：

⑲ 按如下方式拧紧右侧气缸盖上的凸轮轴调节器螺栓：凸轮轴上的拧紧力矩为 80N·m+90°。

气缸列 2（左）：

⑳ 按如下方式拧紧左侧气缸盖上的凸轮轴调节器螺栓：凸轮轴上的拧紧力矩为 80N·m+90°。

㉑ 取下固定螺栓 T40069。

㉒ 将曲轴用适配接头 T40058 和弯曲的环形扳手沿发动机转动方向转动 2 圈，直至曲轴重新到达“上止点”。

如果意外转过了“上止点”，则必须将曲轴再次转回约 30°，重新转到“上止点”。

气缸列 1（右）：

㉓ 将凸轮轴固定装置 T40133/1 安装在气缸盖上并拧紧。拧紧力矩为 25N·m。

气缸列 2（左）：

㉔ 将凸轮轴固定装置 T40133/2 安装在气缸盖上并拧紧。拧紧力矩为 25N·m。

两个气缸列的后续操作：

㉕ 将固定螺栓 T40069 直接拧入孔内。固定螺栓 T40069 必须卡入曲轴的固定孔里，否则再次调整。

㉖ 拆除两个气缸盖上的凸轮轴固定装置。

㉗ 取下固定螺栓。

㉘ 装气缸盖罩。

㉙ 安装正时链左侧和右侧盖板。

2.9.4 辉昂全车控制器安装位置

辉昂前部控制单元安装位置如图 2-192 所示。

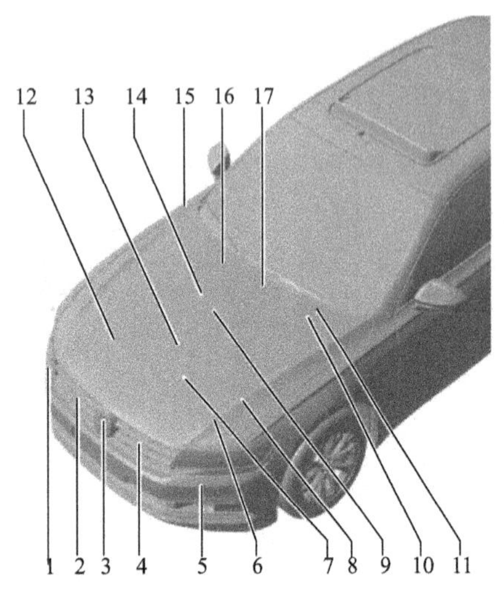

图 2-192 辉昂前部控制单元安装位置

1—车距调节控制单元（J428）[仅用于带自动车距控制（ADR）的汽车]；2—散热器风扇控制单元 2（J671）（仅用于带 3.0L 发动机的汽车，用于带混合动力驱动的汽车）；3—散热器风扇控制单元（J293）（仅用于带 2.0L 发动机的汽车，用于不带混合动力驱动的汽车）；4—散热器风扇控制单元（J293）（仅用于带 3.0L 发动机的汽车，用于带混合动力驱动的汽车）；5—车距控制系统控制单元 2（J850）[仅用于带自动车距控制（ADR）的汽车]；6—电驱动装置控制单元（J841）（用于带混合动力驱动的汽车）；7—节气门控制单元（J338）（仅用于带 2.0L 发动机的汽车）；8—ABS 控制单元（J104）；9—调节风门控制单元（J808）（仅用于带 3.0L 发动机的汽车）；10—发动机控制单元（J623）；11—刮水器电动机控制单元（J400）；12—调节风门控制单元（J808）；13—转向辅助控制单元（J500）；14—节气门控制单元（J338）（仅用于带 3.0L 发动机的汽车）；15—散热管理装置控制单元（J1024）（用于带混合动力驱动的汽车）；16—高电压加热装置（PTC）的控制单元（J848）（用于带混合动力驱动的汽车）；17—自动变速箱控制单元（J217）

辉昂中部控制单元安装位置如图 2-193 所示。

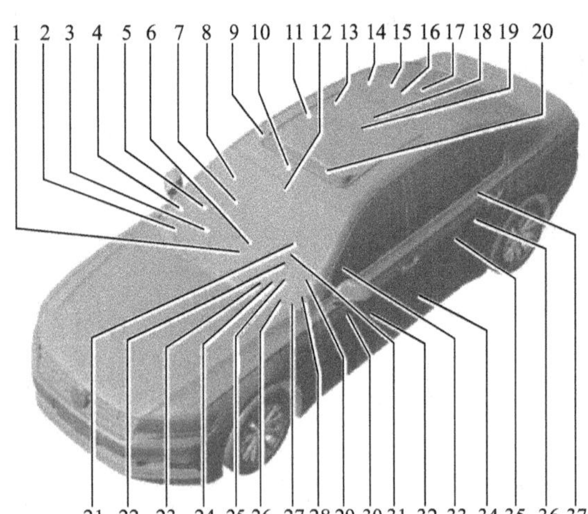

图 2-193 辉昂中部控制单元安装位置

1—显示单元（J145）；2—新鲜空气鼓风机控制单元（J126）；3—电子通信信息设备 1 控制单元（J794）；4—副驾驶员侧车门控制单元（J387）；5—周围环境摄像机控制单元（J928）（仅用于带周围环境摄像机的汽车）；6—全自动空调控制单元（J255）；7—带记忆功能的副驾驶员座椅调节控制单元（J521）（带按摩功能的腰部支撑）；8—右前安全带拉紧器控制单元（J855）（仅用于带可逆安全带拉紧器的汽车）；9—右后车门控制单元（J389）；10—滑动天窗控制单元（J245）（仅用于带全景滑动天窗的汽车）；11—副驾驶员侧后部多仿形座椅控制单元（J874）（后部电动可调式座椅）；12—驾驶员辅助系统的前部摄像机（R242）（仅用于带驾驶辅助特殊装备的汽车）；13—右后座椅通风控制单元（J801）（仅用于带可加热式后座椅的汽车）；14—天窗卷帘控制单元（J394）（仅用于带全景滑动天窗的汽车）；15—燃油泵控制单元（J538）；16—数据总线诊断接口（J533）；17—后部空调操作和显示单元（E265）（仅适用于带 4 区温度调节的全自动空调）；18—传感器电子装置控制单元（J849）；19—安全气囊控制单元（J234）；20—换挡杆传感器控制单元（J587）；21—多功能方向盘控制单元（J453）；22—电子转向柱锁止装置控制单元（J764）；23—挡风玻璃投影（平视显示器）控制单元（J898）（仅用于带有挡风玻璃投影的汽车）；24—组合仪表中的控制单元（J285）；25—可电动调节转向柱控制单元（J866）（仅用于带转向柱电动调节装置的汽车）；26—多功能单元控制单元（J501）（用于带混合动力驱动的汽车）；27—弯道灯和大灯照明距离调节控制单元（J745）（仅用于带 HighLine 大灯的汽车）；28—车载电网控制单元（J519）；29—诊断接口（U31）；30—驾驶员侧车门控制单元（J386）；31—转向柱电子装置控制单元（J527）；32—夜视系统控制单元（J853）（仅用于带夜视系统的汽车）；33—驾驶员座椅调节控制单元（J810）（仅用于带电动座椅调节和记忆功能的汽车）；34—左前安全带拉紧器控制单元（J854）（仅用于带可逆安全带拉紧器的汽车）；35—左后车门控制单元（J388）；36—驾驶员侧后部多仿形座椅控制单元（J875）（后部电动可调式座椅）；37—左后座椅通风控制单元（J802）（仅用于带可加热式后座椅的汽车）

辉昂后部控制单元安装位置如图 2-194 所示。

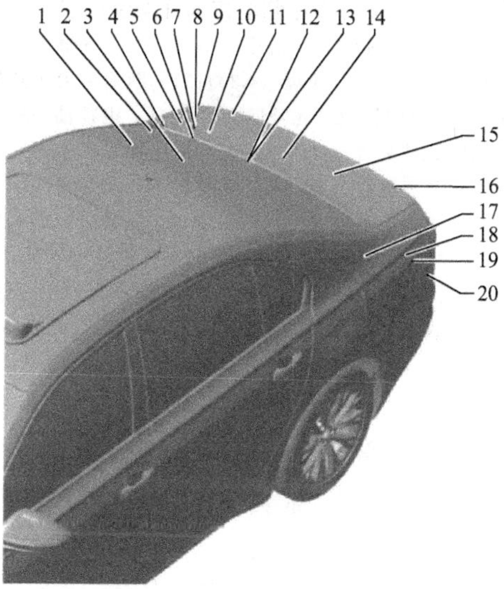

图 2-194 辉昂后部控制器安装位置

1—废气风门控制单元（J883）（用于带混合动力驱动的汽车）；2—舒适/便捷系统的中央控制单元（J393）；3—冰箱（J699）（仅用于带冷藏箱的汽车）；4—蓄电池监控控制单元4（J1117）（用于带混合动力驱动的汽车）；5—自动泊车辅助系统控制单元（J446）（仅适用于带驻车转向辅助系统的车辆）；6—环境照明控制单元（J1124）（仅用于带氛围灯的汽车）；7—水平高度调节系统控制单元（J197）（仅用于带有水平高度调节系统的汽车）；8—倒车摄像系统控制单元（J772）（仅适用于带倒车摄像机系统的汽车）；9—行驶换道助理系统控制单元2（J770）（仅用于带换道辅助系统的汽车）；10—机电式驻车制动器控制单元（J540）；11—后备厢盖开启装置控制单元（J938）（仅用于带后备厢盖开启传感器的汽车）；12—车载充电装置（A11）（用于带混合动力驱动的汽车）；13—混合动力蓄电池单元（AX1）（用于带混合动力驱动的汽车）；14—蓄电池监控控制单元（J367）；15—蓄电池监控控制单元2(J934)(用于带混合动力驱动的汽车)；16—轮胎压力监控控制单元（J502）（仅用于带轮胎充气压力监控的汽车）；17—后备厢盖控制单元（J605）（仅用于带有水平高度调节系统的汽车）；18—发动机噪声形成控制单元（J943）（用于带混合动力驱动的汽车）；19—功率放大器（R12）（仅适用于带了音响系统的汽车）；20—行驶换道助理系统控制单元（J769）（仅用于带换道辅助系统的汽车）

2.9.5 辉昂 2.0T CUH 电控系统部件安装位置

辉昂 CUH 发动机电控部件安装位置如图 2-195～图 2-199 所示。

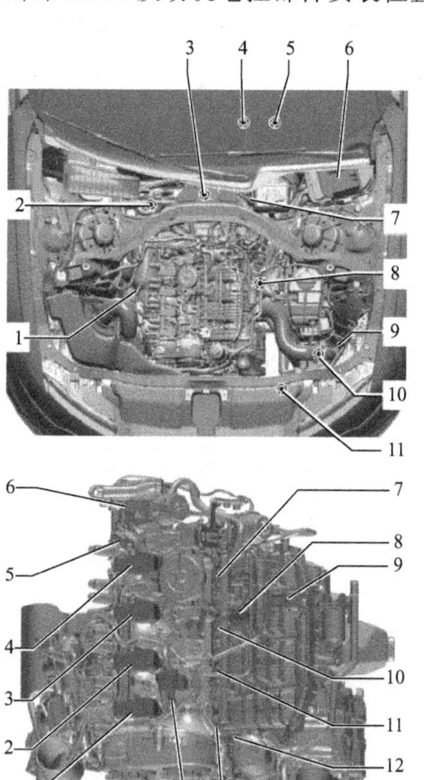

图 2-195 发动机舱电控系统部件安装位置

1—氧传感器（G39）/氧传感器加热（Z19）；2—尾气催化净化器后的氧传感器（G130）/尾气催化净化器后的氧传感器1加热装置（Z29）；3—冷却液循环泵（V50）；4—油门踏板位置传感器（G79）/油门踏板位置传感器2（G185）；5—制动信号灯开关（F）；6—发动机控制单元（J623）；7—制动助力压力传感器（G294）；8—电动液压发动机支座左侧电磁阀（N144）；9—增压压力传感器（G31）；10—冷却液继续补给泵（V51）；11—散热器出口处的冷却液温度传感器（G83）

图 2-196 发动机顶部电控部件安装位置

1—带功率输出级的点火线圈1（N70）；2—带功率输出级的点火线圈2（N127）；3—带功率输出级的点火线圈3（N291）；4—带功率输出级的点火线圈4（N292）；5—霍尔传感器3（G300）；6—燃油定量阀（N290）；7—气缸4喷油嘴2（N535）；8—低压的燃油压力传感（G410）；9—进气温度传感器（G42）/进气歧管压力传感器（G71）；10—气缸3喷油嘴2（N534）；11—气缸2喷油嘴2（N533）；12—进气歧管风门电位计（G336）；13—气缸1喷油嘴2（N532）；14—活性炭罐电磁阀1（N80）

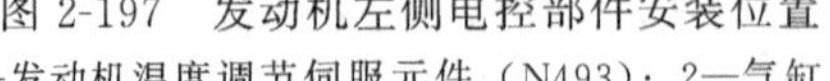

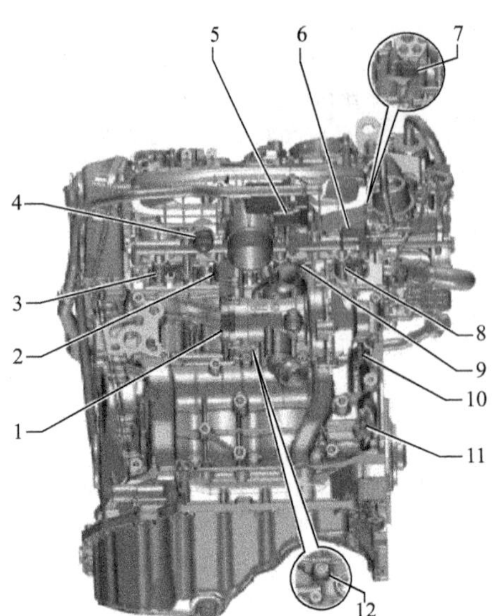

图 2-197　发动机左侧电控部件安装位置

1—发动机温度调节伺服元件（N493）；2—气缸 2 喷油嘴（N31）；3—气缸 1 喷油嘴（N30）；4—燃油压力传感器（G247）；5—节气门控制单元（J338），包括：电控油门操纵机构的节气门驱动装置（G186）、电控油门操纵机构的节气门驱动装置角度传感器 1（G187）和电控油门操纵机构的节气门驱动装置角度传感器 2（G188）；6—进气歧管风门阀门（N316）；7—霍尔传感器（G40）；8—气缸 4 喷油嘴（N33）；9—气缸 3 喷油嘴（N32）；10—机油压力开关，3 挡（F447）；11—发动机转速传感器（G28）；12—爆震传感器 1（G61）

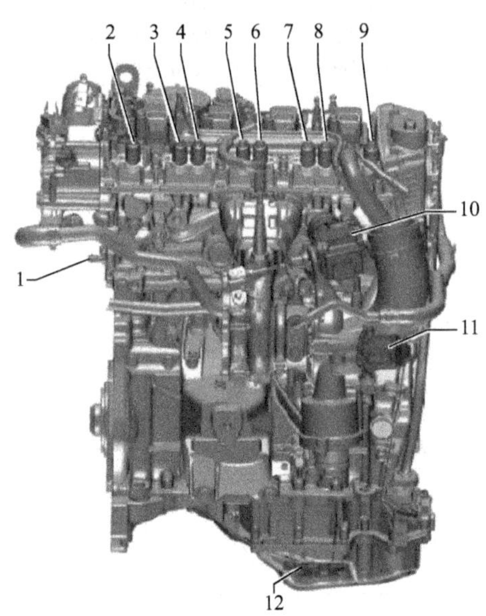

图 2-198　发动机右侧电控部件安装位置

1—冷却液温度传感器（G62）；2—凸轮轴调节元件 8（F373）；3—凸轮轴调节元件 7（F372）；4—凸轮轴调节元件 5（F370）；5—凸轮轴调节元件 6（F371）；6—凸轮轴调节元件 4（F369）；7—凸轮轴调节元件 3（F368）；8—凸轮轴调节元件 1（F366）；9—凸轮轴调节元件 2（F367）；10—增压调节器（V465），带有调节风门控制单元（J808）；11—涡轮增压器循环空气阀（N249）；12—机油油位和机油温度传感器（G266）

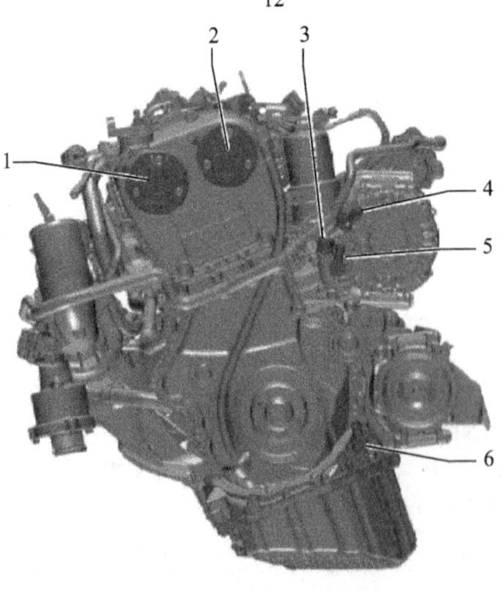

图 2-199　发动机正面电控部件安装位置

1—排气门凸轮轴调节阀 1（N318）；2—凸轮轴调节阀 1（N205）；3—机油压力开关（F22）；4—机油压力降低开关（F378）；5—活塞冷却喷嘴控制阀（N522）；6—机油压力调节阀（N428）

2.9.6 辉昂 3.0T CRE 发动机电脑端子信息

大众 CRE 发动机电脑端子针脚排列如图 2-200 所示。

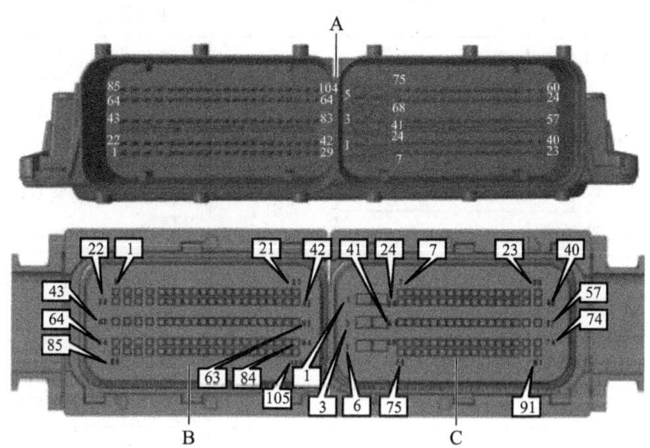

图 2-200 CRE 发动机电脑端子针脚排列

A—发动机控制单元（J623）；B—105 芯插头连接（T105），黑色，发动机控制单元插头

针脚号	针脚功能	针脚号	针脚功能
1	2 缸喷油阀控制端	21	带功率输出级的点火线圈 6 控制端
2	3 缸喷油阀控制端	22	3 缸喷油阀控制端
3	燃油定量阀控制端	23	2 缸喷油阀控制端
4	2 缸喷油阀 2 控制端	24	4 缸喷油阀 2 控制端
5	传感器电源 5V	25	1 缸喷油阀 2 控制端
6	进气歧管风门阀门控制端	26	进风管风门电位计 2 信号
7	机油油位和机油温度传感器信号	27	未占用
8	尾气催化净化器下游的氧传感器信号	28	霍尔传感器 3 信号
9	未占用	29	废气涡轮增压器转速传感器 1 信号
10	尾气催化净化器后的氧传感器 2 信号	30	霍尔传感器信号
11	氧传感器信号	31	氧传感器信号
12	氧传感器信号	32	氧传感器信号
13	尾气催化净化器下游的氧传感器信号	33	传感器接地
14	增压压力传感器信号	34	节气门驱动装置(电控节气门)角度传感器 1 信号
15	未占用		
16	爆震传感器 2 信号	35	传感器电源
17	爆震传感器 2 信号	36	进气歧管风门电位计信号
18	压缩机电磁离合器控制端	37	未占用
19	未占用	38	发动机温度调节装置的温度传感器信号
20	带功率输出级的点火线圈 5 控制端	39	冷却液温度传感器信号

续表

针脚号	针脚功能	针脚号	针脚功能
40	增压压力传感器 2 信号	77	低压的燃油压力传感器信号
41	调整风门电位计信号	78	未占用
42	曲轴箱排气截止阀控制端	79	带输出级的点火线圈 2 控制端
43	4 缸喷油阀控制端	80	节气门驱动装置(电控节气门)角度传感器电源 5V
44	5 缸喷油阀控制端		
45	3 缸喷油阀 2 控制端	81	节气门驱动装置(电控节气门)角度传感器 2 信号
46	6 缸喷油阀 2 控制端		
47	传感器接地	82	节气门驱动装置(电控节气门)角度传感器接地
48	传感器电源		
49	燃油压力传感器信号	83	未占用
50	未占用	84	尾气催化净化器后的氧传感器 2 信号
51	进气温度传感器信号	85	1 缸喷油阀控制端
52	进气歧管压力传感器信号	86	6 缸喷油阀控制端
53～54	未占用	87	5 缸喷油阀控制端
55	氧传感器 2 信号	88	5 缸喷油阀 2 控制端
56	氧传感器 2 信号	89	排气门凸轮轴调节阀 1 控制端
57	氧传感器 2 信号	90	节气门驱动装置(电控节气门)
58	氧传感器 2 信号	91	节气门驱动装置(电控节气门)＋
59～60	未占用	92	未占用
61	机油压力调节阀控制端	93	发动机机油冷却器阀门控制端
62	带功率输出级的点火线圈 4 控制端	94	凸轮轴调节阀 2 控制端
63	冷却液回路电磁阀控制端	95	排气门凸轮轴调节阀 2 控制端
64	1 缸喷油阀控制端	96	未占用
65	4 缸喷油阀控制端	97	尾气催化净化器后的氧传感器 1 加热装置控制端
66	6 缸喷油阀控制端		
67	燃油定量阀控制端	98	尾气催化净化器后的氧传感器 2 加热装置控制端
68	爆震传感器 1 信号		
69	爆震传感器 1 信号	99	控制风门调节伺服电动机控制端
70	发动机转速传感器信号	100	控制风门调节伺服电动机控制端
71	带功率输出级的点火线圈 3 控制端	101	未占用
72	机油压力降低开关信号	102	氧传感器加热装置控制端
73	霍尔传感器 2 信号	103	氧传感器 2 加热装置控制端
74	油压开关信号	104	二次空气喷射阀控制端
75	霍尔传感器 4 信号	105	凸轮轴调节阀控制端
76	带功率输出级的点火线圈 1 控制端		

C—91 芯插头连接（T91a），黑色，发动机控制单元插头

针脚号	针脚功能	针脚号	针脚功能
1	接线柱 31	50	接线柱 15a
2	接线柱 31	51	油门踏板位置传感器 2 接地
3	接线柱 87a	52	油门踏板位置传感器信号
4	接线柱 31	53～58	未占用
5	接线柱 87a	59	燃油泵控制单元信号
6	接线柱 87a	60～61	未占用
7～8	未占用	62	P/N 挡信号
9	自动变速箱控制单元信号	63～66	未占用
10～11	未占用	67	接线柱 50
12	散热器风扇控制单元控制端	68	接线柱 50
13～14	未占用	69	油门踏板位置传感器 2 信号
15	增压空气冷却泵控制端	70	GRA 开关信号
16	油门踏板位置传感器 2 电源 5V	71～72	未占用
17～20	未占用	73	发动机部件供电继电器控制端
21	主继电器控制端	74	未占用
22	散热器风扇控制单元 2 控制端	75	活性炭罐电磁阀 1 控制端
23～27	未占用	76～78	未占用
28	二次空气泵继电器控制端	79	CAN 总线，高位(驱动系统)
29～32	未占用	80	CAN 总线，低位(驱动系统)
33	油门踏板位置传感器电源 5V	81～85	未占用
34	油门踏板位置传感器接地	86	接线柱 30a
35～36	未占用	87	起动机继电器 1 控制端
37	制动信号灯开关信号	88	起动机继电器 2 控制端
38～49	未占用	89～91	未占用

2.9.7 辉昂 2.0T CUH 发动机电脑端子信息

大众 CUH 发动机电脑端子针脚排列如图 2-201 所示。

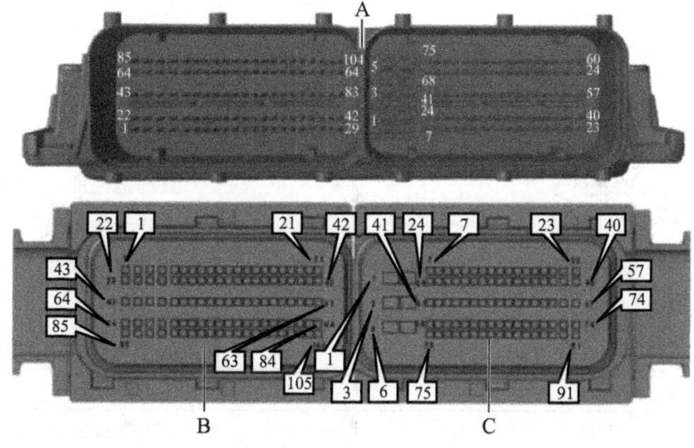

图 2-201 CUH 型发动机电脑端子针脚排列

A—发动机控制单元（J623）；B—105 芯插头连接（T105a），黑色，发动机控制单元插头

针脚号	针脚功能	针脚号	针脚功能
1	2 缸喷油阀控制端	48	进气歧管风门电位计电源 5V
2	3 缸喷油阀控制端	49	燃油压力传感器信号
3	活性炭罐电磁阀控制端	50	低压的燃油压力传感器信号
4	凸轮轴调节元件 5 控制端	51	进气温度传感器信号
5	未占用	52	进气歧管压力传感器信号
6	凸轮轴调节元件 1 控制端	53	进气管风门阀门控制端
7	活塞冷却喷嘴控制阀控制端	54	节气门驱动装置(电控节气门)角度传感器电源 5V
8～10	未占用		
11	燃油压力传感器接地	55	节气门驱动装置(电控节气门)角度传感器 2 信号
12～16	未占用		
17	机油压力调节阀控制端	56	节气门驱动装置(电控节气门)角度传感器接地
18～19	未占用		
20	调节风门控制单元接地	57	带功率输出级的点火线圈 3 控制端
21	未占用	58	凸轮轴调节元件 4 控制端
22	3 缸喷油阀控制端	59	凸轮轴调节元件 3 控制端
23	2 缸喷油阀控制端	60	未占用
24	3 缸喷油阀 2 控制端	61	调节风门控制单元电源 5V
25	1 缸喷油阀 2 控制端	62	带功率输出级的点火线圈 4 控制端
26	发动机温度调节伺服元件电源 5V	63	未占用
27	进气歧管风门电位计接地	64	1 缸喷油阀控制端
28	霍尔传感器 3 信号	65	4 缸喷油阀控制端
29	霍尔传感器 3 接地	66	涡轮增压器循环空气阀控制端
30	霍尔传感器信号	67	未占用
31	低压的燃油压力传感器接地	68	燃油压力传感器电源 5V
32	未占用	69	霍尔传感器电源 5V
33	传感器接地	70	发动机转速传感器信号
34	节气门驱动装置(电控节气门)角度传感器 1 信号	71	未占用
		72	机油压力降低开关信号
35	发动机转速传感器电源 5V	73	油压开关,3 挡信号
36	进气歧管风门电位计信号	74	油压开关信号
37	低压的燃油压力传感器电源 5V	75	未占用
38	霍尔传感器 3 电源 5V	76	带功率输出级的点火线圈 1 控制端
39	未占用	77	发动机转速传感器接地
40	冷却液温度传感器信号	78	发动机温度调节伺服元件接地
41	调节风门控制单元信号	79	带功率输出级的点火线圈 2 控制端
42	进气歧管压力传感器电源 5V	80	发动机温度调节伺服元件信号
43	4 缸喷油阀控制端	81～82	未占用
44	霍尔传感器接地	83	机油油位和机油温度传感器信号
45	4 缸喷油阀 2 控制端	84	未占用
46	2 缸喷油阀 2 控制端	85	1 缸喷油阀控制端
47	冷却液温度传感器信号	86	发动机温度调节伺服元件信号

续表

针脚号	针脚功能	针脚号	针脚功能
87	发动机温度调节伺服元件信号	96	凸轮轴调节元件 7 控制端
88	增压调节器接地	97	爆震传感器信号
89	增压调节器电源	98	爆震传感器信号
90	节气门驱动装置(电控节气门)－	99～100	未占用
91	节气门驱动装置(电控节气门)＋	101	凸轮轴调节元件 2 控制端
92	燃油压力调节阀控制端	102～103	未占用
93	燃油压力调节阀控制端	104	排气门凸轮轴调节元件 1 控制端
94	凸轮轴调节元件 6 控制端	105	凸轮轴调节阀控制端
95	凸轮轴调节元件 8 控制端		

C—91 芯插头连接（T91a），黑色，发动机控制单元插头

针脚号	针脚功能	针脚号	针脚功能
1	接线柱 31	41	前氧传感器信号
2	接线柱 31	42	未占用
3	接线柱 87a	43	前氧传感器信号
4	接线柱 31	44	前氧传感器信号
5	接线柱 87a	45～48	未占用
6	接线柱 87a	49	散热器出口处的冷却液温度传感器信号
7	主继电器控制端	50	接线柱 15a
8	发动机部件供电继电器控制端	51	油门踏板位置传感器 2 接地
9	燃油泵控制单元信号	52	油门踏板位置传感器信号
10	未占用	53	未占用
11	后氧传感器加热装置控制端	54	进气温度传感器 2 信号
12	散热器风扇控制信号	55	增压压力传感器信号
13～14	未占用	56～61	未占用
15	冷却液继续补给泵信号	62	P/N 挡信号
16	油门踏板位置传感器 2 电源 5V	63～66	未占用
17～22	未占用	67	接线柱 50
23	电动液压发动机支座左侧电磁阀控制端	68	接线柱 50
24	未占用	69	油门踏板位置传感器 2 信号
25	后氧传感器信号	70	GRA 开关信号
26	后氧传感器信号	71～73	未占用
27～28	未占用	74	前氧传感器加热装置控制端
29	散热器出口处的冷却液温度传感器信号	75～78	未占用
30～31	未占用	79	CAN 总线，高位(驱动系统)
32	增压压力传感器电源 5V	80	CAN 总线，低位(驱动系统)
33	油门踏板位置传感器电源 5V	81～85	未占用
34	油门踏板位置传感器接地	86	接线柱 30a
35	传感器接地	87	起动机继电器 1 控制端
36	未占用	88	起动机继电器 2 控制端
37	制动信号灯开关信号	89～91	未占用
38～40	未占用		

第3章 进口大众车型

3.1 途锐 Touareg（2008~2016年款）

3.1.1 3.0T CYJ发动机正时维修

该发动机正时链单元结构及拆卸调整步骤与CGE发动机相似，相关内容请参考3.1.2小节。

3.1.2 2010~2015年款混合动力版途锐3.0T CGE/CGF发动机正时维修

(1) 正时链单元结构分解

CGEA发动机正时链单元结构如图3-1～图3-4所示。

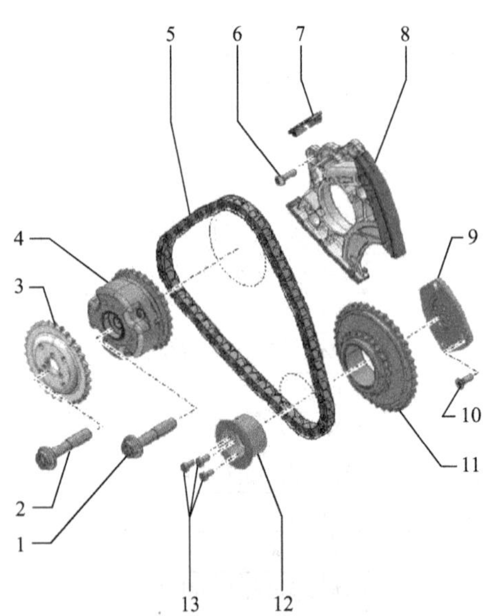

图3-1 左侧凸轮轴正时链单元结构

1—螺栓，80N·m+90°；2—螺栓，80N·m+90°；3—排气凸轮轴链轮；4—进气凸轮轴调节装置；5—左侧凸轮轴正时链；6—螺栓，9N·m；7—滑块；8—左侧凸轮轴正时链链条张紧器；9—传动链轮支撑板；10—螺栓8N·m+45°；11—左侧凸轮轴正时链传动链轮；12—左侧凸轮轴正时链传动链轮支承销；13—螺栓

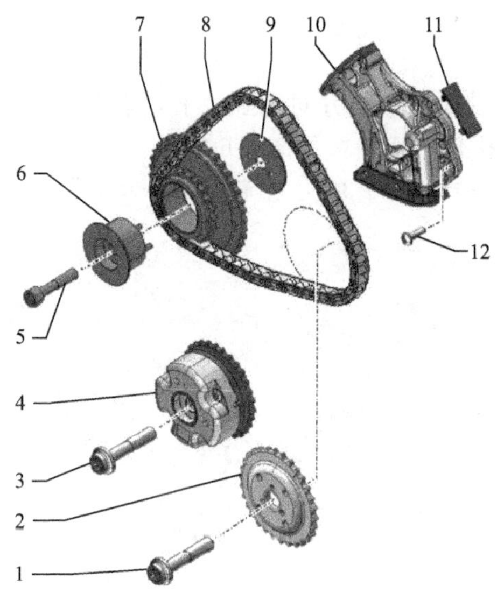

图 3-2 右侧凸轮轴正时链单元结构

1—螺栓，80N·m+90°；2—排气凸轮轴链轮；3—螺栓，80N·m+90°；4—进气凸轮轴调节装置；5—螺栓；6—右侧凸轮轴正时链传动链轮支承销；7—右侧凸轮轴正时链传动链轮；8—右侧凸轮轴正时链；9—右侧凸轮轴正时链传动链轮止推垫片；10—右侧凸轮轴正时链张紧器；11—滑块；12—螺栓，9N·m

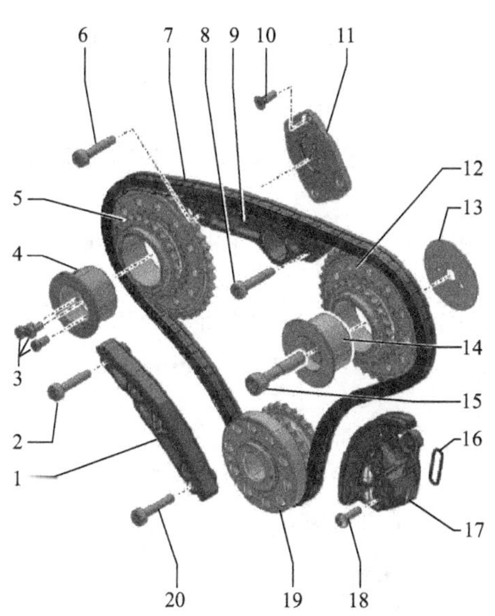

图 3-3 发动机主正时链单元结构

1—滑轨；2—螺栓，10N·m+90°；3—螺栓，5N·m+60°；4—传动链轮支承销；5—左侧正时链传动链轮；6—螺栓，10N·m+90°；7—正时驱动驱动链；8—螺栓，10N·m+90°；9—滑轨；10—螺栓，8N·m+45°；11—右侧凸轮轴正时链传动链轮支撑板；12—右侧正时链传动链轮；13—止推垫片；14—传动链轮支承销；15—螺栓，30N·m+90°；16—密封件；17—链条张紧器；18—螺栓，9N·m；19—曲轴；20—螺栓，10N·m+90°

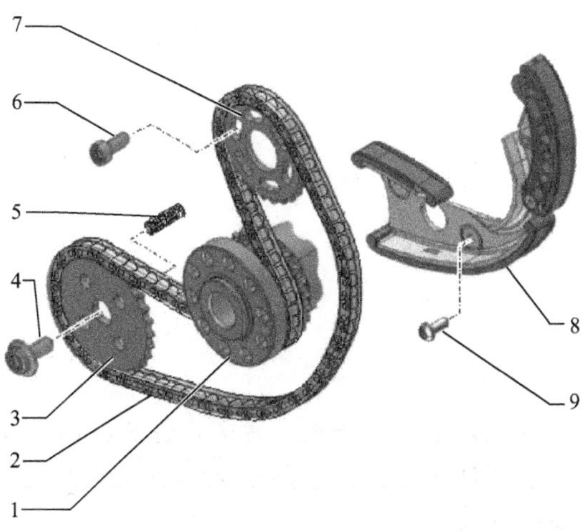

图 3-4 辅助传动装置驱动链单元结构

1—曲轴；2—辅助传动装置驱动链；3—机油泵传动链轮；4—螺栓，30N·m+90°；5—压簧；6—螺栓，15N·m+90°；7—平衡轴链轮；8—链条张紧器及滑轨；9—螺栓，10N·m+45°

(2) 正时链单元配气相位检查

① 拆卸气缸盖罩。

② 曲轴与转接头 T40058 和弯型环形扳手沿发动机运转方向转到“上止点”。切口 A 必须与分隔缝一致，如图 3-5 所示。凸轮轴的螺纹孔必须朝上，如图 3-6 所示。

提示：如果错过了“上止点”，那么再将曲轴转回大约 30°，重新至“上止点”。

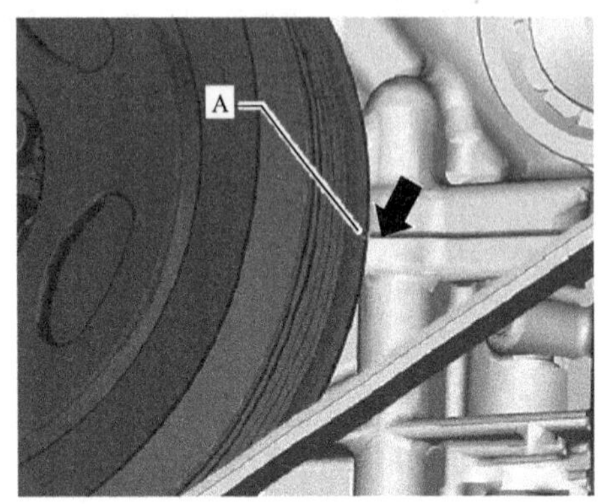

图 3-5 曲轴切口对齐位置

图 3-6 凸轮轴的螺纹孔朝上

③ 将曲轴上的“上止点”标记处的螺旋塞从气缸体中拧出。

④ 固定螺栓 T40069 用 20N·m 的力矩转入螺孔。固定螺栓 T40069 必须嵌合在曲轴 1 的固定孔中。

⑤ 气缸列 1 的凸轮轴必须用凸轮轴固定件 T40133/1 固定在“上止点”位置，如图 3-7 所示。

⑥ 气缸列 2 的凸轮轴必须用凸轮轴固定件 T40133/2 固定在“上止点”位置，如图 3-8 所示。如果不能固定凸轮轴，必须调整配气相位。

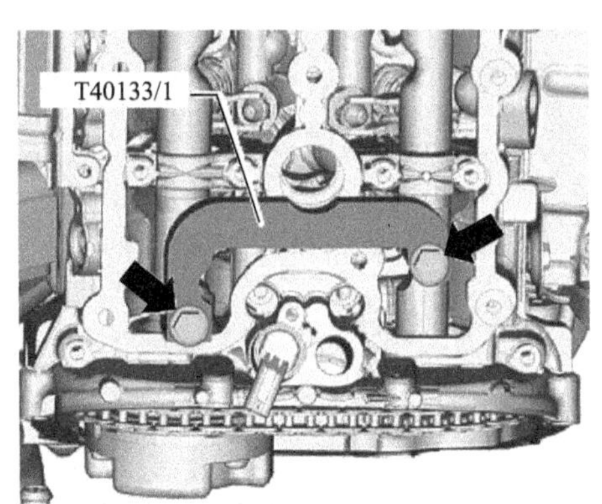

图 3-7 安装凸轮轴固定工具

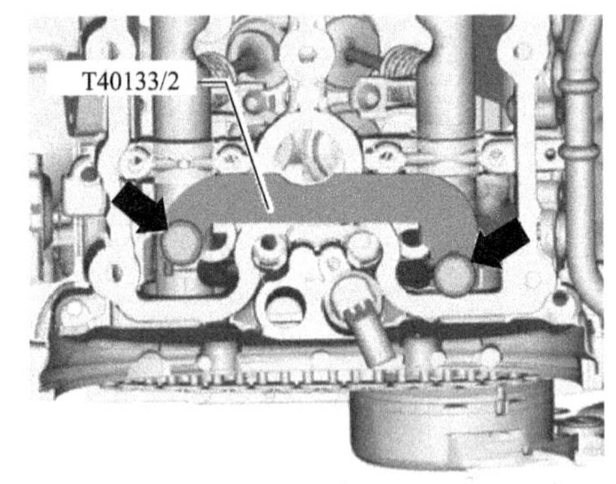

图 3-8 气缸列 2 的凸轮轴固定工具

(3) 凸轮轴正时链单元拆装步骤

拆卸步骤如下：

① 拆卸正时链下盖板。

② 拆下凸轮轴调节器。

注意：对已经用过的凸轮轴正时链，运转方向相反会导致损毁。用彩色箭头标记左右两侧凸轮轴正时链的运转方向，以便重新安装。不要用冲头、标签或其他标记凸轮轴正时链。

③ 取下定位销 T40071，并取下左侧凸轮轴正时链。

④ 拧出紧固螺栓，并取下右侧链条张紧器。

⑤ 压传动链链条张紧器的滑轨，并用定位销 T40071 固定链条张紧器。

⑥ 拧出传动链轮支承销的螺栓。

⑦ 拔出传动链轮和支承销，向上取出右侧凸轮轴正时链。

安装步骤如下：

提示：如果从链条张紧器中取出了张紧元件，则要注意安装位置：壳底中的孔朝向链条张紧器，活塞朝向张紧轨。更换需要继续旋转的螺栓。

① 根据拆卸时所作的标记将左侧凸轮轴正时链放在传动链轮上，向上导入气缸盖中。

② 压低左侧凸轮轴正时链链条张紧器的滑轨，用定位销 T40071 锁定链条张紧器。

③ 根据拆卸时所作的标记将右侧凸轮轴正时链放在传动链轮上，向上导入气缸盖中。

④ 安装传动链轮。

⑤ 拧紧传动链轮支承销的螺栓。

⑥ 取下定位销 T40071。

⑦ 在右侧气缸盖上放上链条张紧器。

⑧ 拧紧螺栓。

后续安装以拆卸的倒序进行。

⑨ 安装凸轮轴调节器：气缸列 1（右侧），气缸列 2（左侧）。

⑩ 安装正时链下盖板。

（4）配气机构正时链拆装步骤

拆卸步骤如下：

① 拆卸正时链下盖板。

② 拆下凸轮轴调节器。

③ 拆卸辅助传动装置的传动链。

④ 沿箭头方向压传动链链条张紧器的滑轨，并用定位销 T40071 锁止链条张紧器。

注意：对已经用过的传动链，运转方向相反会导致损毁。用彩色箭头标记传动链的运转方向，以便重新安装。不要用冲头、标签或其他标记传动链。

⑤ 拧下螺栓并取下滑轨。

⑥ 拧出螺栓，并取下链条张紧器。

⑦ 取下正时驱动装置传动链。

安装步骤如下：

注意：更换要求继续旋转角度的螺栓。

① 根据在拆卸时所作的标记将正时驱动装置传动链在传动链轮上。

② 安装滑轨并拧紧螺栓。

③ 安装链条张紧器并拧紧螺栓。

④ 压下传动链链条张紧器的滑轨，并用定位销 T40071 拔出链条张紧器。

⑤ 安装辅助传动装置的传动链。

⑥ 安装凸轮轴调节器：气缸列 1（右侧），气缸列 2（左侧）。

⑦ 安装正时链下盖板。

（5）平衡轴驱动链拆装步骤

拆卸步骤如下：

① 拆卸正时链下盖板。

注意：螺栓螺纹过长可导致传动链损坏危险。拧入扳手 T40049 时，仅允许使用螺纹最长为 22mm 的螺栓。如果只有超过该长度的螺栓，放置螺栓头时，剩余的螺纹长度必须仍为 22mm。

② 在曲轴后部用两个螺栓安装扳手。

③ 在曲轴后部用两个螺栓安装扳手 T40049。

④ 将曲轴上的“上止点”标记处的螺旋塞从气缸体中拧出。

⑤ 曲轴与转接头 T40058 和弯型环形扳手沿发动机运转方向（箭头）转到“上止点”。切口必须与分隔缝一致。

⑥ 用 20N·m 的力矩将固定螺栓 T40069 拧入孔中；必要时小幅来回转动曲轴，以便完全对中螺栓。

⑦ 压传动链链条张紧器的滑轨，并用定位销 T40071 锁止链条张紧器。

注意：对已经用过的传动链，运转方向相反会导致损毁。用彩色箭头标记传动链的运转方向，以便重新安装。不用冲头、标签或其他标记传动链。

⑧ 拧下螺栓，取下平衡轴链轮。

⑨ 拧出螺栓，并取出链条张紧器和链条。

安装步骤如下：

提示：更换要求继续旋转角度的螺栓。

① 一起安装链条张紧器、链条和平衡轴链轮。

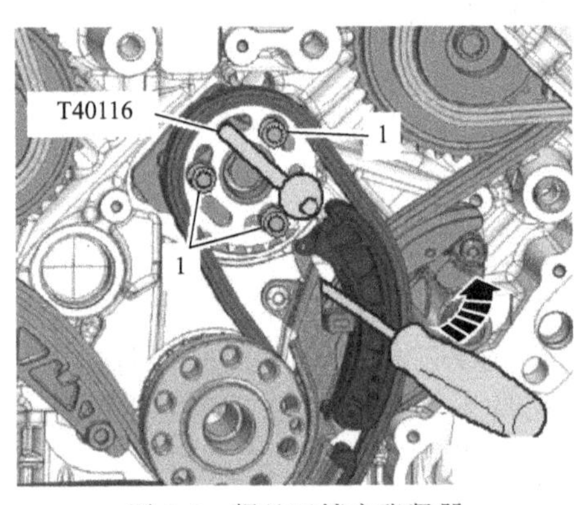

图 3-9 螺丝刀锁定张紧器

② 平衡轴用固定销 T40116 锁止在“上止点”处。差动轴链轮的长形孔必须位于差动轴螺纹孔的中心。必要时将链条移动一个齿位。

③ 拧紧链条张紧器的螺栓。

④ 松松地拧入链轮的螺栓。链轮必须可以在平衡轴上转动并不允许倾斜。

⑤ 为了松开链条张紧器，取下定位销 T40071。

⑥ 螺丝刀朝链条张紧器的滑轨压，并同时拧紧链轮的螺栓 1，如图 3-9 所示。

⑦ 固定销 T40116 从平衡轴中拔出。

其他部件安装以倒序进行。

⑧ 安装正时链下盖板。

⑨ 安装曲轴“上止点”标记的密封塞。

3.1.3 2009~2016 年款途锐 3.0T CJT 发动机正时维修

CJT 发动机正时链单元结构与拆装步骤和 CGE 发动机相同，相关内容请参考 3.1.2 小节。

3.1.4 2009~2016 年款途锐 3.0TDI CRC 柴油发动机正时维修

(1) 正时链单元结构分解

CRC 发动机正时链单元结构如图 3-10、图 3-11 所示。

(2) 正时链单元的拆解方法

① 拆卸正时链下盖板。螺栓螺纹过长可导致传动链损坏危险。拧入扳手 T40049 时，仅允许使用螺纹长度最长为 22mm 的螺栓。如果只有超过该长度的螺栓，放置螺栓头时，剩余的螺纹长度必须仍为 22mm。

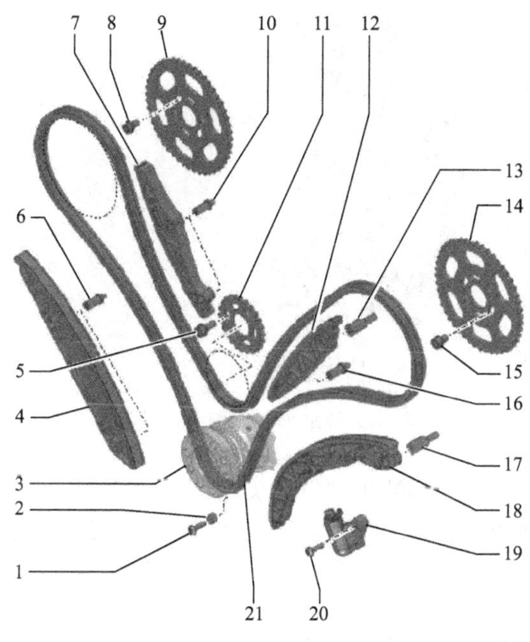

图 3-10 发动机正时链单元结构

1—螺栓；9N·m；2—防跳齿；3—曲轴；4—滑轨；5—螺栓；6—滑轨导向销，5N·m+90°；7—滑轨；8—螺栓，23N·m；9—进气凸轮轴链轮；10—滑轨导向销，5N·m+90°；11—平衡轴链轮；12—滑轨；13—滑轨导向销，23N·m；14—进气凸轮轴链轮；15—螺栓，23N·m；16—滑轨导向销，5N·m+90°；17—张紧轨导向销，23N·m；18—张紧轨；19—凸轮轴链条张紧器；20—螺栓，5N·m+90°；21—凸轮轴正时链

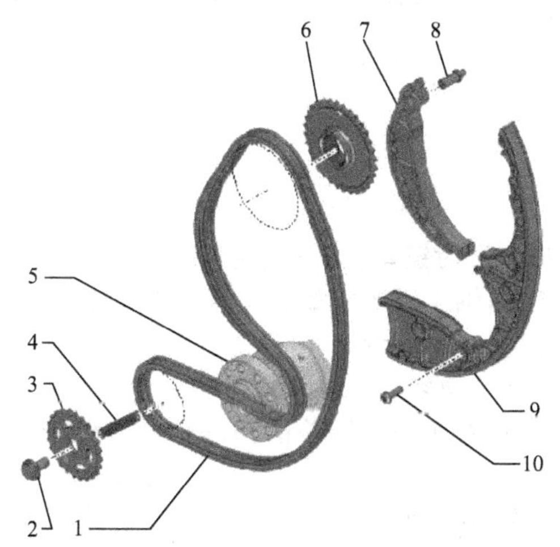

图 3-11 机油泵和高压燃油泵传动链

1—机油泵和高压泵传动链；2—螺栓，30N·m+45°；3—机油泵传动链轮；4—压簧；5—曲轴；6—高压泵传动链轮；7—滑轨；8—滑轨导向销，5N·m+90°；9—链条张紧器及滑轨；10—螺栓，5N·m+90°

② 将扳手 T40049 拧紧在曲轴后侧。为此使用 2 个从动盘旧螺栓和螺母，例如，垫着的螺母 M12。

调整销 T40060 有一处地方是平的，使凸轮轴和气缸盖的插孔稍微错位一点就可以轻松插入调整销。为此首先插入调整销，使螺栓横向于凸轮轴。为了到达正确的“上止点”位置，螺栓必须旋转 90°，使螺栓垂直于凸轮轴。

③ 转动曲轴至“上止点”：凸轮轴必须用调整销 T40060 固定。调整销 T40060 的螺栓必须垂直于气缸列 1（右侧）凸轮轴的中心轴线。如图 3-12 所示。

调整销 T40060 的螺栓必须垂直于气缸列 2（左侧）凸轮轴的中心轴线，如图 3-13 所示。

提示：将抹布置于油底壳上部件下方，用于收集溢出的发动机机油。

④ 将螺旋塞从油底壳上部件拧出。

⑤ 用 20N·m 的力矩将固定螺栓 3242 拧入孔中；必要时小幅地来回转动曲轴，以便完全对中螺栓。

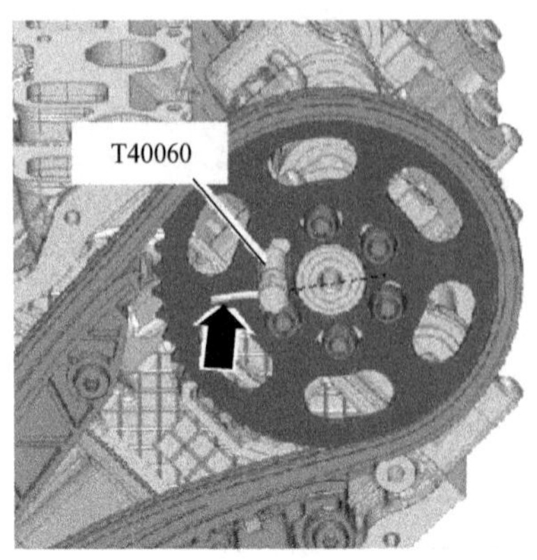

图 3-12 气缸列 1 调整销的安装

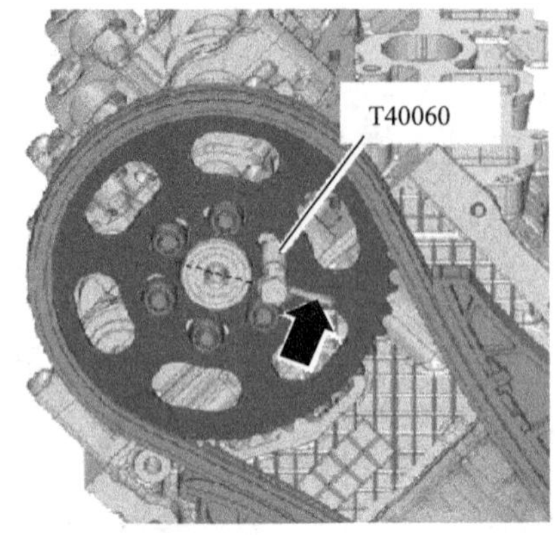

图 3-13 气缸列 2 调整销的安装

⑥ 为了避免割伤，用绝缘带包裹直径为 3.3mm 的钻头切口和尖端。

⑦ 按压凸轮轴正时链链条张紧器的张紧轨。用直径为 3.3mm 的钻头固定住链条张紧器。

⑧ 拧出导向销并取下张紧轨。

注意：对于已经用过的凸轮轴正时链，运转方向相反会导致损毁。用彩色箭头标记凸轮轴正时链的运转方向，方便重新安装。

⑨ 拧出跳齿保护螺栓。

⑩ 除去两侧凸轮轴的调整销 T40060。

⑪ 旋出螺栓。

⑫ 取下凸轮轴链轮和凸轮轴正时链。

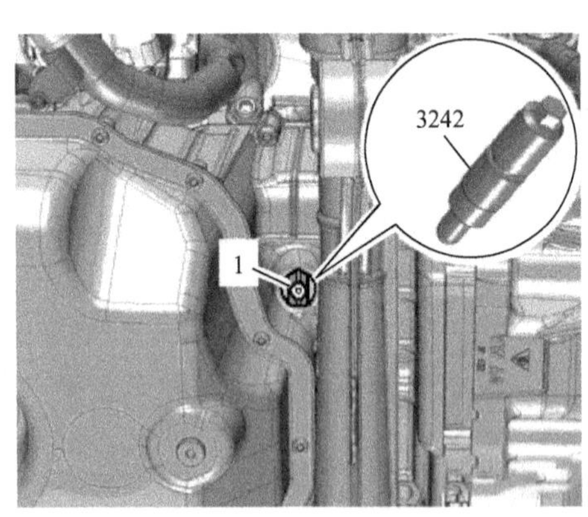

图 3-14 用专用工具固定曲轴

(3) 正时链单元的安装步骤

① 曲轴 1 用固定螺栓 3242 固定在“上止点”处，如图 3-14 所示。

提示：更换用继续旋转角度拧紧的螺栓。

② 检查两个气缸盖的凸轮轴是否处于“上止点”处。

凸轮轴必须用调整销 T40060 固定。调整销 T40060 的螺栓必须垂直于气缸列 1（右侧）凸轮轴的中心轴线。调整销 T40060 的螺栓必须垂直于气缸列 2（左侧）凸轮轴的中心轴线。

③ 除去两侧凸轮轴的调整销 T40060。

提示：如果凸轮轴无法夹紧，则使用转接头 T40061 轻微调整其位置。为此将凸轮轴链轮螺栓拧入凸轮轴中。

④ 安装左侧凸轮轴链轮和凸轮轴正时链。凸轮轴链轮上的长孔必须位于凸轮轴螺纹孔的中间位置。

⑤ 首先拧入凸轮轴链轮的 2 个螺栓，但不要拧紧。凸轮轴链轮应仍可以在凸轮轴上转动但不得倾斜。

⑥ 用调整销 T40060 固定左侧凸轮轴。调整销 T40060 的螺栓必须垂直于凸轮轴的中心轴线。

⑦ 安装右侧凸轮轴链轮和凸轮轴正时链。凸轮轴链轮上的长孔必须位于凸轮轴螺纹孔

的中间位置。

⑧ 首先拧入凸轮轴链轮的 2 个螺栓，但不要拧紧。凸轮轴链轮应仍可以在凸轮轴上转动但不得倾斜。

⑨ 用调整销 T40060 固定右侧凸轮轴。调整销 T40060 的螺栓必须垂直于凸轮轴的中心轴线。

⑩ 用导向销拧紧张紧轨。

⑪ 将钻头从拔出孔中拔出，释放右侧链条张紧器。

⑫ 松开螺栓。

⑬ 平衡轴用柴油喷射泵定位销 3359 夹紧，如图 3-15 所示。

提示： 如需要，拧出螺栓并将平衡轴置于适当位置。

⑭ 拧入螺栓 2，但不拧紧。链轮 1 必须可以在平衡轴上转动并不允许倾斜。

⑮ 让另一名助手用转接头 T40062 和扭矩扳手以 20N·m 的力矩逆时针将右侧凸轮轴链轮预张紧并保持预张紧度。

⑯ 拧紧右侧凸轮轴链轮螺栓。

⑰ 继续保持预张紧度并拧紧左侧凸轮轴链轮螺栓。

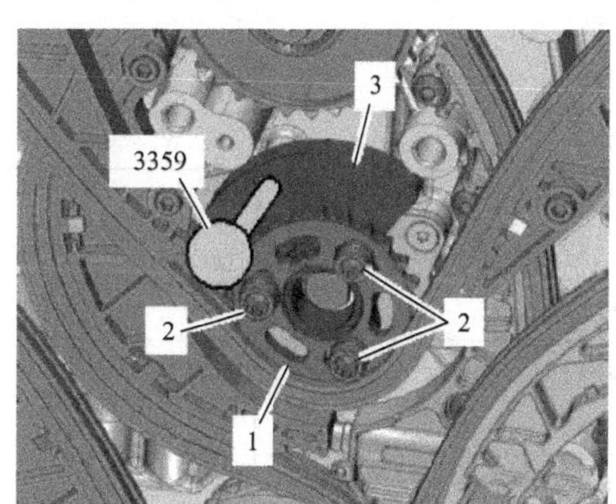

图 3-15 夹紧平衡轴

⑱ 拧紧平衡轴链轮螺栓。

⑲ 去掉柴油喷射泵定位销 3359、转接头 T40062 和调整销 T40060。

⑳ 拧紧左右两侧凸轮轴链轮的其余螺栓。

㉑ 除去固定螺栓 3242。

(4) 检查与调整配气相位

检查配气相位：

注意： 跳齿对凸轮轴正时链有损坏危险，所以只能沿发动机运转方向转动曲轴。

① 转动曲轴两圈，直至曲轴再次位于“上止点”前。

② 用 20N·m 的力矩转动固定螺栓 3242，通过转动来固定曲轴。

注意： “上止点”位置如果不准确，则调整有误差。如果转过了“上止点”，再转动曲轴两圈，直至曲轴再次位于“上止点”前。转动固定螺栓 3242 以固定曲轴。

③ 检查两个气缸盖的凸轮轴是否处于“上止点”处。凸轮轴必须用调整销 T40060 固定。调整销 T40060 的螺栓必须垂直于气缸列 1（右侧）凸轮轴的中心轴线。调整销 T40060 的螺栓必须垂直于气缸列 2（左侧）凸轮轴的中心轴线。

调整配气相位：

① 如果无法固定一侧凸轮轴，将此凸轮轴链轮全部螺栓松开约 1 圈。

② 将转接头 T40061 安装在松开螺栓的螺栓头上。

③ 用转接头 T40061 小幅度来回转动凸轮轴，直到装入调整销 T40060。调整销 T40060 的螺栓必须垂直于凸轮轴的中心轴线。

④ 用约 5N·m 的力矩拧紧装有转接头 T40061 和调整销 T40060 的凸轮轴链轮螺栓。

⑤ 除去调整销 T40060 和转接头 T40061。

⑥ 最终拧紧凸轮轴链轮螺栓。

⑦ 如有必要，对其他的气缸列重复此操作。

⑧ 除去固定螺栓 3242。

⑨ 再次检查配气相位。

后续的安装以倒序进行：

⑩ 将“上止点”标记处的螺旋塞拧紧到油底壳上部件。

⑪ 安装正时链下盖板。

3.1.5 2011~2016 年款混合动力版途锐 3.0T CGE CGF 发动机机械维修数据

基本参数		
发动机代码	CGE CGF	
排量/L	2.968	
功率	245kW/5500r/min	
扭矩	440N·m/1600r/min	
缸径/mm	84.5	
冲程/mm	89	
压缩比	10.5∶1	
ROZ	95/98 无铅	
喷射点火装置	MOTRONIC MED17	
点火顺序	1—4—3—6—2—5	
防爆震控制	2 个传感器	
自诊断功能	有	
λ 控制功能	四个氧传感器	
三元催化转化器	有	
增压系统	有	
二次空气系统	有	
可变进气系统	无	
废气再循环功能	无	
凸轮轴调整功能	有	
曲轴间隙/mm	轴向	新件 0.15~0.25
	径向	新件 0.015~0.055，极限 0.08
连杆间隙/mm	轴向	新件 0.20~0.45
	径向	新件 0.010~0.052，极限 0.12
曲轴轴承轴颈直径/mm	基本尺寸	$65.00^{-0.022}_{-0.042}$
连杆轴承轴颈直径/mm	基本尺寸	$56.00^{-0.022}_{-0.042}$
开口间隙/mm	第一道压缩环	新件 0.20~0.30，极限 0.8
	第二道压缩环	新件 0.50~0.70，极限 0.8
	挡油环	新件 0.25~0.50，极限无法确定
环槽间隙/mm	第一道压缩环	新件 0.04~0.08，极限 0.20
	第二道压缩环	新件 0.03~0.07，极限 0.20
	挡油环	新件 0.02~0.06，极限 0.15
活塞直径/mm	基本尺寸	84.49，无石墨层(0.02mm 厚)的尺寸，石墨层已磨损后

续表

基本参数		
气缸孔径/mm	基本尺寸	84.51
气缸压力值/bar	新零件	11～14
	磨损极限	10
	气缸间允许相差值	3
凸轮轴间隙/mm	轴向	0.100～0.191
	径向	轴承 ϕ24:0.24～0.66 轴承 ϕ36:0.032～0.078
进、排气门，气门导杆检测参数		
尺寸图例		
进气门	ϕa 气门顶直径/mm	33.85±0.10
	ϕb 气门杆直径/mm	5.98±0.01
	c 气门全长/mm	104.00±0.20
	α 气门斜角	45°
进气门导管	磨损极限/mm	0.8
排气门	ϕa 气门顶直径/mm	28.0±0.10
	ϕb 气门杆直径/mm	5.96±0.01
	c 气门全长/mm	101.9±0.20
	α 气门斜角	45°
排气门导管	磨损极限/mm	0.8

3.1.6 2008~2016年款途锐四轮定位数据

项目	悬架形式	前桥钢制弹簧减震器		空气弹簧减震器	
	产品编号	1BA/1BE	1BB	1BK/1BY	2MA
前桥	每个车轮的前束(单束)	+5′±2.5′	+5′±2.5′	+5′±2.5′	+5′±2.5′
	两侧之间的最大允许偏差	最大 5′	最大 5′	最大 5′	最大 5′
	车轮外倾角(正前打直位置)	−15′±20′	−15′±20′	−15′±20′	−15′±20′
	两侧之间的最大允许偏差	最大 20′	最大 20′	最大 20′	最大 20′
	主销后倾角	+8°35′+10′/−30′	+8°26′+10′/−30′	+8°38′+10′/−30′	+9°5′+10′/−30′
	两侧之间的最大允许偏差	最大 30′	最大 30′	最大 30′	最大 30′
	离地高度	(478±10)mm	(488±10)mm	(475±10)mm	(450±10)mm
后桥	每个车轮的前束(单束)	+10′±5′	+10′±5′	+10′±5′	+10′±5′
	两侧之间的最大允许偏差	最大 7′	最大 7′	最大 7′	最大 7′

续表

项目	悬架形式	前桥钢制弹簧减震器		空气弹簧减震器	
	产品编号	1BA/1BE	1BB	1BK/1BY	2MA
后桥	车轮外倾	$-1°20'±20'$	$-1°20'±20'$	$-1°20'±20'$	$-1°20'±20'$
	两侧之间的最大允许偏差	最大 20′	最大 20′	最大 20′	最大 20′
	离地高度	(486±10)mm	(502±10)mm	(483±10)mm	(458±10)mm
说明	离地高度以尺寸 a 为基准。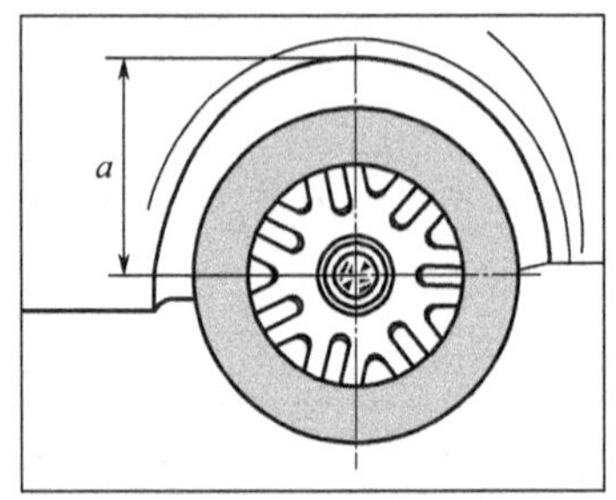				

3.1.7 途锐钥匙匹配方法

(1) 读密码

① 免拆读密码：使用支持 OBD 直接读密码的设备直接读取密码。

② 拆发动机电脑读密码：电脑内 5P08C3 芯片，用 95040 读出后密码在 30 行和 40 行的 2、3 位置，换位后转十进制即为密码。

(2) 匹配钥匙

使用老的 5051 和 CAN-BUS 都可以匹配，首先进入 25 防盗系统，然后进 16 安全访问进行登录密码，密码登录成功后，进 10 匹配功能进行匹配，匹配通道号改为 21，读取后新建值会显示原车的钥匙数，然后把新建值改为要匹配的钥匙总数，点击测试，然后保存，然后会出现确认保存提示，点击是，这时仪表会出现钥匙和英文提示，这时关闭点火开关拔出钥匙，这时电脑开始学习钥匙，插入第 1 把钥匙转动 30°左右，等 3s 左右，方向锁会自动开锁，然后关闭拔出，然后马上插入第 2 把钥匙转动 30°左右，等 3s 左右，方向锁也会自动开锁，然后关闭拔出，其余的钥匙同样操作即可匹配成功，启动和遥控器即可正常使用。

3.1.8 途锐轮胎气压设定

① 连接解码器。

② 选择“65 轮胎压力监控”。

③ 选择“16 系统登录”。

④ 输入登录密码“10896”。

⑤ 选择“10 通道调整匹配”。

⑥ 输入通道号：1 左前轮 2.4～2.8Pa，2 右前轮 2.4～2.8Pa，3 左后轮 2.4～2.8Pa，4 右后轮 2.4～2.8Pa，确认保存。

3.1.9 大众辉腾、途锐空气悬挂匹配方法

请用大众 VCDS908.1 连接需要匹配的车系。

① 选择 34-自调平悬挂。

② 16 授权登录。

③ 输入登录密码 31564。
④ 10-通道调整匹配。
⑤ 通道号 01（左前），输入高度值。
⑥ 通道号 02（右前），输入高度值。
⑦ 通道号 03（左后），输入高度值。
⑧ 通道号 04（右后），输入高度值。
⑨ 通道号 05，输入值 1。
⑩ 确认完成。
常见车型高度值：
途锐（7L）标准型：前 497mm，后 411mm。
途锐（7L）越野型：前 488mm，后 498mm。
辉腾（3D）ROW 非美款：前 407mm，后 401mm。
辉腾（3D）NAR 美款：前 417mm，后 411mm。

3.1.10 大众途锐、宝来、高尔夫更换 ABS 总泵设定方法

更换途锐 ABS 总泵之后，出现四个故障码：00778 转向角度传感器 G85；04123 侧向加速度传感器 G200；01435 制动压力传感器 G201；01279 纵向传感器加速度 G251。这些故障码无法直接清除，需要通过解码器校正之后才可以。清除故障码操作步骤方法如下：
① 连接解码器。
② 打开点火开关。
③ 选择刹车系统。
④ 选择“控制单元编码”。
⑤ 输入正确的控制单元编码。
⑥ 选择“系统登入”。
⑦ 输入登入码“40168”。
⑧ 选择“系统基本调整”。
⑨ 输入通道号“060”：转向角度传感器 G85 校正。
⑩ 输入通道号“063”：侧向加速度传感器 G200 校正。
⑪ 输入通道号“066”：制动压力传感器 G201 校正。
⑫ 输入通道号“069”：纵向传感器加速度 251 校正。
⑬ 清除故障码。

3.1.11 途锐、速腾 AT 强制低挡功能

① 连接解码器。
② 选择 02 自动变速箱系统。
③ 选择 04 系统基本调整。
④ 输入自适应值 000。

3.1.12 途锐、速腾二次空气喷码自适应

① 连接解码器。
② 选择 01 发动机系统。
③ 选择 04 系统基本调整。
④ 输入自适应值 77。

3.2 夏朗 SHARAN（2008~2018 年款）

3.2.1 2014~2018 年款大众 1.4T CZD 发动机正时维修

(1) 正时带单元部件分解

发动机正时带单元部件如图 3-16、图 3-17 所示。

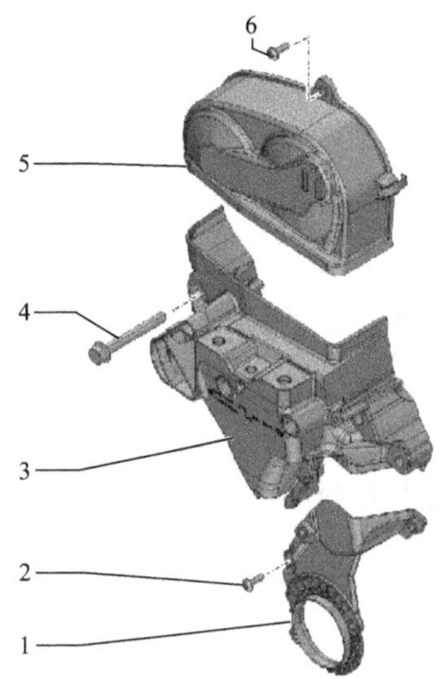

图 3-16 齿形皮带护罩

1—下部齿形皮带护罩；2—螺栓，8N·m；3—发动机支撑；4—螺栓；5—上部齿形皮带护罩；6—螺栓，8N·m

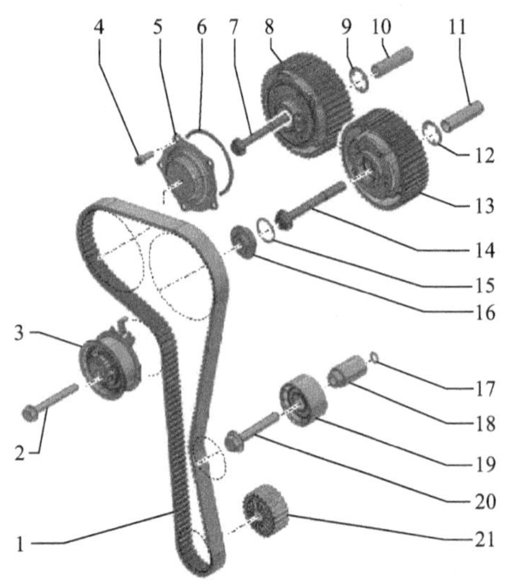

图 3-17 齿形皮带，发动机标识字母 CSS、CZD、CZE

1—齿形皮带，拆卸前用粉笔或记号笔标记转动方向，检查磨损情况；2—螺栓，25N·m；3—张紧轮；4—螺栓，拆卸后更换，8N·m+45；5—封盖；6—O 形环，拆卸后更换；7—螺栓，拆卸后更换，50N·m+135°；8—排气凸轮轴的凸轮轴正时齿轮，带凸轮轴调节器；9—金刚石垫圈，不是在所有型号上都存在，拆卸后更换；10—导向套；11—导向套；12—金刚石垫圈，不是在所有型号上都存在，拆卸后更换；13—进气凸轮轴的凸轮轴正时齿轮，带凸轮轴调节器；14—螺栓，拆卸后更换，50N·m＋135°；15—O 形环，拆卸后更换；16—螺旋塞，20N·m；17—O 形环，防丢失装置，拆卸后更换；18—间隔轴套；19—导向辊；20—螺栓，45N·m；21—曲轴齿形带轮，在齿形带轮和曲轴之间的接触面上不允许有油，只能在一个位置安装

(2) 发动机正时检查方法

① 将 1 缸活塞调整至上止点位置

a. 旋出气缸体上止点孔锁定螺栓，见图 3-18。

b. 将定位销 T10340 或 CT10340 旋入至极限位置，并以 30N·m 的力矩拧紧，将曲轴沿发动机工作时的运转方向转至极限位置，此时定位销与曲轴臂充分接触。

注意： 定位销 T10340 或 CT10340 无法旋至极限位置时说明 1 缸活塞必定不在上止点位置，可以通过允许旋入定位销的程度去判断 1 缸活塞所处的位置。

• 当允许旋入定位销长度较短时，1 缸活塞处于上止点附近（已过上止点），此时应旋出定位销，将曲轴沿发动机工作时的运行方向旋转约 270°。然后将定位销拧至极限位置，并以 30N·m 的力矩拧紧，继续将曲轴沿发动机工作时的运转方向旋转至止动位置。

• 当允许旋入定位销长度较长时，1 缸活塞处于下止点附近（已过下止点），此时应旋出定位销，将曲轴沿发动机工作时的运行方向旋转约 90°。然后将定位销拧至极限位置，并以 30N·m 的力矩拧紧，继续将曲轴沿发动机工作时的运转方向旋转至止动位置。

图 3-18 气缸体“上止点”锁定螺栓安装位置

使用扳手 3415 或 S 3415 和固定工具 CT80009 转动曲轴，见图 3-19（状态 1）。

使用扳手 3415 或 S 3415 和固定工具 CT80012 转动曲轴，见图 3-20（状态 2）。

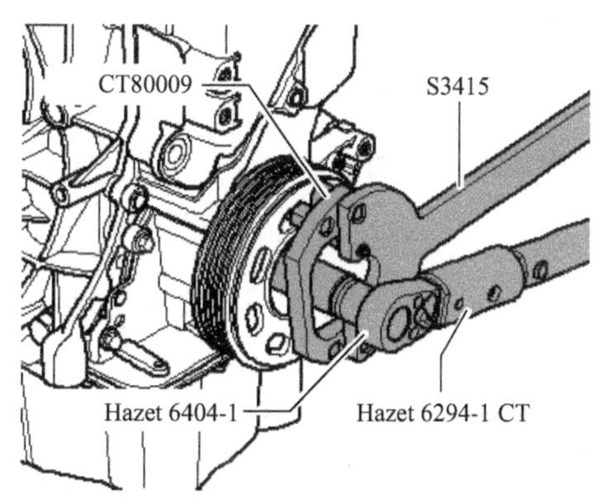

图 3-19 曲轴转动专用扳手（状态 1）

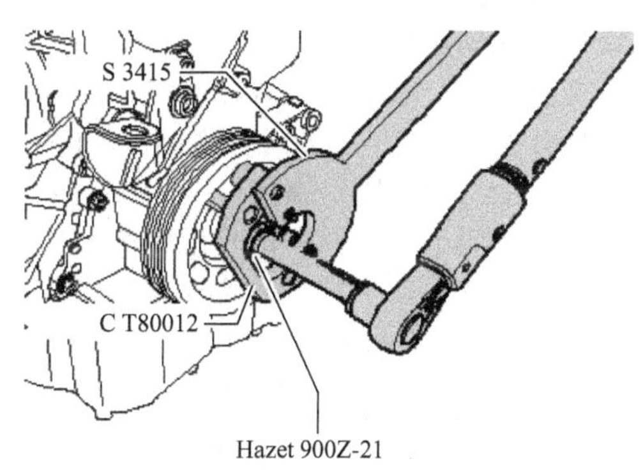

图 3-20 曲轴转动专用扳手（状态 2）

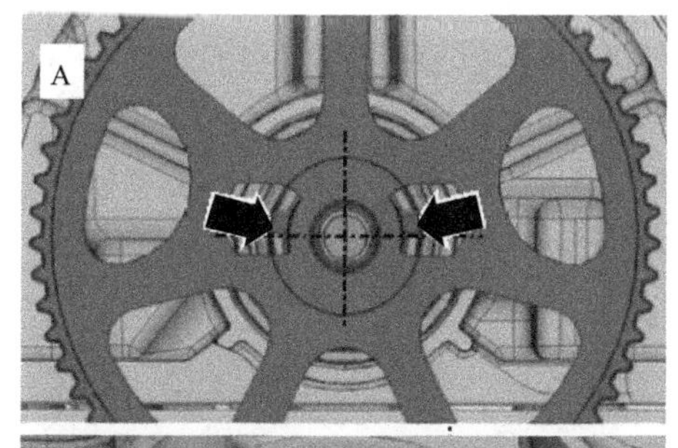

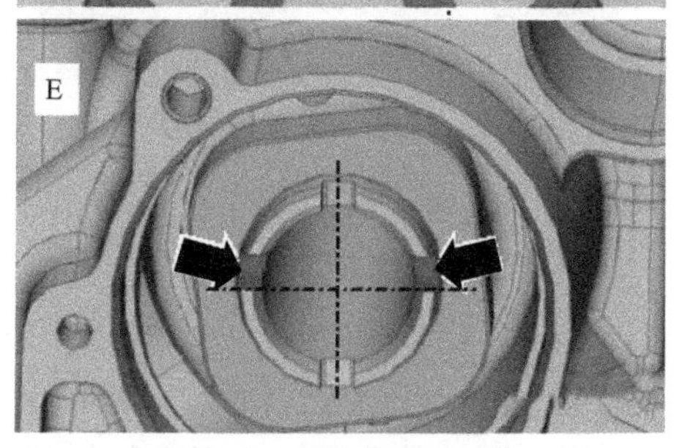

图 3-21 凸轮轴位置状态

A—排气侧；E—进气侧

调整 1 缸活塞上止点时，可结合飞轮侧凸轮轴的状态进行进一步判断。如图 3-21 所示，变速箱侧的两个凸轮轴上，每个凸轮轴上各有两个不对称的槽（箭头）。在排气凸轮轴上，可以通过冷却液泵齿形皮带轮上的孔看到凸轮轴上两个不对称的槽（箭头）。在进气凸轮轴上，凹槽（箭头）位于凸轮轴中部上方。

② 凸轮轴位置不在描述位置时，旋松定位销 T10340 或 CT10340，并再转动曲轴，直至到达“上止点”位置。

如图 3-22 所示，凸轮轴固定工具 T10494 必须能很容易放入安装位置。不能使用其他工具敲击凸轮轴固定工具，以使其能安装到位。

如果凸轮轴固定工具 T10494 不能很容易地放入安装位置：

a. 用手从上方向下按压正时齿形皮带。

b. 同时将凸轮轴固定工具 T10494 插入凸轮轴

图 3-22　安装凸轮轴固定工具

内，直至止动位置。

c. 用手拧紧固定工具上螺栓（图 3-22 箭头所指）。

如果无法插入凸轮轴固定工具 T10494，则调整正时，取下凸轮轴上的正时齿形皮带。

如果可以插入凸轮轴固定工具 T10494，则正时正常。

结束工作之前，检查是否已经取下定位销 T10340 或 CT10340 和凸轮轴固定工具 T10494。

③ 其余的安装以拆卸的相反顺序进行。

更换采用角度控制方式拧紧的螺栓（如拧紧要求为 30N·m＋继续旋转 90°）。

锁定螺栓 O 形圈损坏时须及时更换。

(3) 正时带单元拆卸步骤

① 设置气缸 1 位于上止点位置，方法参考正时检查。

② 拆卸曲轴皮带轮。

③ 旋出螺栓，取下正时齿形皮带下部盖罩。

④ 松开固定卡子，脱开燃油供油管和活性炭罐电磁阀连接管。

⑤ 旋出上部盖罩固定螺栓。

⑥ 松开固定卡子，取下正时齿形皮带上部盖板。

⑦ 旋出螺栓，取下排气凸轮轴密封盖。为了保护齿形皮带，在排气凸轮轴密封盖下方放置一块抹布，用于收集溢出的发动机机油。

⑧ 使用定位扳手 T10172 或 CT10172、适配器 T10172/2 或 CT10172/2 和扭力扳手 Hazet 6290-1 CT 或 V. A. G 1331 旋出进气侧凸轮轴齿形皮带轮的密封螺栓。

⑨ 使用定位扳手 T10172 或 CT10172、适配器 T10172/2 或 CT10172/2 和扭力扳手 Hazet 6292-1 CT 或 V. A. G 1332 旋松螺栓 1 一圈。

⑩ 使用定位扳手 T10172 或 CT10172、适配器 T10172/1 或 CT10172/1 和扭力扳手 Hazet 6292-1 CT 或 V. A. G 1332 旋松螺栓 2 一圈。螺栓位置见图 3-23。

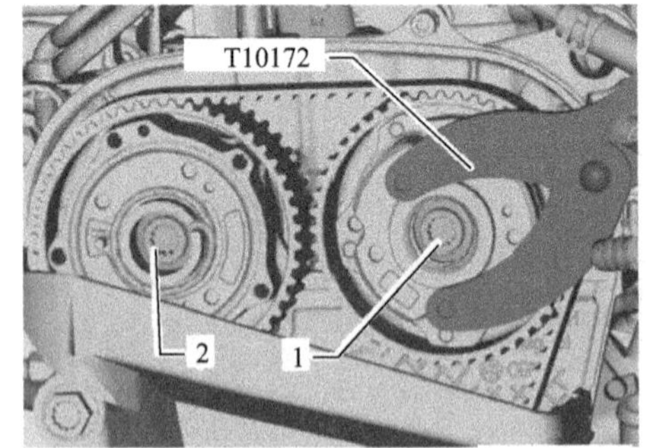

图 3-23　旋松凸轮轴齿轮螺栓

⑪ 使用 30mm 特殊扳手 T10499 或 CT10499 固定偏心轮上的张紧轮，松开螺栓。

⑫ 将正时齿形皮带从凸轮轴上脱开。

正时齿形皮带安装方向应与其原有运转方向保持一致，否则有损坏的危险。因此，拆卸正时齿形皮带时，用粉笔或记号笔标出其运转方向，用于重新安装。

⑬ 取下正时齿形皮带。

⑭ 取下正时齿形皮带轮。

(4) 正时带单元安装步骤（调整正时）

① 调整 1 缸活塞至上止点位置。

② 更换两个凸轮轴齿形皮带轮螺栓，并将其拧入，但不要拧的很紧。只要凸轮轴齿形皮带轮能够绕螺栓自由旋转且转动过程中不会在螺栓轴向方向来回运动即可。

③ 检查张紧轮的凸耳是否啮合在气缸盖的铸造孔上。

④ 将正时齿形皮带轮装到曲轴上。必须保证曲轴皮带轮和正时齿形皮带轮的接触面无油脂。正时齿形皮带轮铣切面（图 3-24 所示箭头指处）必须放在曲轴销铣切面上。

⑤ 首先将齿形皮带套在齿形带的下部。

⑥ 安装正时齿形皮带下部盖罩。

⑦ 安装曲轴皮带轮。

⑧ 安装齿形皮带时注意安装顺序：向上拉齿形皮带，并置于导向轮（1）张紧轮（2）排气凸轮轴齿形皮带轮（3）和进气凸轮轴齿形皮带轮（4）上，见图 3-25。

图 3-24 曲轴皮带轮安装

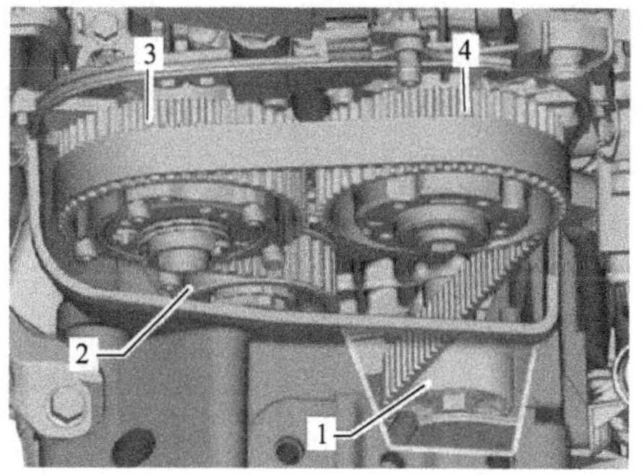

图 3-25 安装正时皮带

⑨ 沿图 3-26 箭头方向转动 30mm 特殊扳手 T10499 或 CT10499［即转动张紧轮偏心轮（2）］，直到设置指示针（3）位于设置窗右侧 10mm 处。

⑩ 回转偏心轮，直到指示针正好位于设置窗口内。

⑪ 使用 13mm 特殊环形扳手 T10500 或 CT10500 将偏心轮保持在该位置，拧紧螺栓（1）至额定要求。发动机转动或运行后，指示针（3）位置和设置窗口之间的距离可能会出现细小差异，这对齿形皮带张紧并没有影响。

⑫ 使用带适配器 T10172/1 或 CT10172/1 的定位扳手 T10172 或 CT10172 和扭力扳手 Hazet 6292-1 CT 或 V. A. G 1332 以 50N·m 的力矩拧紧 2 个凸轮轴皮带轮螺栓。

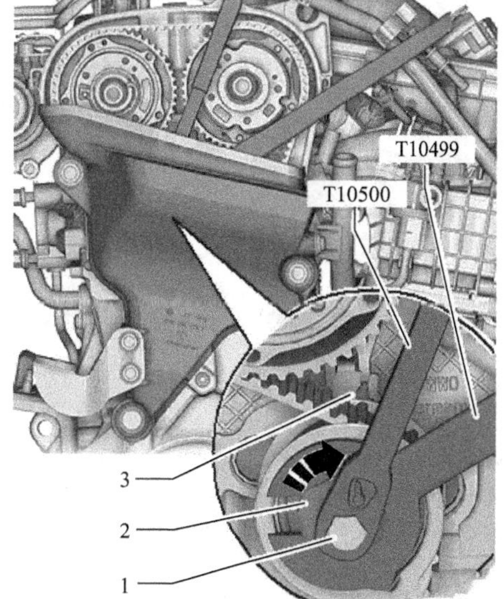

图 3-26 转动张紧轮到既定位置

⑬ 旋出定位销 T10340 或 CT10340。

⑭ 旋出螺栓，取出凸轮轴固定工具 T10494。

⑮ 检查正时，参考上面第 2 小节步骤。

⑯ 使用带适配器 T10172/1 或 CT10172/1 的定位扳手 T10172 或 CT10172、扭力扳手 Hazet 6292-1 CT 或 V. A. G 1332 和角度盘 Hazet 6690 将凸轮轴皮带轮螺栓拧紧至额定要求。

⑰ 使用带适配器 T10172/2 或 CT10172/2 的定位扳手 T10172 或 CT10172 和扭力扳手 Hazet 6290-1 CT 或 V. A. G 1331 拧紧密封螺栓。

⑱ 维修工作结束后，需检查是否已经取下定位销 T10340 或 CT10340 和凸轮轴固定工具 T10494。

进一步的安装以拆卸的相反顺序进行。

3.2.2 2017~2018 年款大众 2.0T DED 发动机正时维修

该发动机正时单元结构与拆装调整步骤和 CUH 发动机相同，相关内容请参考 2.9.2 小节。

3.3 甲壳虫 Beetle（2008~2018 年款）

3.3.1 2015~2018 年款大众 1.2T CYV 发动机正时维修

该款发动机正时带单元结构及拆装调整方法与 CSS 相同，请参考 1.3.3 小节。

3.3.2 2012~2016 年款大众 1.2T CBZ 发动机正时维修

(1) 正时链单元部件分解

发动机正时链单元部件如图 3-27 所示。

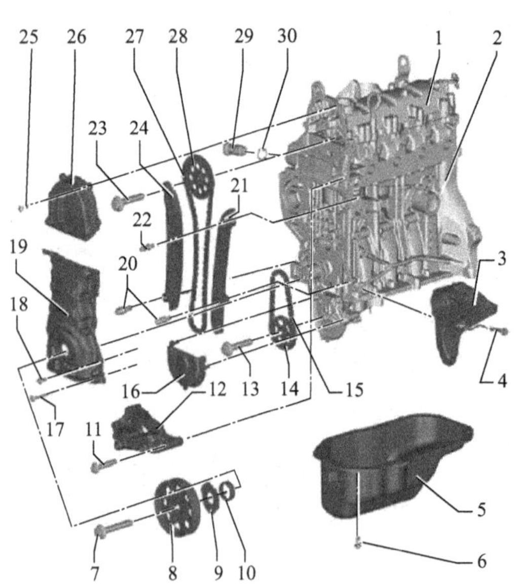

图 3-27 发动机正时链单元部件

1—带气缸盖罩的气缸盖，不得修整密封面，带内置凸轮轴轴承，用两种不同的密封剂密封气缸盖罩；2—气缸体，不允许拆下曲轴。曲轴轴承盖的螺栓松动会导致气缸体轴承座变形。变形会导致轴承间隙变小。即使不更换轴瓦，也可能因为轴承间隙变化导致轴承损坏。如果轴承盖螺栓松动，必须一同更换气缸体和曲轴。用维修站工具无法测量曲轴轴承间隙；3—下部辅件支架，带张紧元件（未配备空调的车辆），用于张紧元件和空调压缩机（配备空调的车辆）；4—螺栓，25N·m；5—油底壳，装配前先清洁密封面，涂敷硅酮密封剂（D176600A1）后再安装；6—螺栓，13N·m；7—螺栓，紧固螺栓的压紧面上必须无机油且无油脂，润滑后再装入（螺纹），用固定工具（3415）固定皮带轮以防转动，继续旋转可分多步进行，继续转动角度可以用通用型量角仪来测量，拆卸后更换，150N·m+180°；8—皮带轮，用于曲轴，带金刚石涂层垫片（卡在皮带轮上），压紧面上必须无机油且无油脂，用固定工具（3415）固定皮带轮以防转动；9—金刚石涂层垫片，卡在皮带轮上；10—密封环，拆卸后更换；11—螺栓，50N·m；12—发动机支承，用于动力总成支承；13—螺栓，拆卸后更换，20N·m+90°；14—链轮，用于机油泵驱动装置，压紧面上必须无机油且无油脂，用固定工具（T10172）固定链轮；15—机油泵传动链，拆卸前先标记运转方向（安装位置）；16—盖板；17—螺栓，螺栓：M6×40，使用扭力扳手（V.A.G 6583），拆卸后更换，5N·m+30°；18—螺栓，螺栓：M6×20，使用扭力扳手（V.A.G 6583），拆卸后更换，5N·m+30°；19—下部正时罩盖，涂敷硅酮密封剂（D176600A1）后再安装；20—轴承销，18N·m；21—滑轨，用于正时链；22—轴承销，18N·m；23—螺栓，拆卸后更换，50N·m+90°；24—张紧轨，用于正时链；25—螺栓，8N·m；26—上部正时罩盖，涂敷密封剂（D176501A1）后再安装；27—正时链；28—链轮，用固定工具（T10172）固定链轮；29—链条张紧器，用于正时链，60N·m；30—密封环，拆卸后更换

(2) 发动机正时检查

① 拧出用于固定冷却液管的螺栓。

② 拧出紧固螺栓并取下冷却液管支架。

③ 拧出气缸体上的螺旋塞（箭头）。

④ 在气缸体中拧入紧固销 T10340 直至限位位置，见图 3-28。如果紧固销 T10340 无法拧至限位位置，则表明曲轴位置不正确！这种情况下请如下操作。

⑤ 拧出紧固销。

⑥ 沿发动机运转方向将曲轴继续旋转 1/4 圈（90°）。

⑦ 在气缸体中拧入紧固销 T10340 直至限位位置。

⑧ 以 30N·m 的力矩拧紧紧固销 T10340。

⑨ 沿发动机运转方向将曲轴旋转至限位位置。用紧固销 T10340 沿发动机转动方向卡止曲轴。

⑩ 从单向阀上拔下两根软管 1。

⑪ 拧出紧固螺栓 2，并从气缸盖罩中拔出单向阀，见图 3-29。

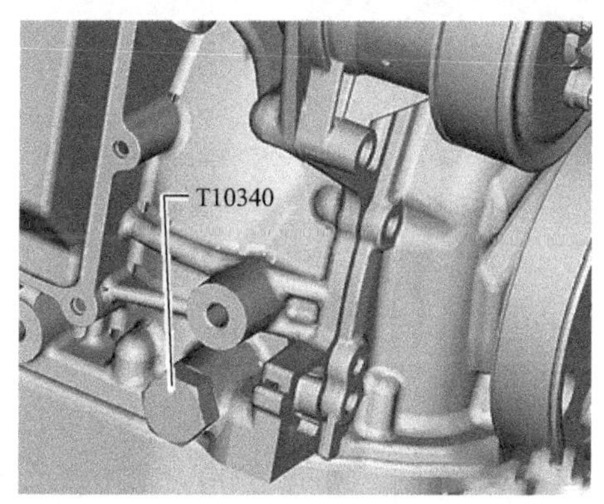

图 3-28 安装曲轴限位工具

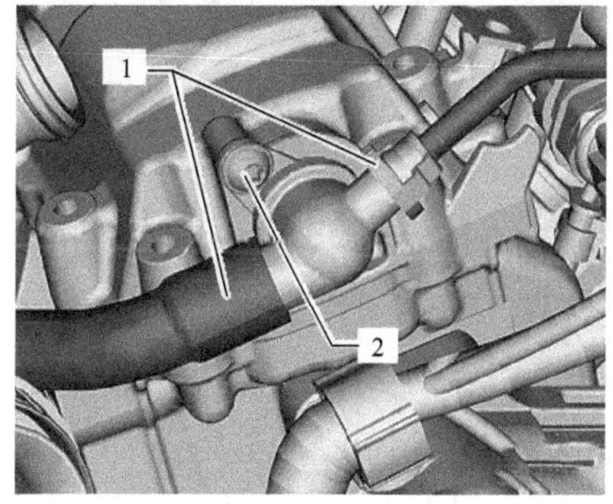

图 3-29 取出单向阀软管

凸轮轴凹槽（箭头）必须位于图 3-30 所示位置。

⑫ 在气缸盖罩中装入锁定销 T10414，直至限位位置，见图 3-31。如果锁定销 T10414 无法插入到凸轮轴开口的限位位置，则表明正时不正确且必须调整。

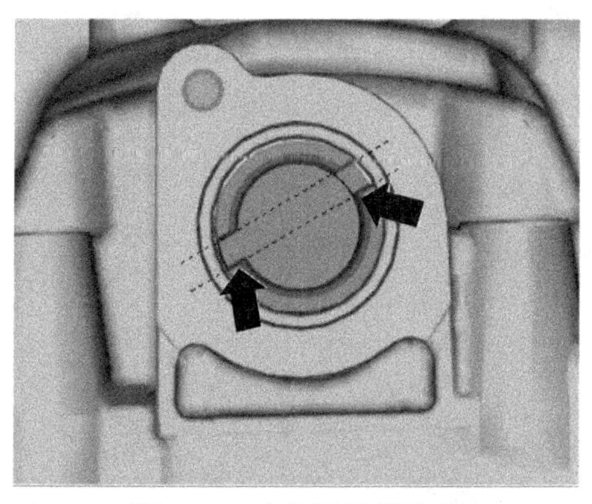

图 3-30 凸轮轴凹槽位置

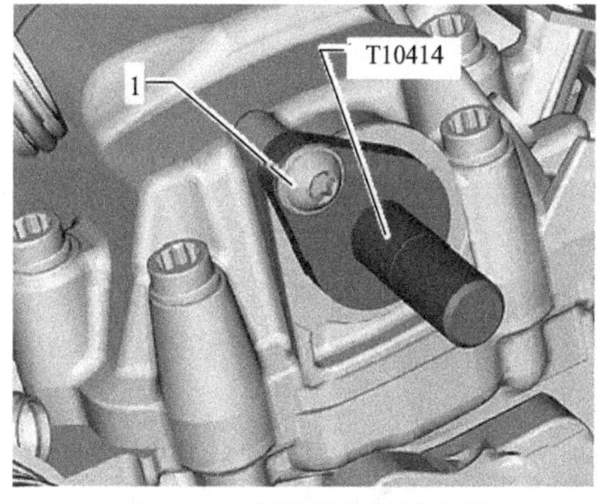

图 3-31 安装凸轮轴锁定销

如果锁定销 T10414 可以推入气缸盖罩的限位位置，则表明正时正常。

⑬ 拆下锁定销 T10414 和紧固销 T10340。其他组装工作大体上与拆卸顺序相反。

(3) 发动机正时调整

① 排出发动机冷却系统和增压空气冷却系统中的冷却液。

② 打开弹簧卡箍并拔下冷却液软管（1 和 2）。

③ 按压冷却液软管下方的锁止件（3）并向上拉软管，见图 3-32。

④ 向后放下冷却液软管。

⑤ 从单向阀上拔下两根软管（1）。

⑥ 拧出紧固螺栓（2），并从气缸盖罩中拔出单向阀。

⑦ 拧出正时罩盖上的所有紧固螺栓。

⑧ 取下正时罩盖。

⑨ 拧出用于固定冷却液管（4）的螺栓（3）。

⑩ 拧出紧固螺栓（2）并取下冷却液管支架（1），见图 3-33。

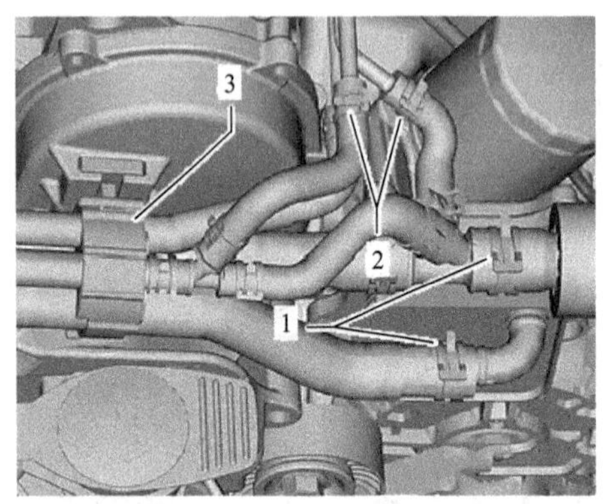

图 3-32 拔下冷却液软管

图 3-33 取下冷却液管支架

⑪ 拧出气缸体上的螺旋塞。

⑫ 在气缸体中拧入紧固销 T10340 直至限位位置。

⑬ 沿发动机运转方向将曲轴旋转至限位位置。如果紧固销 T10340 无法拧至限位位置，则表明曲轴位置不正确！这种情况下请如下操作。

⑭ 拧出紧固销。

⑮ 沿发动机运转方向将曲轴继续旋转 1/4 圈（90°）。

⑯ 在气缸体中拧入紧固销 T10340 直至限位位置。

⑰ 以 30N・m 的力矩拧紧紧固销 T10340。

⑱ 沿发动机运转方向将曲轴旋转至限位位置。用紧固销 T10340 沿发动机转动方向卡止曲轴。

⑲ 从机油泵上拔下盖板。

⑳ 拧出正时链的链条张紧器（箭头），见图 3-34。

㉑ 松开凸轮轴齿轮的紧固螺栓（1）。

㉒ 用固定工具 T10172 固定住凸轮轴齿轮，见图 3-35。

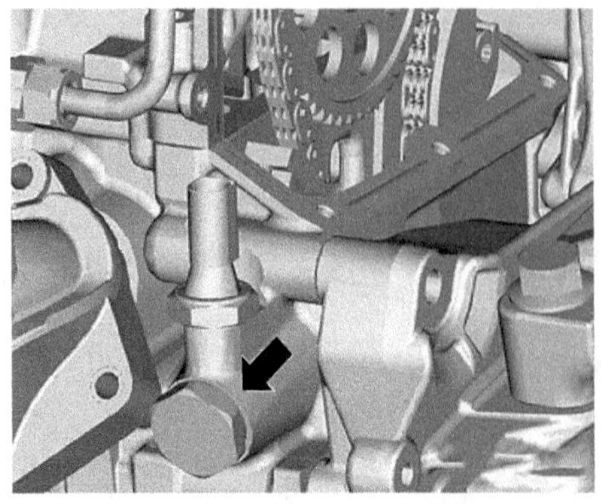

图 3-34 取出正时链张紧器

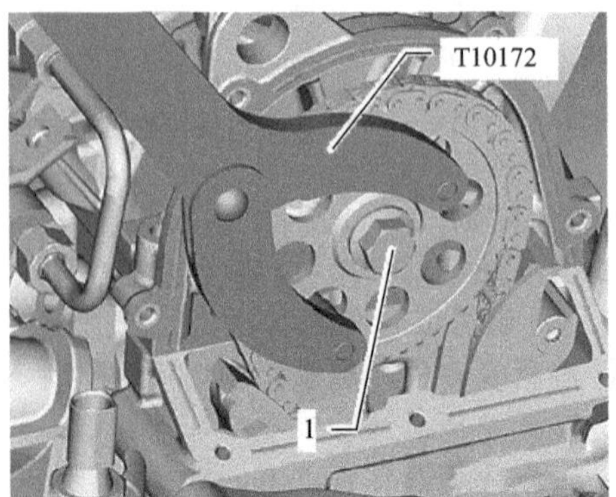

图 3-35 松开凸轮轴齿轮螺栓

㉓ 一同取下凸轮轴齿轮和紧固螺栓。

㉔ 正时链（1）置于正时罩盖内的浇铸凸耳上。正时罩盖内侧的浇铸凸耳可防止正时罩盖滑落。

㉕ 凸轮轴齿轮安装到凸轮轴上，并以 50N·m 的力矩拧紧紧固螺栓。

提示： 以 50N·m 的力矩拧紧凸轮轴齿轮，以便可以如下所述将凸轮轴旋转入位。

㉖ 用固定工具 T10172 固定住凸轮轴齿轮。

㉗ 接着逆着发动机运转方向将曲轴往回旋转 1/4 圈（90°）。在接下来调整凸轮轴时，逆着发动机运转方向旋转曲轴会损坏气门。

㉘ 旋转凸轮轴，直至凹槽（箭头）位于图 3-21 中所示位置。

㉙ 在气缸盖罩中装入锁定销 T10414，直至限位位置。

㉚ 用力拧紧锁定销紧固螺栓。

㉛ 沿发动机运转方向将曲轴旋转至限位位置。

㉜ 拆下凸轮轴齿轮。

㉝ 用固定工具 T10172 固定住凸轮轴齿轮。

㉞ 用安装工具 T10118 抬高正时链。

㉟ 正时链置于链轮上。正时链必须贴紧滑轨区域并略微张紧，见图 3-36。

图 3-36 安装正时链

㊱ 用力拧紧凸轮轴齿轮的新紧固螺栓。必须将正时链置于张紧轨中间。

㊲ 以 60N·m 的力矩拧紧链条张紧器（箭头）。

㊳ 以 50N·m 的力矩拧紧凸轮轴链轮紧固螺栓。在操作步骤结束时，检查正时后，再将紧固螺栓继续旋转 1/4 圈（90°）。

㊴ 同时用固定工具 T10172 固定住凸轮轴齿轮。

㊵ 从凸轮轴中取出锁定销 T10414。

㊶ 从气缸体上拧出紧固销 T10340。

㊷ 沿发动机运转方向将曲轴旋转 2 圈。

㊸ 在气缸体中拧入紧固销 T10340 直至限位位置。

㊹ 沿发动机运转方向将曲轴旋转至限位位置。如果锁定销 T10414 可以插入凸轮轴中，则表明正时正常。

如果正时不正常：

㊺ 重复调整正时。

㊻ 紧固凸轮轴链轮螺栓继续旋转 1/4 圈（90°）。

㊼ 同时用固定工具 T10172 固定住凸轮轴齿轮。

㊽ 拆下锁定销 T10414 和紧固销 T10340。

㊾ 安装上部正时罩盖。

㊿ 安装单向阀。紧固螺栓的拧紧力矩：8N·m。

(51) 插上软管。

(52) 安装螺旋塞。拧紧力矩：30N·m。

(53) 加注冷却液。

其他组装工作大体上与拆卸顺序相反。

3.3.3 2014~2018 年款 1.4T CZD 发动机正时维修

该发动机也搭载在夏朗车型上，相关内容请参考 3.2.1 小节。

3.3.4 2005~2010 年款新甲壳虫 1.8T AWU 发动机正时维修

(1) 正时链单元结构分解

AWU 发动机正时带单元结构如图 3-37 所示。

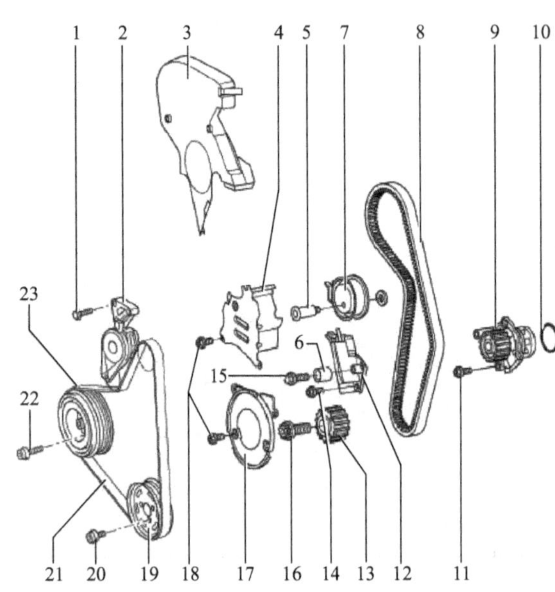

图 3-37 发动机正时带单元结构分解

1—25N·m；2—多楔带的张紧装置；3—齿形皮带护罩上部；4—齿形皮带护罩中部；5—27N·m；6—导向轮；7—张紧轮；8—齿形皮带；9—冷却液泵；10—O 形环；11—15N·m；12—齿形皮带张紧装置；13—曲轴正时皮带轮；14—15N·m；15—20N·m；16—90N·m＋继续旋转 90°（1/4 圈）；17—齿形皮带护罩下部；18—10N·m；19—转向助力器叶片泵皮带轮；20—25N·m；21—多楔带；22—25N·m；23—皮带轮/减震器

(2) 正时链单元的拆卸步骤

① 拆下发动机罩。

② 拆卸右侧隔音垫。

③ 拆下右下纵梁上增压空气冷却器的空气导向管。

④ 拆下多楔带。

⑤ 拆下多楔带的张紧元件。

⑥ 将曲轴置于气缸 1 的上止点：已安装发动机的情况下（手动变速箱汽车），如图 3-38 所示。

已安装发动机的情况下（自动变速箱汽车），如图 3-39 所示。

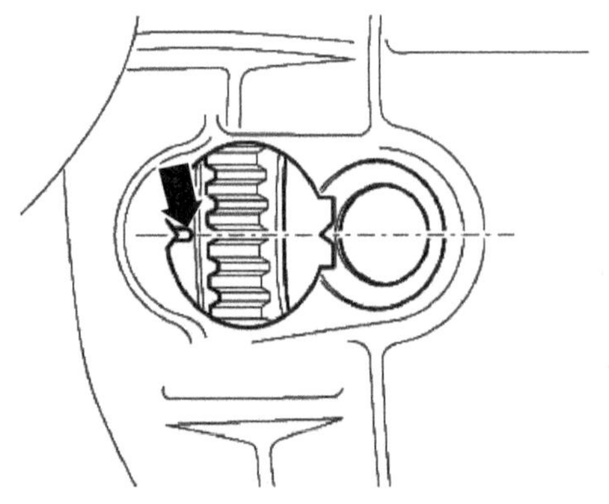

图 3-38 将曲轴置于气缸 1 的上止点（MT 型）

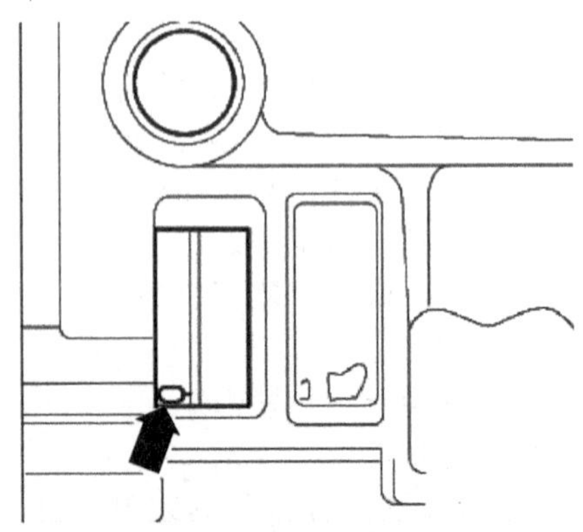

图 3-39 将曲轴置于气缸 1 的上止点（AT 型）

未安装发动机的情况下，将减震器置于气缸 1 上止点处（图中箭头），如图 3-40 所示。

⑦ 旋出冷却液膨胀罐并放在一旁。

⑧ 拔下节气门接头的真空管路。

⑨ 拆下齿形皮带护罩上部。

⑩ 安装带有底座 10-222A/8 的支撑装置 10-222A。

⑪ 将支架 3180 拧紧在右侧吊环上并用塞杆略微预紧发动机。

⑫ 拧出总成支撑/发动机支架、总成支撑/车身和总成支撑支架/车身的紧固螺栓（箭头）并将总成支座整个拆下。

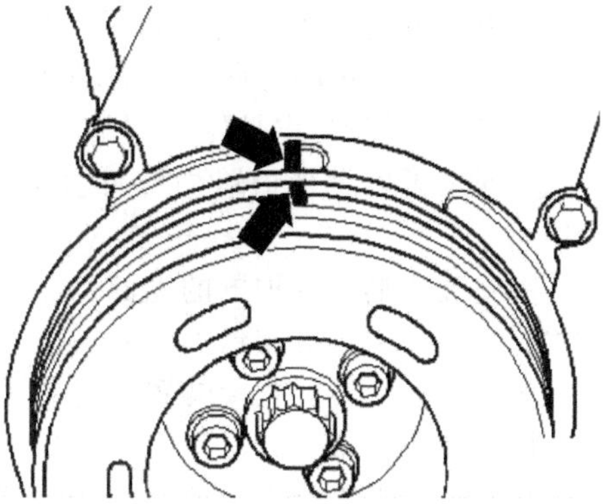

图 3-40 将减震器置于气缸 1 的上止点

⑬ 拆下减震器/皮带轮。

⑭ 拆下下部和中部齿形皮带护罩。

⑮ 从气缸体上拧下发动机支架。

提示：为了松开发动机支架的螺栓，必须用支撑装置略微抬高或降低发动机。

⑯ 标记齿形皮带的传动方向。

⑰ 将夹紧螺栓 T10092 拧入齿形皮带的张紧装置内。

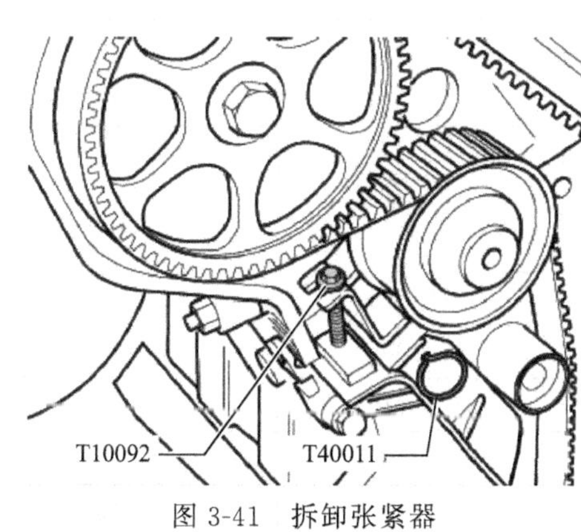

图 3-41 拆卸张紧器

⑱ 如有必要，张紧前用尖嘴钳或细金属丝校准高压活塞（高压活塞内的孔必须与壳体内的孔重叠）。

⑲ 将张紧装置的高压活塞张紧，直至高压活塞可以用定位销 T40011 固定住，如图 3-41 所示。

⑳ 拆下齿形皮带。

㉑ 然后将曲轴略微转回。

(3) 正时链单元安装步骤

① 使凸轮轴正时齿轮上的标记对准气缸盖罩上的标记，如图 3-42 所示。

② 将齿形皮带安装到曲轴齿轮上（注意转动方向）。

③ 将发动机支架安装到气缸体上。拧紧力矩：45N·m。

提示：安装发动机支架前应将螺栓装入发动机支架内。

④ 安装齿形皮带护罩下部件（涂敷防松剂 D000600A2 后装入紧固螺栓）。拧紧力矩：10N·m。

⑤ 用一个螺栓固定减震器/皮带轮（注意定位位置）。

⑥ 将曲轴置于气缸 1 的上止点，如图 3-40 所示。

⑦ 将齿形皮带安装到冷却液泵、张紧轮和凸轮轴正时齿轮上。

⑧ 张紧齿形皮带。

⑨ 使凸轮轴正时齿轮上的标记对准气缸盖罩上的标记。

⑩ 将曲轴置于气缸 1 的上止点。

⑪ 将齿形皮带安装到凸轮轴正时齿轮上。

⑫ 张紧齿形皮带。

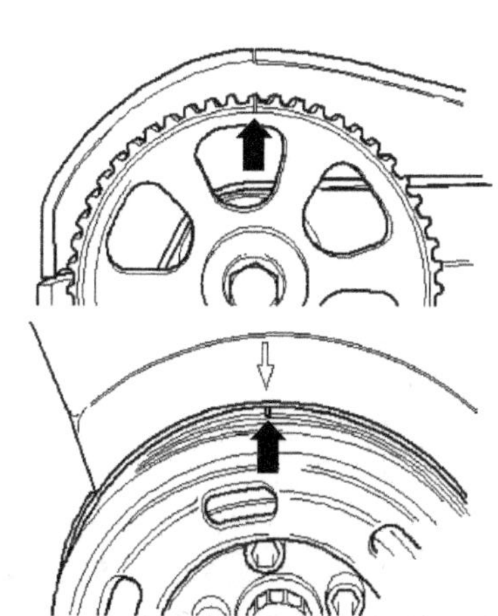

图 3-42 将曲轴置于气缸 1 上止点位置

⑬ 将定位销 T40011 拔出，拧出夹紧螺栓 T10092。

⑭ 向发动机运转方向转动曲轴两圈并检查凸轮轴和曲轴的标记是否与其基准点重合。

⑮ 安装减震器/皮带轮。拧紧力矩：25N·m。

⑯ 安装齿形皮带护罩中部件（涂敷防松剂 D000600A2 后装入紧固螺栓）。拧紧力矩：10N·m。

⑰ 安装齿形皮带护罩的上部。

⑱ 安装动力总成支承。

⑲ 安装多楔带的张紧装置。拧紧力矩：25N·m。

⑳ 安装多楔带。

㉑ 安装右下纵梁上增压空气冷却器的空气导向管。

㉒ 安装右侧隔音垫。

3.3.5 2005~2010 年款新甲壳虫 AZJ 2.0L 发动机正时维修

该款发动机正时带单元结构与拆装步骤和 AWU 发动机相同，相关内容请参考前节。

3.3.6 2005~2012 年款新甲壳虫四轮定位数据

项目	底盘类型	标准底盘	运动型底盘	舒适型底盘
	产品型号	2UA	2UC	2UD
前桥	总前束(无负载)	10′±10′	10′±10′	10′±10′
	车轮外倾角(正前打直位置)	−40′±30′	−40′±30′	−33′±30′
	两侧之间的最大允许偏差	最大 30′	最大 30′	最大 30′
	向左和向右转向角为 20°时，转向轮的偏差角①	1°32′±20′	1°32′±20′	1°25′±20′
	主销后倾	7°53′±30′	7°53′±30′	7°42′±30′
	两侧之间的最大允许偏差	最大 30′	最大 30′	最大 30′
	离地高度	(386±10)mm	(386±10)mm	(396±10)mm
后桥	车轮外倾	−1°±30′	−1°±30′	−1°±30′
	两侧之间的最大允许偏差	最大 30′	最大 30′	最大 30′
	总前束(在规定的车轮外倾角下)	+20′±10′	+20′±10′	+20′±10′
	运行方向最大允许偏差	最大 20′	最大 20′	最大 20′
	离地高度	(396±10)mm	(396±10)mm	(406±10)mm
 说明	表格中给出的离地高度以尺寸 *a* 为基准。 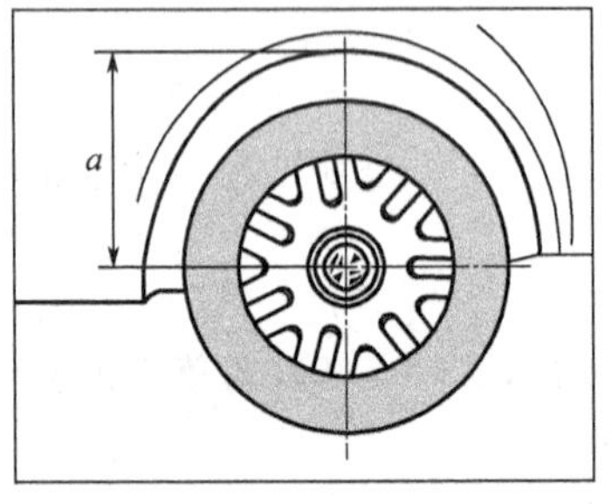			

①根据不同制造商的四轮定位计算机，转向角差值也可能为负值。

3.3.7 2013年款前甲壳虫保养归零手工复位设置

对于截至2013年款的车型，不用车辆诊断测试仪复位保养周期指示器的方法如下：使用车窗玻璃刮水器操纵杆上的翘板开关或多功能方向盘上的按钮。

① 通过车窗玻璃刮水器拨杆上的撬板开关2（见图3-43）选择调整菜单。

② 通过多功能方向盘上的按钮选择调整菜单。

③ 在子菜单保养中选中菜单项复位。

④ 按下车窗玻璃刮水器拨杆中的确认按钮1（见图3-43）或多功能方向盘中的5（见图3-44）复位保养周期指示器。

⑤ 弹出安全询问对话框时请再次点击确认按钮确认。

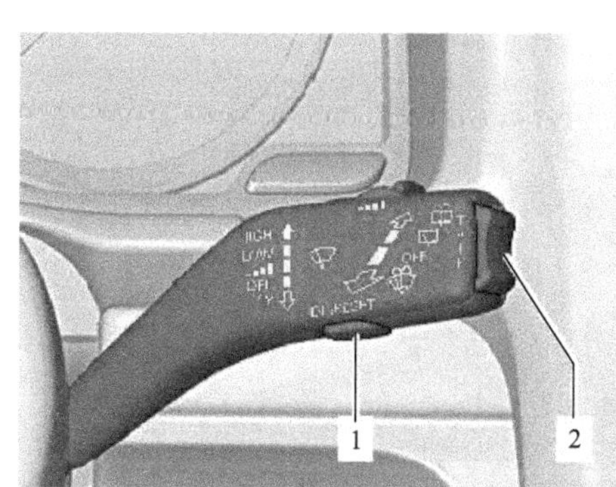

图3-43 组合开关的操作按钮

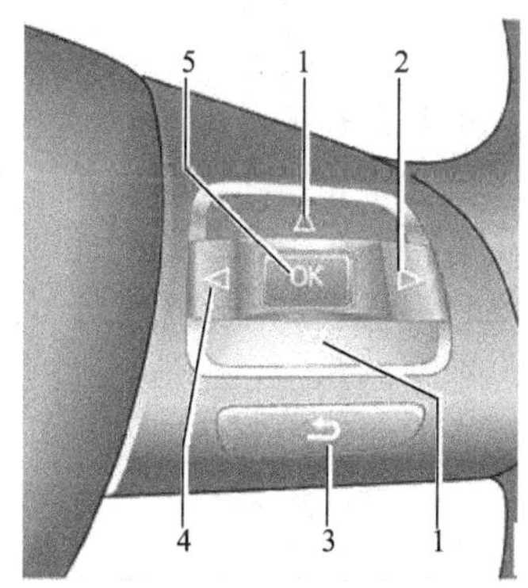

图3-44 多功能方向盘上的操作按钮
1—上下键；2—后翻键；3—返回键；
4—前翻键；5—OK确认键

通过组合仪表上的操作按钮，相关按钮位置见图3-45。

① 在点火开关关闭状态下，按下按钮3并保持。

② 打开点火开关。

③ 松开按钮3并短按一次时钟设置按钮1。

④ 保养周期指示器处于复位模式。若干秒后恢复正常视图。

3.3.8 2014年款起甲壳虫保养归零手工复位方法

对于自2014年款起的车型，不用车辆诊断测试仪复位保养周期指示器的方法如下。

（1）机油更换保养复位

用组合仪表上的操作按钮（见图3-45）。

下面步骤针对对于组合仪表显示屏上不显示文本的车辆。

① 在点火开关关闭时按下并按住按钮3。

② 打开点火开关。

③ 松开按钮3并在20s内按下按钮1。

④ 保养周期指示器处于复位模式。若干秒后恢复正常视图。

对于组合仪表显示屏2上会显示文本的车辆。

① 在点火开关关闭时按下并按住按钮3。

图3-45 组合仪表操作按钮

② 打开点火开关。

③ 松开按钮 3。

④ 组合仪表显示屏上会显示确认询问对话框。

⑤ 按下车窗玻璃刮水器拨杆中的按钮 1，见图 3-43。

⑥ 或按下多功能方向盘中的按钮 5（见图 3-44）确认。

⑦ 保养周期指示器处于复位模式。若干秒后恢复正常视图。

(2) 复位常规保养

用组合仪表上的操作按钮（见图 3-45）。

对于组合仪表显示屏上不显示文本的车辆。

① 关闭点火开关。

② 打开闪烁报警装置。

③ 按下并按住按钮 3。

④ 打开点火开关。

⑤ 松开按钮 3 并在 20s 内按下按钮 1。

⑥ 关闭警告灯。保养周期指示器处于复位模式。若干秒后恢复正常视图。

对于组合仪表显示屏上会显示文本的车辆。

① 关闭点火开关。

② 打开闪烁报警装置。

③ 按下并按住按钮 3。

④ 打开点火开关。

⑤ 松开按钮 3。

⑥ 组合仪表显示屏上会显示确认询问对话框。

⑦ 按下车窗玻璃刮水器拨杆中的按钮 1，见图 3-43。

⑧ 或按下多功能方向盘中的按钮 5（见图 3-44）确认。

⑨ 关闭警告灯。保养周期指示器处于复位模式。若干秒后恢复正常视图。

3.4 Tiguan（2013~2018 年款）

3.4.1 2014~2018 年款 1.4T CZD 发动机正时维修

该发动机也搭载在夏朗车型上，相关内容请参考 3.2.1 小节。

3.4.2 2013~2018 年款大众 2.0T CHH 发动机正时维修

(1) 正时链单元部件分解

发动机正时链单元部件如图 3-46、图 3-49、图 3-52 所示。

按图 3-47 所示顺序分 2 步拧紧螺栓 1～15：①用 8N·m 的力矩拧紧螺栓。②继续转动螺栓 45°。

按图 3-48 所示顺序分 2 步拧紧螺栓 1～8：①用 8N·m 的力矩拧紧螺栓。②继续转动螺栓 45°。

按所示顺序分步拧紧螺栓：

用于钢螺栓：第一次手动拧入至贴紧，第二次继续拧紧 9N·m。

用于铝螺栓：第一次手动拧入至贴紧，第二次预拧紧力矩 4N·m，第三次继续拧紧 180°。

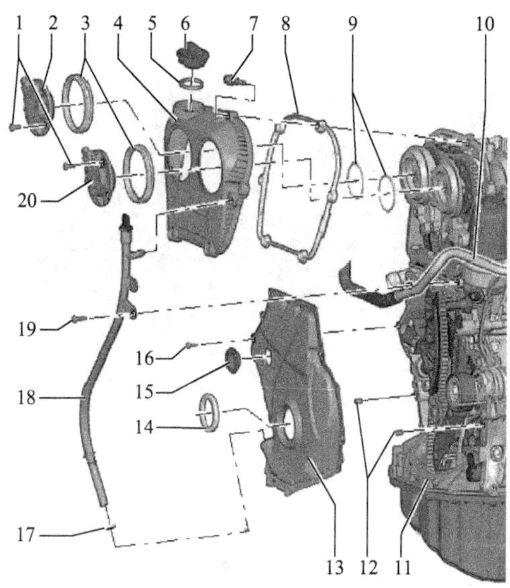

图 3-46 正时链罩盖

1—螺栓，更换，铝合金螺栓：4N·m继续转动45°，钢螺栓：9N·m；2—排气凸轮轴调节阀1（N318），更换O形环；3—O形环，更换，在安装之前上油；4—正时链上部盖板；用9N·m的力矩拧紧螺栓。5—密封件，损坏时更新；6—封盖；7—螺栓；8—密封件，损坏时更新；9—O形环，更换，用发动机油浸润；10—前部冷却液管；11—发动机；12—固定销，封盖的定位销；13—正时链下盖板，带轴密封环；14—轴密封环，用于减震器；15—封盖，更换；16—螺栓，更换，带15个螺栓的拧紧顺序见图3-47，带8个螺栓的拧紧顺序见图3-48；17—O形环，更换，在安装之前上油；18—机油尺导向管；19—螺栓，9N·m；20—凸轮轴调节阀1（N205），更换O形环

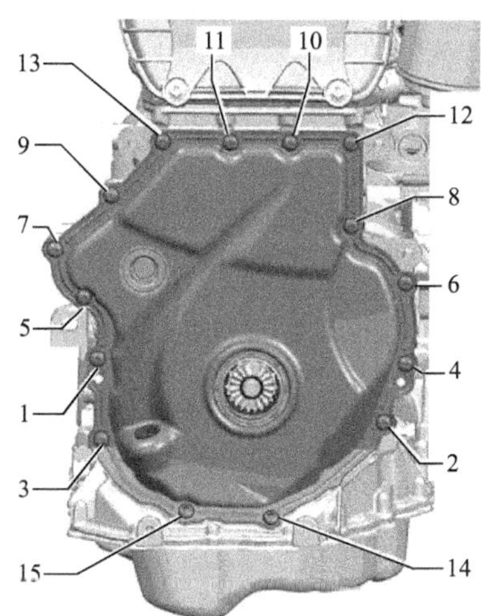

图 3-47 正时链下方盖板拧紧顺序（带15个螺栓）

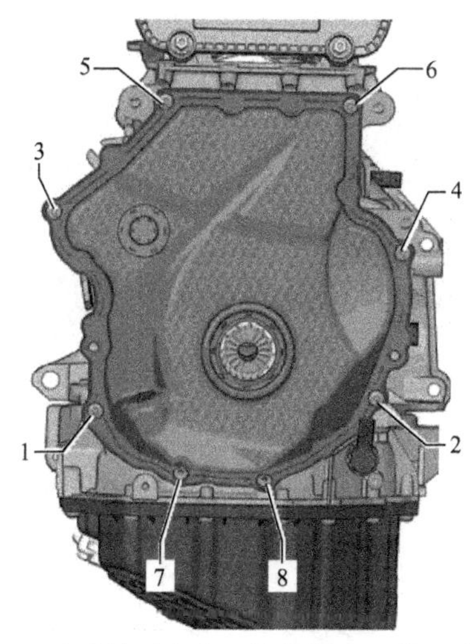

图 3-48 正时链下方盖板拧紧顺序（带8个螺栓）

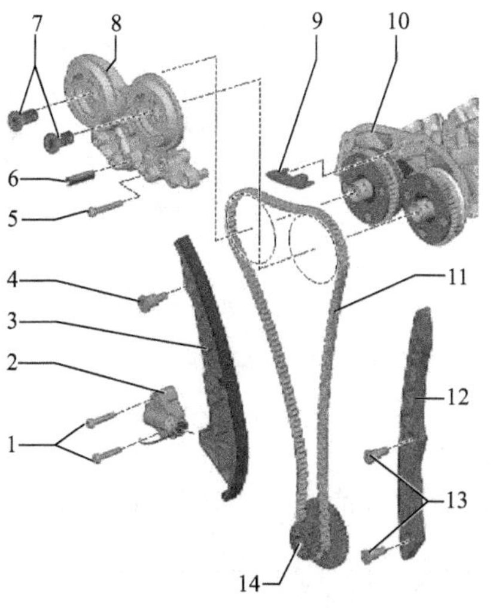

图 3-49 凸轮轴正时链

1—螺栓，更换，4N·m+90°；2—链条张紧器，处于弹簧张紧状态，拆卸前用插入定位工具（T40267）固定；3—正时链张紧轨；4—导向销，20N·m；5—螺栓，更换，拧紧顺序见图3-50；6—张紧套，根据结构情况，不是在每个轴承桥上都安装；7—控制阀，左旋螺纹，35N·m，用装配工具（T10352/2）进行拆卸；8—轴承桥；9—凸轮轴正时链的滑轨；10—凸轮轴外壳；11—凸轮轴正时链，拆卸前，用颜色标记转动方向；12—凸轮轴正时链的滑轨；13—导向销，20N·m；14—曲轴三级链轮，安装位置见图3-51

图 3-50 轴承桥拧紧力矩和拧紧顺序

图 3-51 三级链轮安装位置

两面（箭头）必须相对。

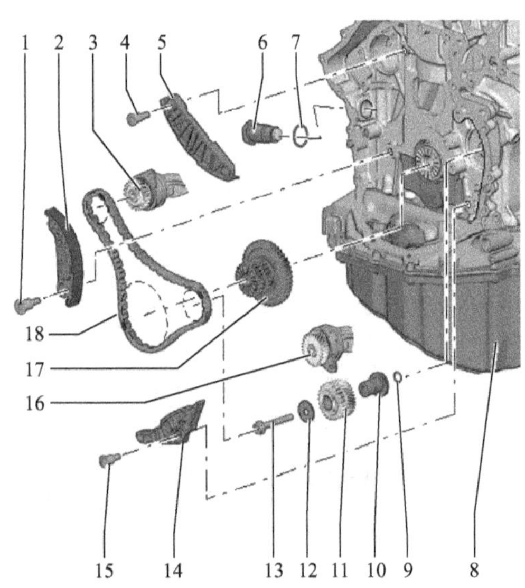

图 3-52 平衡轴驱动链

1—导向销，20N·m；2—张紧轨，用于正时链；3—平衡轴，排气侧，用发动机机油涂抹支座，仅成对更新；4—导向销，20N·m；5—滑轨，用于正时链；6—链条张紧器，85N·m，涂防松剂后装入；7—密封环；8—气缸体；9—O形环，用发动机机油涂抹；10—轴承螺栓，用发动机机油涂抹，安装位置见图 3-53；11—中间齿轮，如果螺栓松开过，则必须更换中间齿轮；12—止推垫片；13—螺栓，更换，如果螺栓松开过，则必须更换中间齿轮，拧紧顺序见图 3-54；14—滑轨，用于平衡轴正时链；15—导向销，20N·m；16—平衡轴，进气侧，用发动机机油涂抹支座，仅成对更新；17—三级链轮，安装位置见图 3-51；18—平衡轴驱动链

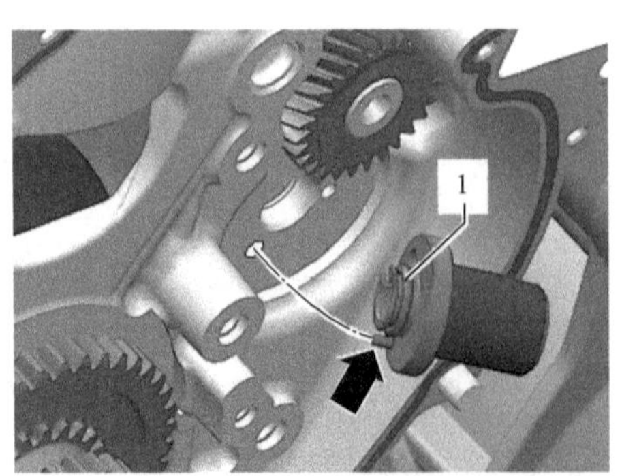

图 3-53 轴承螺栓安装位置

图 3-54 中间齿轮拧紧顺序

更换并用机油润滑 O 形环（1）；轴承螺栓的配合销（箭头）卡入气缸体孔中。用机油润滑轴承螺栓。

务必更换中间齿轮，否则无法调整齿隙，致使发动机损坏。

新的中间齿轮带一层油漆减磨覆层，在短时运行后会被磨去，这样齿隙便会自动调整。用新的螺栓按如下方式拧紧。

① 用扭矩扳手以 10N·m 的力矩预紧。

② 旋转中间齿轮。中间齿轮不允许有间隙存在，否则松开并再次拧紧。

③ 用扭矩扳手以 25N·m 的力矩拧紧。

④ 用刚性扳手将螺栓继续转动 90°。

(2) 正时链单元拆卸步骤

① 拆卸正时链上部盖板。

② 用拆卸工具 T10352/2 沿箭头方向拆卸左侧和右侧控制阀，见图 3-55。

注意： 控制阀采用左旋螺纹。

③ 拧下轴承桥紧固螺栓，取下轴承桥。

④ 用固定支架 T10355 将减震器转入位置“上止点”。减震器缺口必须对准正时链下盖板上的标记（如图 3-56 箭头所指）。凸轮轴链轮的标记 1 必须指向上。

⑤ 拆卸正时链下部盖板。

⑥ 再次检查“上止点位置”。

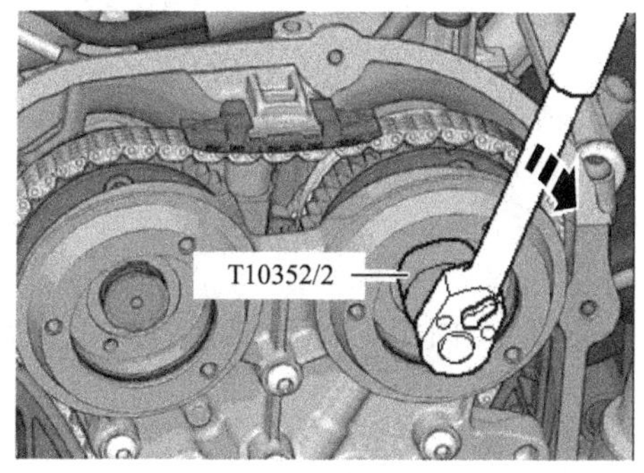

图 3-55 拆卸控制阀

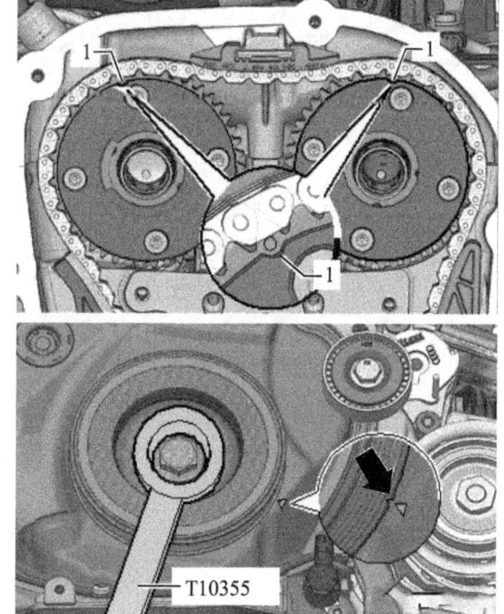

图 3-56 设置减震器至上止点位置

⑦ 沿图 3-57 箭头方向按压机油泵的链条张紧器张紧卡箍并用定位销 T40011 卡住。

⑧ 拆卸机油泵链条张紧器（1）。

⑨ 拧出如图 3-58 所示箭头所指处螺栓。

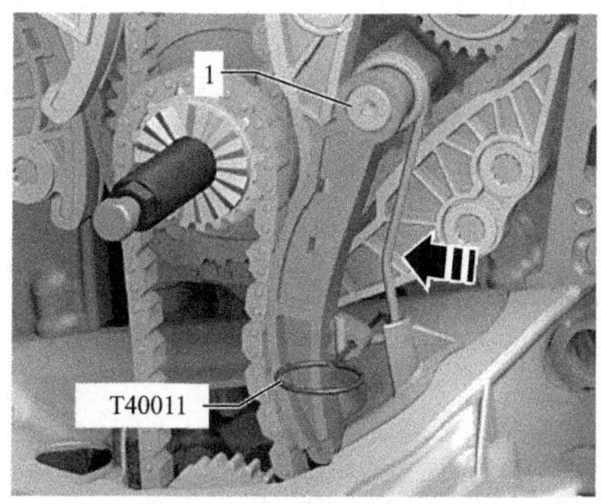

图 3-57 拆卸链条张紧器

图 3-58 拧出螺栓

⑩ 拧入装配杆 T40243。

⑪ 压紧并固定链条张紧器的卡环（1）。

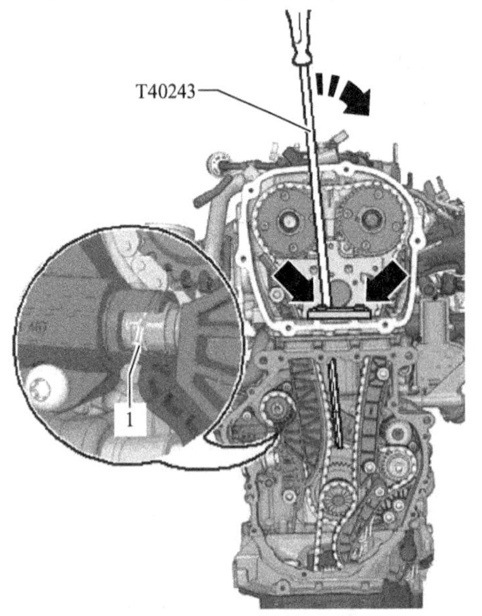

图 3-59 装入装配杆

⑫ 沿图 3-59 所示箭头方向缓慢地按压并固定装配杆 T40243。

⑬ 用插入定位工具 T40267 固定链条张紧器，见图 3-60。

⑭ 拆卸装配杆 T40243。

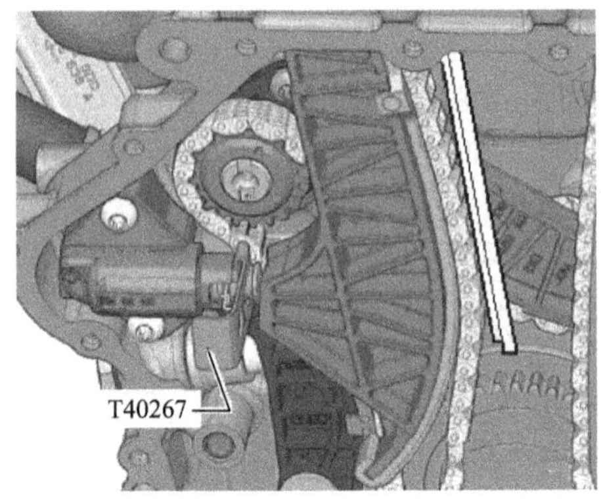

图 3-60 插入定位工具

⑮ 将凸轮轴固定装置 T40271/2 拧到气缸盖上并沿图 3-61 所示箭头方向 2 推入链轮的啮合齿中，必要时用装配工具 T40266 沿箭头方向 1 转动进气凸轮轴。

⑯ 将凸轮轴固定装置 T40271/1 拧到气缸盖上。接下来的工作步骤需要有另一位机械师协助。

⑰ 将排气凸轮轴用装配工具 T40266 沿箭头方向 A 固定。拧出螺栓（1），将张紧轨（2）向下推。

⑱ 将排气凸轮轴顺时针（箭头方向 A）继续旋转，直到凸轮轴固定装置 T40271/1 能够推入链轮啮合齿 C（箭头方向 B）。如图 3-62 所示。

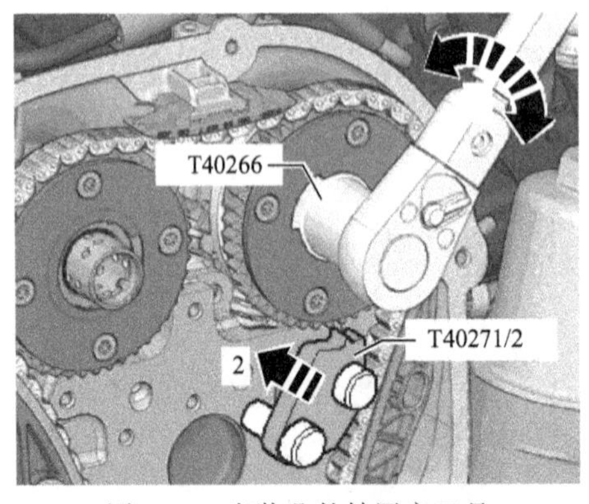

图 3-61 安装凸轮轴固定工具

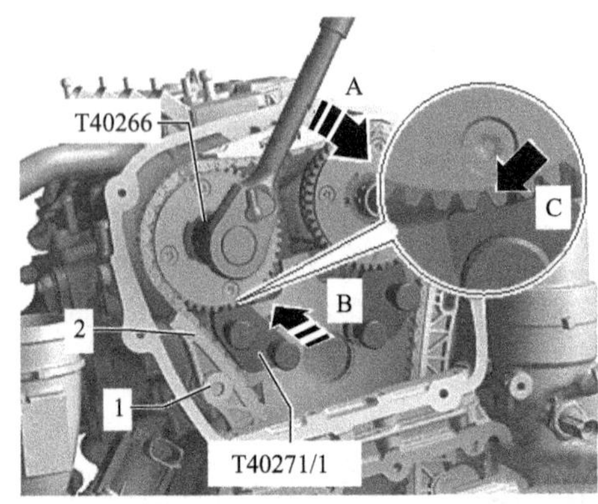

图 3-62 凸轮轴固定工具安装方法

⑲ 拆卸滑轨（1），为此用螺丝刀打开如图 3-63 所示箭头处的卡子，然后将滑轨向前推开。

⑳ 拧下图 3-64 所示箭头所指处螺栓，拆下链条张紧器（1）。

图 3-63 拆卸滑轨

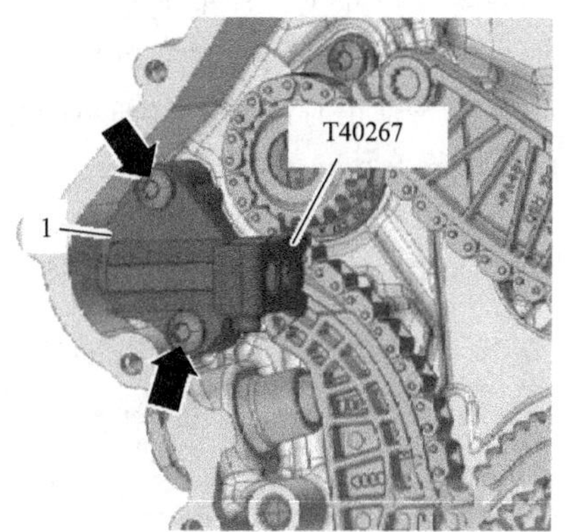

图 3-64 拆卸张紧器

㉑ 如图 3-65 所示，拧出螺栓（1），拆下滑轨（2）。

㉒ 将凸轮轴正时链从凸轮轴齿轮上取下并挂到凸轮轴的销轴上，如图 3-66 所示箭头所指处。

㉓ 拆卸平衡轴正时链的链条张紧器（1），见图 3-67。

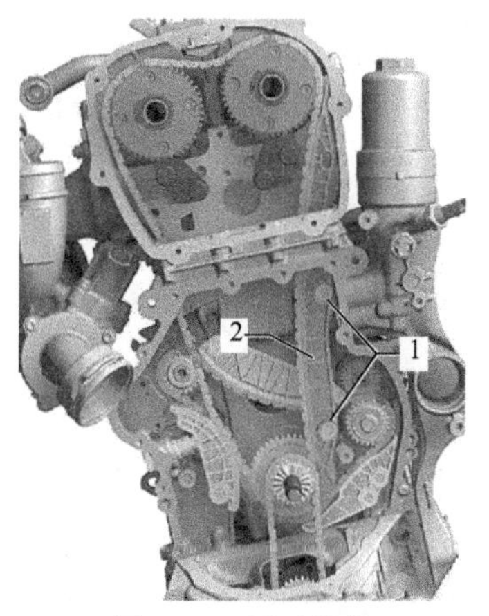

图 3-65 拆下滑轨

图 3-66 正确放置正时链

㉔ 如图 3-68 所示，拧出螺栓（1），拆卸张紧轨（2）、滑轨（3 和 4）。

图 3-67 拆卸张紧器

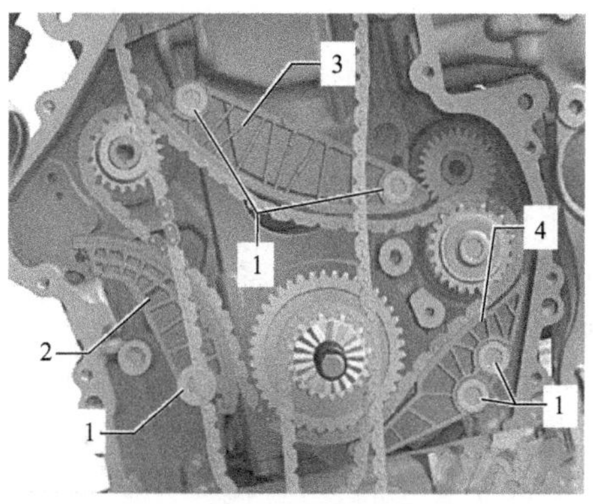

图 3-68 拆卸滑轨

㉕ 松开夹紧螺栓 A，拧出夹紧螺栓 B，见图 3-69。

㉖ 取出三级链轮，同时卸下机油泵驱动装置的正时链。

㉗ 取下凸轮轴正时链和平衡轴驱动链。

(3) 正时链单元安装步骤

① 检查曲轴的上止点，曲轴的平端（如图 3-70 所示箭头所指处）必须水平。

② 用防水销钉将标记标注到气缸体（1）上。

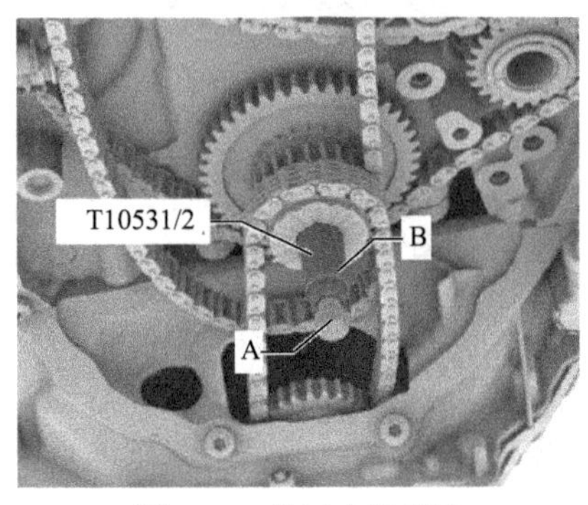

图 3-69 松开夹紧螺栓

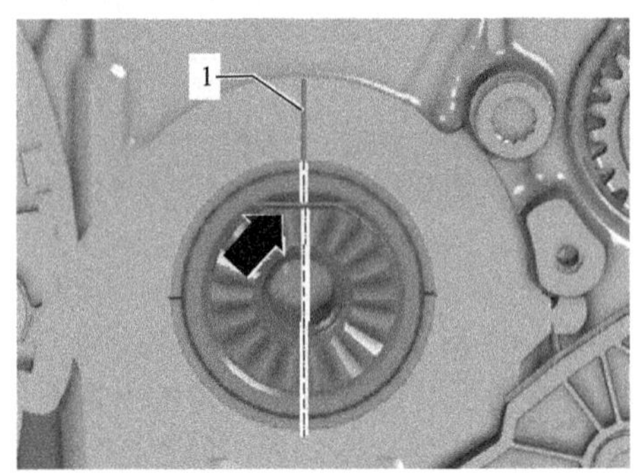

图 3-70 做装配标记

③ 用防水记号笔在三级链轮的齿（1）上做标记（2），见图 3-71。

④ 将中间齿轮和平衡轴转至标记（如图 3-72 所示箭头处），螺栓（1）不得松开。

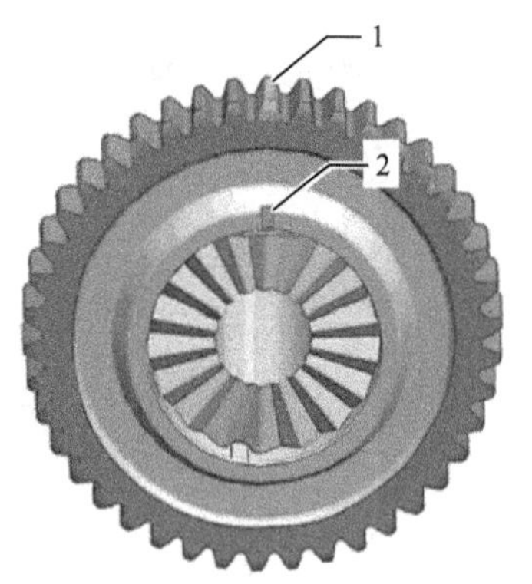

图 3-71 在三级链轮齿轮做标记

图 3-72 安装中间齿轮和平衡轴

⑤ 放上平衡轴驱动链，将彩色链节（图 3-73 所示箭头所指处）定位到链轮的标记上。链条的彩色链节必须定位在链轮的标记上。无需理会可能存在的附加彩色链节的位置。

⑥ 安装滑轨（1）并拧紧图 3-74 所示箭头指处螺栓。

⑦ 将带彩色链节的凸轮轴正时链挂到凸轮轴销轴上。

⑧ 将机油泵驱动装置的正时链放到三级链轮上。

⑨ 沿图 3-75 箭头方向将三级链轮向发动机侧翻转并在曲轴上固定。箭头所指处标记必须相对。

a. 将夹紧螺栓 T10531/2 拧入曲轴并用手拧紧。

b. 装上旋转工具 T10531/3。用手拧上带肩螺母 T10531/4。用 SW 32 的开口扳手略微来回移动旋转工具，同时再拧紧带肩螺母，直到链轮牢固地装到曲轴啮合齿上。现在才拧紧夹紧螺栓 A。如图 3-76 所示。

图 3-73 放上平衡轴驱动链

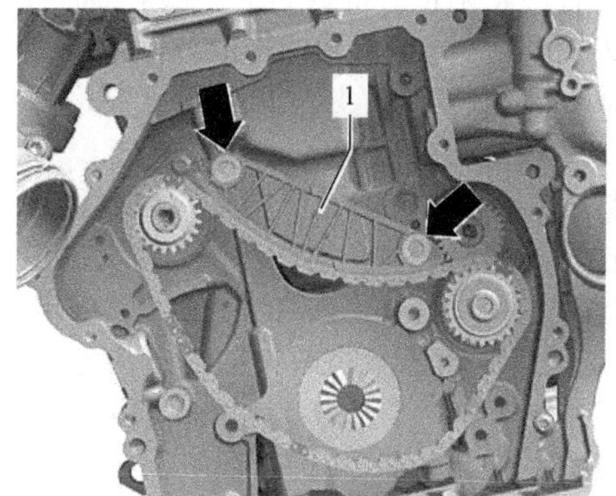

图 3-74 安装滑轨

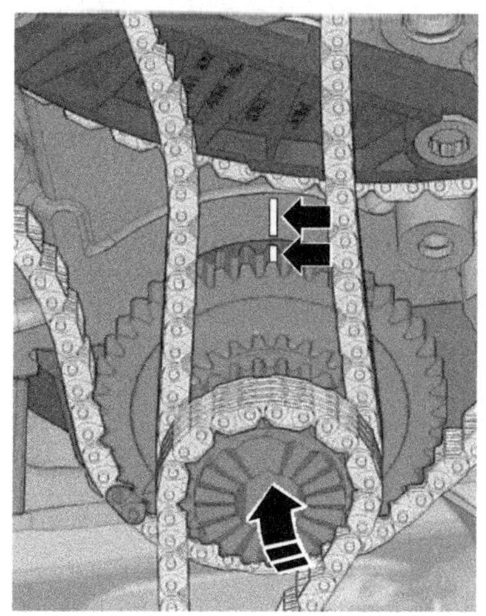
图 3-75 对齐三级链轮安装标记

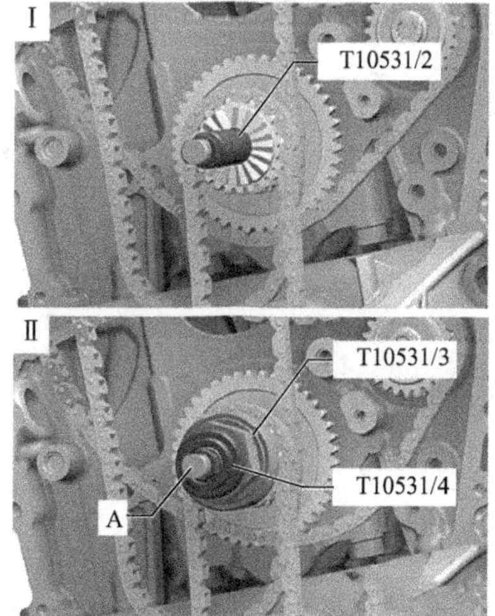

图 3-76 安装夹紧螺栓

⑩ 将平衡轴驱动链的彩色链节（图 3-77 所示箭头所指处）定位在三级链轮的标记上。安装张紧轨（1）和滑轨（2），拧紧螺栓（3）。

⑪ 安装链条张紧器（1），见图 3-67。

⑫ 再次检查调整情况，彩色链节（图 3-78 所示箭头指处）必须对准链轮的标记。

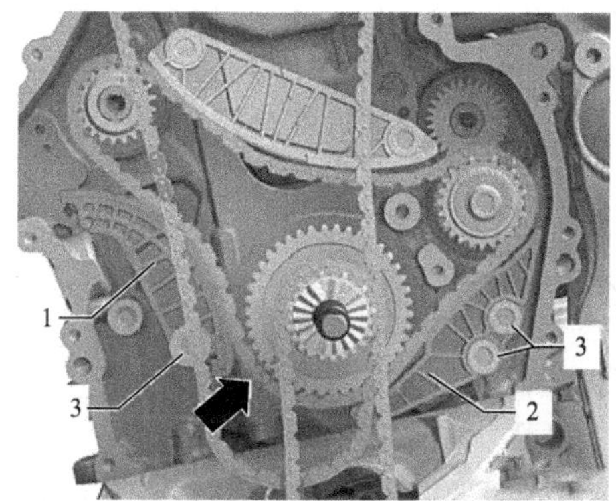

图 3-77 安装张紧器和滑轨

图 3-78 对准链轮标记与彩色链节

⑬ 将凸轮轴正时链放到进气凸轮轴上，排气凸轮轴放到曲轴上。将彩色链节（图 3-79 所示箭头所指处）定位到链轮的标记上。

⑭ 安装滑轨（2）并拧紧螺栓（1），见图 3-65。

⑮ 安装上部滑轨（1），见图 3-63。

接下来的工作步骤需要有另一位机械师协助。

⑯ 将排气凸轮轴用装配工具 T40266 沿图 3-80 所示箭头方向 A 略微转动，并将凸轮轴固定装置 T40271/1 从链轮的啮合齿中推出（箭头方向 B）。

⑰ 如图 3-80 所示将凸轮轴沿方向 C 松开，直到正时链紧贴到滑轨（1）上。将凸轮轴固定在这个位置，拧上张紧轨（2）并拧紧螺栓（3）。

图 3-79 对准链轮标记与彩色链节

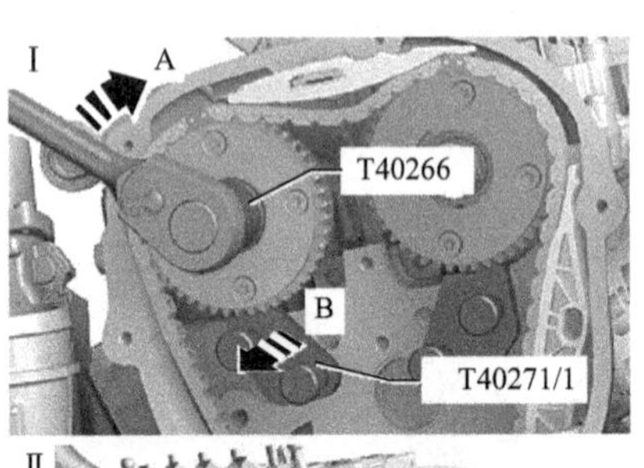

图 3-80 固定排气凸轮轴

⑱ 安装链条张紧器（1）并拧紧螺栓，见图 3-64。

⑲ 用装配工具 T40266 沿箭头方向 1 转动进气凸轮轴，沿箭头方向 2 从链轮的啮合齿中推出凸轮轴固定装置 T40271/2 并松开凸轮轴。参考图 3-61。

⑳ 拆卸凸轮轴固定装置 T40271/2。

图 3-81 润滑轴承桥开孔

㉑ 检查调整情况，正时链彩色链节必须对准链轮的标记。

㉒ 安装链条张紧器（2）并拧紧螺栓（1）。拆下定位销 T40011，钢丝夹必须在开口中（箭头指处）紧贴油底壳上部件。见图 3-57。

㉓ 拧入并拧紧螺栓，螺栓位置见图 3-58。

㉔ 用发动机机油润滑图 3-81 箭头所指处开孔。

提示： 不是每个轴承桥上都装有夹紧套（1）。

㉕ 套上轴承桥并用手拧紧螺栓。

㉖ 拆除插入定位工具 T40267。

㉗ 拧紧用于轴承桥的螺栓。

㉘ 安装控制阀。

㉙ 将发动机沿发动机转动方向旋转两次。根据传动比，彩色链节在发动机转动之后不

再相一致。其他安装以相反顺序进行

㉚ 将旋转工具取下并安装正时链的下部盖板。下部正时罩盖螺栓拧紧顺序见图 3-82。

安装减震器后，才可以用最终扭矩角度拧紧螺栓 1 和 4。在安装减震器时，必须再次拧出螺栓。

㉛ 安装减震器。

㉜ 安装正时链的上部盖板。

㉝ 安装多楔带的张紧装置。

㉞ 安装多楔带。

㉟ 操作链条传动后，必须调整链条长度→车辆诊断测试仪、引导功能、01-链条长度诊断匹配。

（4）正时链条长度检查方法

① 拆卸前隔音垫。

② 取下图 3-83 所示箭头所指处密封塞。

③ 沿发动机转动方向转动减震器，直至链条张紧器活塞沿图 3-84 箭头方向最大限度伸出。

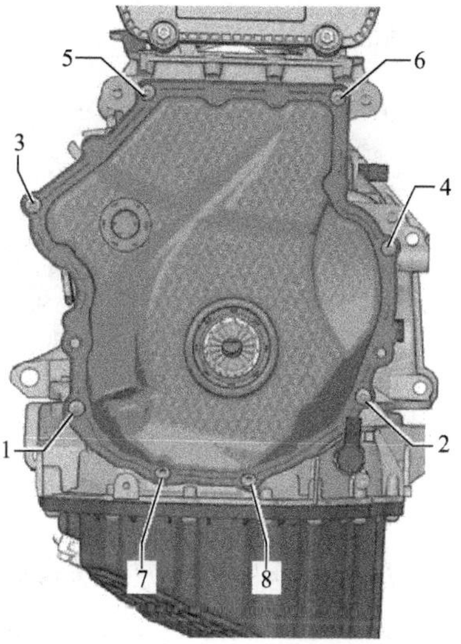

图 3-82 下部正时罩盖螺栓拧紧顺序

④ 数出可见的活塞齿数。可见齿数是指位于张紧器壳体右侧的（箭头）所有的齿。

如可见齿数为 6 或更少：调整链条长度→车辆诊断测试仪、引导功能、01-链条长度诊断匹配，以及删除故障存储记忆。

如可见齿数为 7 或更多：更换凸轮轴正时链。

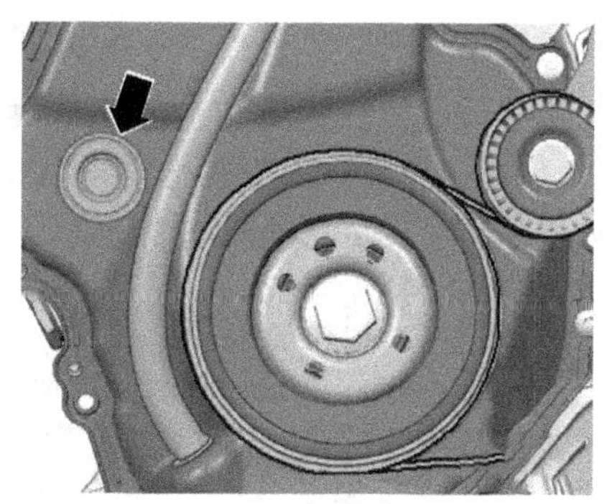

图 3-83 密封塞位置

图 3-84 张紧器活塞齿数

提示：如可见齿数为 6 或低于 6，则不可更换正时链。

（5）发动机正时检查步骤

① 拆卸正时链上部盖板。

② 拆卸隔音垫。

③ 使用套筒扳手的工具头 SW 24 或固定支架 T10355 将减震器上的曲轴沿发动机转动方向转动，直至图 3-85 所示箭头处标记几乎位于上部。

④ 拆卸气缸 1 的火花塞。

⑤ 将千分表适配接头 T10170/A 拧入火花塞螺纹内至极限位置。

⑥ 将千分表组件 4 部分 VAS 6341 中的千分表用加长件 T10170A/1 插入到极限位置，用图 3-86 箭头所指处螺母固定住。

图 3-85 凸轮轴齿轮标记

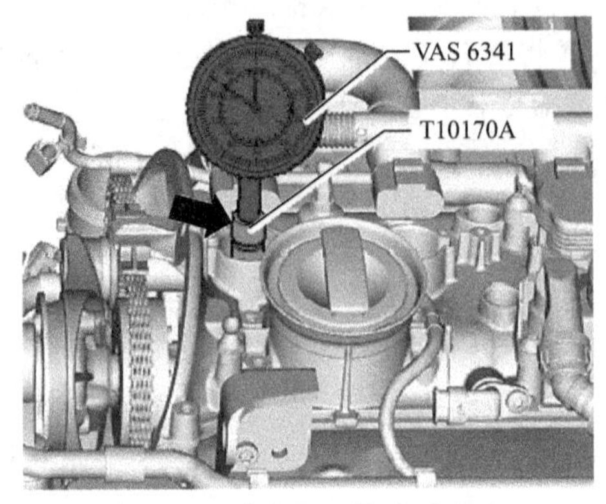

图 3-86 在气缸 1 接入千分表

⑦ 沿发动机转动方向缓慢转动曲轴，直到达到最大指针偏向角。当指针到达最大偏转位置（指针的反转点）时，活塞位于“上止点”。

为转动减震器，使用棘轮和套筒扳手的工具头 SW24 或固定支架 T10355。

如果曲轴转到“上止点”上方，则将曲轴再次沿发动机转动方向转动 2 圈。请勿逆发动机转动方向转动发动机。

气缸盖上带有标记：减震器缺口必须对准正时链下盖板上的（图 3-87 所示箭头处）标记。凸轮轴链轮的标记 1 必须对准气缸盖上的标记 2 和 3。

气缸盖上不带标记：减震器上的缺口和正时链下方盖板上的标记必须相互对着（箭头所指处）。凸轮轴链轮的标记 1 必须指向上，见图 3-88。

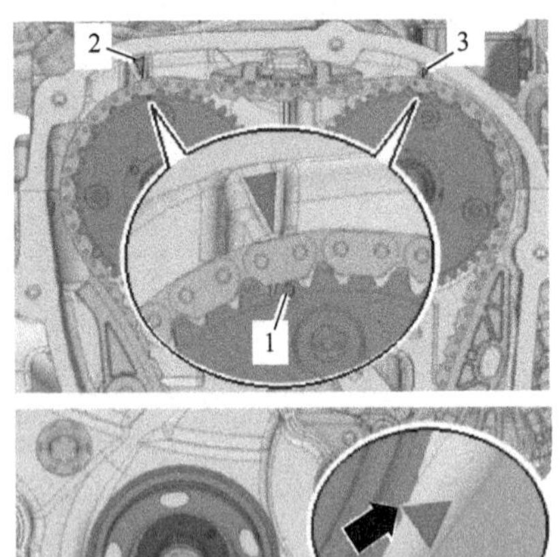

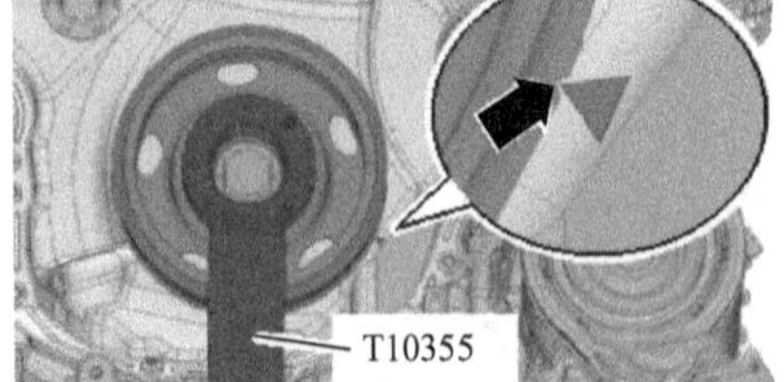

图 3-87 气缸盖有标记的对位

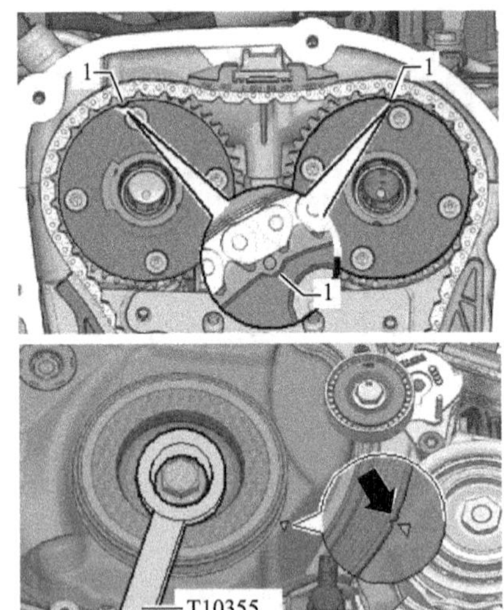

图 3-88 气缸盖上无标记的对位

⑧ 测量从棱边 1 到排气凸轮轴链轮上的标记 2 的距离，见图 3-89。标准值：74～77mm。

⑨ 如果已达到标准值，则测量排气凸轮轴链轮上的标记 3 和进气凸轮轴链轮上的标记 4 之间的距离，见图 3-90。标准值：124～127mm。

提示：一个齿的偏差意味着和标准值偏差约 6mm。如果确认有偏差，则重新铺放正时链。

图 3-89 测量距离（一）

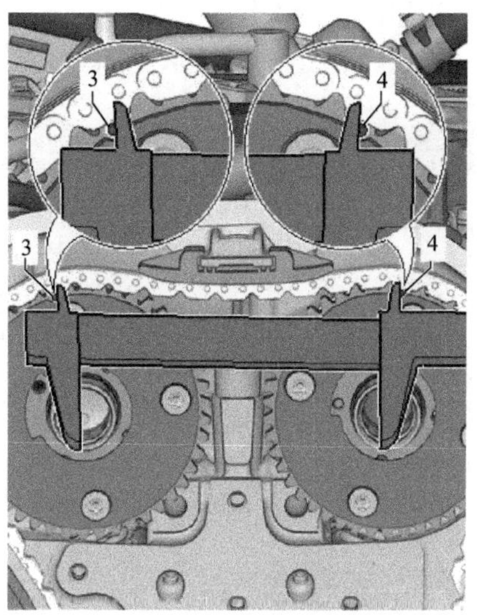

图 3-90 测量距离（二）

3.5 蔚揽 MAGOTAN（2017~2018 年款）

3.5.1 1.4T CZD 发动机正时维修

该发动机也搭载在夏朗车型上，相关内容请参考 3.2.1 小节。

3.5.2 2.0L CHH 发动机正时维修

该发动机也搭载在 Tiguan 车型上，相关内容请参考 3.4.2 小节。

3.6 迈特威 MULTIVAN（2012~2018 年款）

3.6.1 2012~2018 年款大众 2.0T CJK 发动机正时维修

CJK 发动机正时链单元结构与拆装步骤和 CEA 发动机相同，相关内容请参考 1.4.6 小节。

3.6.2 迈特威四轮定位数据

项目	前桥数据		后桥数据	
	1/2 有效负荷	满负荷	1/2 有效负荷	满负荷
车轮前束	5′±10′	0′±10′	15′±10′	25′±10′
总前束(无负载)	10′±20′	0′±20′	30′±20′	50′±20′
车轮外倾角(正前打直位置)	−35′±45′	−1°±45′	−1°15′±45′	−2°±45′
两侧之间的最大允许偏差	—	—		
主销后倾	4°40′±40′	5°±40′		
两侧之间的最大允许偏差	最大 1°	最大 1°	最大 1°	最大 1°

Volkswagen

第4章 大众车系综合维修设置资料

4.1 发动机总成

4.1.1 大众怠速设定方法

怠速设定的过程，实际上是发动机控制单元学习节气门止点位置的过程，也是节气门电位计与节气门控制传感器曲线进行比较学习的过程。设定时节气门将从全关闭状态运行到全开状态在运动到全关闭状态。

(1) 下列情况必须进行自适应

① 供电中断。

② 拆装节气门控制单元。

③ 更换节气门控制单元。

④ 更换发动机。

⑤ 更换发动机控制单元。

(2) 基本设定条件

① 故障存储器内没有故障。

② 蓄电池电压不低于 11.5V。

③ 关闭所有附件。

④ 节气门应在怠速位置。

⑤ 节气门体清洗干净。

⑥ 控制单元编码正确。

(3) 基本设定方法及步骤

① 打开点火开关，但不要启动发动机。

② 打开点火开关。

③ 选择车型。

④ 选择 01 发动机系统。

⑤ 读故障码并清除故障码。

⑥ 选择通道调整匹配。

⑦ 输入匹配值“000”，清除学习值。

⑧ 选择系统基本调整。
⑨ 选择通道号 060、098 或 001。
⑩ 当屏幕显示区 4 显示“ADP O.K”或“自适应正常”时基本设定完成。
⑪ 关闭钥匙，按退出键完成设定。

(4) 如果控制单元基本设定中断或错误，可能有下述原因

① 控制单元存储故障码。
② 节气门未达到怠速止点（积碳或油门拉索调整不对）。
③ 蓄电池电压过低。
④ 节气门控制单元或导线损坏。
⑤ 节气门犯卡。
⑥ 在自适应过程中启动发动机或踩加速踏板。
⑦ 控制单元编码错误。

注意事项：

① 故障存储器内存储故障码“17967”“17973”，下次打开点火开关后自动重新进行基本设定。

② 怠速设定过程中数据流第四项不提示“自适应运转”，只提示一个数字时，应该怀疑节气门体线路是否有故障，特别是线插插头连接要保证正常。

③ 怠速设定正常情况下只需打开钥匙，不能启动发动机；但旧款奥迪车型需要在热车启动情况下匹配。

④ 正常情况下，上海大众车系匹配值选择“098”，一汽大众车系选择“060”，老款奥迪 100 选择“001”。

⑤ 匹配提示“自适应正常”时，说明电子节气门体工作正常。如果此时发动机工作仍然不正常，则应该检查其他部件。

4.1.2 大众废气再循环之自适应操作方法

① 打开点火开关。
② 选择“01”发动机。
③ 读故障码并清除故障码。
④ 选择“系统基本调整”。
⑤ 输入“074”，按确认。
⑥ 数据区 4 底部右侧显示值将从 ADP RUN（自适应运转）变化为 ADP. OK（自适应正常）。
⑦ 关闭点火开关。
⑧ 按两次返回键从模块中退出。

4.2 自动变速器总成

4.2.1 大众自动变速箱调整方法

变速箱在下列修理完成之后，需要对起步离合器进行设置，否则将会影响车辆的正常工作。以下维修过后需要设定：发动机及其 ECU 更换之后；节气门体清洗、调整、更换之后；自动变速箱修理更换及 TCM 更换之后。操作方法如下：

① 连接解码器。
② 读取故障码并清除故障码，保证控制单元没有储蓄故障码。

③ 不要接触发动机加速踏板。
④ 选择“控制单元编码”。
⑤ 输入正确的控制单元编码。
⑥ 选择“02 自动变速箱控制系统”。
⑦ 选择“04 系统基本调整”。
⑧ 输入通道号“000”确认。
⑨ 将加速踏板踩到底并保持 3s。
⑩ 退出系统，松开加速踏板。

注意事项：

① 一些新的大众、奥迪车辆，在进入到自动变速箱控制系统时会发现，通道是不能使用的，这时必须在“01-发动机控制系统”中进行调整设置，气通道号“063”。

② 自动变速箱自适应主要是以上两个方法。

4.2.2 大众自动变速器强制降挡学习方法

自动变速箱在下列修理完成之后，需要对起步离合器进行设置，否则将会影响车辆的正常工作。以下维修过后需要设定：发动机及其 ECU 更换之后；节气门体清洗、调整、更换之后；自动变速箱修理更换及 TCM 更换之后；油门踏板更换之后。

自动变速箱不做设定的现象是怠速和倒车正常，但所有前进挡都加速不良。对于 01J 无极变速箱维修或更换 ECU 之后，前进挡起步瞬间或行驶中加速时闯车，挂倒挡转矩过大。

IN、01M 和 01P 自动变速箱的节气门位置传感器是其他系统的核心传感器，它的信号控制主油压和换挡点，正常情况下怠速时开度显示在 0%，更换或维修电子节气门而没有做自适应时，变速器的数据流节气门显示值为 50%，并可能没有负荷过大的故障码。

操作方法一：

① 发动机启动并热机。
② 选择解码器上海大众或一汽大众。
③ 读故障码并清除故障码，保证控制单元没有存在故障码。
④ 不要接触发动机加速板。
⑤ 选择“自动变速箱控制系统”。
⑥ 选择“系统基本调整”。
⑦ 输入通道号“000”确认。
⑧ 将加速板踩到底并保持。
⑨ 解码器提示“自适应运转”。
⑩ 解码器提示“自适应正常”。
⑪ 退出系统，松开加速踏板。

操作方法二：

① 发动机水温达到 85℃以上，关闭所有用电设备。
② 选择解码器上海大众或一汽大众。
③ 选择“发动机控制系统”。
④ 选择“系统基本调整”。
⑤ 输入匹配值 063。
⑥ 按提示将加速踏板踩到底并保持。
⑦ 解码器提示“自适应运转”并转到“自适应正常”即可。

注意： 01J 波向前进/后退自适应方法：02 自动变速箱系统；10 通道调整匹配；输入匹配值

010/011；向前/向后行走一段距离，然后制动，使车停下；查看解码器显示“ADP OK”即可。

4.2.3 大众01N自动变速器数据流分析

组号	字段	描述	测试条件		规定值	故障排除
001	1	换挡杆位置、多功能开关(F125)	静止	P	P	①检查多功能开关的连接触点是否被腐蚀，如有必要，进行更换 ②检查多功能开关 ③执行电器测试
				R	R	
				N	N	
				D	D	
				3	3	
				2	2	
				1	1	
	2	不带数据总线的车辆节气门电位计（G69）的电压	静止	怠速最小 怠速最大 发动机关闭 点火开关接通	0.156V 0.8V	当从怠速加速之节气门完全开时，电压连续地增加 ①执行基本设定 ②执行相关发动机的自诊断 ③调节节气门电位计，如有必要进行更换 ④执行基本设定 ⑤根据电路图检查导线
				节气门全开，最小 节气门全开，最大	3.5V 4.68V	
		带数据总线的车辆节气门电位计(G69)的信号		怠速 节气门最大	0V 5V	当从怠速加速至节气门完全开时，电压连续地增加 ①执行基本设定 ②执行相关发动机的自诊断 ③调节节气门电位计，如有必要进行更换 ④根据电路图检查导线
	3	加速踏板的数值	静止	怠速 怠速最大 节气门全开	0%～1% 0.8V 99%～100%	当从怠速加速至节气门全打开时，百分比值连续增加对系统进行基本设定
	4	开关位置显示（显示1）制动器指示灯开关(F)	制动踏板已踩下		1	①检查制动指示灯开关(F) ②执行电气设定
			未踩下		0	
		牵引控制系统（显示2）	已激活		1	可忽略
			未激活		0	
		显示3			0	可忽略
					1	
		换低挡开关（显示4）	换低挡开关	已动作	1	对带加速拉索的车辆，检查换低挡开关，然后执行电气测试
				未动作	0	
		多功能开关（显示5）	换挡杆位置	R,N,D,3,2	1	①检查多功能开关的连接触点是否被腐蚀，如有必要进行更换 ②检查和调整换挡杆拉索
				P,1	0	
		显示区6		P,R,2,1	1	
				N,D,3	0	
		显示区7		P,R,N,D	1	①检查多功能开关(F125) ②执行电气测试
				3,2,1	0	
		显示区8		P,R,N	1	
				D,3,2,1	0	

续表

组号	字段	描述	测试条件		规定值	故障排除
002	1	电磁阀 6(N93)的实际电流	换挡杆在“N”位置	节气门全开	0.0A	实际电流与额定电流之差不得大于 0.005A
				怠速最大	1.1A	
	2	电磁阀 6(N93)的额定电流		节气门全开	0.0A	数值 0 和 1.1A 是最大值，通常不应该达到该数值。必须对显示区 1 和 2 进行比较 ①执行基本设定 ②检查电池阀 CN93 ③执行电气检测 ④检查蓄电池，如有必要进行更换 ⑤检查至控制单元(J127) ⑥执行电气检测 ⑦对系统进行基本调整
				怠速最大	1.1A	
	3	蓄电池电压	静止	最小	10.8A	
				最大	13.68A	
	4	车速传感器(N68)		最小	2.2V	①检查车速传感器 N68 ②执行电气检测
				最大	2.48V	
003	1	汽车速度	行驶		＊＊＊km/h	车速表上读数可能与诊断仪的有差别
	2	发动机转速	在发动机运转时		r/min	①执行相关发动机的自诊断 ②根据电路检查导线到插头，包括数据总线的导线
	3	所选择挡位	行驶	空挡	O	①检查电磁阀 ②执行电气检测
				倒挡	R	
				1 挡液压	1H	
				1 挡机械	1M	
				2 挡液压	2H	
				2 挡机械	2M	
				3 挡液压	3H	
				3 挡机械	3M	
				4 挡液压	4H	
				4 挡机械	4M	
	4	加速踏板的数值	行驶怠速		0%～1%	当从怠速加速到节气门全开时，百分比值连续地增加
			不行驶节气门全开		99%～100%	

行驶中检查电磁阀的方法

①可以在行驶过程中“读测量数据块组号 004”。在测量时，仅前三个电磁阀选择挡位
②表中显示的电磁阀 N89/N90 均处在相应的激活状态，这些电池阀控制相应挡位的转换阀
③电池阀 N91 控制锁止离合器的调节阀
④电磁阀 N92 和 N94 均是影响换挡的辅助阀，它们仅在换挡时受到控制并且在显示区域 5 和 6 中
⑤可以用自诊断检查所有电磁阀，查询故障存储器
⑥检查时，也应参看“开关元件位置”，由此能否查看哪些离合器或制动器被激活
⑦显示区域 1 具有 6 个字符(0000 00)，含义如后文所表

续表

组号	字段	描述	测试条件		规定值	故障排除
004	1	仪表显示的电磁阀 N88 显示 1，N89 显示 2，N90 显示 3，N91 显示 4，N92 显示 5，N94 显示 6	P		101010	根据行驶工况选择电磁阀 ①执行电气检测 ②根据故障查找程序继续进行故障查找 ③故障查找，动力传送
			R		001000	
			N		101010	
			D	1H	001010	
				1M	001000	
				2H	011000	
				2M	000011	
				3H	000000	
				3M	000000	
				4H	110001	
				4M	110001	
			3	1H	001000	
				1M	001000	
				2H	011000	
				2M	011000	
				3H	000000	
				3M	000000	
			2	1H	001000	
				1M	001000	
				2H	011000	
				2M	011000	
			1	1H	001000	
				1M	001000	
	2	所选择挡位	行驶	空挡	O	检查电磁阀，执行电气检测
				倒挡	R	
				1 挡液压	1H	
				1 挡机械	1M	
				2 挡液压	2H	
				2 挡机械	2M	
				3 挡液压	3H	
				3 挡机械	3M	
				4 挡液压	4H	
				4 挡机械	4M	
	3	挡位杆位置多功能开关(F125)	行驶	P	P	①检查多功能开关的连接触点是否被腐蚀，如有必要进行更换 ②检查多功能开关，执行电气检测 ③更换多功能开关(F125) ④检查和调整换挡杆拉索
				R	R	
				N	N	
				3	3	
				2	2	
				1	1	
	4	汽车速度	汽车行驶速度		km/h	车速表数值与诊断器数值有差别

续表

组号	字段	描述	测试条件		规定值	故障排除
005	1	ATF 温度，在约 34 ～ 45℃ 时检查	发动机怠速运行，从 30℃时开始显示准确的温度		℃	检查变速器油温度传感器(G93)
	2	换挡器输出显示 1	行驶 点火正时影响喷射量(仅在换挡时工作)	被接通	1	可忽略
				被关闭	0	
		显示 2		被接通	1	可忽略
				被关闭	0	
		显示 3	换挡杆锁止电磁阀	被接通	1	检查换挡杆锁止电磁阀(N10)，执行电气检测
				被关闭	0	
		显示 4		被接通	1	可忽略
				被关闭	0	
		显示 5	巡航控制系统	被接通	1	可忽略
				被关闭	0	
		显示 6	空调系统	被接通	1	可忽略
				被关闭	0	
		显示 7	驻车空挡信号换挡杆位置	P,N	1	根据电路检查线束
				R	0	
				D,3,2,1	1/0	换挡杆位置 D,3,2,1 可忽略
	3	所选择挡位	行驶	空挡	0	检查电磁阀，执行电气检测 ①如果换挡机构不换挡，可能是离合器或制动器损坏 ②更换变速器控制单元(J1217)
				倒挡	R	
				1 挡液压	1H	
				1 挡机械	1M	
				2 挡液压	2H	
				2 挡机械	2M	
				3 挡液压	3H	
				3 挡机械	3M	
				4 挡液压	4H	
				4 挡机械	4M	
	4	发动机转速	行驶 发动机运行		r/min	①执行相关发动机的自诊断 ②根据电路检查导线和插头，包括数据总线和线束
007	1	所选择的挡位	行驶	空挡	0	
				倒挡	R	①检查电磁阀，执行电气检查 ②如果换挡机构不换挡，可能是离合器或制动器损坏 ③更换变速器控制单元(J217)
				1 挡液压	1H+/—	
				1 挡机械	1M+/—	
				2 挡液压	2H+/—	
				2 挡机械	2M+/—	
				3 挡液压	3H+/—	

续表

<table>
<tr><th>组号</th><th>字段</th><th>描述</th><th colspan="2">测试条件</th><th>规定值</th><th>故障排除</th></tr>
<tr><td rowspan="5">007</td><td rowspan="3">1</td><td rowspan="3">所选择的挡位</td><td rowspan="3">行驶</td><td>3 挡机械</td><td>3M+/−</td><td rowspan="3">①检查电磁阀,执行电气检查
②如果换挡机构不换挡,可能是离合器或制动器损坏
③更换变速器控制单元(J217)</td></tr>
<tr><td>4 挡液压</td><td>4H+/−</td></tr>
<tr><td>4 挡机械</td><td>4M+/−</td></tr>
<tr><td rowspan="2">2</td><td>变矩器锁止离合器打滑</td><td>行驶发动机运行</td><td>在液压挡位</td><td>0～失速</td><td rowspan="2">①根据电路检查导线
②检查电磁阀 N91,执行电气检查
③检查变速器
当离合器打滑或烧毁时检查变速器离合器——更换变矩器和阀体</td></tr>
<tr><td></td><td>变矩器锁止离合器关闭</td><td>在机械挡位,发动机转速 2000～3000r/min</td><td>0～130r/min</td></tr>
<tr><td>说明</td><td colspan="6">当显示区域 1 位“H”,即换挡液压打滑时,变矩器打开。显示出的附加号“+”或“−”的意义为:“+”表示发动机的转速(泵的转速)高于涡轮的转速;“−”表示发动机的转速低于涡轮的转速</td></tr>
</table>

4.2.4 大众 09G 自动变速器数据流分析

<table>
<tr><th>数组序号</th><th>显示内容</th><th>标准数据</th></tr>
<tr><td rowspan="4">001</td><td>区域 1:发动机转速</td><td>0～7650r/min;出现故障时:Error</td></tr>
<tr><td>区域 2:变速箱输入转速(G182)</td><td>0～7650r/min</td></tr>
<tr><td>区域 3:变速箱输出转速(195)</td><td>0～7650r/min</td></tr>
<tr><td>区域 4:挂入的挡位</td><td>0:挂入停车挡(P 位)
R:倒挡
N:空挡
1H、1M、1S:1 挡
2H、2M、2S:2 挡
3H、3M、3S:3 挡
4H、4M、4S:4 挡
5H、5M、5S:5 挡
6H、6M、6S:6 挡
H:扭矩转换器离合器打开
M:扭矩转换器离合器关闭
S:扭矩转换器离合器滑脱</td></tr>
<tr><td rowspan="4">002</td><td>区域 1:变速箱输入转速(G182)</td><td>0～7650r/min</td></tr>
<tr><td>区域 2:变速箱输入转速传感器(G182)的电压</td><td>0～5.15V</td></tr>
<tr><td>区域 3:变速箱输出转速(G195)</td><td>0～7650r/min</td></tr>
<tr><td>区域 4:变速箱输出转速传感器(G195)的电压</td><td>0～5.15V</td></tr>
<tr><td rowspan="3">003</td><td>区域 1:当前驱动程序</td><td>出现故障时:错误,
DS,
SO,
WU,
TT,
AS,
AC</td></tr>
<tr><td>区域 2:加速踏板值</td><td>0～100%
已按下降挡开关:强制降挡
出现故障时:Error</td></tr>
<tr><td>区域 3:车辆转速[由变速箱输出转速传感器(G195)决定]</td><td>0～xxx km/h</td></tr>
</table>

续表

数组序号	显示内容	标准数据
003	区域 4:挂入的挡位	0:挂入停车挡(P 位) R:倒挡 N:空挡 1H、1M、1S:1 挡 2H、2M、2S:2 挡 3H、3M、3S:3 挡 4H、4M、4S:4 挡 5H、5M、5S:5 挡 6H、6M、6S:6 挡 H:扭矩转换器离合器打开 M:扭矩转换器离合器关闭 S:扭矩转换器离合器滑脱
004	区域 1:换挡杆位置	P、R、N、D、S, 手动/自动一体换挡槽:手动 出现故障时:Error
	区域 2:加速踏板值	0～100% 已按下降挡开关:强制降挡 出现故障时:Error
	区域 3:检测行进状态	UP:上坡 Flat:平地 DW:下坡 Error:出现故障时
	区域 4:挂入的挡位	0:挂入停车挡(P 位) R:倒挡 N:空挡 1H、1M、1S:1 挡 2H、2M、2S:2 挡 3H、3M、3S:3 挡 4H、4M、4S:4 挡 5H、5M、5S:5 挡 6H、6M、6S:6 挡 H:扭矩转换器离合器打开 M:扭矩转换器离合器关闭 S:扭矩转换器离合器滑脱
005	区域 1:空	
	区域 2:运动阻力指数	0～100% 出现故障时:Error
	区域 3:驱动动态代码	0～100% 出现故障时:Error
	区域 4:加速踏板值	0～100% 已按下降挡开关:强制降挡 出现故障时:Error
006	区域 1:变速箱机油温度传感器(G93)	−55～205℃
	区域 2:电磁阀 4(N91),控制电流	0～1000A
	区域 3:锁止离合器状态	0:锁止离合器打开 1:锁止离合器关闭 2:锁止离合器滑脱
	区域 4:锁止离合器滑脱	−1250～1250r/min 出现故障时:Error

续表

数组序号	显示内容	标准数据
007	区域 1:电磁阀 5(N92),控制电流	0~2.550A
	区域 2:电磁阀 9(N282),控制电流	0~2.550A
	区域 3:电磁阀 3(N90),控制电流	0~2.550A
	区域 4:电磁阀 10(N283),控制电流	0~2.550A
008	区域 1:电磁阀 6(N93),控制电流 区域 2:电磁阀 4(N91),控制电流	0~2.550A 0~2.550A
	区域 3:电磁阀 2(N89)、电磁阀 1(N88)状态	00000000:两个电磁阀都被断开 00000001:电磁阀(N89)断开,电磁阀(N88)接通 00000010:电磁阀(N89)接通,电磁阀(N88)断开 00000011:两个电磁阀都接通
	区域 4:端子电压 15	0~xx V
009	区域 1:制动测试/制动灯开关	00000000:制动测试和制动灯开关关闭 00000001:制动测试开关打开,制动灯开关关闭(只有在出现故障时才可能发生) 00000010:制动测试开关关闭,制动灯开关打开(只有在出现故障时才可能发生) 00000011:制动测试和制动灯开关都打开
	区域 2:无油信息/降挡开关	00000000:无油信息不可用且未按下降挡开关 00000001:无油信息不可用且已按下降挡开关 00000010:无油信息可用且未按下降挡开关 00000011:无油信息可用且按下了降挡开关(正常情况下不可能发生)
	区域 3:换挡杆位置	P、R、N、D、S 手动/自动一体换挡槽:手动 出现故障时:Error
	区域 4:多功能开关(F125)的设置	P:1001 R:1100 N:101 D/手动/自动一体换挡槽:110 S:1111
010	区域 1:变速箱机油温度传感器(G93)	-50~205℃
	区域 2:变速箱机油温度传感器(G93)上的电压	0~5V
	区域 3:变速箱状态	WL:变速箱预热阶段 无读数:正常状态下的变速箱 Error:变速箱故障
	区域 4:端子电压 15	0~xx V
011	区域 1:制动灯开关电压	Bls. ON:制动灯开关打开 Bls. OFF:制动灯开关关闭
	区域 2:换挡杆锁止电磁阀(N110)	SL:电磁阀释放选挡杆,电磁阀被激活 --:电磁阀锁止选挡杆,电磁阀被屏蔽
	区域 3:车辆转速[由变速箱输出转速传感器(G195)决定]	0~xxx km/h
	区域 4:换挡杆位置	P、R、N、D、S 手动/自动一体换挡槽:手动 出现故障时:Error

续表

数组序号	显示内容	标准数据
012	区域1:换挡杆位置	P、R、N、D、S 手动/自动一体换挡槽:手动 出现故障时:Error
	区域2:手动电控换挡程序开关(F189)	降挡 升挡 M—开关(手动/自动一体换挡槽识别) 无读数:手动/自动一体式变速箱
	区域3:挂入的挡位	0:挂入停车挡(P位) R:倒挡 N:空挡 1H、1M、1S:1挡 2H、2M、2S:2挡 3H、3M、3S:3挡 4H、4M、4S:4挡 5H、5M、5S:5挡 6H、6M、6S:6挡 H:扭矩转换器离合器打开 M:扭矩转换器离合器关闭 S:扭矩转换器离合器滑脱
	区域4:力矩限制	0~100%
013	区域1:换挡杆位置	P、R、N、D、S 手动/自动一体换挡槽:手动 出现故障时:Error
	区域2:多功能开关(F125)的设置	P:1001 R:1100 N:101 D/手动/自动一体换挡槽:110 S:1111
	区域3:手动电控换挡程序开关(F189)	降挡 升挡 M—开关(手动/自动一体换挡槽识别) 无读数:手动/自动一体式变速箱 显示区域4:手动电控换挡程序开关(F189)/方向盘(E389)上的手动电控换挡程序 xxxx1:方向盘(E389)上的手动电控换挡程序开关,降挡 xxx1x:方向盘(E389)上的手动电控换挡程序开关,升挡 xx1xx:手动电控换挡程序开关(F189),降挡 x1xxx:手动电控换挡程序开关(F189),识别 1xxxx:手动电控换挡程序开关(F189),升挡
014	区域1:加速踏板值	0~100% 已按下降挡开关:强制降挡 出现故障时:Error
	区域2:空	
	区域3:无油信息	00000000:开关未按下 00000001:开关已按下(加速踏板值为0%)
	区域4:加速踏板值不正确	00000000:开关未按下 00000001:开关已按下

续表

数组序号	显示内容	标准数据
015	区域1:方向盘(E389)上手动电控换挡程序开关的电压	0～5V
	区域2:空	
	区域3:空	
	区域4:空	
080	区域1:制造商代码/制造日期/制造商变更情况/制造商测试状态号-制造商的连续编号	AN1 xxx/日.月.年/xxxx Hxx/001 xxxx
125	区域1:发动机控制单元的检测	发动机0:发动机控制单元未在CAN上 发动机1:发动机控制单元在CAN上
	区域2:ABS控制单元的检测	ABS 0:ABS控制单元未在CAN上 ABS 1:ABS控制单元在CAN上
	区域3:仪表板的检测	Combi 0:仪表板未在CAN上 Combi 1:仪表板在CAN上
	区域4:四轮驱动控制单元的检测	4WD 0:四轮驱动控制单元未在CAN上 4WD 1:四轮驱动控制单元在CAN上

4.3 底盘系统

4.3.1 大众ABS系统排气程序方法

ABS系统通过常规方法无法对刹车系统进行充分排气，需要利用设备辅助排空，排气过程说明如下：要求3个人协同操作；1人负责踩刹车；1人负责添加制动液；1人负责松紧螺栓排气。

① 蓄电池电压在11.5V。

② 连接解码器。

③ 打开点火开关。

④ 选择大众车系。

⑤ 选择“03刹车系统”。

⑥ 读故障码并清除故障码，保证控制单元没有存储故障码。

⑦ 选择“系统基本调整”。

⑧ 输入“001”通道。

a. 按照提示：踩下制动踏板并且保持住，松开两排轮排气螺栓。

b. 踩下制动踏板10次后，锁紧放气螺栓。

⑨ 按“下翻页”按钮，屏幕显示002通道。

a. 按照提示：踩下制动踏板并且保持住，松开两排轮排气螺栓。

b. 踩下制动踏板10次后，锁紧放气螺栓。

⑩ 按“下翻页”按钮，屏幕显示003、004、…、016通道，按提示重复a、b。

⑪ 按“下翻页”按钮，屏幕显示017通道，结束排气程序。

注意事项：只能按01组到17组顺序递增操作，中间不能跳跃任意组操作。如感觉空气还没排干净，行车15km后，重复上述步骤，整个程序完成。也可以不使用解码器，常规排

气后，找一空旷地方，猛加速，再猛刹车，注意不要松开刹车踏板，立即进行排气，反复几次即可。

4.3.2 大众电子阻力转向系统设计方法

大众车系带电子助力转向系统时，如果系统断电或进行零件拆装以后，可参考以下方法做设定。

方法一：

① 启动发动机。

② 将方向盘向左转至极限位置并保持 3s。

③ 再向右转至极限位置并保持 3s。

④ 将方向盘转至中心位置。

⑤ 进行路试，待车速超过 20km/h，电子助力转向故障报警灯自动熄灭后即可。

方法二：

① 转向零位的设定方法

a. 点火钥匙打开。

b. 前轮保持直线行驶状态。

c. 解码器选择“44 电子助力转向”。

d. 方向盘左转 4°～5°（一般在 10°之内），回正方向盘。

e. 向右转 4°～5°，将方向盘回正。

f. 双手离开方向盘。

g. 解码器选择“10 安全登录”。

h. 输入登录码 31857。

i. 选择“04 系统基本调整”。

j. 输入匹配值 060 确认。

k. 退出软件，断开点火开关 6s。

注意：在做转向零位设定时，发动机不能运行。方向盘左、右转动后再回正。双手必须离开方向盘，使方向盘静止不动，以便让控制单元对零位进行确认。

② 转向助力大小设定方法：用解码器进入 44 转向助力系统，10 通道调整匹配；输入匹配值 01，选择某个合适的助力数值（1～16 挡），按保存键，然后再按接受键。此时屏幕就会显示新设定助力大小的名称，然后再按返回键，退出即可。

注意：右中间位置向左或向右最大的旋转角度为 90°。

③ 转向极限位置的设定方法：如果在更换了转角传感器 G85、转向机总成（含转向控制单元 J500）、转向柱开关总成（含控制单元 J527）或做过一次四轮定位，做过转向零位（中间）设定后出现故障代码 02546，则需要做转向极限位置的设定，具体方法如下。

a. 将前轮保持在直线行驶状态，启动发动机，将方向盘向左转动 10°左右，停顿 1～2s，回正。

b. 将方向盘向右转动 10°，停顿 1～2s，回正。

c. 将双手离开方向盘，停顿 1～2s。

d. 将方向盘向左转到底，停顿 1～2s。

e. 将方向盘向右转到底，停顿 1～2s。

f. 将方向盘回正，断开点火开关 6s，设定完成。

注意：在做转向零位（中间）设定和转向极限位置设定后，必须用解码器进入 44—02 查询转向系统有无故障代码，设定工作才能结束。

如果出现转向角传感器 6385 的相关故障代码，一定要先做转向零位（中间）设定和转向极限位置设定，然后才能清除故障代码。

4.3.3 大众转向角传感器零位设定方法

正常行驶时 ABS 和 ESP 警报灯间歇性报警，如果 ABS（EPC）电控系统中读取故障码 00778/37，显示方向盘转角位置传感器 G85 信号不可靠，属偶发性故障；01286（Steering angle sender G85 Voltage supply term. 30）方向盘转角度传感器 G85 的供电电压项：30。

该故障码原因是蓄电池所致，G85 并没有损坏，解决方法是对方向盘角度传感器进行校零和对 ABS 控制单元进行编码。

利用解码器或 VAS5051 自诊断功能（Vehicle Self-Diagnosis）进行基本设定。

具体步骤为：

① 启动发动机。

② 将方向盘向右转一圈，再向左转一圈，然后停在中位。

③ 不要关闭点火开关。

④ 选择 03 刹车系统。

⑤ 读码并清除故障码。

⑥ 选择系统设置。

⑦ 对 5 位 pin 码，输入“40168”（车型不同，pin 码可能不同），如果正确，提示“登录功能”；如果 pin 码错误，将显示“登录失败”。

⑧ 返回主菜单。

⑨ 选择系统基本调整。

⑩ 输入“001 或 060”。

⑪ 对某些车型，用“001”，X431 将显示 Comp. st. C<下翻页>sen. OK；用“060”，X431 将显示 compens OK 0.00。

⑫ 关闭钥匙，退出软件。

注意事项：

a. 另在某些车型上，如用“001”代替了正确的“060”，该步骤将进行制动系统排气操作。

b. 对控制单元进行编码：（奥迪 A4）03 刹车系统控制单元，执行 11 系统登入，输入 09399；07 模组编码，输入 04499。

4.4 电器系统

4.4.1 大众车门锁定设定方法

通过解码器可以对车门的一次锁定或二次锁定进行设定。对控制单元进行重新编码就可以了。操作方法如下：

① 连接解码器。

② 选择“中心模块”或“35 中央门锁系统”。

③ 选择“控制单元编码”。

④ 输入正确的“控制单元编码”。

控制单元编码表

车辆设别		编码代号
中央集控锁 2-电动车窗	一个车门打开	00256
	所有车门打开	00257
中央集控锁 2-电动车窗和存储器	一个车门打开	00258
	所有车门打开	00259
中央集控锁 4-电动车窗	一个车门打开	04096
	所有车门打开	04097
中央集控锁 4-电动车窗和存储器	一个车门打开	04098
	所有车门打开	04099
中央集控锁 2-电动车窗	一个车门打开	00064
	所有车门打开	00065
中央集控锁 2-电动车窗和存储器	一个车门打开	00066
	所有车门打开	00067
中央集控锁 4-电动车窗	一个车门打开	01024
	所有车门打开	01025
中央集控锁 4-电动车窗和存储器	一个车门打开	01026
	所有车门打开	01027

4.4.2 大众、奥迪单门解锁和四门解锁设置

① 选择 46 舒适系统。

② 选择 07 控制单元编码。

③ 带 4 电窗的，同时开启 4 门编码是 00259；只开启 1 门编码是 00258。带 2 电窗的，同时开启 4 门编码是 00067；只开启 1 门编码是 00066。不带电窗的，同时开启 4 门编码是 00019；只开启 1 门编码是 00018。

4.4.3 大众、奥迪关灯开门不拔钥匙警告音设置

① 选择 17 仪表板电器。

② 选择 07 控制单元编码。

a. 如果开门提醒：将编码设为 00341（原厂编码 00141），灯光不关开门仍然保持原厂长声警告音；灯管关了，钥匙没拔，会有铛铛铛的警告音。

b. 如既要打开门提醒，又要 125km/h 超速提醒，将编码设为 00641。

4.4.4 大众天窗电动机初始化方法

① 保证天窗电动机和机械组必须处于“零位”。

② 拆卸驱动罩盖。

③ 拔、插控制单元到电动机的插头，拔、插延时时间应大于 3s，然后按照先连接挡位开关，再连接电源的顺序进行连接。

④ 旋转挡位开关从关闭位置顺时针旋转一定角度（大约 15°），并在电动机没有运转起来前迅速把开关回到关闭位，然后按下挡位开关的一端（此操作同执行紧急关闭功能，并应在开关回到关闭位后的 5s 内完成），天窗开始进入初始化过程，即自动完成全开—关闭—翘

起—关闭的完整操作。

⑤ 天窗关闭后，释放挡位开关，初始化结束。

注意事项：

a. 维修站在判断天窗电动机有故障前（除天窗电动机本身不工作外），应首先进行天窗电动机、天窗机械组的“零位”检查，然后对电动机进行必须的初始化操作。

b. 若在点击初始化过程中发生异常现象，则应注意电动机和挡位开关及电源的连接顺序是否符合要求，即先连接挡位开关，再连接电源插头。若仍无法完成初始化，则考虑更换电动机。

c. 点击完成初始化后，则可进行正常的天窗操作，若在随后的操作过程中有异常现象发生，应重点检查天窗机械组（轨道润滑是否良好、是否积灰太多导致运行阻力过大、轨道或传动机构是否存在机械变形等）。

4.4.5 大众自动落锁、开锁、闪灯、响喇叭设置

① 选择 46 舒适系统。

② 选择 10 通道调整系统。

③ 输入通道

a. 通道 03：20km/h 自动锁门。

b. 通道 04：拔下车钥匙自动开锁。

c. 通道 05：遥控器锁门警告喇叭响 2 声；舒适电脑系统要换一个报警喇叭。

d. 通道 06：遥控器锁门警告喇叭响 1 声；舒适电脑系统要换一个报警喇叭（只有国外进口的原装波罗/高尔夫/帕萨特/宝来出厂默认安装了报警喇叭）。

e. 通道 07：遥控器开锁所有转向灯同时闪 2 下。

f. 通道 08：遥控器开锁所有转向灯同时闪 1 下。

④ 输入调整值 1＝打开这功能，0＝关闭这个功能（新车出厂默认状态是关闭“0”）。

4.4.6 大众燃油表调整操作方法

① 如果燃油表不准确，可作此操作，加入 9L 汽油。

② 选择“仪表板系统”。

③ 选择“通道调整匹配”。

④ 进入通道号 30。

⑤ 燃油箱只加入 9L 汽油，观察燃油表指针应位于燃油表左侧三条红线的中间一条，如不正确可在 120～136 之间进行选择，直到表针位于中间红线。

4.4.7 大众新仪表里程数输入操作方法

① 此操作只能在更换新仪表盘后。

② 选择“仪表板系统”。

③ 选择“系统登录”，输入登录码 13861（车型不同，登录码可能不同）。

④ 选择“通道调整匹配”。

⑤ 进入通道号 09。

⑥ 输入匹配值＊＊＊＊＊（录入里程，单位是 10km）。

⑦ 新仪表盘里程过 100km 将不能登录，录入里程数必须大于 100km，只允许录入一次，必须小心，不能录错。

注意：解码器进入大众、奥迪测试菜单之后，“特殊功能”里面有“里程调校”功能，

此功能请慎用。

4.4.8 大众更改组合仪表语言显示方法

大众、奥迪车辆可以根据顾客的需要来对仪表板上显示的语言进行设置。

设置方法如下：

① 选择快速数据流诊断。

② 选择17仪表板系统。

③ 选择通道调整匹配。

④ 输入通道号“004”。

⑤ 输入匹配值匹配新的语言

00001 德语

00002 英语

00003 法语

00004 意大利语

00005 西班牙语

00006 葡萄牙语

00008 中文

4.4.9 大众保养灯归零方法

现在汽车发动机机油工作条件非常苛刻，要求发动机机油承受比较高的工作温度，容易变质；另外，发动机在工作中产生的酸化、氧化、极压、机械杂质以及燃烧产生的积碳都会加速机油的变质，因此，及时更换机油和滤清器、保养发动机是非常重要的，否则将会造成发动机钢壁过度磨损，导致缩短了发动机的使用寿命，甚至导致拉缸烧瓦等严重事故。

大众、奥迪车系大部分车型仪表板显示具有保养灯提示功能，即行驶了一段里程或日期之后，仪表板液晶屏有字幕提示要求立即做保养，此意味着汽车行驶的里程数或天数已经达到了该进行换三滤和机油的时间了。更换三滤和机油之后需要进行设定，让电脑重新记忆下次保养里程数或者天数，俗称“保养灯归零”。归零步骤一般都在“仪表板系统”里面。

解码器操作方法如下：

① 更换发动机机油。

② 打开点火开关。

③ 选择车型。

④ 选择仪表板系统。

⑤ 选择通道调整匹配。

⑥ 输入通道号002。

⑦ 将匹配值用减号改为0，确定。

⑧ 屏幕显示通道匹配成功。

⑨ 关闭钥匙，退出软件。

注意事项：002通道设定之后，汽车保养周期为原厂默认值15000km和365d，以先到数字为主。通常汽车6个月或5000～8000km之间要进行更换三滤和机油保养，通过解码器可以对保养里程或天数进行设定，如一般设成5000km或7500km，180d。公里数设定通过040通道完成，天数设定则在041通道完成。

⑩ 选择通道调整匹配。

⑪ 输入通道号040。

⑫ 输入匹配值“X”，这个“X”即是设定距离下次保养的公里数。如果想改成 X 公里，并不是输入 X，而是公式 $(15000-X)/100=?$，输入匹配值即为“?”。如 5000km 做保养，那么 $(15000-5000)/100=100$。

⑬ 屏幕显示通道匹配成功完成。

⑭ 如果设定距下一次保养的天数，则选择通道调整匹配。

⑮ 输入通道号 041。

⑯ 输入匹配值“?”。这个“?”，即是设定距下一次保养的天数，默认为 365 天。如果想改成 180 天，并不是输入 180 天，而是用 365 减去要设定的天数，所以应输入 365－180＝185，输入“185”，确定完成。

注意事项：保证“042”“043”通道的匹配值为“150”，如不是，则改成“150”；“044”“049”的匹配值为“365”。否则按以上步骤设定天数和公里数后会出现和设定值不相符的情况。

4.4.10 大众氙气大灯设定方法

① 将车停在水平地面。

② 连接解码器。

③ 选择“大灯范围控制”。

④ 选择“系统基本调整”。

⑤ 输入匹配值“001”，确认后大灯电动机运动到调整位置，此过程持续 20s。

⑥ 电动机静止之后，打开大灯开关。

⑦ 用螺丝刀调整大灯螺栓，保证大灯灯光照射处于合适位置。

⑧ 选择“下一步”。

⑨ 输入显示组号 002，存储记忆值。

⑩ 关闭钥匙。

⑪ 退出软件完成。

注意事项：

① 选择 OBDⅡ-16 诊断接头，如果能进入“大灯范围控制”系统，可继续做下一步，如果 OBDⅡ-16C 无法进入“大灯范围控制”系统，而其他系统又可以进入，应再增加 AUDI-16 接头检测；奥迪 A6L/8L/Q7 等，请选择 CANBUSⅡ接头。

② 途锐一些新车型，则应该考虑选择“左车灯系统”和“右车灯系统”。

③ 解码器进入“大灯范围控制”之后，进“系统基本调整”时提示“该车无此功能”，此时应该到车底下调整前桥和后桥上的两个水平传感器，可以人工移动其位置。可用解码器进入“大灯范围控制”系统读数据块 001 组或 002 组，第 1 个和第 2 个数据是水平传感器的电压，两个水平传感器的电压要保持在 2.5～2.9V 之间。

④ 如出现故障码 65535，则更换控制单元 J431。

4.5 安全舒适系统

4.5.1 大众车系第二代、第三代防盗测试方法

区别大众车系第三代防盗系统与第二代防盗系统的方法为：使用 X431，进入发动机系统，读“ECU 版本信息”，记录电脑型号，然后再读一遍，如果两次所显示出的电脑型号相同，则为第二代防盗；如果不同，则是第三代防盗。

(1) 第二代防盗

关于使用汽车钥匙和匹配钥匙的说明：

只有使用被装于汽车上的防盗器控制单元匹配过的认可钥匙，发动机才能启动。

匹配汽车钥匙时，总是需要把全部钥匙同时与防盗器控制单元匹配。

如果需要重新配钥匙或者增配钥匙，也必须匹配汽车的全部钥匙。

如果用户遗失一把合法的钥匙，为了安全起见，必须把其他所有合法钥匙用元征 X431 重新进行一次匹配过程。这样做可以使丢失在外的钥匙变为非法钥匙，不能启动发动机。

以下是针对不同的情况，介绍第二代防盗的几种测试方法：

1）更换控制单元的匹配程序

更换发动机控制单元后，必须重新与防盗器控制单元进行匹配。

必要条件：必须使用一把合法钥匙。

操作步骤：

① 连接 X431。

② 打开点火开关。

③ 选择防盗系统，再选择“通道调整匹配”功能，按“确认”键。

④ 输入 00 通道号，按确认键。

⑤ 清除学习值即可。

说明：此刻点火开关是打开的，发动机控制单元的随机代码就被防盗器控制单元读入储存起来。

2）更换防盗器控制单元的匹配程序

① 更换新的防盗器控制单元。发动机控制单元的随机代码自动被防盗器控制单元读入储存起来，需要重新做一次所有钥匙匹配程序。

② 更换从其他车上拆下来的防盗器控制单元。重新做一次发动机控制单元与防盗器控制单元的匹配程序，然后重新做一次所有钥匙匹配程序。

3）匹配汽车钥匙（桑塔纳 2000、帕萨特通道号 21；捷达，奥迪 A4、A6、V6、V8 输入通道号 01）

① 将 X431 连接到诊断座上。

② 将待匹配的钥匙插入点火开关并打到 ON。

③ 进入“发动机控制系统”。

④ 选择“读故障码”，并根据故障码内容排除故障。

⑤ 选择“清除故障码”，再测试一次故障码并确认故障码内容已被清除。

⑥ 进入防盗系统，重复第④、⑤步操作，读码、清码。

⑦ 选择“系统登录”，输入 5 位密码（在 4 位数密码前加一个 0，例如：01234）。

⑧ 选择“通道调整匹配”，输入“21”。输入匹配钥匙数，例如：匹配 3 把钥匙，输入 00003。

⑨ 仪器提示“是否要储存改正的钥匙数?”，确认后仪器提示“改正的钥匙数已储存”，则匹配成功。在汽车点火锁上的这把钥匙匹配完毕。

⑩ 关闭点火开关，拔出钥匙，然后迅速插入下一把钥匙，打开点火开关至少 1s，防盗器指示灯将闪烁，表明匹配已经完成。

重复以上操作，直到把所有的钥匙匹配完毕（匹配钥匙的过程必须在 30s 内完成）。

(2) 第三代防盗

帕萨特 B5 1.8T、2.8L，新款宝来，波罗以及一汽从 2000 年 23 周以后生产的奥迪 A6，配备了第 3 代防盗系统。在第三代防盗系统中，防盗系统控制单元与组合仪表是结合在一起的，测试此防盗系统只能从仪表板系统进入。从防盗系统也可以进入，但测试出来的为无用数据。

对于第三代防盗，通常需要更换组合仪表、发动机电脑、钥匙。针对不同的情况，下面介绍第三代防盗的几种测试方法：

1）更换组合仪表，但没有更换发动机电脑和钥匙

操作方法（连接X431，打开点火开关）：

① 进入仪表板系统。

② 选择“系统登录”功能。

③ 输入新组合仪表的密码（通常4位）。

④ 登录成功。

⑤ 选择“通道调整匹配”功能。

⑥ 进入“50”通道。

⑦ 输入原车密码，确认。

⑧ 屏幕显示“学习值被成功保存”，确定。

⑨ 直接着车就可以了，不需要配钥匙。

2）更换发动机电脑，组合仪表和钥匙没有更换

操作方法（连接X431，打开点火开关）：

① 进入发动机系统。

② 选择“通道调整匹配”功能。

③ 进入“50”通道。

④ 输入原车密码，确认。

⑤ 屏幕显示“学习值被成功保存”，确定。

⑥ 直接着车就可以了，不需要配钥匙。

3）更换组合仪表和发动机电脑

操作方法（连接X431，打开点火开关）：

① 进入仪表板系统。

② 选择“系统登录”功能。

③ 输入新组合仪表的密码（通常4位）。

④ 登录成功。

⑤ 选择“传递底盘号”功能。

⑥ 进入17位底盘号（VIN码）。

⑦ 确认。

⑧ 重新进行钥匙匹配，选择组合仪表系统

a. 选择登录功能，输入“新密码”。

b. 登录成功。

c. 选择“通道调整匹配”功能。

d. 输入通道号“21”，确认。

e. 输入将要匹配的钥匙数，包括插在点火锁上的钥匙，最多8把。在匹配的过程中，所有的钥匙的匹配的时间加起来不能超过30s（从登录起开始算时间到匹配完钥匙为止，不记钥匙拔出后插入的间隔时间），否则故障警告灯以2Hz的频率闪亮，这时要重新彻底进行匹配（包括登录和匹配）。

f. 按“确定”键，仪表板上的警告灯熄灭，点火锁内的钥匙匹配完成。

4）更换二手组合仪表，但没有更换发动机电脑和钥匙

操作方法（连接X431，打开点火开关）：

① 进入仪表板系统。
② 选择“系统登录”功能。
③ 输入二手组合仪表的密码（通常 4 位）。
④ 登录成功。
⑤ 选择“通道调整匹配”功能。
⑥ 进入“50”通道。
⑦ 输入原车密码，确认。
⑧ 屏幕显示“学习值被成功保存”，确定。
⑨ 直接着车就可以了，不需要配钥匙。

5）更换二手发动机电脑，组合仪表和钥匙没有更换

操作方法（连接 X431，打开点火开关）：

① 进入发动机系统。
② 选择“系统登录”功能。
③ 输入二手发动机电脑的密码。
④ 登录成功。
⑤ 选择“通道调整匹配”功能。
⑥ 进入“50”通道。
⑦ 输入原车密码，确认。
⑧ 屏幕显示“学习值被成功保存”，确定。
⑨ 直接着车就可以了，不需要配钥匙。

4.5.2 大众第二代防盗匹配方法

（1）匹配钥匙的说明

① 只有使用被装于汽车上的防盗器控制单元匹配过的认可钥匙，发动机才能启动。

② 匹配汽车钥匙时，总是需要把全部钥匙同时与防盗器控制单元匹配。

③ 如果需要重新匹配或者增配钥匙，也必须匹配车的全部钥匙。

④ 如果用户遗失一把合法的钥匙，为了安全起见，必须把其他所有合法钥匙用解码器重新进行一次匹配过程，这样做可以使丢失的在外的钥匙变成非法钥匙，不能启动发动机。

⑤ 钥匙密码一般在杂物箱不干胶或防盗电脑标签上标示出来，注意钥匙标牌上的五位数不是密码。

⑥ 按正常匹配步骤匹配成功之后，仍然无法启动发动机，则有可能是车上加装了铁将军之类的防盗器出现故障引起防盗器锁死。因为匹配操作步骤正常，说明防盗系统应该是正常，此时可以将加装的防盗器拆除，然后启动发动机试试。

（2）第二代防盗匹配方法

1）更换发动机控制单元的匹配程序：更换发动机控制单元后，必须重新与防盗器控制单元进行匹配。

① 连接解码器。
② 打开点火开关。
③ 选择“防盗系统”。
④ 选择“通道调整匹配”，确认。
⑤ 输入“000”通道号，确认。

⑥ 提示“清除学习值”，完成。说明：此刻点火开关是打开的，发动机控制单元的随机代码被防盗器控制单元读出储存起来。

2）更换防盗器控制单元的匹配程序：匹配的过程是发动机控制单元的随机代码自动被防盗器控制单元读入储存起来的过程，不管是更换新的防盗器还是旧的防盗器，都需要重新做一次所有钥匙的匹配程序。操作方法如下：

① 连接解码器。

② 将待匹配的钥匙插入点火开关并打到 ON。

③ 选择“发动机系统”。

④ 选择“读故障码”，并根据故障码内容排除故障。

⑤ 选择“清除故障码”，再测试一次故障码并确认故障码内容已被清除。

⑥ 选择“防盗系统”，重复第④、⑤步操作，读码，清码。

⑦ 选择“通道匹配调整”。

⑧ 输入“000”，清除学习值。

⑨ 选择“系统登录”，输入 5 位密码（在 4 位数密码前加一个 0，例如，01234）。

⑩ 提示“登录成功”。

⑪ 选择“通道调整匹配”。

⑫ 输入“021”或“001”。

⑬ 提示通道号和匹配值。

⑭ 通过“－”号将匹配值减为“0”。

⑮ 通过“＋”号将匹配值增加为所匹配的钥匙数量。

⑯ 输入匹配钥匙数，例如，匹配 3 把钥匙，输入 0003。

⑰ 仪器提示“是否要储存改正的钥匙数？”，确认后仪器提示“改正的钥匙数已储存”，则匹配成功。在汽车点火锁上的这把钥匙匹配完毕。

⑱ 关闭点火开关，拔出钥匙，然后迅速插入下一把钥匙，打开点火开关至少 1s，防盗器指示灯闪烁，表明匹配已经完成。

⑲ 重复以上操作，直到把所有的钥匙匹配完毕（匹配钥匙的过程必须在 30s 完成）。

4.5.3 大众第三代防盗匹配方法

对于第三代防盗，通常需要更换组合仪表、发动机电脑、钥匙。在匹配过程中需要了解几个问题：

① 新仪表板带有防盗密码，购新仪表板时一定要跟配件商家索取密码。

② 旧仪表板带有防盗密码，此密码应该是旧仪表板原车上的防盗密码，防盗匹配时需要用设备将密码读取出来。

③ 新旧仪表板匹配之后，本身所带的防盗密码被新匹配密码覆盖。

④ 新发动机控制单元没有防盗密码，但旧发动机控制单元带有其原车防盗密码，防盗匹配时需要用设备将密码读取出来。

⑤ 判断新旧仪表板和发动机控制单元的方法是使用解码器进入相应系统，点击“读控制电脑型号”菜单 2 次。如果提示 17 个“X”和 14 个“X”，则说明是新的；如果两次提示都显示 14 个数字，则说明是旧的。

⑥ 第三代防盗只能选择“仪表板系统”，不能选择“防盗系统”。

针对不同的情况，下面详细介绍第三代防盗的几种匹配方法。

（1）更换组合仪表，没有更换发动机电脑和钥匙

操作方法：

① 连接解码器。

② 打开点火开关。

③ 选择大众车型。
④ 选择仪表板系统。
⑤ 选“控制单元编码”。
⑥ 输入正确的仪表板控制单元编码。
⑦ 选择“系统登录”。
⑧ 输入新组合仪表的防盗密码（通常4位）。
⑨ 提示“登录成功”。
⑩ 选择“通道调整匹配”功能。
⑪ 进入“50”通道。
⑫ 输入远程防盗密码（基本车防盗密码），确认。
⑬ 屏幕显示“学习值被成功保存”，确定。
⑭ 配钥匙
a. 选择“系统登录”。
b. 输入远程防盗密码。
c. 选择“通道调整匹配”。
d. 输入通道号“021”或“001”。
e. 通过“－”号将匹配值减为“0”。
f. 通过“＋”号将匹配值增加为匹配的钥匙数量。
g. 点击“确认”，防盗指示灯熄灭之后拔出钥匙，插入第二把。
h. 第二把钥匙打开开关，防盗指示灯熄灭之后拔出钥匙，插入第三把。
i. 重复第h步骤。
j. 匹配完钥匙之后，一定拔出钥匙，再退出所有的匹配程序。
k. 用钥匙启动发动机，检查匹配结果，如果仍不行，重新匹配。

(2) 更换发动机新电脑，没有更换组合仪表和钥匙

新发动机电脑没有防盗密码。操作方法如下：
① 连接解码器。
② 打开点火开关。
③ 选择大众车型。
④ 选择“发动机系统”。
⑤ 选择“控制单元编码”。
⑥ 输入正确的控制单元编码。
⑦ 选择“通道调整匹配”功能。
⑧ 进入“50”通道。
⑨ 输入原车防盗密码。
⑩ 屏幕显示“学习值被成功保存”。
⑪ 直接着车，不需要匹配钥匙。

(3) 更换发动机旧电脑，没有更换组合仪表和钥匙

旧发动机电脑带有原车的防盗密码，此时需要注意的是在匹配值钱，需要保证查到此防盗密码。操作方法：
① 连接解码器。
② 打开点火开关。
③ 选择大众车型。
④ 选择“发动机系统”。

⑤ 选择“控制单元编码”。

⑥ 输入正确的控制单元编码。

⑦ 选择“登录系统”。

⑧ 输入旧发动机电脑防盗密码。

⑨ 选择“通道调整匹配”功能。

⑩ 进入“50”通道。

⑪ 输入原车防盗密码，确认。

⑫ 屏幕显示“学习值被成功保存”确定。

⑬ 直接着车，不需要匹配钥匙。

(4) 同时更换组合仪表和发动机电脑

操作方法如下：

① 连接解码器。

② 打开点火开关。

③ 选择大众车型。

④ 选择“仪表板系统”。

⑤ 选择“控制单元编码”。

⑥ 输入正确的控制单元编码。

⑦ 选择“登录系统”。

⑧ 输入组合仪表的密码（通常 4 位）。

⑨ 提示登录成功。

⑩ 选择“传递底盘号”。

⑪ 输入 17 位底盘号（VIN 码），确认。

⑫ 选择“发动机系统”。

⑬ 选择“查控制单元信息”，提示 17 个“X”VIN 码（表明是新电脑版，否则是旧电脑版）。

⑭ 选择“通道调整匹配”。

⑮ 输入通道“50”确认。

⑯ 输入新仪表防盗密码，确认。

⑰ 屏幕显示“学习值被成功保存”确定。

⑱ 重新进行钥匙匹配

a. 选择“仪表板系统”。

b. 选择“登录系统”。

c. 输入新仪表防盗密码。

d. 提示“登录成功”。

e. 选择“通道调整匹配”功能。

f. 输入通道“021”或“001”，确认。

g. 提示通道号和匹配值，用“－”号将匹配值减为“0”。

h. 用“＋”号将匹配值改成要匹配的钥匙数。输入匹配的钥匙数，包括插在点火锁上的钥匙，最多 8 把。

i. 按“确定”，仪表板上的警告灯熄灭，点火锁内的钥匙匹配完成，拔出钥匙。

j. 插入第二把钥匙，警告灯亮后熄灭，拔出钥匙。

k. 插入第三、四、五、…、八把钥匙，同上操作。

l. 拔出钥匙后，软件退出。

m. 启动发动机，检查要是匹配情况。

(5) 更换二手组合仪表，没有更换发动机电脑和钥匙

操作方法：

① 连接解码器。

② 打开点火开关。

③ 选择大众车型。

④ 选择“仪表板系统”。

⑤ 选择“控制单元编码”。

⑥ 输入正确的控制单元编码。

⑦ 选择“登录系统”功能。

⑧ 输入二手组合仪表的防盗密码（通常4位）。

⑨ 提示“登录成功”。

⑩ 选择“通道调成匹配”功能。

⑪ 进入“50”通道。

⑫ 输入原车防盗密码（此密码不是仪表防盗密码），确认。

⑬ 屏幕显示“学习值被成功保存”，确定。

⑭ 配钥匙

a. 选择“系统登录”。

b. 输入原车防盗密码。

c. 选择“通道调整匹配”。

d. 输入通道号“021”或“001”。

e. 通过“－”号将匹配值减为“0”。

f. 通过“＋”号将匹配值增加为所匹配的钥匙数量。

g. 点击“确认”，防盗指示灯熄灭之后拔出钥匙；插入第二把钥匙。

h. 第二把钥匙打开开关，防盗指示灯熄灭之后拔出钥匙，插入第三把。

i. 重复第h步骤。

j. 匹配完钥匙之后，一定先拔出钥匙，再退出所有的匹配程序。

k. 用钥匙启动发动机，检查匹配结果，如果仍不行，重新匹配。

4.5.4 一汽大众宝来、高尔夫、速腾、迈腾遥控钥匙匹配方法

一汽大众宝来、高尔夫遥控钥匙匹配：

① 打开点火开关，连接电脑检测仪器，进入地址：46。

② 选择功能10—选择00通道，删除适配记忆。

③ 选择功能10—选择01通道—输入适配钥匙数00001～00004（最多四把）。

④ 依次按需适配的钥匙上的遥控键1s以上，所有钥匙要在15s内完成。

⑤ 用未失效遥控器钥匙，打开点火开关。

新增遥控钥匙的匹配：

① 用新钥匙锁车门。

② 用遥控键开或关车门。

③ 按键停至少1s后再按遥控按钮。

④ 自适应结束时有喇叭提示。

速腾、迈腾遥控钥匙的匹配方式与宝来类似，依然通过46—10—01进行设置，但常用功能引导/故障引导完成。SAGITAR新增遥控匹配：用一把钥匙打开点火开关，用另一把钥匙锁车门，用遥控键开或关车门，按键至少1s后再按遥控按钮，自适应结束时有喇叭提示。

关于遥控的其他补充说明：

① 控制器和发射器配套使用原则，06 款 CIF（生产日期：06/06/16）遥控失效，匹配时有确认闪动但遥控无效，该车用的遥控器为 L1GD959753，315MHz，与该车的遥控控制单元协议不配比，更换新的遥控器 L1GD959753A，315.5MHz（适用于 2005 年 5 月后车型），匹配成功。

② 迈腾遥控的舒适性设置。按菜单选项按钮进入舒适系统，按确认按钮选择舒适模式。舒适模式有 3 种模式。3 种模式说明：选关模式，插入钥匙门的钥匙遥控将不能遥控 4 门玻璃升降；选所有模式，插入钥匙门的钥匙能遥控 4 门玻璃升降；选司机模式，插入钥匙门的钥匙遥控只能遥控司机门玻璃升降。

③ 通过遥控单元恢复座椅和后视镜位置。

对于有记忆功能的电动座椅和后视镜，可将所存储的座椅位置输入到遥控钥匙上：

① 存储座椅和后视镜位置。

② 之后在 10s 内将该位置输入到遥控钥匙上。

③ 将遥控钥匙从点火开关内拔下。

④ 按下遥控钥匙开锁按钮并保持大约 2s 直到听到输入完成的确认声音。

注意：在重新调整座椅的记忆位置后，在 10s 内不要随便按遥控钥匙按键，否则遥控器将记忆最后所存储的座椅位置。

4.5.5 大众遥控钥匙清除、匹配操作方法

(1) 清除控制单元对遥控记忆值

① 打开点火开关。

② 选择“46 中心模块（对 VW）”。

③ 选择“通道调整匹配”。

④ 输入通道号“00”，提示“清除学习值”。

⑤ 按“确认”。

(2) 匹配大众车系新遥控

① 关闭所有车门。

② 打开点火开关。

③ 选择“46 中心模块”。

④ 选择“通道调整匹配”。

⑤ 输入通道号“01”。

⑥ 按“—”号将匹配值变成“0”。

⑦ 按“+”号增加需要匹配的钥匙遥控，确认之前或后立即按遥控钥匙（按住直到门锁电动机起作用）。

⑧ 提示“钥匙已识别”。

⑨ 按“确认”，关闭点火开关。

⑩ 退出控制模块并检查遥控钥匙工作情况。

(3) 对某些早期车型（1999 年之前），需要采用人工匹配方法

① 点火开关打开。

② 用其他在用的钥匙锁上司机门。

③ 按遥控钥匙上开锁按钮。

④ 等待 6s。

⑤ 再按开锁按钮一次。

⑥ 当遥控钥匙匹配后，汽车喇叭将鸣一声。
⑦ 对某些模块要检查遥控钥匙是否已匹配，连接解码器。
⑧ 转到“中心模块”或“中央门锁系统”。
⑨ 输入通道号“03”。
⑩ 按遥控钥匙，显示区 4 将变化。

4.5.6 大众遥控匹配方法

① 关闭所有车门。
② 选择 35 中心模块（中控锁）/46 中央门锁系统（代舒适系统）。
③ 选择 10 通道调整匹配。
④ 通道号 21、01 或 22。
⑤ 将匹配值减为“000”。
⑥ 增加遥控数量，如 2 把钥匙，则用“+”号增加成“002”。
⑦ 确认匹配成功后关闭钥匙，按住遥控任意按钮。
⑧ 门锁电动机作用之后，匹配成功。

4.5.7 大众遥控器功能设定方法

① 连接解码器。
② 选择“46 中心模块”或“35 中央门锁系统”。
③ 选择“通道调整匹配”。
④ 输入正确的通道号 03（03～08）。
⑤ 输入匹配值“0”或“1”。

遥控设定通道号表

通道号	相关性	测量数值
03	自动锁止/开锁	ON=1
		OFF=0
04	IM 切断	ON=1
		OFF=0
05	开锁喇叭声	ON=1
		OFF=0
06	锁止声音	ON=1
		OFF=0
07	开锁=转向信号闪烁	ON=1
		OFF=0
08	锁止=转向信号闪烁	ON=1
		OFF=0

4.5.8 大众自动空调设定方法

① 检查编码是否正确，否则给 ECU 进行编码。
② 选择 04 系统基本调整。
③ 输入匹配值 000、01 或 001；匹配值不同的原因是与大众/奥迪的软件版本有关。

④ 伺服电动机分别被启动，其电位计终点位置的电阻值储存在控制单元 E87

a. 左侧湿度翻板伺服电动机 V158。

b. 右侧湿度翻板伺服电动机 C159。

c. 通风翻板伺服电动机 V71。

d. 中央翻板伺服电动机 V70。

e. 除霜翻板伺服电动机 V107。

⑤ 解码器显示屏显示 00000；如果还有伺服电动机，点击下翻页试试。

⑥ 全部显示“0”，匹配将成功。

⑦ 如果显示“1”，说明相应位置的伺服电动机发卡或线路故障。

4.5.9 大众空调、加热基本设定操作方法

此操作是通过解码器使空调控制单元对风门电动机进行适应的过程，操作步骤：

① 打开开关。

② 选择 08 空调/加热系统。

③ 读码并清除故障码。

④ 选项系统基本调整。

⑤ 输入通道号 000，数值将变化，等到各个伺服电动机的数值变成 0.00（否则伺服电动机有故障）。

⑥ 关闭钥匙，退出软件即可。

4.5.10 大众气囊解除/激活操作方法

① 打开点火开关，不启动发动机。

② 选择 15 安全气囊。

③ 读码并清除故障码。

④ 选择通道调整匹配。

⑤ 输入通道号

“01”—乘客气囊。

“02”—司机气囊。

“03”—乘客侧气囊。

“04”—司机侧气囊。

“05”—乘客安全带。

“06”—司机安全带。

⑥ 按“+”或“−”改变自适应号。

改变自适应号 1 到锁死（BLock）（解除）。

改变自适应号 0 到激活（Actived）（解除）。

⑦ 按确定保存新值。

⑧ 将显示“自适应成功”。

⑨ 当某部件功能丧失，点火开关初次打开时，气囊警告灯将亮 3～4s，然后闪烁 15s，最后熄灭，这时将储存一故障码，如“01281　司机侧气囊关闭”。

4.5.11 大众气囊电脑编码速查

气囊电脑的编码主要取决于电脑内部的索引码，使用 VAS5051 等诊断仪器进入 15—气囊控制单元，显示如图 4-1 所示。

每一个索引码对应一个编码，所以只要我们看到了索引码，就会通过对应查表的方式查找对应的正确气囊电脑编码，对于以备件方式订购的备件请参照备件标签上的索引码查表进行正确编码（如图 4-2 所示），具体索引码对应的正确编码请见“气囊电脑编码表”。

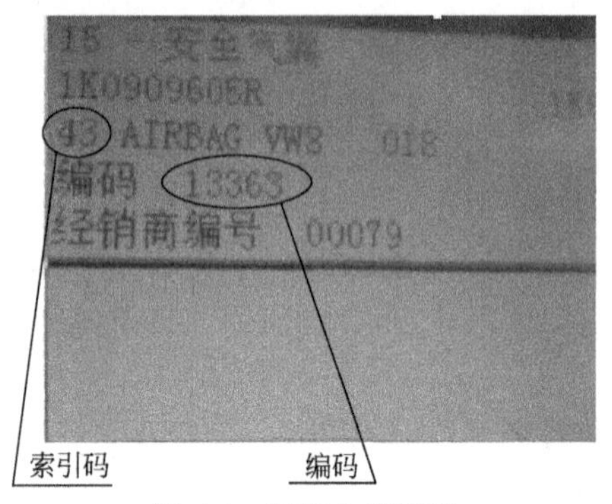

图 4-1　气囊电脑编码

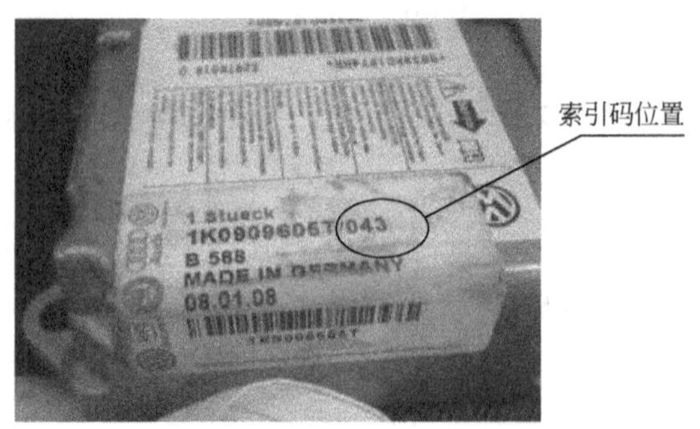

图 4-2　备件标签上的索引码

气囊电脑编码表

Index	coding	Index	coding	Index	coding	Index	coding	Index	coding	Index	coding
索引码	编码	索引码	编码	索引码	编码	索引码	编码	索引码	编码	索引码	编码
01	12337	28	12856	0F	12358	1M	12621	2T	12884	X1	22577
02	12338	29	12857	0G	12359	1N	12622	3A	13121	X2	22578
03	12339	31	13105	0H	12360	1O	12623	3B	13122	X3	22579
04	12340	32	13106	0J	12362	1P	12624	3C	13123	Y8	22840
05	12341	33	13107	0K	12363	1Q	12625	3D	13124	Y9	22841
06	12342	34	13108	0L	12364	1R	12626	3E	13125	YA	22849
07	12343	35	13109	0M	12365	1S	12627	3F	13126	YB	22850
08	12344	36	13110	0N	12366	1T	12628	3G	13127	YC	22851
09	12345	37	13111	0P	12368	2A	12865	3H	13128	YD	22852
11	12593	38	13112	0Q	12369	2B	12866	3J	13130	YE	22853
12	12594	39	13113	0R	12370	2C	12867	3K	13131	YF	22854
13	12595	41	13361	0S	12371	2D	12868	3L	13132	YG	22855
14	12596	42	13362	0T	12372	2E	12869	3M	13133	YH	22856
15	12597	43	13363	1A	12609	2F	12870	3N	13134	YI	22857
16	12598	44	13364	1B	12610	2G	12871	3O	13135	YJ	22858
17	12599	45	13365	1C	12611	2H	12872	3P	13136	Z1	23089
18	12600	46	13366	1D	12612	2J	12874	3Q	13137	Z2	23090
19	12601	47	13367	1E	12613	2K	12875	3R	13138	Z3	23091
21	12849	48	13368	1F	12614	2L	12876	3S	13139	Z7	23095
22	12850	49	13369	1G	12615	2M	12877	3T	13140	CG	17223
23	12851	0A	12353	1H	12616	2N	12878	4A	13377	A	00065
24	12852	0B	12354	1I	12617	2P	12880	4B	13378	B	00066
25	12853	0C	12355	1J	12618	2Q	12881	4C	13379	C	00067
26	12854	0D	12356	1K	12619	2R	12882	4D	13380		
27	12855	0E	12357	1L	12620	2S	12883	4E	13381		

4.5.12 大众 PQ35 平台车型（速腾、明锐）舒适系统设置方法

① 一键开关车窗，自动关闭无需长按钥匙，只需按动 2s 后松开，车窗能自动全部关闭和打开：选择控制模块→46 中央便利系统→重新编码（C）07，长编码帮助→Byte 6→舒适功能自动关闭前打上钩→Transfer Coding→关闭当前窗口→确定。好了，再用遥控钥匙关窗只需按到玻璃上升就可以松开了，玻璃会自动全关闭，也可以按遥控钥匙开锁键到玻璃下降就可以松开了，玻璃会自动全打开。

② 遥控按一下开锁仅开启驾驶员侧的门，要连续按两下开锁才能开启所有的门，停车时也仅解锁驾驶员门：选择控制模块→46 中央便利系统→匹配 10→通道号 03→新建值→01。

③ 驾驶侧门开启钥匙未拔报警，该功能就是插钥匙发动汽车时发出啱啱啱的提醒音，同时当钥匙还未拔下的情况下，就把驾驶员侧的门打开了，车子会发出啱啱啱的告警音，进入“17—组合仪表”里面的“重新编码—07”，然后把编码从原来的 0002101 改成 0002301。

④ 打开了双雾灯：“选择控制模块”→“09—中央电控系统”→“重新编码（C）—07”→“长编码帮助”→Byte 4→“激活（全部）后雾灯”前打上钩→“Transfer Coding”→关闭当前窗口→点上一窗口的“确定”。

4.6 汽车电脑编码

4.6.1 大众控制单元编码操作方法

① 选择系统，如发动机、ABS、SRS、网关等。

② 选择控制单元编码。

③ 输入正确的控制单元编码，一般为五位数或七位。

④ 按“确认”健，提示“编码成功”。

⑤ 关闭钥匙，退出软件，保存记忆值即可。

注意事项：

① 解码器提示编码成功，但不一定编码就完成了。操作时一般在提示“编码成功”之后，关闭钥匙再退出软件，让电脑存储数据。

② 编码一定要正确，因此在进行编码之前，最好能查询原车“控制单元信息”中的编码，编码之前的英文是“COD”或直接提示“控制单元编码”。

③ 如果编码不成功，要考虑系统是否有故障，应先排除；也要检查是否是编码错误、零配件是否是正厂件等。

④ 2004 款之后的奥迪车型在做编码时，可能要通过激活密码进行“系统登录”之后，才可以激活控制单元编码功能。

⑤ 在更换汽车电脑前，首先将要维修的故障电脑与解码器连接，进入读 ECU 信息功能，记下或打印出该 ECU 编码，如 04502，和该 ECU 零件号，如 06A906033，当从主要经销商处订购新 ECU 时，最好提供该车详细信息，有时只按零件号订购，则可能提供错误的模块，将不能对此进行编码。确保新的模块的零件号和原来的相同，并检查新的模块编码应该是 0000，则可对其进行编码。

4.6.2 大众常见控制单元编码

车　　型	系　　统	控制单元编码号
桑塔纳时代超人(普桑)	01　发动机系统	08001(老款)、04001(新款)
	03　刹车系统	04505、00000、03604、01091、02802
	15　安全气囊	12878
帕萨特 B5	01　发动机系统	04502、04097
	03　刹车系统	03604
	15　安全气囊	22599、12364(国产)、00065、00066、00067(美规)
捷达	01　发动机系统	00001(两阀)、04000(五阀)
	03　刹车系统	01901(两阀)、03604(五阀)
	15　安全气囊	02610(双气囊)、02611(单气囊)、65535(通用码)、00065
波罗	01　发动机系统	00017、12878
	03　刹车系统	0001097
	09　电子控制单元	25612
	15　安全气囊	12343
	17　仪表板系统	00141
	19　网关数据总线	00014
	44　转向阻力系统	10140
	46　中心模块	00064
	56　收音机系统	00001s
宝来	01　发动机	26500、26530
	03　刹车系统	0001025、0021505
	15　安全气囊	12875
	17　仪表板系统	01102、05122
	19　网关数据总线	00006
	46　中心模块	00259
高尔夫	01　发动机系统	00033
	02　自动变速箱系统	00000
	03　刹车系统	01025
	15　安全气囊	12855
	17　仪表板系统	00259

4.6.3 大众、奥迪匹配功能汇总表

系　　统	通道	匹配值	执行功能及对象
001 发动机系统	004	060	节气门控制单元自适应(甲壳虫 1.8T、20、朗逸 1.8T、2.8)
	004	028	爆震传感器自适应
	004	034	前氧传感器自适应
	004	036	后氧传感器自适应

续表

系　　统	通道	匹配值	执行功能及对象
001 发动机系统	004	077	二次空气泵自适应
	004	074	废气再循环阀自适应
	004	077	二次空气系统自适应
	004	070	活性炭罐 N80 自适应
	004	094	气门正时调节自适应
	010	000	清除节气门控制单元学习值
	011	11463	激活续航功能(带定速巡航功能大众车)
	011	16167	关闭续航功能(带定速巡航功能大众车)
002 自动变速器	004	000	强制降挡功能(AT 大众车型)
003 ESP/ABS 系统	004	001	加液排气(带 ESP 车型)
	004	060	方向盘转角传感器 G85 自适应
	004	063	横向加速度传感器 G200 自适应
	004	066	制动压力传感器 G201
	004	093	ESP 激活
	004	103	ESP 关闭
	011	004	ESP 设定
034 空气悬挂系统	016	31564	空气悬挂自适应(途锐/辉腾)
	010	001	左前轮高度自适应 497mm
	010	002	右前轮高度自适应 497mm
	010	003	左后轮高度自适应 502mm
	010	004	右后轮高度自适应 502mm
065 胎压监控系统	016	10896	轮胎监控自适应(途锐/辉腾)
	010	005	左前胎压自适应 2.4～2.8Pa(以车贴提示的胎压为准)
	010	006	右前胎压自适应 2.4～2.8Pa(以车贴提示的胎压为准)
	010	007	左后胎压自适应 2.8～3.2Pa(以车贴提示的胎压为准)
	010	008	右后胎压自适应 2.8～3.2Pa(以车贴提示的胎压为准)
017 组合仪表	011	13861	更换里程表输入里程
	010	002	保养周期显示复位,将匹配值改成 0
	010	003	燃油消耗显示校正
	010	004	仪表信息系统语言选择
	010	009	里程显示自适应/总里程数小于 100km 的表/预输入的数字大于 100km
	010	016	读出里程脉冲数
	010	030	燃油表自适应/指针随动/显示 120～136 之间变化
	010	040	输入保养周期内剩余里程
	010	043	保险间隔里程输入,仪表编码后数第二位 1 车型

续表

<table>
<tr><th>系统</th><th>通道</th><th>匹配值</th><th colspan="4">执行功能及对象</th></tr>
<tr><td rowspan="20">046 舒适系统</td><td>010</td><td>000</td><td colspan="4">清除所有的遥控钥匙</td></tr>
<tr><td>010</td><td>001</td><td colspan="4">匹配所有的遥控钥匙</td></tr>
<tr><td>010</td><td>003</td><td colspan="4">自动锁上/打开,车速达每小时 15km,确认锁已开</td></tr>
<tr><td>010</td><td>004</td><td colspan="4">自动锁/打开,点火钥匙拔出,车门自动开锁</td></tr>
<tr><td>010</td><td>005</td><td colspan="4">解除内部监控</td></tr>
<tr><td>010</td><td>006</td><td colspan="4">开锁喇叭响/开锁确认信号</td></tr>
<tr><td>010</td><td>007</td><td colspan="4">锁车喇叭响/锁车确认信号</td></tr>
<tr><td>010</td><td>008</td><td colspan="4">锁车转向信号闪,转向信号闪 2 次,确认锁已开</td></tr>
<tr><td>010</td><td>009</td><td colspan="4">锁车转向信号闪,转向信号闪 1 次,确认锁车</td></tr>
<tr><td>010</td><td>010</td><td colspan="4">设置警报喇叭报警方式,带遥控报警器的大众车 2＝德国;3＝英国;1＝其他国家</td></tr>
<tr><td>010</td><td>024</td><td colspan="4">后备厢自适应,phaeton,开＝1;关＝0</td></tr>
<tr><td rowspan="9">010</td><td rowspan="9">062</td><td>位</td><td>状态</td><td>值</td><td>功能(需支持遥控舒适电脑)</td></tr>
<tr><td>1</td><td>ON</td><td>1 128</td><td>钥匙在点火开关时关闭天窗(不一定设置成功)</td></tr>
<tr><td>2</td><td>OFF</td><td>1 64</td><td>钥匙在点火开关时关闭天窗</td></tr>
<tr><td>3</td><td>ON</td><td>1 32</td><td>遥控开窗打开(不一定成功)</td></tr>
<tr><td>4</td><td>OFF</td><td>1 16</td><td>遥控开窗关闭</td></tr>
<tr><td>5</td><td>ON</td><td>1 8</td><td>钥匙在点火开关时门窗下降</td></tr>
<tr><td>6</td><td>ON</td><td>1 4</td><td>钥匙在点火开关时门窗上升</td></tr>
<tr><td>7</td><td>ON</td><td>0 2</td><td>遥控门窗下降</td></tr>
<tr><td>8</td><td>ON</td><td>0 1</td><td>遥控门窗上升</td></tr>
<tr><td rowspan="4">015 安全气囊</td><td>010</td><td>001</td><td colspan="4">关闭副驾驶员气囊</td></tr>
<tr><td>010</td><td>002</td><td colspan="4">关闭驾驶员气囊</td></tr>
<tr><td>010</td><td>003</td><td colspan="4">关闭右侧气囊</td></tr>
<tr><td>010</td><td>004</td><td colspan="4">关闭左侧气囊</td></tr>
<tr><td rowspan="2">08 自动空调</td><td>004</td><td>000</td><td colspan="4">空调伺服电动机自适应</td></tr>
<tr><td>004</td><td>101</td><td colspan="4">空调系统内循环电机自适应(POLO)</td></tr>
<tr><td>029 左大灯</td><td>004</td><td>001</td><td colspan="4">左大灯自适应</td></tr>
<tr><td>039 右大灯</td><td>004</td><td>001</td><td colspan="4">右大灯自适应</td></tr>
<tr><td>038 天窗系统</td><td>008</td><td>033</td><td colspan="4">内部监控系统是否打开</td></tr>
<tr><td rowspan="7">017 仪表
025 防盗系统</td><td>008</td><td>081</td><td colspan="4">读取车架号和防盗码</td></tr>
<tr><td>011/016</td><td>PIN</td><td colspan="4">密码(右下角箭头)</td></tr>
<tr><td>010</td><td>021</td><td colspan="4">钥匙数量</td></tr>
<tr><td>011</td><td>19795</td><td colspan="4">更换 KESSY</td></tr>
<tr><td>007</td><td>编码</td><td colspan="4"></td></tr>
<tr><td>008</td><td>023</td><td colspan="4">更新原 PIN</td></tr>
<tr><td>010</td><td>050</td><td colspan="4">PIN</td></tr>
</table>

4.6.4　大众通道号详解

① 仪表保养归零：17—10—02—00000。

② 仪表语言选择：17—10—04—00002（00002英语，00008中文）。

③ 仪表汽油表自适应：17—10—030—128（120～136，128为出厂设定）。

④ 适配车钥匙（四位密码）：17—11—PIN—10—21—选择车匙数量（最多八条）—Q—关匙—用下一条车匙开匙—直到所有车匙适配完。

适配车钥匙（七位密码）：17—Enabling（PIN）—PIN—10—21—选择车匙数量（最多八条）—Q—关匙—用下一条车匙开匙—直到所有车匙适配完。

⑤ 遥控器适配（中控锁系统）：35—10—21—选择记忆位置—Q—按遥控器的锁门键—看电脑上有以英文显示已记忆—Q—退出。

⑥ 遥控器适配（带舒适系统）：46—10—22—选择记忆位置—Q—按遥控器的锁门键—看电脑上有以英文显示已记忆—Q—退出。

⑦ 自动大灯基础设定：55—04—001—调整大灯—002。

⑧ 记忆座椅基础设定（A4 A6）：36—08—看第二个数值—将靠背推尽向前—将靠背推尽向后—记下其数值—04—Q—001—Q。

⑨ 更换仪表后公里数的设定：17—11—13861—10—09—输入公里数（其最小单位为10km）—Q。

⑩ 空调基础设定：08（28）—04—001。

⑪ 适配车钥匙（Audi100）：25—11—PIN—10—01—选择匹配车匙数量—储存—用钥匙打开点火开关直到防盗灯灭—再用另一条车匙打开（30s内完成）。

⑫ A8D3电源运输模式开关：61—10—001—0关闭，1打开。

⑬ TT更换仪表（七位密码）：17—Enabling（PIN）—PIN—输入新仪表的PIN码—确认—50—输入旧仪表的PIN码—确认—10—21—开始配钥匙。

⑭ 音响运输模式解除：56—10—99—0关闭，1打开。

⑮ 旧款奥迪100空调基础设定：08—04—00。

⑯ 保养公里提醒修改：17—10—40—100（100代表行驶了10000km）。

4.6.5　一汽大众匹配、调整、设定通道功能一览表

系统	地址码	功能码	执行通道	执行功能及对象	适用范围	备注
发动机	1	4	60	节气门控制单元	宝来、高尔夫、捷达2阀	捷达5阀为98
			74	废气再循环组合阀	宝来、高尔夫1.8L发动机	1.8T无此功能
			77	二次空气系统	宝来、高尔夫1.8L发动机	包括1.8T
		10	0	删除节气门控制单元自学习值	捷达2阀ATK发动机	用于洗节气门后怠速高
		11	11463	激活巡航功能	带定速巡航功能的宝来车	2004年宝来尊贵型
			16167	取消巡航功能		
自动变速器	2	4	0	强制低挡功能	现生产宝来、高尔夫、捷达	奥迪有不同通道
ABS（ESP）	3	4	1	加液排气	现生产宝来、高尔夫、捷达	
			60	方向盘转角传感器	其中60、63、66每次都需要登录	G85
			63	横向加速度传感器		G200

续表

系统	地址码	功能码	执行通道	执行功能及对象	适用范围	备注
ABS（ESP）	3	4	66	制动压力传感器	其中60、63、66每次都需要登录	G201
			93	ESP启动实验	93前已成功登录此步可不登录	检测ESP信号的可靠性
		11	40168	ESP设定之	带ESP的车型(宝来)	固定登录码
自动空调	8	4	0	空调器翻版电动机	带自动空调的车型(宝来)	
安全气囊	15	10	1	副司机气囊	宝来、高尔夫、捷达	0为打开;1为关闭
			2	司机安全气囊	宝来/高尔夫	0为打开;1为关闭
组合仪表	17	11	13861	更换里程表输入里程用	宝来/高尔夫	固定登录码
		10	2	保养周期显示复位	用于消除保养提示	输入0即可
			3	燃油消耗显示校正	宝来/高尔夫	以5%为步长在85%～115%间调整
			4	仪表信息系统语言选择		个别进口仪表无中文
			9	里程显示自适应	里程小于100时预输入的数大于100	注意以10km为单位
			30	燃油表自适应	燃油表指针随动	示值120～136之间变化
			40	输入保养周期内剩余里程		
			43	保养间隔里程输入	仪表编码后数第二位1车型	以千公里为单位
舒适系统	46	10	3	自动锁上/打开	车速达每小时15km，自动上锁	开=1;关=0
			4	自动锁上/打开	点火钥匙拔出，车门自动打开	
			6	开锁喇叭响	开锁确认信号	
			7	锁车喇叭响	锁车确认信号	
			8	开锁转向信号闪	转向信号闪2次，确认锁已开	
			9	锁车转向信号闪	转向信号闪1次，确认锁车	
			10	设置警报喇叭警报方式	带遥控器警报器的宝来/高尔夫	2=德国;3=英国;1=其他国家